I0874684

Objektorientierte Modellierung und Programmierung mit C++

Band 1: Grundkonzepte und praktischer Einsatz

von
Dr. Bert Klöppel
Thomas Dapper
Carsten Dietrich
Renè Seeber
Universität Gesamthochschule Kassel

R. Oldenbourg Verlag München Wien 1997

Die Deutsche Bibliothek - CIP-Einheitsaufnahme

Objektorientierte Modellierung und Programmierung mit C++
/ von Bert Klöppel ... - München ; Wien : Oldenbourg

NE: Klöppel, Bert

Bd. 1. Grundkonzepte und praktischer Einsatz. - 1996
ISBN 3-486-23905-8

© 1996 R. Oldenbourg Verlag
Rosenheimer Straße 145, D-81671 München
Telefon: (089) 45051-0, Internet: http://www.oldenbourg.de

Das Werk einschließlich aller Abbildungen ist urheberrechtlich geschützt. Jede Verwertung außerhalb der Grenzen des Urheberrechtsgesetzes ist ohne Zustimmung des Verlages unzulässig und strafbar. Das gilt insbesondere für Vervielfältigungen, Übersetzungen, Mikroverfilmungen und die Einspeicherung und Bearbeitung in elektronischen Systemen.

Lektorat: Margarete Metzger
Herstellung: Rainer Hartl
Umschlagkonzeption: Mendell & Oberer, München
Gedruckt auf säure- und chlorfreiem Papier
Gesamtherstellung: R. Oldenbourg Graphische Betriebe GmbH, München

Inhalt

Vorwort

Unser besonderer Dank gilt Prof. Dr. Heinrich Werner und Carsten Werner für Ihre Beiträge zur ersten Version dieses Skriptums. Desweiteren bedanken wir uns bei Michael Obach und Jürgen Rauch für das eifrige Korrekturlesen und Aufspüren von allerlei Fehlern.

Nicht zuletzt danken wir den Firmen Borland und Microsoft für die Unterstützung unserer Arbeit durch Testversionen ihrer C++ Entwicklungsumgebungen Borland C++ 4.5 und 5.0 bzw. Visual C++ sowie der Firma Lexmark für die Leihstellung des leistungsfähigen 1200-dpi-Druckers Optra PS.

Viele Quelltexte und weiterführende Informationen zu diesem Buch können über das Internet unter der Adresse www.neuro.informatik.uni-kassel.de/OOP-Buch/ bezogen werden.

Die Autoren

1. Einleitung

1.1 Grundlagen

1.1.1 Ziele und Lesehinweise

Dieses Buch richtet sich an alle Informatik-Treibenden, die sich mit Objektorientierung im allgemeinen und C++ im speziellen beschäftigen wollen, sollen, möchten, müßten.... Vorkenntnisse im Bereich der Programmierung sind nicht unbedingt notwendig, eine gewisse Informatik-Grundausbildung wird aber vorausgesetzt. Der Schwerpunkt liegt im Bereich des praktischen Einsatzes von C++ als der objektorientierten Sprache mit der größten Verbreitung. Es werden dazu allgemeine Begriffe und Methoden der Objektorientierung beschrieben und zwar am konkreten Beispiel von C++. Dabei handelt es sich nicht um eine umfassende Darstellung von Objektorientierung im Bereich der Systemanalyse, des Software-Engineerings oder der Datenbanken. Diese Bereiche bieten sich aber als weiterführende Lektüre an, ebenso wie Theorie und Praxis von Algorithmen und Datenstrukturen, für die sich die objektorientierte Sichtweise hervorragend eignet. Entsprechende Hinweise befinden sich in der Literaturliste im Anhang.

Auf dem Weg zur objektorientierten Programmierung werden dabei die „charakteristischen Altlasten“ von C, auf das sich C++ (leider) abstützt, so weit wie möglich zurückgedrängt und durch moderne Konzepte der objektorientierten Programmierung ersetzt. Die Anteile von C++, die sich stärker auf C und die Möglichkeiten zur systemnahen Programmierung beziehen, sind bewußt in die späteren Teile verschoben worden (etwa bei der Implementierung von Containerklassen). Generell steht zwar C++ mit seinen umfassenden Möglichkeiten zur objektorientierten Programmierung im Mittelpunkt der Betrachtungen, dennoch geschieht dies grundsätzlich aus einer übergeordneten Perspektive, wodurch eine bessere Verbindung zwischen Theorie und Praxis der objektorientierten Programmierung ermöglicht wird. Auf der theoretischen Seite wird dabei weitgehend exemplarisch vorgegangen, wobei der Schwerpunkt auf der objektorientierten Modellierung liegt. Weitere Aspekte, wie etwa dynamische Modellierung oder Datenflußanalyse, werden dagegen nicht intensiver behandelt. Somit liegt die Zielsetzung des Buches in einer von der Theorie geleiteten, aber praxisorientierten Behandlung der Objektorientierung anhand der derzeit wichtigsten Programmiersprache: C++.

Die einzelnen Kapitel teilen sich jeweils in einen Grundlagen- und einen Vertiefungsteil. Für Leser, die sich nur einen Überblick verschaffen wollen, bietet sich an, zunächst nur die Grundlagenteile und die zugehörigen Übungsaufgaben zu bearbeiten. Spätestens ab der Mitte des Buches sollten die Vertiefungen dann aber nachgearbeitet werden, weil diese Teile zunehmend in den fortgeschrittenen Kapiteln eingesetzt werden. Der volle Sprachumfang von C++ wird nur abgedeckt, indem alle Kapitel und die Vertiefungsteile bearbeitet werden. Mit den Grundlagenteilen ist bereits ein sinnvolles Arbeiten im nicht-trivialen Umfang möglich. Der volle Sprachumfang von C++ beinhaltet zwar auch C, typische C-Bibliotheks-Routinen (speziell die Ein/Ausgabe oder die Speicherverwaltung) werden aber in diesem Buch nicht behandelt, so daß ein „Absteiger" von C++ auf C die betreffenden Routinen selbst nacharbeiten muß (vgl. Literaturliste).

Zur Unterstützung der Lesbarkeit werden folgende typographische Konventionen eingehalten: Wichtige **Begriffe** oder zentrale Definitionen werden fett dargestellt. `Bezeichner` aus Programmen, wie etwa Variablennamen, werden in Schreibmaschinenschrift (Courier) geschrieben. **`Schlüsselworte`** der Sprache C++ sind in fetter Schreibmaschinenschrift gedruckt. Schlüsselworte werden auch in Listings wie dem folgenden entsprechend hervorgehoben:

```
#include <iostream.h>      // Ein-/Ausgabe-Streams cin und cout

int main()
{
  int Alter;  cout << "Geben Sie Ihr Alter an: ";  cin >> Alter;
  cout << "Sie sind ja schon " << Alter << " Jahre alt..." << endl;
  return 0;
}
```

Zur besseren Unterscheidung werden Kommentare in Listings kursiv gesetzt. Programmausgaben werden auch in Courier geschrieben, aber zusätzlich mit einem doppelten Rahmen versehen. Dabei werden die Benutzereingaben durch fette Schrift hervorgehoben:

```
Geben Sie Ihr Alter an: 33
Sie sind ja schon 33 Jahre alt...
```

1.1.2 Objektorientierung

Bevor man mit einem Begriff arbeitet, hier „objektorientiert", sollte man ihn richtig verstehen. Daher erläutern wir diesen Begriff im folgenden Abschnitt zunächst allgemeingültig.

Diese Betrachtung ist wichtig, weil der größte Schritt auf dem Weg in die objektorientierte Welt nicht im Computer oder im Compiler, sondern im Verständnis der Programmierer zurückzulegen ist. Wir versuchen also zuerst etwas „Höhe" über die Alltags(programmier)welt zu gewinnen, weil sich manche Probleme aus der gebührenden Distanz betrachtet leichter oder gar von selbst lösen lassen. Dazu müssen wir zunächst etwas Abstand von der üblichen Sicht auf die Programmiersprachen gewinnen.

Man kann die zahlreich bevölkerte Welt der Programmiersprachen in fundamentale Klassen einteilen; diese Klassen werden auch als **Paradigmen** der Programmierung bezeichnet: [1]

[1] ....Die dritte Spalte der Tafel ist nur für diejenigen von Interesse, die sich etwas mit theoretischer Informatik beschäftigen, für das weitere Verständnis sind diese Details nicht notwendig.

Paradigma	Beispiele	mathematisches Modell
imperativ (prozedural)	FORTRAN, COBOL, Pascal, Modula, Oberon, C, Ada	Turing-Maschine
funktional	LISP, LOGO	Lambda-Kalkül
logisch	Prolog	(eingeschränkte) Prädikaten-Logik (Horn-Klauseln)
objektorientiert	Smalltalk, Actor, C++, self	-[1]

Bei den klassischen **imperativen** Sprachen wie FORTRAN, Pascal und C hat der Entwickler den Computer und dessen Arbeitsweise vor Augen. Das bedeutet: Sequentielles Abarbeiten der Anweisungen, die den Inhalt des Speichers (strikt formal durch Seiteneffekte) verändern, bis „in Variable X das richtige Ergebnis steht". Das zu lösende Problem muß zunächst in eine Form gebracht werden, in der es mit diesen vergleichsweise maschinennahen Sprachen beschrieben und gelöst werden kann.

Funktionale Sprachen dagegen beschreiben einen Algorithmus nur durch (rekursive) Funktionsaufrufe. Jedes funktionale Programm ist also eine Funktion, die (in der reinen Lehre) keine Seiteneffekte produziert und somit den Arbeitsspeicher des Computers unverändert läßt. Moderne prozedurale Sprachen wie PASCAL, C oder C++ lassen auch (eingeschränkt) funktionale Formulierungen zu (rekursive Funktionsaufrufe). Dies ist ein Beispiel für die Integration von Ideen aus einer (Programmiersprachen)-Welt in eine andere. Vorzugsweise geschieht dies in der Richtung, daß prozedurale Sprachen um zusätzliche Paradigmen erweitert werden. Dabei ist unmittelbar einsichtig, daß etwa C++, obwohl dort funktionale Formulierungen möglich sind, nicht mit LISP, als einem weitgehend funktionalem System, konkurrieren kann und soll.

Der Welt der **logischen** Programmierung[2] liegt die Hauptidee zugrunde, nur durch Regeln und Fakten das Problem zu beschreiben und anzugeben, „was" getan werden soll. Das „wie" soll dabei ganz dem Computer überlassen werden (so jedenfalls die Theorie).

Bei der **objektorientierten** Programmierung (**OOP**) dient die reale Welt stärker als Vorbild für die Modellierung. In realen Anwendungen, die es zu modellieren bzw. programmieren gilt, agieren verschiedene Beteiligte (Personen, Firmen, Gegenstände, ...) miteinander, die **Objekte**. Diese tauschen Informationen aus, nehmen Dienste voneinander in Anspruch und anderes mehr. Somit steht hier also das Objekt im Mittelpunkt, wobei an dieser Stelle noch nichts darüber ausgesagt wird, was ein Objekt eigentlich ist.

[1] ....Es gibt eine Reihe von formalen semantischen Modellen zur Objektorientierung, aber keine dieser Beschreibungen stellt ein derart fundamentales Modell dar, daß sie einen allgemeingültigen Anspruch wie die restlichen Modelle für die anderen Paradigmen erheben könnte.

[2] ....ist die andere etwa unlogisch?

Um einem neuerlichen Irrglauben gleich vorzubeugen: Eine „Antwort auf alle Fragen“ ist auch die **objektorientierte Programmierung** nicht! Doch für denjenigen, der die Idee und die mit ihr zusammenhängenden Konzepte verstanden hat, kann es zu einer mächtigen Hilfe bei der Entwicklung komplexer Software werden.

Objektorientierung ist zuallererst ein Hilfsmittel zur (gedanklichen und softwaretechnischen) Strukturierung. Programmieren bedeutet eigentlich immer Modellieren eines Stücks realer Umwelt. Beispielsweise modelliert ein System zur Lohnabrechnung die Tätigkeiten eines Lohnbuchhalters. Ein Kriterium für die Güte eines Entwicklungswerkzeuges, wie es eine Programmiersprache mit ihrer Umgebung ist, stellt sicherlich seine Nähe zur realen Umwelt dar.

Diese Nähe läßt sich beurteilen, indem man als Benutzer des Werkzeugs (der Programmiersprache) versucht, eine Antwort auf folgende Frage zu formulieren: Wie leicht läßt sich mein konkretes Problem mittels der vorgegebenen sprachlichen Mittel modellieren? Die in der Antwort zu Tage tretende (semantische) Differenz zwischen Beschreibungsmittel und realem Kontext bezeichnet man als **Semantic Gap**. Je geringer dieser ist, desto besser und effizienter läßt sich mit dem Werkzeug (der Programmiersprache) arbeiten.

Vor der eigentlichen Programmierung macht man sich bekanntermaßen daran, einen Algorithmus zur Lösung des Problems zu formulieren.[1] Der Algorithmus ist zwar im Prinzip unabhängig von der intendierten Implementierungssprache, doch wird seine Gestalt in der Praxis doch von dieser beeinflußt. Formuliert beispielsweise ein LISP-Programmierer einen Algorithmus zur Berechnung von Fakultäten, so wird er natürlich das Mittel der Rekursion benutzen, da es ein wesentliches Element von LISP ist. Ein BASIC-Programmierer hingegen, dessen (Steinzeit-)BASIC von Rekursion noch nichts gehört hat, wird natürlich eine iterative (und damit wesentlich verschiedene) Version entwerfen.

Bei der Programmierung komplexer Probleme entstand (Ende der 60er Jahre) ob dieser Maschinenorientierung schnell ein Software-Wildwuchs, in dessen Schlingen und Fußangeln die Problemlösung schließlich hängenblieb und auf halbem Wege verhungerte. Die Antwort darauf war die **strukturierte Programmierung**, der der Programmierstil, die Projektorganisation und schließlich auch die verwandten Sprachen (in eingeschränktem Umfang) unterworfen waren. Die neue Disziplin des **Software-Engineering** wurde aus der Taufe gehoben. Sichtbare Auswirkungen für die Programmiersprachen und damit die Compiler war unter anderem die Einführung eines vernünftigen **Modulbegriffs**. Wesentlichen Grundideen der Modularisierung, wie etwa eine detaillierten Zugriffskontrolle und Kapselung logisch zusammengehörender

[1] ....Darauf, daß bei vielen Programmierern der Algorithmus erst vor dem Debuggen zum ersten Mal explizit entsteht, soll hier nicht eingegangen werden!

Strukturen, werden wir bei der objektorientierten Programmierung später wieder begegnen.[1]

Diese abstrakte Sicht der Dinge wollen wir uns an einem kleinen, konkreten Beispiel klarmachen. Dadurch soll primär das Verständnis für die objektorientierte Sichtweise gefördert werden. Alle Merkmale eines objektorientierten Systems werden hier erstmals informell angesprochen.

1.1.2.1 Ein allgemeines Beispiel

Angenommen, Sie wollen sich einen neuen Wagen zulegen. Sofern Sie entsprechend bei Kasse sind, suchen Sie einen Händler ihrer Wahl auf und teilen ihm Ihre Kaufabsicht mit, verbunden mit der Bitte, Sie zunächst über sein Angebot zu unterrichten. Er wird Ihnen darauf (nur!) die für Sie relevanten Informationen (Typen, Ausstattung, Preis) mitteilen. Schließlich tätigen Sie (zu seinem großen Glück) eine Bestellung!

- Der Händler weiß, wie er mit der Bestellung zu verfahren hat. Die genauen Modalitäten kennen Sie selbst nicht. Sie sind ja auch nur daran interessiert, das gute Stück zum verabredeten Termin in Empfang zu nehmen.
- Der Händler wird (hoffentlich) termingerecht Ihren neuen Wagen liefern. Woher der kommt und wie er produziert wurde, entzieht sich in der Regel Ihrer Kenntnis und ist für Sie ja auch (relativ) uninteressant.
- Der Händler wird bei Lieferung natürlich eine Zahlungsaufforderung an Sie richten. Dabei ist ihm wiederum völlig egal, wie Sie dieser nachkommen (sprich: woher Sie das Geld nehmen). Hauptsache ist für ihn, daß Sie ihr nachkommen.

Soweit zum Fallbeispiel. Wie könnte eine (objektorientierte) Modellierung dieses Themas aussehen?

Zunächst müssen wir den Vorgang daraufhin untersuchen, welche Beteiligte involviert sind (Personen, aber auch Dinge, wie zum Beispiel Geld oder Firmen):

- der Kunde,
- der Händler,
- der gewünschte Wagen,
- Geld,
- Prospektmaterial (Informationen).

Im nächsten Schritt kommt es darauf an, sich über das spezifische Wissen an Daten und Tätigkeiten jedes der Beteiligten klar zu werden. Damit meinen wir folgendes:

[1] ....In Kapitel 12. „Modularisierung und Projektorganisation" werden wir praktische Vorschläge zur Modularisierung objektorientierter C++ Programme darstellen.

Jeder von ihnen verfügt über für ihn spezifische (private) Daten, die er selbst einsehen kann, die er fallweise und auf Anfrage auch anderen zur Verfügung stellen kann. Beispielsweise kennt der Kunde sein Budget für die geplante Anschaffung. Dies ist ein rein privates Datum, das er heranziehen kann, um seine Kaufentscheidung zu treffen.

Der Händler wiederum kennt zum Beispiel seinen Lagerstand, ein für ihn privates Datum. Er weiß außerdem, wie der Auftrag des Kunden weiter zu bearbeiten ist (eine Tätigkeit), wie die Lieferung schließlich abzuwickeln ist und ähnliches mehr.

Das Prospektmaterial kann ebenfalls Daten bereitstellen. Diese wiederum können bei ihm selbst liegen (im Objekt „Prospekt"), vielleicht „weiß" es aber auch nur, auf welchem Wege sie aus einer angeschlossenen Datenbank zu erhalten sind. In jedem Falle liefert es diese Informationen auf eine bestimmte Aufforderung hin ab.

Sammeln wir diese problemrelevanten Daten und Fähigkeiten, so erhalten wir für unseren Kunden folgendes Ergebnis:

```
Kunde
        (persönliche) Daten:
                Vorname, Name, Kontostand
        Tätigkeiten:
                Händler nach Produkten fragen
                bei Händler Bestellung tätigen
                Bezahlen (nach Lieferung)
```

Daten wie Vorname oder Kontostand bezeichnet man als **deklaratives Wissen**, während man bei den vergleichsweise komplexeren Fähigkeiten von **prozeduralem Wissen** spricht.

1.1.2.2 Objekte, Instanzvariablen, Methoden

Nach den Vorbetrachtungen kommen wir nun zum Grundbegriff des OOP-Bereichs, nämlich dem **Objekt**. Das Objekt ist gewissermaßen die atomare Einheit einer objektorientierten Programmiersprache. Jedes Objekt hat seinen eigenen privaten Speicherbereich, der den Zustand des Objekts repräsentiert und die objektspezifischen Daten enthält. Diese „Privatsphäre" sollte nur dem Objekt selbst unmittelbar zugänglich sein. Andere Objekte können diesen Privatbereich weder inspizieren, geschweige denn verändern, noch sehen oder wissen sie überhaupt, wie die privaten Daten repräsentiert sind. Dem Programmierer begegnet dieser **Zustand** (**Private State**) in Gestalt der sogenannten (privaten) **Instanzvariablen**. Die Instanzvariablen unseres Kunden-Objekts zum Beispiel sind `Vorname`, `Name` und `Kontostand`.

Zu den Instanzvariablen treten eine Menge von Prozeduren hinzu, in der OOP-Sprechweise **Methoden** genannt, die auf ihnen arbeiten. Nur über sie ist ein Zugriff auf das Objektinnere mit den privaten Daten möglich. Damit wird erreicht, daß nur ausdrücklich für dieses Objekt vorgesehene Zugriffe stattfinden. Man kann sozusagen nur ordentlich angemeldet durch die Vordertür (der erlaubten Zugriffe) um Einlaß nachsuchen, der Zugang über eine Hintertür (der Implementierung), von der man zufällig weiß, ist verbaut.

Methoden unseres Kunden-Objekts sind beispielsweise `HändlerFragen` oder `Bezahlen`. Letztere hat natürlich ein Argument, nämlich den zu zahlenden Betrag. Wie solche mehr syntaktische Dinge abzuwickeln sind, wollen wir aber erst später anhand der konkreten Syntax von C++ erläutern. Wichtig ist für uns an dieser Stelle vor allem folgendes:

Ein Objekt bildet eine Einheit aus einem aktuellen Zustand und den ihn verändernden Operationen.

Das Konzept der **Kapselung** (**Encapsulation**), bei der logisch zusammengehörende Daten und Methoden zusammengefaßt werden, ist nichts OOP-spezifisches, sondern darüber hinaus unter Namen wie **Datenabstraktion** oder **Modulare Programmierung** bekannt. Gleiches gilt für den ausschließlichen Zugriff über definierte Schnittstellen-Funktionen der verborgenen Implementierung (**Information Hiding**). Beide Ideen werden von Sprachen wie Modula-2, Oberon oder Ada unterstützt.[1] Wesentlich ist aber, daß es im Bereich OOP nicht bloß unterstützt wird, sondern ein integrales, natürliches Designkonzept ist.

1.1.2.3 Nachrichten

Ein Objekt wird angesprochen, indem ihm vom Benutzer oder von einem anderen Objekt eine sogenannte **Nachricht** (**Message**) zugeschickt wird. Diese Nachricht stimmt (hoffentlich) mit einer der Methoden überein, die dem Objekt bekannt sind. In diesem Falle wird die entsprechende Methode angestoßen und die zugehörige Routine abgearbeitet. In ihrem Verlauf schickt dann das Objekt meist selbst wieder Nachrichten an andere Objekte des Systems und nimmt deren Dienstleistungen in Anspruch.

Versteht ein Objekt eine Nachricht nicht, die ihm zugesandt wurde, hat es also keine passende Methode zur Verfügung, so schickt es eine entsprechende Nachricht an ein Fehlerobjekt, das seinerseits den Benutzer am Schirm davon unterrichtet. Dies gilt jedoch nur in objektorientierten Sprachen, die interpretiert werden. Bei objektorientierten Compilersprachen, wie C++, wird bereits durch die Übersetzung festgestellt, ob ein Objekt die zugeschickte Nachricht kennt.

Zurück zu unserem Beispiel: Unser Kunde weiß, daß man zum Kauf eines neuen Wagens tunlichst folgende Schritte unternimmt:

- Händler um Informationen bitten,
- Abgleich eigener Vorstellungen mit Vorschlägen,
- Abgleich mit eigenem Budget,
- bei „Erfolg“ Auftrag vergeben.

[1] .... Auch das weit verbreitete Turbo Pascal hat ein gut ausgebautes Modul-Konzept (UNIT).

Das `Kundenobjekt` sendet also dem `Händlerobjekt` als erstes die Nachricht `gibInformationen`. Dieses weiß damit etwas anzufangen und stößt seine entsprechende Methode an.

Der Händler hingegen ist natürlich am verfügbaren Budget des Kunden in spe interessiert, um die zu liefernden Informationen bezüglich seiner Produktpalette darauf abstimmen zu können. Also antwortet das `Händlerobjekt` durch eine Nachricht `gibBudget` an das `Kundenobjekt`, das daraufhin seine entsprechende Methode aktiviert. Diese liest dann beispielsweise die entsprechende Instanzvariable `Kontostand` und errechnet daraus das zur Verfügung stehende Budget für den Kauf. Das Ergebnis wird in Form eines Zahlenobjekts an das `Händlerobjekt` abgeliefert. In der Art kann das Beispiel weiter formalisiert werden.

Wichtig ist das Verbergen der Instanzvariablen: Will der Händler etwa das Kundenbudget wissen, so kann er eben nicht auf die entsprechende Variable „schielen", sondern muß eine offizielle `gibBudget`-Nachricht an den Kunden senden; der muß diese verstehen und entsprechend reagieren.

1.1.2.4 Polymorphie

Wir hatten bereits festgestellt, daß die Objekte modulare Einheiten sind. Alle Namen, die in einem Objekt auftreten, sind lokal für dieses Objekt. Daraus ergibt sich ein wesentliches Unterscheidungsmerkmal zwischen Methoden und Nachrichten: Die Nachrichten sind global insofern, als jedem Objekt im Prinzip jede Nachricht geschickt werden darf.[1] Die Zuordnung zu der entsprechenden Methode wird vom empfangenden Objekt vorgenommen.

Abb. 1.1-1: Unerwartete Effekte bei Polymorphie

Damit wird es natürlich möglich, dieselbe Nachricht an verschiedene Objekte zu senden, die darauf auch verschieden reagieren. Beispielsweise mag es in einem objektorientierten Grafiksystem Objekte `Kreis` und `Linie` geben, die beide eine Nachricht `Anzeige` verstehen. Schickt man sie an den `Kreis`, so entsteht am Schirm ein Kreis gemäß der `Kreis`-Methode, die `Linie` zeichnet sich hingegen als Linie. Diese Fähigkeit verschiedener Objekte, auf dieselbe Nachricht unterschiedlich zu reagieren, bezeichnet man als **Polymorphie**[2]. Mitunter kann es in der realen Welt bei der Polymorphie auch zu Zwischenfällen kommen (vgl. Abb. 1.1-1).

---

[1] ....Eine andere Frage ist, ob es sie auch versteht!

[2] ....Auf die genauen Unterschiede zwischen Polymorphie und Overloading, die beide ein scheinbar ähnliches Verhalten bewirken, gehen wir später noch ein.

1.1.2.5 Klassenkonzept

Nach den drei Konzepten der Kapselung von Objekten, der Kommunikation via Nachrichten und der Polymorphie kommen wir nun zum letzten wesentlichen Punkt, dem Klassenkonzept und der Vererbung von Wissen.

Klassen dienen dazu, Objekte gleicher Bauart zusammenzufassen und schnell verfügbar zu machen. Es wäre offensichtlich nicht praktikabel, jeden Kunden komplett neu zu implementieren, wo sich doch alle praktisch gleich verhalten. Sie unterscheiden sich vermutlich in der Belegung der Instanzvariablen, vielleicht verhält sich der eine oder andere auf eine Nachricht hin etwas anders als seine Kollegen. Benötigen wir also einen neuen Kunden, so erwarten wir, daß auf Anforderung ein Standardmodell geliefert wird, das wir uns, sofern nötig, auf unsere speziellen Bedürfnisse hin anpassen können.

Dazu definiert man eine **Klasse** und beschreibt, wie ihre Elemente aussehen sollen, d.h. welche Instanzvariablen sie enthalten und welche Methoden sie kennen. Klassen sind in der OOP also ungefähr das, was Typen in Sprachen wie Pascal sind. Man definiert die Gestalt des Datenobjekts und kann sich bei Bedarf eine konkrete **Instanz** davon erzeugen.

Wichtig ist, die Konzepte „Objekt" und „Klasse" zu unterscheiden: Objekte sind Instanzen von Klassen. Dementsprechend können Variablen Eigentum eines Objektes (einer Instanz) sein (dies ist der Regelfall), dann nennt man sie (wie schon bisher) **Instanzvariablen**. Im Unterschied zu diesen gibt es möglicherweise auch **Klassenvariablen**, die Eigentum einer jeweiligen Klasse sind. Klassenvariablen eignen sich zur Verwaltung von Instanzen, so kann etwa eine Klasse `Ballon` darüber Buch führen, wieviele Ballons (noch) existieren. Diese Anzahl gehört natürlich der Klasse und nicht einer oder allen Instanzen dieser Klasse. Analog unterscheidet man **Instanzmethoden** (der Regelfall, daher oft auch kurz nur Methoden genannt) und **Klassenmethoden**. Typische Klassenmethoden sind das Erzeugen einer neuen Instanz dieser Klasse. Diese Aufforderung kann nicht an eine Instanz geschickt werden (es existiert ja noch gar keine), also muß die Klasse eine Methode haben, um eine neue Instanz zu erzeugen.

Die beschriebene annähernde Analogie von Klassen und Typen[1] verliert sich wieder etwas, wenn man in Rechnung stellt, daß Klassen hierarchisierbar sind. Damit meinen wir, daß man Unterklassen von Klassen bilden kann. So entsteht in konkreten Implementierungen meist eine verzweigte Struktur (typischerweise ein Baum) von Unter- und Oberklassen. In einigen objektorientierten Sprachen, wie auch in C++, ist es sogar möglich, daß eine Klasse von mehreren Oberklassen abstammt. Man nennt dieses Prinzip dann **Mehrfachvererbung (Multiple Inheritance)**. Es wird im folgenden Beispiel veranschaulicht:

[1] ....im Sinne von Programmiersprachen wie Pascal.

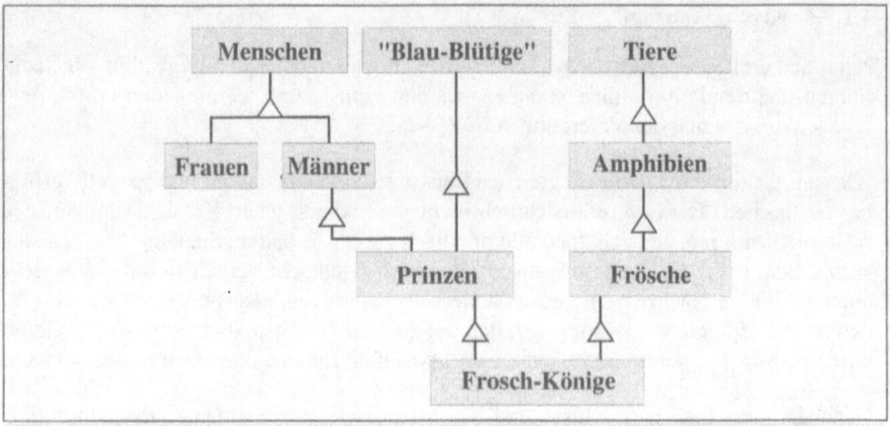

Abb. 1.1-2: Eine Klassenhierarchie mit Mehrfachvererbung

Die genaue Bedeutung der Symbole in derartigen Diagrammen werden im Laufe der folgenden Kapitel schrittweise eingeführt. Hier nehmen wir nur zur Kenntnis, daß Klassen in rechteckigen Kästen mit ihrem Namen dargestellt werden. Die Verbindungslinien mit dem Dreieck-Symbol bezeichnen Vererbungslinien. „Männer“ und „Frauen“ sind also Unterklassen der Klasse „Mensch“.

1.1.2.6 Vererbung

Wir haben es oben als unbefriedigend angesehen, jedes Objekt komplett neu zu erstellen, und darum das Klassenkonzept eingeführt. Diese Nutzung bereits bekannter Informationen können wir aber noch fortführen, indem wir auf den Klassen eine sogenannte **Vererbung** (**Inheritance**) von Wissen einführen.

Nehmen wir an, wir haben eine Klasse `Konto` implementiert. Ihre Objekte haben beispielsweise die Instanzvariablen `AngelegtAm`, `LetzteBuchungAm`, und `Kontostand`. Die bekannten Methoden mögen `Einzahlung` und `Auszahlung` sein, immer mit dem jeweiligen Betrag als Argument. Nun gibt es verschiedene spezielle Kontoformen, die jeweils verschiedene Leistungen bereitstellen. Beispielsweise ist von einem Sparkonto keine Scheckabhebung möglich, von einem Girokonto aber sehr wohl. Es gibt aber auch eine ganze Menge Gemeinsamkeiten, wie die Möglichkeiten, überhaupt Abhebungen und Einzahlungen vornehmen zu können.

In objektorientierten Systemen gibt es daher die Möglichkeit, inhaltliche Spezialisierungen (von `Konto` auf `Girokonto`) durch die Hierarchisierung der Klassen zu realisieren. Dabei werden zunächst alle Methoden der Oberklasse auf die Unterklasse vererbt. Auch die in der Oberklasse definierten Instanzvariablen sind in einer Instanz (also einem Objekt) der Unterklasse automatisch vorhanden.

Versteht ein Objekt eine ihm gesandte Nachricht nicht unmittelbar, so sieht es zunächst in der Oberklasse nach, ob sie dort vielleicht bekannt ist. Ist dies nicht der Fall, so gibt diese die Nachfrage ihrerseits an ihre Oberklasse weiter und so fort.

Natürlich kann eine konkrete Methode in der Unterklasse auch neu definiert werden. Damit wird die Version der Oberklasse für die Unterklasse aktualisiert, ihre Objekte reagieren auf die Nachricht in der neu beschriebenen Weise. Das ermöglicht eine evolutionäre Veränderung der Implementierung.

Der Vererbungsmechanismus unterstützt direkt die Nutzung existierender Implementierungen. „Re-Using" statt „Re-Implementation" ist das Motto! Warum sollte man etwas Existierendes nicht nutzen, um mit ein paar Änderungen das daraus zu machen, was man tatsächlich braucht, anstatt die ganze Arbeit nochmals zu machen? Ein Anwender eines echten objektorientierten Systems lebt davon, daß er auf einen ausreichenden Vorrat vorfabrizierter Klassen mit dem entsprechenden Vorrat an Nachrichten zurückgreifen kann.

Ein wichtiges Hilfsmittel bei einer effizienten Beschreibung der realen Umwelt ist die Bildung von Klassenhierarchien mit dem Vererbungsprinzip. Diese Idee verwenden wir selbst ständig in Form von Standardannahmen. Kommt ein neuer Kollege in das Büro, so kann man davon ausgehen, daß er/sie elementare Nachrichten wie „schließe Tür" versteht. So brauchen wir nur den neuen Kollegen als Instanz der Klasse `Mensch` zuzuordnen und erhalten so eine Vielzahl von Informationen. Eine geschickte Hierarchie, die in der realen Welt oft vorgegeben ist, erlaubt die gemeinsame Verwendung von Methoden und Zuständen. An einem elementaren Beispiel aus der Biologie soll dies verdeutlicht werden:

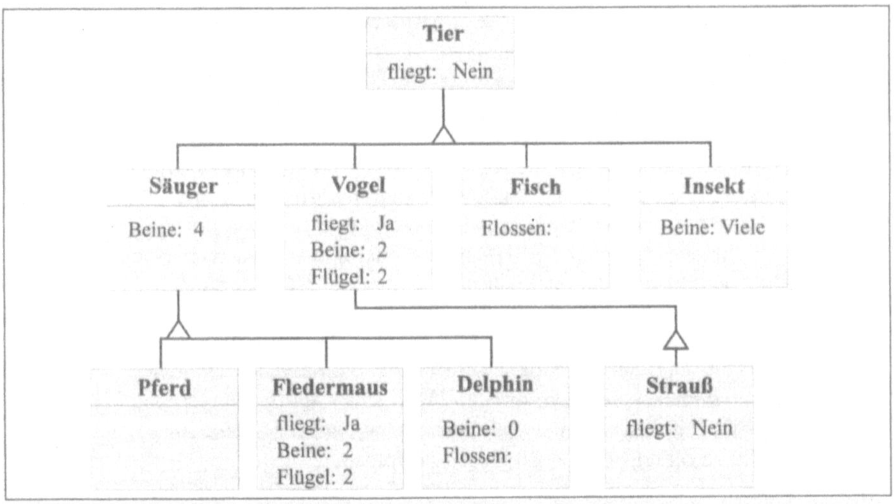

Abb. 1.1-3: Eine Klassenhierarchie aus der Biologie

In einer solchen Hierarchie braucht man sich nicht zu merken, daß ein „Pferd" (als Unterklasse von „Säuger") nicht fliegen kann. Da bei „Pferd" keine Zusatzinformationen über das Fliegen verzeichnet werden, gehen wir in der Hierarchie nach oben. Auf Ebene „Säuger" erhalten wir wieder keine Antwort, erst auf der obersten Ebene („Tier") finden wir die gewünschte Information. Eine Stärke dieser Hierarchienbildung ist die Möglichkeit, solche Informationen zu überschreiben. Die Eigenschaft „kann fliegen" wird im Stammbaum der Klasse „Strauß" zweimal verändert. Dieses „Klassen-Denken" ist in allen deskriptiven Wissenschaften weit verbreitet und bildet dabei einen Grundstock der dort benutzten Systematik. Es werden „Klassen" aufgrund gleicher Charakteristika der beobachteten Objekte gebildet und ggf. weiter durch Ober- und Unterklassen strukturiert.[1] Die derartige Beschreibung von Wissen durch Klassen geht auf die Anfänge der sogenannten „künstlichen Intelligenz" zurück, namentlich auf das **Frame-Konzept** von *Marvin Minsky*, bei dem Informationen weitgehend über **Standardannahmen** (**Defaults**) dargestellt werden und nur Abweichungen von den Standardannahmen explizit festgelegt oder gespeichert werden.

Mitunter kann dieses relativ effiziente Schema der Wissensdarstellung über Klassen auch zu unpassenden Einteilungen führen, besonders dann, wenn es (implizit) im soziologischen Umfeld eingesetzt wird, wobei Einzelpersonen („Objekte") ausschließlich aufgrund der Zugehörigkeit zu einer Gruppe oder soziologischen Klasse („Klasse") verändert behandelt werden.

1.1.3 Objektorientierte Softwareentwicklung

Diese Konzepte der Objektorientierung fanden auch Einzug in die komplexe Softwareentwicklung, dort oft zusammenfassend als **objektorientiertes Software-Engineering** (OOSE) bezeichnet. Neben den bekannten Methoden der **strukturierten Analyse** (SA) mit **Top-Down Strategie** und **schrittweiser Verfeinerung** hat sich die **objektorientierte Analyse** (OOA) einen festen Platz unter den Methoden der Softwareentwicklung erstritten. Die objektorientierte Analyse wird dabei definiert als „Analysemethode, welche die Anforderungen an das neue System aus dem Sprachgebrauch des jeweiligen Problembereichs und aus der Perspektive von Objekten ableitet".

So einfach diese Definition klingt, sie suggeriert, daß dieser Prozeß mechanisch und vollständig planbar sei und damit die Aufgabe, vom Problem zum Programm zu gelangen letztlich prinzipiell gelöst sei. Tatsächlich kann natürlich auch die OOA das nicht leisten, sondern ist auf einen Systemanalytiker angewiesen, der die Konzepte kennt und praktisch anzuwenden weiß. Systemanalyse bleibt also nach wie vor ein kreativer Prozeß, wobei geeignete Hilfsmittel natürlich von großem Nutzen sind.

In einem ersten Schritt werden bei der OOA die Begriffe aus dem Problembereich als Klassen aufgefaßt. Diese werden dann schrittweise konkretisiert, indem zunächst Eigenschaften, möglicherweise auch schon in Form von Instanzvariablen und Methoden, grob skizziert werden. Eine unmittelbare Ausrichtung auf die Zielsetzung des Gesamtsystems braucht an dieser Stelle noch nicht zu erfolgen.

In einem nächsten Schritt wird dieses Modell detailliert und dabei im Hinblick auf Generalisierungsmöglichkeiten und -beziehungen untersucht. Das Ziel besteht dabei darin, Gemeinsamkeiten zwischen existierenden Klassen herauszuarbeiten und in geeignete Oberklassen zu verschieben. Diese Art der Entwicklung ist eine typische **Bottom-**

[1] ....In der Biologie entsprechen die Klassen den Spezies.

Up Strategie. Gleichzeitig oder auch später können Überlegungen angestellt werden, welche Begriffe (Klassen) über das gegenwärtige Modell hinaus notwendig oder sinnvoll sind. Diese werden möglicherweise schrittweise in Richtung auf die vorhandenen Klassen hin konkretisiert, eine typische **Top-Down** Arbeitsweise. Man erkennt hier deutlich, daß die gegensätzlichen Entwicklungsperspektiven Top-Down und Bottom-Up in der OOA koexistieren, so daß die Vorgehensweise auch als „**Inside-Out**" bezeichnet wird.

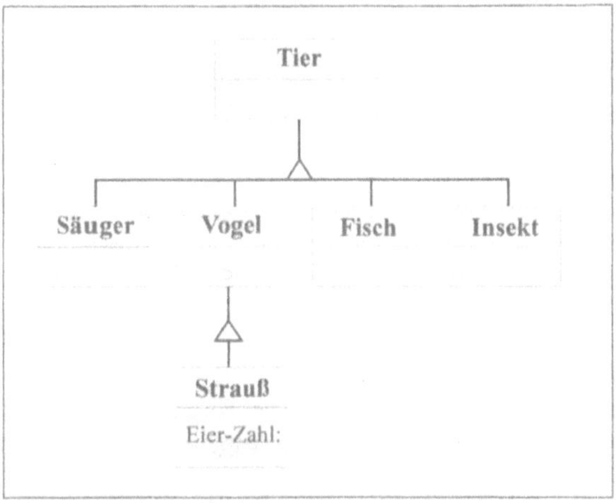

Abb. 1.1-4: Einfügen des neuen Slots „Eier-Zahl"

Spätestens an dieser Stelle müssen die Variablen und Methoden (zusammenfassend oft auch als **Slots** bezeichnet) näher definiert werden. Jeder Slot trägt zur Definition der Eigenschaften seiner Klasse bei und gibt zugleich Einstiegspunkte für die unterliegende Implementierung an. Man kann etwa einen Slot einer Klasse auswählen, die keine weiteren Unterklassen hat (ein **Blatt** im Klassenbaum bzw. der Klassenhierarchie). Jetzt sollte schrittweise versucht werden, diesen Slot in Oberklassen zu verschieben, solange dies den zu beschreibenden Realitäten entspricht. Dazu muß bei dem „Verschieben nach oben" natürlich geprüft werden, ob dieser Slot auch für alle Unterklassen sinnvoll ist, weil er ja für diese durch Vererbung auch zur Verfügung steht. Nötigenfalls müssen dazu Zwischenklassen eingefügt oder auch die Klassenstruktur neu organisiert werden. Das Ziel dieser Umstellungen besteht darin, daß jeder Slot in der Klassenstruktur nur genau einmal definiert ist. Im Beispiel (vgl. Abb. 1.1-4) wird der Slot „durchschnittliche Anzahl der Eier" für die Klasse „Strauß" eingefügt.

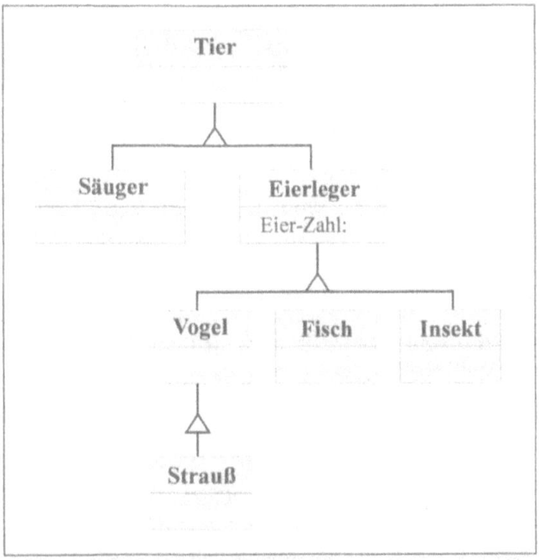

Abb. 1.1-5: Veränderte Position des Slots „Eier-Zahl" in einer neuen Klasse

Dieser Slot kann aber noch weiter nach oben in der Klassenhierarchie verschoben werden, etwa in die Klasse „Vogel", womit dieser Slot dann allen „Vogel"-Abkömmlingen zur Verfügung steht. Ein weiteres Verallgemeinern (nach-oben-Schieben) in die Klasse „Tiere" ist nicht möglich, weil damit auch die „Säuger" diesen Slot erben würden, was inhaltlich nicht zutreffend ist. Umgekehrt ist der Slot „Eier-Zahl" auch für die Klassen „Fische" und „Insekten" zutreffend. Es wäre in Sinne der OOA nicht optimal, diesen Slot zusätzlich auch in anderen Klassen zu definieren. Vielmehr wird hier eine neue Zwischenklasse benötigt, die wir hier einfach als Klasse der „Eier-Leger" bezeichnen (vgl. Abb. 1.1-5).

Dual dazu und ergänzend können auch Slots gezielt von oben aus in die Klassenstruktur eingefügt werden, wenn abstrakte Zusammenhänge bekannt oder explizit erwünscht sind.

Bei der genaueren Beschreibung der Slots wird man auch auf Fälle stoßen, in denen nicht unmittelbar klar ist, um welche Art von Daten es sich handelt, mit denen dort gearbeitet werden soll, insbesondere, wenn es sich um nicht-elementare Daten handelt. Daher stellt sich dann auch die Frage, wie solche Daten repräsentiert werden sollen: Explizit sichtbar, teilweise oder vollständig abstrakt? Generell kann diese Frage nicht beantwortet werden, eine Modellierung von Teildaten durch weitere Klassen ist aber durchaus möglich, wobei Daten immer dann als eigenständige Klasse beschrieben werden sollten, wenn sie über eine komplexe innere Struktur verfügen (was natürlich auch ein dehnbarer Begriff sein kann).

Wir fassen die Aufgaben der objektorientierten Analyse nochmals zusammen:

- Identifikation aller Begriffe des Anwendungsfalls und Bildung von Klassen,
- Erste Gruppierung der Klassen zu Oberklassen und Unterklassen,
- Inside-Out Entwurf der Slots und ihre Zuordnung zu Klassen der richtigen Hierarchiestufe,
- Überprüfung des Modells und ggf. Modifikation,
- Zuordnung der Methoden zu den Klassen,
- Überprüfung des Modells und ggf. Modifikation,
- Prüfung des Modells auf Vollständigkeit,
- Permanente Einbeziehung des Fachexperten zur Abstimmung des Modells mit den Anforderungen.

Im zweiten Schritt, dem **objektorientierten Design** (OOD), wird aus dem Modell schrittweise eine technische Spezifikation in Richtung auf eine mögliche Implementierung abgeleitet. Dabei werden auch Mittel des klassischen strukturierten Designs (SD) benutzt, wie etwa die Bildung von Prototypen. Generell bedeutet der Übergang von der OOA zum OOD einen Wechsel der Sprache weg von der Terminologie der Fachabteilungen hin zur Terminologie der technischen/algorithmischen Implementierung. Beim OOD müssen sowohl einfache Details wie die genaue Benutzerführung (Bildschirmmasken, Dialoge), als auch generelle systematische Überlegungen zur Repräsentation von Daten (Speicherung, Persistenz) beschrieben werden.

Als Richtschnur kann hier ein ähnlicher Ablauf wie bei der OOA dienen, indem etwa das aus der OOA entstandene Modell einer Prüfung auf Konsistenz und Vollständigkeit im Hinblick auf die technische Umsetzung unterzogen wird. Möglicherweise werden dabei Mängel im Modell sichtbar, so daß ein Re-Design an bestimmten Stellen notwendig werden kann. Prinzipiell bedient sich dabei das OOD der gleichen Mittel wie die OOA, nämlich der Klassen und Slots. Die Konkretisierung wird dabei schrittweise soweit fortgeschrieben, bis die sprachlichen Mittel der gewünschten Implementierungssprache, etwa C++, erreicht sind. Damit ist zugleich ein Übergang in die endgültige Umsetzung mit Hilfe der objektorientierten Programmierung gegeben.

Anders als bei konventionellen Verfahren nimmt die Objektorientierung durchaus zur Kenntnis, daß Softwareprojekte sich nach einer ersten Implementierung weiterentwikkeln. Durch die Klassenhierarchien ergeben sich formale Mittel für eine Arbeitsweise, in der eher vorhandene Teile angepaßt werden, anstelle daß Systeme komplett neu erstellt werden. Dieses „Re-Using statt Re-Programming" wird in der Praxis oft benutzt, wobei es aber zu Problemen kommen kann, wenn diese Arbeitsweise nicht von der gewählten Programmiersprache unterstützt wird. Angesichts der horrenden Kosten, die für gute Softwarekomponenten entstehen, ist es daher sehr wünschenswert, daß man auf gut getestete und effektiv implementierte Teile zurückgreifen kann.

In der Praxis setzt sich die Objektorientierung unter anderem auch deswegen verstärkt durch, weil sie das ideale Werkzeug zur Programmierung mit objektorientierten (graphischen) Oberflächen (**GUI = Graphical User Interfaces**) ist. Ohne diese Unterstützung fordert die Entwicklung von Applikationen für graphische Oberflächen ein erhebliches Maß an Aufwand, so daß die Entwicklung von modernen anspruchsvollen Applikationen heute ohne objektorientierte Maßnahmen zunehmend unpraktikabel wird. Der enge Zusammenhang zwischen OOP und GUI wird im nächsten Abschnitt noch genauer beschrieben. Auch im Bereich der Betriebssysteme findet die Objektorientierung zunehmende Verbreitung. Moderne Betriebssysteme, wie etwa der *Mach*-Kernel für *UNIX*, *Windows NT* oder *IBM*'s *PINK* sind objektorientiert entworfen und implementiert. Dabei ist besonders das Encapsulation-Konzept und die Synchronisation durch Versenden von Nachrichten im Bereich der Parallelprogrammierung vorteilhaft. OOP ist zwar per se nicht besser und nicht schlechter als andere Synchronisations-Methoden, aber durch die intuitive Klarheit insbesondere im makroskopischen Bereich, gewinnt die OOP auch zunehmend Einfluß auf den Bereich der Parallel- und Systemprogrammierung (schließlich liegen die objektorientierten Wurzeln auch im Bereich der Simulation).

Der zunehmende praktische Einsatz von Methoden der OOSE wird besonders auch durch die Verfügbarkeit entsprechender Software-Tools unterstützt. Diese zielen darauf ab, den Übergang zwischen Analyse, Design und Programmierung möglichst nahtlos und unter Einsatz des Computers selbst zu realisieren. Typischerweise treten solche Tools als **Klassen-Browser** auf, mit deren Hilfe ein konsistentes Arbeiten innerhalb der Klassenhierarchie, den Slots sowie den Beziehungen zwischen Klassen möglich ist. Lokal können dabei die Syntax und die spezifischen Eigenheiten der konkreten Sprache vorausgesetzt oder zumindest genutzt werden; es ist aber auch möglich, komplett von der Implementierungssprache zu abstrahieren und somit die Trennung zwischen Analyse und Design zum einen und Programmierung zum anderen stärker herauszuarbeiten.

Ein OOSE-Tool mit konkretem Bezug zur Sprache C++ ist die *Object Engineering Workbench* (*OEW*), von der das nachfolgende kurze Beispiel stammt:

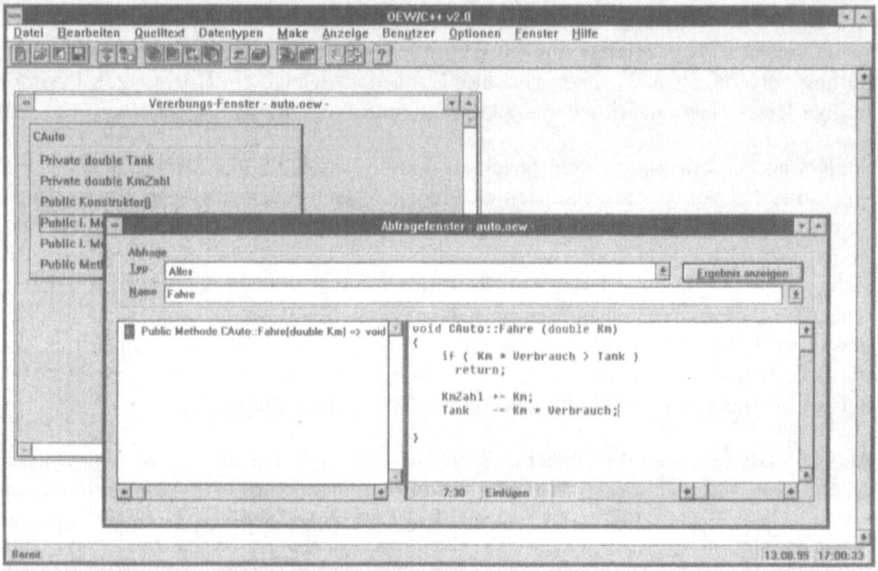

Abb. 1.1-6: Suche nach einer Nachricht mit einem OOSE-Tool

In umfangreichen Klassenstrukturen, besonders beim Einsatz zusätzlicher Bibliotheken wie etwa zur portablen GUI-Programmierung, aber auch bei den sehr umfangreichen Standard-Bibliotheken im neuesten ANSI C++ Sprachstandard, ergibt sich oft die Frage nach bestimmten Klassen, Nachrichten oder allgemein Slots. Oft ist der Name bekannt, das zielgerichtete Suchen in der Vielzahl beteiligter Quelltext-Module ist aber mühselig. Klassische Textsuche[1] ist dabei nur begrenzt nützlich, weil dabei bedingungslos alle passenden Textvorkommen ausgegeben werden, egal ob es sich dabei um das Versenden einer Nachricht, die Definition einer zugehörigen Methode oder gar nur um einen Kommentar handelt. Eine Auflösung hinsichtlich der Polymorphie ist natürlich erst recht nicht zu erwarten, weil Textsuchalgorithmen nicht die inhaltliche Klassenstruktur berücksichtigen können. In einem OOSE-Tool werden dagegen bei derartigen Nachfragen nicht nur alle möglichen Vorkommen in ihrem jeweiligen Klassenkontext aufgelistet; man kann auch neben der formalen Beschreibung einer Nachricht (Parameter und Rückantworten) bei Bedarf deren Implementierung sehen bzw. so-

[1] ....etwa mit den UNIX-Dienstprogramm grep.

gleich modifizieren.[1] Die Kontrolle der Schreibrechte innerhalb einer Klassenstruktur stellt damit gleich einen inhaltlich motivierten und einsichtigen Kontrollmechanismus bei der Softwareentwicklung im Team dar.

Ebenso benötigt man für das oft erwähnte Software-Reusing, also die Wiederverwendung bereits fertiggestellter Programmteile in einem anderen Kontext, einen hinreichenden Überblick über die vorhandenen Klassen und deren Möglichkeiten. Mit einem Klassen-Browser kann man sich so relativ schnell von der Wurzel einer Klassenhierarchie[2] in die Richtung der gewünschten Funktionalität bewegen. Dabei ist auch das selektive Ein- und Ausblenden von Informationen nützlich. So kann es durchaus sinnvoll sein, nur die jeweils zusätzlichen Slots anzuzeigen (ähnlich wie in den vorgestellten Klassendiagrammen). Die volle Funktionalität einer Klasse kann dagegen durch Anzeige aller verstandenen Nachrichten und öffentlichen Instanzvariablen eingesehen werden, ohne daß dazu die gesamte Abstammungsgeschichte der Klasse mit beachtet werden muß.

Findet man auf diese Weise die gewünschte Klasse im Baum, dann kann man sie benutzen; anderenfalls gelangt man so an eine Klasse, die der gewünschten Funktionalität relativ nahe kommt. Dort kann der Klassenbaum gleich mit Hilfe des OOSE-Tools entsprechend erweitert werden, ohne wieder in einen klassischen Texteditor zurück zu müssen.

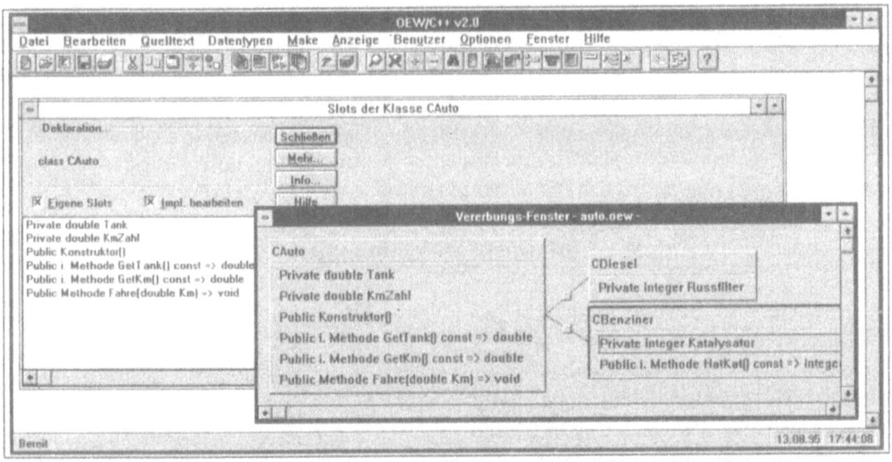

Abb. 1.1-7: Autoklassen-Hierarchie vor dem Umbau

So sind auch die beschriebenen Reorganisationen innerhalb einer Klassenstruktur mit einem OOSE-Tool wesentlich einfacher realisierbar als mit einem einfachen Texteditor. Soll etwa im Beispiel einer Autoklassen-Hierarchie (vgl. Abb. 1.1-7: Autoklassen-

[1] ....Natürlich nur dann, wenn es sich um eine Klasse handelt, für die man als Entwickler Schreibberechtigung hat.

[2] ....bzw. den Klassen ohne Vorgänger bei Merfachvererbung.

Hierarchie vor dem Umbau, auf dieses Beispiel wird in den folgenden Kapiteln noch im Detail eingegangen) dem Umstand Rechnung getragen werden, daß mittlerweile auch Dieselfahrzeuge mit Katalysatoren ausgerüstet sein können, so müssen die dazu notwendigen Slots in der Klassenhierarchie entsprechend in die allgemeinere Klasse `CAuto` verschoben werden. Dazu ist hier nur das typische Ausschneiden und Wiedereinfügen (Cut-And-Paste) im Klassendiagramm nötig. Alle zusätzlichen Reorganisationen in den beteiligten Quelltexten verlaufen „hinter den Kulissen".

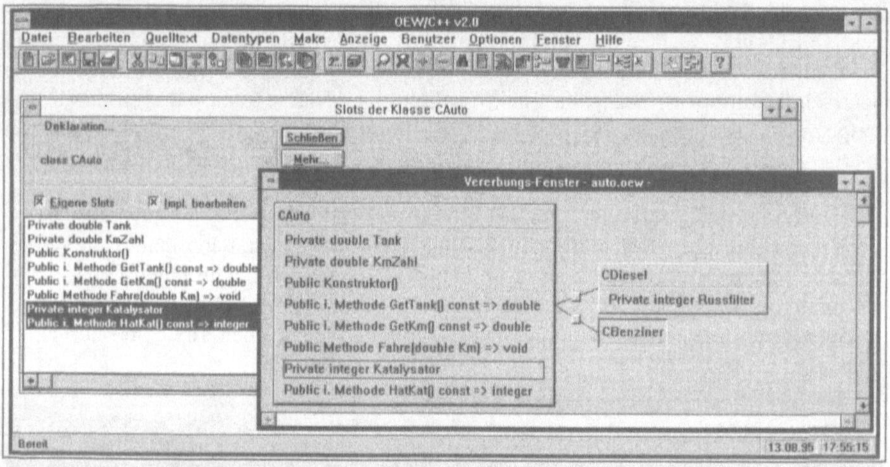

Abb. 1.1-8: Autoklassen-Hierarchie nach dem Umbau

Dies soll als Ausblick in die Zukunft der modernen objektorientierten Programmierung ausreichen. Einen wirklichen Eindruck über die Möglichkeiten dieser Werkzeuge kann man sich eigentlich nur in der Praxis, sprich mit Hilfe des Programms verschaffen.[1]

Aufgabe 1 Informelle Objektorientierte Analyse

Formuliere eine objektorientierte Beschreibung für ein einfaches Realwelt-System, beispielsweise Ausschnitte aus einem einfachen Betrieb (Personalverwaltung, Projektplanung, ...). Ordne den Realwelt-Komponenten dabei die Begriffe Klasse, Objekt, Instanz, Nachrichten, Methoden, Instanz-Variablen zu, wobei eine mögliche Klassenhierarchie entsprechend der objektorientierten Analyse entwickelt werden soll.

[1] ....Die Object Engineering Workbench gibt es als kostenlose Testversion im Internet über die Word-Wide-Web Page: http://www.isg.de/oew.

1.2 Vertiefung

1.2.1 Fensteroberflächen als objektorientierte Systeme

Die Wurzeln für die objektorientierten Systeme und damit auch die objektorientierte Programmierung liegen sehr weit zurück: Das erste objektorientierte System entstand Anfang der sechziger Jahre als interaktives Graphiksystem unter dem Namen *Sketchpad* (*Sutherland*, 1963). Der Anwender kann mit Hilfe eines Lichtstifts Objekte konstruieren, diese als Objekte ansprechen und modifizieren. Angeregt durch *Sketchpad* und SIMULA (eine Erweiterung von ALGOL-60, die erstmals das Klassenkonzept realisierte) entwickelte *A. Kay* 1969 zunächst an der *University of Utah* die Vorstellung von einem System, das auf Objekten basiert, die untereinander durch Nachrichtenaustausch kommunizieren.

Die Zielsetzung von SIMULA bestand darin, eine Möglichkeit zur Verfügung zu stellen, Simulationen für (parallele) Abläufe zu programmieren. Dabei dienen Klassen und Nachrichten primär dazu, Zuständigkeiten zu ordnen und Synchronisations-Probleme einfach und intuitiv einsichtig zu formulieren, eine Aufgabe, die üblicherweise komplex und schwer zu durchschauen ist. Während sich SIMULA eher unauffällig entwikkelte, begannen 1970 bei der *Software Concepts Group* des *Xerox PARC Adele Goldberg* und *A. Kay* zusammen eine objektorientierte Programmiersprache zu entwickeln, die den Namen Smalltalk-72 erhielt. Die letzte Version, Smalltalk-80, wurde von *Adele Goldberg* und *David Robson* entwickelt. Damit war die entsprechende objektorientierte Arbeitsumgebung und Programmiersprache für moderne Hardwaresysteme bereit, und die Benutzeroberfläche von Smalltalk wirkt wie kaum ein zweites Softwaredesign bis heute nach.

Eine ganze Reihe von wesentlichen Merkmalen wurde mit der Benutzeroberfläche von Smalltalk erstmals eingeführt, die sich heute in den üblichen graphischen Oberflächen wiederfinden:

- Mehrere Fenster, die vom Benutzer mit der Maus in Form, Größe und Position geändert werden können,
- einheitliche Bedienung unterschiedlicher Fenstertypen,
- einfacher Überblick über (quasi) gleichzeitige Prozesse: In jedem Fenster läuft ein Prozeß,
- einfacher Austausch von Daten zwischen den Fenstern durch eine Zwischenablage.

Obwohl die Smalltalk-Oberfläche nur eine sehr flexible Programmierumgebung für die Sprache Smalltalk selbst war, stellte sie den Anfangspunkt für die heute üblichen graphischen Benutzeroberflächen dar, die eigentlich besser objektorientierte Benutzeroberflächen heißen sollten. Populär als echte Betriebssystemoberfläche wurde ein ähnliches System auf dem *Macintosh* der Firma *Apple*. Obwohl dieses System ursprünglich als reiner Computerarbeitsplatz vorgesehen war, sicherten er und seine Nachfolger sich einen festen Platz und zeigten erstmals eine objektorientierte Betriebssystemoberfläche. Der ursprünglich als Entwicklungsumgebung konzipierte Rechner *Lisa* von

Apple war dagegen ein Flop. Laut geplantem Design sollten Anwendungsprogramme für den *Macintosh* auf der *Lisa* entwickelt werden, und der *Macintosh* nur als „Wiedergabemedium" dienen. Nicht zuletzt ein erheblicher Preis für die Lisa verurteilten dieses Konzept zum Scheitern. Als wesentliche Erkenntnis sollte man jedoch mitnehmen: Programmentwicklung für objektorientierte Benutzerschnittstellen setzt ein gut ausgebautes System (Speicherplatz, Rechenleistung) voraus.

Wenig später kam von der Firma *Microsoft* mit *Windows* ein Aufsatz für das Betriebssystem MS-DOS heraus, der eine leistungsfähige objektorientierte Benutzerschnittstelle realisierte. Dabei war quasiparallele Ausführung von *Windows*-Applikationen sowie standardisierter Datenaustausch möglich. *Windows*-Applikationen sind Anwendungsprogramme, die speziell auf die objektorientierte Benutzerschnittstelle ausgelegt sind. Das System dämmerte mehrere Jahre nach der Erstvorstellung ohne große Resonanz vor sich hin, da einerseits wenige Softwarehersteller spezielle *Windows*-Applikationen entwickelten und andererseits Standardprogramme nur schlecht unterstützt wurden.

Etwas später als *Windows 1.0* kam eine etwas einfachere Fensteroberfläche namens *GEM* auf den Markt. Insgesamt reichte sie jedoch nicht an die Leistungsfähigkeit von *Windows* heran. Windows erlebte seinen Boom erst später, als mit Mikrocomputern der AT-Klasse leistungsfähige Hardware zur Verfügung stand. Dieser Siegeszug wurde unter anderem von der Einführung des SAA[1]-Standards durch eine Reihe führender Anbieter unterstützt, der die Art der Benutzerführung von Windows reglementiert und so vereinheitlicht.

Auch in der *UNIX* Welt ist mit der Einführung von *X-Windows* und *OSF/Motif* eine ähnliche objektorientierte Benutzeroberfläche entstanden, wobei sich *OSF/Motif* an den **SAA**-Standard anlehnt. *OSF/Motif* und *Windows* sind zwar nicht identisch, aber doch so ähnlich, so daß die Orientierung für den Anwender schnell und einfach möglich ist.

Daneben existieren natürlich noch eine Reihe weiterer Fensteroberflächen mit und ohne Mausunterstützung. Der wesentliche Unterschied liegt häufig in der grundlegenden Konzeption der speziellen Anwendungsprogramme. Objektorientierte Benutzerschnittstellen sind keineswegs durch Fenster charakterisiert. Wesentlich ist die Anwendung des Klassenkonzepts in der Anwendungsprogrammierung und der Reaktion der Applikationen auf Nachrichten.

Anders als klassische Programme, die vorrangig selbst die Initiative ergreifen und Teile des Laufzeitsystems aufrufen, muß das Anwendungsprogramm in einer objektorientierten Benutzerschnittstelle auf bestimmte Nachrichten reagieren, die es vom System oder von anderen Programmen erhält. Als Beispiel soll eine einfache Eingabe von der Tastatur dienen. Ein klassisches Programm bestimmt durch den Aufruf einer entsprechenden Prozedur des Laufzeitsystems, daß es auf eine Eingabe wartet. Der Programmablauf bleibt solange in dieser Routine, bis die Eingabe abgeschlossen ist.

---

[1] ....SAA = System Application Architecture, einheitliches Design von Benutzerführungen.

Eine Eingabe zu einem beliebigen Zeitpunkt ist also nicht möglich; der Benutzer muß sich an die zeitliche Reihenfolge des Programms halten. In einer Applikation einer objektorientierten Benutzerschnittstelle kann der Benutzer prinzipiell jederzeit eine Eingabe an das Programm senden. Das Programm muß auf die Nachricht des Benutzers entsprechend reagieren. Der Benutzer ist in diesem Sinn ein spezielles Objekt.

1.2.2 Entstehungsgeschichte von C++

Die Sprache C++ ist keineswegs monolithisch am grünen Tisch entworfen worden wie etwa Ada, sondern ist aus pragmatischen Gesichtspunkten aus der Vorgängersprache C entstanden, die keineswegs speziell objektorientiert war. Eine gewisse historische Übersicht ist daher sinnvoll und zum Teil auch notwendig, weil nur so einige „Merkwürdigkeiten" oder latente Stilbrüche in der Sprache C++ erklärlich sind.

C++ geht zunächst auf die Sprache C zurück. Die Entwicklung der Sprache C war eng mit der Geschichte des Betriebssystems UNIX verbunden. Bei einem Projekt der *Bell Laboratories* stellte man fest, daß es kein geeignetes Betriebssystem gab, mit dem eine sinnvolle Softwareproduktion möglich war. Es wurde ein Betriebssystem gesucht, das den Zugriff mehrerer Benutzer erlaubt und trotzdem maximalen Schutz gewährleistet.

Zur damaligen Zeit, Ende der 60er Jahre, war die Sprache BCPL[1] für die Implementierung von Betriebssystemen sehr gebräuchlich. Für die Maschine, auf der dieses Betriebssystem laufen sollte, eine PDP-7 von *DEC*, gab es aber keinen solchen Compiler. Anstelle nun zuerst einen BCPL Compiler zu entwickeln, entschied sich das Team um *Ken Thompson* dazu, eine neue, einfachere Sprache zu implementieren, diese wurde B genannt, mit deren Hilfe dann ein erstes „Ur-UNIX" auf der *PDP-7* realisiert wurde. Sowohl BCPL als auch B kannten nur den Datentyp Maschinenwort, das auch der einzige Datentyp der *PDP-7* war.

Mit diesem Ur-UNIX konnte man sehr einfach umgehen; so entschied man sich, dieses System auch auf anderen Computern einzusetzen. Zur Disposition stand dadurch 1972 eine Implementierung auf einer *PDP-11* von *DEC*. Dieser Computer unterstützte bereits verschieden lange Datentypen und, zur damaligen Zeit ein echter Luxus, enthielt eine Recheneinheit für Gleitkommazahlen. Diese Fülle der möglichen Daten war zuviel für die etwas unflexible Sprache B.

Dennis Ritchie überarbeitete dann die Sprache B, fügte verschiedene Datentypen und einiges mehr ein. Die Sprache wurde in C umbenannt und in dieser Sprache wurde dann das Betriebssystem *UNIX* neu implementiert. Beim Entwurf von C wurde darauf geachtet, keine Konstruktionen der Sprache allzu eng an die gegebene Hardware anzupassen. Unter Verzicht auf etwas Geschwindigkeit wurde somit eine hohe Übertragbarkeit auf andere Systeme erreicht, die Idee der **Portabilität** war somit eingeführt.

Zusammen mit *Brian Kerninghan* veröffentlichte *Dennis Ritchie* das Buch „The C Programming Language", lange Zeit die Bibel der C Programmierer, vergleichbar mit

[1] .... BCPL = Basic Combined Programming Language.

Jensen/Wirth's Buch „PASCAL - User Manual and Report“ für die Sprache Pascal. Die Beschreibung der Sprache C in dem Buch von *Kerninghan* und *Ritchie* wurde als Definition nach dem sogenannten K&R-Standard angesehen. Alle C-Compiler mußten das unterstützen, was in diesem Buch gefordert wurde.

Nachdem C auf immer mehr Computern implementiert wurde, begannen sich bestimmte Mängel in der K&R-Definition herauszustellen. An bestimmten Stellen waren Probleme nicht genau spezifiziert, man konnte das Verhalten der Sprache nicht vorherbestimmen. Aus diesem Grund begann sich die Amerikanische Normungskommission (ANSI) Gedanken um die Zukunft der Sprache C zu machen. In diesem Normungsvorschlag des ANSI-Gremiums, kurz **ANSI C** genannt, wurden für den Compiler bessere Kontrollmöglichkeiten gegeben. Es ist zwar weiterhin möglich, jede gewünschte, manchmal zweifelhafte, Konstruktion zu verwenden, man muß aber explizit mitteilen, was man zu tun gedenkt. In der Normung sind nicht nur die Sprache selbst, sondern auch Funktion und Parameter der mit den Compilern gelieferten Funktionen festgelegt.

Diese keineswegs ideale aber weit verbreitete Sprache C wählte nun *Bjarne Stroustrup* 1980 als Ausgangspunkt für sein „C with classes“. Echte objektorientierte Eigenschaften, wie die vollständige Polymorphie, kamen in einem Re-Design 1983/84 hinzu und bildeten so das erste echte C++. Das erste allgemein verfügbare C++ kam 1985 auf den Markt, wobei die damaligen C++ Compiler in der Regel noch als Cross-Compiler ausgelegt waren, bei denen zunächst C++ in C übersetzt und dann in einem zweiten Schritt durch den C-Compiler in den eigentlichen Maschinencode überführt wurde. Dadurch entfiel die aufwendige Arbeit, ein vollständiges Back-End[1] für eine Vielzahl möglicher Zielsysteme zu entwerfen. Das jeweilige Back-End war durch C verfügbar, sehr verläßlich und in der Regel auch effektiv implementiert.

C++ hat seit dem weitere Entwicklungsschritte mitgemacht, wobei die Firma *AT&T* bei der praktischen Umsetzung sowie der Formalisierung eine wichtige Rolle spielte und noch spielt. Als Standard-Nachschlagewerk gilt „The Annotated C++ Reference Manual“ von *Ellis/Stroustrup*. Mittlerweile gibt es, ähnlich wie für C, auch für C++ ANSI-Normungen, so daß die Sprache auch in formaler Hinsicht heute als „ausgewachsen“ angesehen werden kann. Die Entwicklungsschritte lassen sich wie folgt skizzieren.[2]

- Level 1.3 wird heute praktisch nicht mehr verwendet. Es unterscheidet sich von den heute üblichen C++ Versionen durch deutlich abweichende Streams (das objektorientierte Dateibehandlungskonzept).
- Level 2.0 bildet heute das praktische Fundament, das von allen aktuellen Compilern auch unterstützt wird. In diesem Level wurden die heute üblichen Streams eingeführt.

---

[1] ....Der Teil im Compiler, der für die eigentliche Code-Erzeugung sorgt.

[2] ....Diese Stichworte dient vorzugsweise als Übersicht für Entwickler mit etwas C++ Erfahrung, um sich einen Überblick über die Merkmale von Compilern zu verschaffen, die möglicherweise für einen Einsatz in Betracht kommen.

- Level 2.1 erweitert die Sprache C++ um das Konzept der Templates, bei dem generische Formulierungen mit Klassen oder Typen als Parametern möglich sind. Ein ähnliches Konzept findet sich in den generic packages von Ada wieder.
- Level 3.0 fügt als weiteres Sprachmittel ein strukturiertes Exception-Handling ein, was besonders in großen Softwareprojekten bzw. bei komplexen, asynchronen Abläufen für eine wesentliche Vereinfachung sorgt.

Der letzte Entwicklungsschritt wurde 1995 vom ANSI-Kommittee vollzogen, als mit dem Dokument X3J16/95-0091 WG21/N0691 der Standard für ANSI C++ festgelegt wurde (**ANSI C++**). Dieser beinhaltet an den Grundelementen der Sprache gegenüber Level 3.0 nur geringe Erweiterungen (etwa die Einführung eines Datentyps **`bool`**). Weitere Ergänzungen betreffen parametrisierte Klassen (**`templates`**) sowie Laufzeit-Typinformationen (runtime type information = **RTTI**).

Umfangreichere Erweiterungen bilden dagegen die Standard-Bibliotheken mit der **STL** (Standard Template Library) und die Modularisierung. Beides bislang eher Stiefkinder in der zurückliegenden Entwicklungsgeschichte von C++, wurden diese mit Einführung von ANSI C++ massiv verbessert. Da aber bei der Drucklegung dieses Buches noch sehr wenige Compiler diesen neuesten Stand erreicht haben, werden spezifische Sprachneuerungen nicht durchgehend eingesetzt, bzw. wenn sie verwendet werden, deutlich als solche gekennzeichnet. Generell beziehen sich alle Beispiele nicht auf spezielle Compiler oder Betriebssysteme.

Um den Leser mit den wichtigen Grundprinzipien erweiterter objektorientierter Datenstrukturen vertraut zu machen werden einige grundlegende Datenstrukturen, die in C++ vor ANSI C++ nicht vorhanden waren in portabler Art und Weise nachgebildet (speziell „echte“ Strings, Felder und einige allgemeine Container-Klassen). Diese stehen bei Bedarf als Quelltext auf unserem anonymen WWW-Server zur Verfügung (http://www.neuro.informatik.uni-kassel.de/oop-buch). Diese können und sollen die neuen Standard-Klassen weder nachbilden (nicht einmal teilweise) noch diese ersetzen. Vielmehr gestatten sie dem Anwender von C++ Compilern vor dem Standard ANSI C++ (etwa Level 3.0), ein vergleichbar komfortables Arbeiten bei den wichtigsten Einsatzgebieten. Weiter dienen diese Klassen auch als Anschauungsmaterial in den fortgeschrittenen Kapiteln, in denen auf die Implementierung eben dieser Klassen exemplarisch eingegangen wird.

2. Aufbau von C++ Programmen

Um erste Versuche mit einer neuen Programmiersprache machen zu können, müssen zunächst einige Grundbegriffe zum Aufbau der jeweiligen Programmiersprache behandelt werden. Im Abschnitt Grundlagen werden nur die wichtigsten Regeln vorgestellt, um ein erstes einfaches Programm (das berühmte „Hello World"-Programm) zu erstellen. Im Vertiefungsabschnitt werden dann einige Details behandelt, die für die Entwicklung einfacherer Programme nicht unbedingt notwendig sind.

2.1 Grundlagen

2.1.1 Formale Regeln

Die Programmiersprache C++ ist **formatfrei**, genau wie Pascal oder Modula-2. Eine Besonderheit gegenüber den meisten Programmiersprachen ist ein **Präprozessor**, der vor dem eigentlichen Übersetzungsvorgang den Quelltext bearbeitet. Diese Präprozessoranweisungen sind zeilenorientiert; sie beginnen mit einem # Zeichen in der ersten Spalte und enden mit dem Ende dieser Zeile. Der C++-Präprozessor übernimmt durchaus wesentliche Aufgaben und ist nicht nur als ein Anhängsel zu verstehen.[1] Da der Umgang mit einem Präprozessor und den dort realisierten **Makros** ungewohnt ist, gehen wir im Vertiefungsabschnitt noch ausführlich darauf ein.

C++ verwendet, wie andere Programmiersprachen auch, bestimmte Symbole wie +, * und /, **reservierte Worte** (**Keywords**) wie **`for`** und **`switch`** sowie **Bezeichner** (**Identifier**) wie `cout` oder `sqrt`. Variablen, Funktionen und Datenstrukturen erhalten benutzerdefinierte Bezeichner, die nicht mit reservierten Worten kollidieren dürfen. Ferner sollten sie nicht mit Namen aus den Standardbibliotheken kollidieren.

Bezeichner können mit einem Buchstaben oder dem Unterstrich beginnen und können dann von Buchstaben, Ziffern oder Unterstrichen gefolgt werden. Nicht erlaubt sind hingegen Sonderzeichen, zu denen auch die deutschen Umlaute ä, ö, ü und ß gehören. Obwohl der Unterstrich als erstes Zeichen zulässig ist, sollte er dort nicht verwendet werden, weil einige versteckte Bibliotheksroutinen solche Namen selbst verwenden. Zu beachten ist vor allem die Unterscheidung von **Groß**- und **Kleinschreibung**. Die folgenden Bezeichner sind also zulässig und unterschiedlich!

```
James_Bond007;          JAMES_BOND007;
JamesBond007;           jamesbond007;
```

[1] Die Aufgaben des Präprozessors waren in C noch umfassender als in C++. Trotz der reduzierten Bedeutung in C++ wird er jedoch weiterhin benötigt.

Die reine Großschreibung von Bezeichnern sollte für die Verwendung in Makros reserviert sein (dies ist allgemein üblich, aber nicht vorgeschrieben). Die Schlüsselworte von C++ werden klein geschrieben. Obwohl **for** ein reserviertes Wort ist, sind die Bezeichnernamen `For` oder `FOR` zulässig!

Schlüsselworte und Bezeichner müssen voneinander durch Sonderzeichen oder **White Spaces** getrennt werden. Unter White Spaces versteht man Leerzeichen, Tabulatorzeichen oder Zeilenendezeichen. Damit verhält sich C++ genau wie die meisten anderen Programmiersprachen auch.

Es gibt zwei Arten von **Kommentaren** in C++:

1. Kommentare werden durch die Zeichenfolge `/*` begonnen und mit `*/` abgeschlossen. Sie dürfen sich über mehrere Zeilen erstrecken und dürfen in der Regel nicht geschachtelt werden. Borland C++ bietet zwar eine Option an, die das Schachteln von Kommentaren doch zuläßt, hierbei verlieren die Programme jedoch ihre Portabilität. Das nachfolgende Beispiel ist also meist unzulässig:

```
/* ein /* unzulässiger */ Kommentar */
```

2. Außerdem kann ein Kommentar auch mit der Zeichenfolge `//` eingeleitet werden. Taucht diese Zeichenfolge in einem C++-Programm auf, so wird alles Weitere bis zum Zeilenende als Kommentar aufgefaßt.

Das folgende Beispiel zeigt hingegen eine erlaubte Verschachtelung von Kommentaren:

```
/*
  Dies ist ein Kommentar:        // Ein Kommentar
*/
```

Kommentare dürfen in C++ Programmen überall dort auftreten, wo auch White Spaces stehen dürfen.

In wenigen Fällen kann es notwendig sein, tatsächlich sehr lange Zeilen zu konstruieren; diese Notwendigkeit tritt hauptsächlich im Zusammenhang mit umfangreichen Makrodefinitionen auf. Wird eine Zeile mit dem Backslash (\) Zeichen abgeschlossen, so wird die nachfolgende Zeile als Fortsetzung interpretiert. Für C++ selbst ist dies natürlich belanglos, da C++ formatfrei ist. Eine mögliche Anwendung sind überlange Stringkonstanten, hierauf wird jedoch später noch ausführlich eingegangen:

```
cout << "Dies ist eine sehr lange \
Zeile, die am Stück ausgegeben wird";
```

Es ist aber hier auch folgende Formulierung möglich:

```
cout << "Dies ist eine sehr lange "
        "Zeile, die am Stück ausgegeben wird";
```

Dieser Programmcode würde auf dem Bildschirm folgende Ausgabe produzieren:

```
Dies ist eine sehr lange Zeile, die am Stück ausgegeben wird
```

2.1.2 Das Hauptprogramm

C++ Programme unterliegen nicht einem streng kontrollierten Aufbau wie beispielsweise Pascal- oder Modula-2-Programme. In einer Quelltextdatei befinden sich in praktisch beliebiger Reihenfolge Funktionen. Ein expliziter Programm- oder Modulkopf (in Pascal **PROGRAM** oder **UNIT**) ist nicht vorhanden. Formal gesehen existiert auch kein Hauptprogramm. Die spezielle Funktion `main` übernimmt diese Aufgabe. Das Betriebssystem ruft diese Funktion bei der Ausführung des Programms auf.

Um ein erstes einfaches Programm entwickeln zu können, sollte man zumindest einfache Ausgaben auf dem Bildschirm erzeugen können. Hierzu bedient man sich der **IOStreams**[1], einem sehr mächtigen Werkzeug für alle Arten der Ein-/Ausgabe. An dieser Stelle wollen wir jedoch nur kurz die Ausgabe auf dem Bildschirm betrachten:

```
cout << "Hallo" << endl;
```

Bei `cout` handelt es sich um ein spezielles Objekt, das alle „Werte“, die ihm mit << übergeben werden, auf die Standard-Konsolen-Ausgabe[2] (also in der Regel den Bildschirm) schreibt. Bei `endl` handelt es sich um eine besondere Mitteilung an `cout`, die angibt, daß eine neue Zeile beginnen soll.

Damit könnte das mittlerweile weltberühmte „Hello World“-Programm dann so aussehen:

```
/* Mein erstes C++-Programm */

#include <iostream.h>              // wird für die Ausgabe benötigt

int main()
{
  cout << "Hello World!" << endl;
  cout << "(der Klassiker)" << endl;
  return 0;
}
```

Gleich in der zweiten Zeile entdeckt man die Präprozessor-Anweisung `include` (gekennzeichnet mit #). Hiermit wird eine andere Datei eingebunden, in der der Compiler weitere Anweisungen findet.[3]

Ohne in die Details zu gehen, bemerken wir, daß eine C++-Funktion mit dem Namen der Funktion (hier `main`) beginnt, dann eine formale Parameterliste folgt, hier ist sie leer. Schließlich folgt ein Block, der in C++ von { und } eingeschlossen wird. Das Schlüsselwort **void** zeigt an, daß die Funktion `main` keinen Rückgabewert liefert. Man könnte zwar auch **void** weglassen, der Compiler würde aber zumindest eine Warnung ausgeben, da die Funktion tatsächlich keinen Wert zurückgibt. Dies zeigt

[1] .... IOStreams (Input/Output Streams) werden im Kapitel über elementare Datenstrukturen und in einem eigenen Kapitel über allgemeine Streams noch ausführlich behandelt.

[2] .... cout (console output).

[3] .... Ausführliche Informationen zum Präprozessor findet man im Vertiefungsteil dieses Kapitels.

bereits, daß in C++ nicht zwischen Funktionen und Prozeduren mit speziellen Schlüsselworten unterschieden wird, sondern daß man das Fehlen eines Rückgabewertes lediglich mit dem reservierten Wort **void** anzeigt. Daher werden wir im folgenden oft von Funktionen und nicht unbedingt von Prozeduren sprechen.

In dem durch { und } eingeschlossenen Block können nun beliebig viele **Anweisungen** stehen. Eine Anweisung ist ein Ausdruck, der den Computer veranlaßt, bestimmte Tätigkeiten auszuführen. In unserem Beispiel bewirkt die Anweisung

```
cout << "Hello World!" << endl;
```

daß *Hello World!* auf dem Bildschirm ausgegeben wird. Anweisungen sind also etwa Aufrufe von Funktionen bzw. Prozeduren oder Zuweisungen von Werten zu Variablen. Jede Anweisung wird mit einem Semikolon abgeschlossen, auch wenn sie die letzte ist und somit keine weiteren Anweisungen mehr folgen. Aus diesem Grund muß auch nach der zweiten Ausgabeanweisung und vor der } ein Semikolon stehen.

2.1.3 Aufgaben

Aufgabe 2 Bezeichner

Welche der untenstehenden Bezeichner dürfen in C++ Programmen auf keinen Fall für eigene Bezeichner verwendet werden? Begründe kurz!

a) `Anfang`	b) `PROGRAMM`	c) `Wert1`
d) `Wert-1`	e) `Wert_1`	f) `1.Zahl`
g) `cout`	h) `Cout`	i) `Eine_Zahl`
j) `La Fontaine`	k) `VielGeld`	l) `GO TO`
m) `GOTO`	n) `GAU_TU`	o) `4Jahreszeiten`
p) `quattro(4)Stagioni`	q) `einmalPommes_mitMayo`	r) `IchBinEinGültigerBezeichner`
s) `The(Das)End(e)`		

Aufgabe 3 Das erste Programm

Schreibe ein Programm, das den Text „Objektorientierte Programmierung" auf dem Bildschirm ausgibt.

2.2 Vertiefung

2.2.1 Der Präprozessor I

In diesem Abschnitt beschreiben wir die ersten Grundlagen für den Präprozessor von C++. Die Arbeit mit einem (Makro-) Präprozessor spielt bei sonst keiner weiteren Hochsprache eine vergleichbare Rolle. Pascal oder Modula-2 kennen einen separaten Präprozessor ebensowenig wie die archaischen Sprachen Fortran und COBOL. Dagegen findet man Makros häufig in leistungsfähigen Assemblern, wo sie innerhalb der modernen Assemblerprogrammierung ein sehr wichtiges Hilfsmittel bilden. Bevor wir die wichtigsten Anweisungen des Präprozessors zusammenstellen, müssen wir uns zunächst mit der prinzipiellen Arbeitsweise vertraut machen.

Der Präprozessor ist vor den ersten eigentlichen Compiler-Durchlauf geschaltet und führt Ersetzungen im Quelltext durch. In dieser Sichtweise entspricht er in etwa der Editorfunktion „Suchen und Ersetzen", bei der bestimmte Zeichenfolgen durch andere ersetzt werden. Diese Ersetzung von Makros wird **Expansion** genannt.

Der Präprozessor selbst ist also unabhängig vom Compiler, arbeitet aber eng mit ihm zusammen. Da man Präprozessoren auch unabhängig von C++ bei anderen formalen Sprachen gut verwenden kann, gibt es den Präprozessor, den auch C++ verwendet, oft als eigenständiges Programm, das dann einen Quelltext mit den eingebetteten Präprozessoranweisungen einliest und eine veränderte Datei ausgibt.

Neben den einfachen Ersetzungsfunktionen können auch Ersetzungen mit Parametern durchgeführt werden; eine Ersetzungsregel mit Parametern nennt man ein **Makro**. Auch eine einfache Ersetzung, wie wir sie hier vorstellen, ist prinzipiell ein Makro ohne Parameter. Wir benutzen daher im folgenden den Begriff Makro für beide Anwendungen.

Makros bieten dem erfahrenen Programmierer eine Vielzahl von Möglichkeiten, die innerhalb der Grenzen von C++ nicht möglich wären. Man nutzt hier gezielt aus, daß der Präprozessor nicht die Regeln und Einschränkungen des nachfolgenden Compilers kennt. Da Makros praktisch nicht von „normalen" Funktionsaufrufen zu unterscheiden sind, benutzen erfahrene C-Programmierer Makros oft anstelle von kleinen, aber häufig benutzten Funktionen, um eine größere Geschwindigkeit des übersetzten Programms zu erzielen. Prozedur- und Funktionsaufrufe ziehen immer einen kleinen, zusätzlichen Verwaltungsaufwand nach sich, der sich besonders bei häufigen Aufrufen durchaus summieren kann. Solche Optimierungsmöglichkeiten werden auch von Standardbibliotheken benutzt, die einige einfache Funktionen tatsächlich als Makro realisieren.

Jedoch bietet C++ auch eine andere Möglichkeit, Programme durch Vermeidung von Funktionsaufrufen schneller zu machen. Hierzu wird die Funktion mit dem Schlüsselwort **`inline`** gekennzeichnet, was den Compiler dazu veranlaßt, den Sourcecode direkt an der Stelle des Aufrufs einzusetzen, wie dies der Präprozessor auch tut. Hierbei hat man aber den Vorteil einer genauen Syntaxprüfung.[1]

2.2.1.1 Konstanten

Wie bereits erwähnt, beginnen Präprozessoranweisungen mit dem Zeichen # in der ersten Stelle (der **Präprozessor** ist formatabhängig!). Es folgt der Name der Anweisung. Wir kennen bisher die Anweisung `include` und lernen jetzt `define` kennen.

[1] ....Weitere Informationen zu **`inline`** befinden sich in den Kapiteln „Funktionen", „Modularisierung" und „Projektorganisation".

Generell erstreckt sich eine Präprozessor-Anweisung immer bis zum Zeilenende. Reicht eine Zeile nicht aus, so kann eine Zeile mit ihrer nachfolgenden Zeile zusammengezogen werden, wenn sie mit einem \ abgeschlossen wird.[1]

Die einfachste Form eines Makros ist die Definition von **Konstanten**. Makros erhalten Namen, die die gleichen Konventionen wie die Bezeichnernamen in C++ erfüllen müssen. Darüber hinaus hat sich eingebürgert, daß Makros durchgängig mit großen Buchstaben geschrieben werden, um sie im Kontext sofort als Makros identifizieren zu können. Wir betrachten einige Beispiele:

```
#define MAXIMUM  100
#define ZEILEN   20
#define PI       3.141592654
#define FEHLER   "* Fehler aufgetreten!"
```

Wir haben hier also die Makro-Konstanten `MAXIMUM`, `ZEILEN`, `PI` und `FEHLER` definiert. Anders als in Pascal sind keine = Zeichen zwischen den Namen und den Werten und auch kein abschließendes `;` zu finden. Es darf sogar dort keines stehen! Betrachten wir dazu eine weitere Definition:

```
#define G_ERDE   9.81 ;
```

Bei der Definition tritt kein Fehler auf, da der Präprozessor nichts mit den Regeln von C++ zu tun hat, und der Compiler erhält diese Zeile überhaupt nicht mehr. Beim nachfolgenden Ersetzen dieser Makros im Quelltext werden aber möglicherweise Fehler auftreten. Betrachten wir zunächst den originalen Quelltext:

```
Wert = G_ERDE * PI;
```

Der Präprozessor übersetzt dieses Codefragment nun, indem er die ihm bekannten Makros durch die aktuellen Werte ersetzt. Damit erhalten wir:

```
Wert = 9.81 ;* 3.141592654;
```

Wir erkennen an der oben markierten Stelle, daß das unzulässige `;` bei der Makrodefinition von `G_ERDE` sich erst hier bemerkbar macht. Der Präprozessor hat als Ersetzungswert für den Namen `G_ERDE` alles gespeichert, bis zum Zeilenende der Definition, und damit auch das `;`. Solche Fehler können sich aber auch gut verstecken, und treten dann „plötzlich" auf, ohne daß wir etwas wesentliches geändert haben. Wir brauchen dazu nur die letzte Multiplikation auszutauschen, was inhaltlich natürlich keine Änderung ist. Der Ursprungstext

```
Wert = PI * G_ERDE;
```

wird dann übersetzt zu

```
Wert = 3.141592654 * 9.81 ; ;
```

[1] ....Dieses Zeichen haben wir bereits bei langen String-Konstanten kennengelernt, und es wird mit der gleichen Bedeutung auch bei Makros verwendet, die ja normalerweise maximal eine Zeile lang sein können.

wobei das erste ; aus der falschen Makrodefinition, das zweite aus dem Quelltext stammt. Hier wurde nur eine zusätzliche **leere Anweisung** erzeugt, die natürlich keinen Fehler produziert und sogar die Semantik der Anweisung unverändert läßt.

Die Verwendung von Kommentaren in Präprozessor-Definitionen ist dagegen meistens ungefährlich. Man sollte sich nur klar machen, daß diese Kommentare in den eigentlichen Quelltext, der dem C++ Compiler übergeben wird, mit übernommen werden, was aber nach den Regeln für Kommentare in C++ Programmen problemlos ist.

In C++ können und sollten Konstanten aber auch anders als in C definiert werden, da man dadurch die oben erwähnten Probleme umgeht:

```
const double    Pi        = 3.14;
```

Hier wird beispielsweise eine **double**-Konstante Pi mit dem Wert 3.14 definiert. Bereits an diesem Beispiel sieht man, daß eine so definierte Konstante einem Typ zugeordnet wird, so daß der Compiler hier (im Gegensatz zu einer Konstantendefinition mit define) Typ- und Syntax-Überprüfungen durchführen kann, was vor so manch unliebsamen Überraschungen schützt.

Das Schlüsselwort **const** taucht außerdem noch in verschiedenen anderen Zusammenhängen auf, die in späteren Kapiteln noch vorgestellt werden.

2.2.1.2 Die include-Anweisung

Eine weitere Aufgabe des Präprozessors haben wir bereits benutzt, das Einfügen separater Dateien mit der include-Anweisung. Ähnliche Aufgaben realisiert in Pascal der Compiler durch die Compilerdirektive {$I Dateiname }. In C++ spielen vor allem die sogenannten **Header**-Dateien eine wichtige Rolle. Diese Dateien enthalten als normalen C++ Text die Schnittstellenbeschreibung für importierte Module; sie tragen den Dateisuffix .h (.hxx, .hpp, ...). Bei den ersten Programmen haben wir mit der Anweisung #include <iostream.h> die Datei iostream.h in unsere Programme eingebunden.

Werden Dateinamen mit spitzen Klammern < > eingeschlossen, so sucht der Präprozessor zunächst in den Verzeichnissen, in denen sich alle Modulheader der C++ Bibliotheksfunktionen befinden. Dieses Verzeichnis wird in der Regel durch eine Environmentvariable mit Namen INCLUDE definiert.[1] Einige Modulheader, die hauptsächlich bei der Systemprogrammierung benötigt werden, liegen üblicherweise in einem Unterverzeichnis namens SYS des durch INCLUDE definierten Header-Verzeichnisses. Werden Header aus diesem Bereich benötigt, wird sys\ dem gewünschten Namen vorangestellt. Ein Beispiel:

[1] ....Viele moderne IDE's (Integrated Development Environment) besitzen zum Einstellen der Pfade eigene Menüpunkte bzw. Dialoge. Als Beispiel sei hier nur die IDE von Borland C++ genannt.

```
#include <iostream.h>
#include <sys\stat.h>           // DOS only!
#include "privat.h"
```

Neben der Standardbibliothek `iostream` wird die Datei `stat.h` für die Systemprogrammierung eingefügt. Unter UNIX müssen wir natürlich das \ durch / ersetzen.[1] Schließlich wird die Datei `privat.h` eingefügt. Diese sucht der Präprozessor aber zunächst im aktuellen Verzeichnis, also dort, wo auch die zu übersetzende Datei abgelegt ist. Erst wenn dort `privat.h` nicht gefunden wird, wird die Suche im `INCLUDE` Verzeichnis fortgesetzt. Header von Modulen aus dem aktuellen Projekt werden üblicherweise mit " " eingefügt, < > beschreibt Standardbibliotheken oder zusätzliche Bibliotheken, die ebenfalls allgemein genutzt werden können. Mit der `include`-Anweisung können auch beliebige C++ Quelltextteile an jeder beliebigen Stelle eingefügt werden, benutzt wird diese Anweisung aber hauptsächlich für Modulheader.[2]

2.2.2 Aufgaben

Aufgabe 4 Konstanten

Definiere einige Konstanten sowohl mit `#define` als auch mit **`const`** und gebe diese im Hauptprogramm mit `cout` aus. Was passiert, wenn man hinter einer mit `#define` definierten Variable einen Kommentar schreibt (verwende beide Kommentar-Formen)?

Aufgabe 5 const und inline

Schreibe die folgenden Präprozessor-Direktiven mit **`const`** und **`inline`** um:

```
#define TRUE              1
#define c                 299792.4562          // Lichtgeschwindigkeit in km/sec
#define eof               (-1)
#define Groesser(X,Y)     ((X>Y) ? (X) : (Y))
#define Kubik(X)          (X) * (X) * (X)
```

Man beachte, daß bei den **`inline`**-Funktionen (im Gegensatz zu den Präprozessor-Makros) die Argument- und Rückgabetypen angegeben werden müssen. Dies hat den Vorteil der Typsicherheit, aber den Nachteil, nicht ganz allgemein zu sein (da man so nicht *beliebige* Objekte, für die der Operator > definiert ist, vergleichen kann). Im zweiten Band im Kapitel Templates werden geeignete Möglichkeiten zum Entwickeln generischer Funktionen vorgestellt, ohne dabei auf die Typprüfung verzichten zu müssen.

---

[1] ....Die meisten DOS-Compiler verstehen neben dem normalen \ auch die UNIX-Variante /, so daß man gleich dieses Zeichen verwenden sollte, um später keine Änderungen am Sourcecode vornehmen zu müssen. Zu diesem Zweck sollte man auch konsequent die Kleinschreibung in Dateinamen verwenden, um Inkompatibilitäten zu vermeiden.

[2] ....Das Modulkonzept von C++ wird in Kapitel 12 „Modularisierung und Projektorganisation" ausführlich vorgestellt.

3. Datenstrukturen

In diesem Kapitel wollen wir die elementaren Datentypen von C++ vorstellen und eine einfache Regel für die Definition von Variablen geben, mit der wir unsere ersten Programme formulieren. Von der Vielfalt vorhandener Datentypen sollte man sich nicht verwirren lassen; besonders einige Details bei der Bildung von speziellen Konstanten sind für die erste Phase der Erlernung dieser Programmiersprache nicht unbedingt essentiell, man sollte nur für die Problematik sensibel sein und bei Bedarf nachschlagen. Fragen der automatischen und gezielten Typumwandlung mit den daraus entstehenden Problemen beschließen die Grundlagen. Im Vertiefungsabschnitt werden dann zusammengesetzte Datenstrukturen behandelt, die zunächst nicht unbedingt benötigt werden.

3.1 Grundlagen

3.1.1 Elementare Datentypen

C++ stellt nahezu alles an elementaren Datentypen zur Verfügung, was geräteunabhängig möglich ist. Bevor wir jedoch mit dem großen Katalog beginnen, betrachten wir eine einfache **Variablendefinition** (nicht **Deklaration**! Der Unterschied wird erst richtig bei der Behandlung von Funktionen deutlich):

```
int main()
{
  int   Eins, Zwei;
  char  Ypsilon;

  cout << "Nun kommt eine Zahl: " << Eins << endl;
  // ...
  return 0;
}
```

Hier werden zwei **`int`** und eine **`char`** Variable vereinbart. Zuerst steht der Datentyp, dann folgt eine Liste von Bezeichnern der Variablen, die definiert werden sollen. Jede Liste wird durch ein Semikolon abgeschlossen. Äquivalente Definitionen sind daher

```
int main()
{
  int  Eins;
  int  Zwei;
  char Ypsilon;
  // ...
  return 0;
}
```

und

```
int main()
{
  int Zwei; char Ypsilon; int Eins;
  // ...
  return 0;
}
```

Wir fassen zusammen:

- Variablendefinitionen beginnen in der Regel direkt nach Blockbeginn, also nach der { , ohne zusätzliche Einleitung (kein **VAR** wie beispielsweise bei Pascal). Sie können auch an jeder beliebigen anderen Stelle im Programm auftauchen, müssen aber vor der ersten Verwendung definiert werden.[1]

- In C++ stehen die Datentypen vor den neu definierten Variablennamen, ohne ein spezielles Trennzeichen (z. B. ein Doppelpunkt, wie in Pascal). Sie müssen jedoch von mindestens einem White-Space getrennt werden.

- Es erfolgt keine Trennung durch besondere Symbole zwischen Variablendefinitionen und Anweisungen.

- Variablen können bei ihrer Definition gleich initialisiert werden, in dem ihnen durch = ein Wert zugewiesen wird.

3.1.1.1 Ganzzahl-Typen

Im obigen Beispiel wurden zwei **Integer**-Zahlen `Eins` und `Zwei` definiert. Der Datentyp **`int`** entspricht unter MS-DOS einer 16-Bit-Zahl mit Vorzeichen. Der Zusatz „unter MS-DOS" ist tatsächlich wichtig! **`int`** wird von C++ nämlich nicht als 16-Bit-Zahl definiert, sondern als **Maschinenwort**. Da der typische MS-DOS-Rechner einen 16-Bit-Mikroprozessor hat, ist **`int`** hier eine 16-Bit-Zahl. Auf Workstations und 80386-Computern ist **`int`** ein 32-Bit-Maschinenwort (also eine 32-Bit Zahl), den entsprechenden Compiler natürlich vorausgesetzt (z. B.: Borland C++ 4.0).

Um wirklich portable Programme zu schreiben, sollte man sich nie auf die aktuelle **`int`**-Größe beziehen, da sie nicht überall gleich ist. Fest definierte Zahlengrößen stehen mit den Typen **`char`**, **`short`** und **`long`** zur Verfügung (8-Bit, 16-Bit und 32-Bit). Außerdem sollte man immer auf die in `limits.h` definierten Konstanten für die Bereichsgrenzen zurückgreifen, die in der folgenden Tabelle unter den Zahlbereichen angegeben sind.

Haben wir das richtig verstanden? **`char`** sind keine Zeichen, sondern Zahlen? – Die Antwort lautet: „Sowohl als auch". Wird **`char`** ohne Zusatz verwendet, so wird dies ab dem ANSI-Standard als Charakter aufgefaßt. Verwendet man dagegen einen der Präfixe **`signed`** oder **`unsigned`**, so handelt es sich um eine 8-Bit-Zahl mit- oder ohne Vorzeichen:

[1] ....Eine Ausnahme bildet hier die Kontrollstruktur **`switch`**. An der entsprechenden Stelle werden wir jedoch auf die Problematik eingehen und eine Umgehung der Schwierigkeiten vorstellen.

```
int main()
{
  char              einZeichen;                // z. B.: 'c'
  unsigned char     ZahlOhneVorzeichen;        // z. B.:     42, nicht aber  -42
  signed char       ZahlMitVorzeichen;         // z. B.: -17  oder  auch 17
  // ...
  return 0;
}
```

Die Präfixe **signed** und **unsigned** können auch mit **short**, **int** und **long**-Zahlen kombiniert werden, so daß damit 8 unterschiedliche ganze Zahlentypen möglich sind. Bei der nachfolgenden Liste fällt auf, daß auch **short** und **long** nur Präfixe für den eigentlichen Datentyp **int** sind.

Kurzname	sonstige Namen	Größe	Wertebereich
signed char		8-Bit	-128 bis +127 SCHAR_MIN bis SCHAR_MAX
unsigned char		8-Bit	0 bis +255 0 bis UCHAR_MAX
short	**signed short** **short int** **signed short int**	16-Bit	-32768 bis +32767 SHRT_MIN bis SHRT_MAX
unsigned short	**unsigned short int**	16-Bit	0 bis +65535 0 bis USHRT_MAX
int	**signed** **signed int**	Maschinenwort	INT_MIN bis INT_MAX
unsigned	**unsigned int**	Maschinenwort	0 bis UINT_MAX
long	**signed long** **long int** **signed long int**	32-Bit	-2147483648 bis+2147483647 LONG_MIN bis LONG_MAX
unsigned long	**unsigned long int**	32-Bit	0 bis+4294967295 0 bis ULONG_MAX

3.1.1.2 Gleitkommazahl-Typen

Weiter stellt C++ auch **Gleitkommazahlen** zur Verfügung. Diese können aber je nach Implementierung unterschiedliche Wertebereiche und Genauigkeiten haben. Durch Einführung der **ANSI**-Normung, auf die wir uns immer beziehen, und der **IEEE**-Norm für Gleitkommazahlen, ist die Arbeit mit Gleitkommazahlen wesentlich standardisiert worden. C++ stellt einfache **float**- und doppelt genaue **double**-Gleitkommazahlen zur Verfügung, die in ANSI C++ in der Regel den IEEE-Gleitkommazahlen mit einfacher oder doppelter Genauigkeit entsprechen. Diese Binärkompatibilität ist aber hauptsächlich beim Austausch von Gleitkommazahlen über Dateien wichtig. In diesem Fall sollte man immer das Handbuch oder die Online-Hilfe des betreffenden Compilers befragen, welche Gleitkommazahlen realisiert sind. Generell gilt nur: **float**-Zahlen sind ungenauer und (vom Speicherbedarf) kleiner als **double** Zahlen.

Gehen wir von ANSI C mit IEEE Zahlen aus, können wir wieder eine Tabelle zusammenstellen:

C-Typ	Bereich	Stellen	Größe
float	$+/-3.4*10^{38}$	7	4 Byte
double	$+/-1.7*10^{308}$	15	8 Byte
long double	$-1.1*10^{4932}$ bis $1.1*10^{4932}$	19	10 Byte

Für den Typ **double** findet sich in älteren Programmen auch noch die Bezeichnung **long float**. Sie wird von vielen modernen Compilern noch erkannt, aber mit einer Warnung markiert.

Je nach Implementierung findet man auch **long double** Zahlen. Diese können auf Großrechnern 16-Byte Zahlen beschreiben. In Borland C++ werden damit die 10-Byte-Temporary-Real-Zahlen des 80x87-Prozessors beschrieben, die auch Turbo Pascal beispielsweise unter dem Namen **Extended** kennt. Solche Datentypen sind aber extrem implementierungsabhängig und sollten daher nur mit Vorsicht und nur bei absoluter Notwendigkeit benutzt werden. Stehen **long double** nicht zur Verfügung, werden sie mit **double** gleichgestellt.

Die Größe von Variablen und Datentypen kann mit der Pseudofunktion **sizeof**[1] bestimmt werden. Im Zweifelsfall erhält man so auch Auskunft über die realisierten Gleitkommazahlentypen. Die Funktion **sizeof** ist besonders bei dynamischen Datenstrukturen, die auf dem **Heap**[2] abgelegt werden, wichtig.

3.1.1.3 Wahrheitswerte

Im neuen C++ Standard wird es (endlich) einen eigenen Datentyp für Wahrheitswerte geben. Bis zu diesem Standard war das Fehlen von echten booleschen Werten eine der größten Lücken von C++ und eine Erblast aus alten C-Tagen. Ab dem neuen Standard gibt es ein neues Schlüsselwort **bool**, aber nach wie vor werden u. a. alle Zahl-Typen als boolesche Werte interpretiert, so daß 0 als „falsch" und alle Werte ungleich null als „richtig" interpretiert werden.

[1] .... Es handelt sich hier um keinen Druckfehler, **sizeof** ist tatsächlich ein C++-Schlüsselwort!

[2] .... Der Heap ist ein Speicherbereich, aus dem sich alle Programme dynamisch Speicher allokieren können. Diese Art der Speicherverwendung ist vor allem dann sinnvoll, wenn man erst während der Programmausführung feststellen kann, wieviel Speicher tatsächlich benötigt wird. Die dynamische Speicherallokation wird aber im zweiten Band im Kapitel Dynamische Objekte noch ausführlich behandelt.

Um aber nicht wie bisher auf Zahl-Typen für die Darstellung von booleschen Werten zurückgreifen zu müssen, werden außerdem die beiden neuen Schlüsselworte

- **true**: wahr, richtig, ...

und

- **false**: unwahr, falsch, ...

eingeführt.

Falls der neue Standard noch nicht zur Verfügung steht, werden wir weiter unten noch sehen, wie man sich einen eigenen Datentyp `bool` mit den Wahrheitswerten `true` und `false` definieren kann.

3.1.1.4 Zeichen-Typen

Wie wir bereits bei den Ganzzahl-Typen gesehen haben, steht der Datentyp **char** für Charakter, also für einzelne Zeichen, für die als Wertebereich der ASCII-Zeichensatz zur Verfügung steht.

Aber mit einzelnen Zeichen kommt man bei der Programmierung nicht sehr weit, so daß wir hier neben den Standard-C++-Datentypen noch einen weiteren Datentyp einführen möchten. Es handelt sich hierbei um die Klasse `string`[1], die intuitives Arbeiten mit Zeichenketten ermöglicht:

```
int main()
{
  string          String1;
  string          String2 = "Dies ist der zweite String";

  String1         = "Dies ist der erste String";

  cout << String1 << endl;
  cout << String2 << endl;
  return 0;
}
```

Die Definition von Variablen vom Typ `string` wird genauso durchgeführt, wie bei allen anderen elementaren Datentypen von C++. Auch hier kann man eine Variable erst definieren und ihr später einen Wert zuweisen, oder dies gleich bei der Definition vornehmen.

Die Handhabung der Standard-Zeichenketten, auch C-Strings genannt (bei denen es sich um keine Klasse handelt, sondern um aus **char**'s zusammengesetzte Pointer-

[1] .... Diese Klasse gehört zum Standard–Umfang des neuen C++ Standards. Für Leser, denen noch kein Compiler des neuen Standards zur Verfügung steht, haben wir eine eigenen Klasse `string` entwickelt, die die Funktionalität der Standard Klasse in den wichtigsten Punkten nachbildet. Im Anhang befindet sich der Header der Klasse `string`, die frei benutzt werden kann.

strukturen) ist für Anfänger oder Umsteiger von anderen Programmiersprachen sehr kompliziert, so daß wir in den einführenden Kapiteln darauf verzichten wollen.

3.1.1.5 Literale Konstanten

Nachdem wir nicht weniger als 10 elementare Datentypen kennengelernt haben, notieren wir zum Abschluß dieses Abschnittes den Aufbau von literalen Konstanten für diese Datentypen. In diesem Punkt bietet C++ sehr vielfältige Möglichkeiten.

Die in vielen Programmiersprachen verwendete Form für ganzzahlige Konstanten wird in C++ durch **Präfix-** und **Suffix-Zeichen** erweitert (es werden also zusätzliche Zeichen vor- oder nachgestellt). Der Präfix `0x` leitet eine Hexadezimalzahl ein. Vorsicht ist bei dem Präfix `0` geboten. In Pascal beispielsweise ändern führende Nullen den Wert oder Typ einer Konstanten nicht; in C++ wird dadurch eine Oktalzahl eingeleitet (die Ziffern dürfen also nur von 0 bis 7 laufen). Der Negations-Präfix (`-`) entspricht dem negativen Vorzeichen und ist nur für Zahlen mit Vorzeichen zulässig (siehe unten).

Als Suffix können die Zeichen `u` und `l` (auch beide) auftreten. Ein nachgestelltes `u` bezeichnet eine vorzeichenlose (**`unsigned`**-) Zahl; ein `l` bezeichnet eine **`long`**-Zahl. Ohne Suffix wird immer eine **`int`**-Konstante definiert. Alle Präfix- und Suffix-Zeichen können groß oder klein geschrieben werden und dürfen nicht durch Leerzeichen vom Rest der Konstanten getrennt sein. Betrachten wir einige Beispiele:

Konstante	**Typ**	**Darstellung**
1234	**`int`**	dezimal
0xFF	**`int`**	hexadezimal
0377	**`int`**	oktal
42343u	**`unsigned`**	dezimal
-1L	**`long`**	dezimal
0xff00fflu	**`unsigned long`**	hexadezimal

Gleitkommakonstanten entsprechen den Regeln, wie man sie auch von anderen Programmiersprachen gewohnt ist. Ein Dezimalpunkt muß also vorhanden sein, um eine **`double`**-Konstante zu erzeugen. Die Exponentenschreibweise (mit `E` oder `e`) ist möglich. Besonders bei der Division ist es wichtig, daß auch Gleitkommakonstanten als solche angegeben werden, wenn sie gebraucht werden. Nachlässigkeiten beim Mischen von Gleitkomma- und Ganzzahlkonstanten können in C++ zu sehr unerwarteten Resultaten führen. Für Leute, die unbedingt unlesbare Programme schreiben wollen, gibt es noch die Möglichkeit, **`double`** Konstanten durch den Suffix `f` zu bezeichnen. Im nachfolgenden Beispiel wird immer die gleiche **`double`** Zahl beschrieben:

```
double  x;

x=123.0;                x=1.23E2;               x=123f;
```

Gleitkommakonstanten sind immer vom Typ **double**. Es gibt keine Möglichkeit, direkt **float**-Konstanten zu beschreiben.

Konstanten des Typs **char** bzw. `string` haben folgendes Aussehen:

```
int main()
{
  char      ch;
  string    String;

  ch        = 'b';                              // eine Zuweisung1
  String    = "Dies ist ein String";
  // ...
  return 0;
}
```

Char-Konstanten bestehen aus einem Zeichen und werden in einfache Anführungszeichen eingeschlossen. **String**-(Zeichenketten-)Konstanten dagegen bestehen aus einer Folge von Zeichen, die in doppelten Anführungszeichen eingeschlossen werden. C++ kann also immer zwischen einem Zeichen und einem String der Länge 1 unterscheiden.

Zu den „normalen" Zeichen wie dem `'b'` im obigen Beispiel, kennt C++ auch **Escape-Sequenzen**, die jedoch nichts mit dem ASCII-Kontrollzeichen ESC (Escape) zu tun haben. In C++ beginnt eine Escape-Sequenz mit einem \ (Backslash) und beschreibt genau ein Zeichen. Folgende Sequenzen sind möglich (nur die ersten 5 sollte man sich merken):

Escape	Zeichen	Bedeutung
`\n`	newline	Zeilenende
`\0`	ASCII 0 Zeichen	String-Ende-Marke[2]
`\"`	" – Zeichen	
`\'`	' – Zeichen	
`\\`	\ – Zeichen	
`\a`	ASCII BEL	Klingel (alert)
`\b`	ASCII BS	backspace
`\f`	ASCII FF	form feed
`\r`	ASCII CR	Wagenrücklauf
`\t`	ASCII HT	Tabulator

1 ....Zuweisungen werden später noch ausführlich behandelt.

2 ....Das Zeichen \0 ist die Ende-Markierung einer Zeichenkette. Auf die genaue Bedeutung wird in einem späteren Kapitel noch eingegangen.

Wir benutzen bei unseren ersten Beispielen und Übungen Stringkonstanten (eingeschlossen durch doppelte Anführungszeichen) nur für den Benutzerdialog.

3.1.1.6 Ein einfaches Beispiel

Nachdem wir nun die grundlegenden Datentypen von C++ kennengelernt haben, können wir unser „Hello World"-Programm etwas ausbauen und mit den verschiedenen Datentypen experimentieren. Hierzu werden wir die IOStreams etwas näher betrachten. Das Pendant zu `cout` ist `cin`[1]. Ein einfaches Beispiel zur Eingabe einer Integer-Zahl verdeutlicht die Arbeitsweise mit `cin`:

```
// Ein einfaches Beispiel:

int main()
{
  int   Alter;

  cout << "Wie alt bist Du? ";
  cin >> Alter;

  cout << "Dein Alter ist : " << Alter << endl;
  return 0;
}
```

Die Ausgabe des Programms auf dem Bildschirm wird dann etwa wie folgt aussehen:

```
Wie alt bist Du? 42
Dein Alter ist : 42
```

Auffallend sind die >> bei der Eingabe. Diese zeigen genau in die andere Richtung als bei `cout`. Dies ist intuitiv klar, denn bei der Ausgabe soll alles was rechts von << steht, nach links auf den Bildschirm (`cout`) geschrieben werden. Bei der Eingabe hingegen soll das, was links von >> von der Tastatur (`cin`) eingegeben wird, in die Variable rechts „geschoben"[2] werden. Interessant ist, daß man mit Hilfe von `cout` gleichzeitig verschiedene Datentypen ausgeben kann (hier erst einen String, gefolgt von einem **`int`**). Dies ist auch bei der Eingabe möglich:

```
int main()
{
  int   eineZahl
  char  einBuchstabe;

  cout << "Bitte eine Zahl u. ein Buchstabe eingeben: ";
  cin >> eineZahl >> einBuchstabe;

  cout << "Die Eingabe war: " << eineZahl << ", " << einBuchstabe << endl;
  return 0;
}
```

---

[1] .... `cin` hat seinen Namen von console input (nimmt also Eingaben von der Tastatur entgegen).

[2] .... Die Zeichen << und >> werden in anderen Zusammenhängen auch als Shift- (Schiebe-) Operatoren bezeichnet.

Nun erhält man diese Ausgabe auf dem Bildschirm:

```
Bitte eine Zahl u. ein Buchstabe eingeben: 42 c
Die Eingabe war: 42, c
```

Bei der Eingabe müssen die beiden Zahlen durch White Spaces getrennt werden. Dabei wird solange gewartet, bis zwei Eingaben durchgeführt wurden. Handelt es sich bei einer der beiden Eingaben nicht um den erwarteten Typ, so schlägt die Eingabe fehl, das heißt, der Stream wird auf `bad` gesetzt, die betroffenen Variablen behalten ihre ursprünglichen Werte, und es können keine weiteren Eingaben mehr vorgenommen werden.[1]

3.1.2 Typumwandlungen

Die Sprache C++ führt Typprüfungen durch, zumindest prinzipiell. Besonders beim Arbeiten mit den oben vorgestellten Grunddatentypen scheint jedoch fast alles vom C++ Compiler ohne Fehlermeldungen akzeptiert zu werden. Der Grund dafür liegt in der automatischen Typumwandlung, die der C++ Compiler durchführt. Dazu werden die Grunddatentypen angeordnet:

char < **short** < **int** < **long** < **float** < **double**

Zusätzlich sind bei den ganzen Zahlen jeweils die vorzeichenlosen (**unsigned**) „größer" als ihre **signed** Gegenstücke. Betrachten wir dazu ein Beispiel:

```
int main()
{
  char     Zeichen;
  short    Kurz, Klein;
  long     Lang;
  double   Doppel;

  Zeichen  = '\x0A';                              // ASCII 10
  Kurz     = 20;
  Lang     = 64000;
  Doppel   = 3.1;

  Klein    = Zeichen + Kurz + Lang + Doppel;
  // ...
  return 0;
}
```

Das Resultat von Klein ist `-1503` (??). Kein C++ Compiler wird Berechnung und Zuweisung als falsch zurückweisen (an der Fehlerstelle kann man aber bei richtiger Einstellung zumindest eine Warnung erhalten). Betrachten wir die Ausführung und Typumwandlung im Detail:

[1] ....Das genaue Verhalten von Streams beim Auftreten von Fehlern wird in Kapitel 11 „Ein- und Ausgabe (Streams)" behandelt.

Zunächst wird das Zeichen `10` in einen **`short`**-Wert umgewandelt, der zum zweiten **`short`**-Wert `20` addiert wird; soweit alles sinnvoll und richtig. Dann wird die **`short`** `30` (das Ergebnis der Addition) in eine **`long`**-Zahl umgewandelt, um dann zur **`long`**-Zahl `64000` addiert zu werden, wir erhalten `64030L`. Diese Zahl wird dann in eine **`double`**-Zahl umgewandelt, die dann zu `3.1` addiert wird mit dem korrekten Ergebnis `64033.1`. Soweit hat der C++ Compiler durchaus sinnvolle Arbeit beim Einfügen der Umwandlungen geleistet. Erst bei der Zuweisung der **`double`**-Zahl in eine **`short`**-Variable tritt der Fehler auf.

Auch hier wurde eine automatische Typumwandlung durchgeführt, die die **`double`**-Zahl in eine **`short`**-Zahl umwandeln soll. Wäre die Variable `Klein` vom Typ **`unsigned short`** oder einfach **`long`**, würde der Wert `64033.1` zu `64033u` bzw. `64033L` abgeschnitten, und die Funktionsweise wäre in den möglichen Grenzen korrekt. Der Typ **`short`** kann aber diese Zahl nicht mehr darstellen und liefert daher (ohne Warnungen) „Müll".

An diesem Beispiel erkennt man leicht, daß Umwandlungen „nach oben" immer problemlos sind. Erst bei der Umwandlung „nach unten" können Probleme in Form von Rundungsfehlern oder Darstellungsfehlern auftreten.

Die meisten C++-Compiler lassen zu diesem Zweck in der Regel mehrere **Errorlevel** oder **Warninglevel** zu. Echte Fehler werden in jedem Fall angegeben, und es wird kein ausführbares Programm erzeugt. Warnungen können dagegen auch für Formulierungen ausgegeben werden, die entweder Uralt-C sind, den ANSI-Normen widersprechen oder einfach unsicher sind, wie bei unserem Beispiel. Hätten wir nur etwas kleinere Zahlen benutzt, so wären keine Fehler aufgetreten (daß man bei der Umwandlung von Gleitkommazahlen in ganze Zahlen Informationen verliert, sollte ja jedem klar sein). Damit ist diese Konstruktion auch nicht falsch, sondern nur fehlerträchtig (ein schöner Trost).

Je nach eingestelltem Warninglevel werden nur Typumwandlungen „von oben nach unten" (also die fehlerträchtigen), oder auch Typumwandlungen generell angestrichen. Da der Compiler in der Regel auch bei Warnungen ein Programm erzeugt,[1] bleibt es der Risikobereitschaft des Entwicklers überlassen, ein solches Programm auch zu starten. Man kann nur den gutgemeinten Ratschlag geben, das Warninglevel immer auf höchster Stufe zu betreiben, und auch, wenn nur Warnungen ausgegeben worden sind, das Programm zu korrigieren.

Typumwandlung kann in C++ aber auch explizit vorgeschrieben werden. Dieses **Type Casting** wurde quasi von C „erfunden" und von dort aus auch in andere Sprachen exportiert. So kennt auch Turbo Pascal das Type Casting, wobei nur die Syntax etwas verändert ist. In C++ wird als **Casting Operator** der neue Typ vor den in Klammern stehenden umzuwandelnden Ausdruck geschrieben. Betrachten wir einige Umwandlungen:

---

[1] ....Dies kann bei einigen Compilern (z. B.: Borland C++, Microsoft Visual C) unterbunden werden.

```
int main()
{
  float    f;
  int      i;

  f        = float(2.55);
  i        = int( 10.5 + f );
  return 0
}
```

Doch zur Vollständigkeit sei auch noch die alte C-Schreibweise erwähnt, die natürlich auch verwendet werden kann:

```
int main()
{
  float    f;
  int      i;

  f        = (float) 2.55;
  i        = (int) (10.5 + f);
  return 0;
}
```

In der ersten Zuweisung wird 2.55 zunächst in eine **float**-Zahl umgewandelt (ist sie das nicht schon?). Im zweiten Beispiel wird zunächst die **float**-Zahl `f` in eine **double**-Zahl umgewandelt, um sie dann mit der **double** Konstanten 10.5 zu addieren. Das Resultat vom Typ **double** wird dann in eine **int**-Zahl umgewandelt. Hier wurde also eine implizite und eine explizite Typumwandlung durchgeführt, wobei die implizite Umwandlung „von unten nach oben", also ungefährlich ist. Wenn eine Umwandlung „von oben nach unten", also mit Informationsverlust, beabsichtigt ist, sollte immer mit einem expliziten Type Cast gearbeitet werden. Obwohl der Compiler hier den gleichen Code auch ohne Casting erzeugen würde, entspricht es gutem Programmierstil, Umwandlungen auch als solche zu kennzeichnen.

Natürlich kann man durch Type Casting vorhandene Strukturen den eigenen Wünschen anpassen und somit die Typprüfung auch aufweichen. Daher sollte man diese Möglichkeit nur dann anwenden, wenn sie unbedingt notwendig ist, oder sie die Lesbarkeit des Programms erhöht.

3.1.3 Aufgaben

Aufgabe 6 Einfache Ausgaben

Schreibe ein Programm, das Variablen (oder Konstanten) verschiedener Typen ausgeben kann. Experimentiere vor allem mit den verschiedenen Arten von ganzen und Gleitkomma-Zahlen. Wie werden diese Zahlen mit `cout` auf dem Bildschirm dargestellt? Verwende auch Suffix- und Präfix-Zeichen, um z. B. Zahlen in Hexadezimalform auszugeben.

Was passiert, wenn man in eine Variable vom Typ **int** mit cin an der Tastatur z. B. 0xFF, oder einfach 011 eingibt? Wie sieht die Ausgabe also aus, wenn man die Variable mit cout wieder ausgibt?

Wie lautet die Ausgabe bei folgendem Programmfragment? Kann es überhaupt ohne Fehlermeldung übersetzt werden?

```
unsigned  oho = -1;
cout << oho << endl;
```

3.2 Vertiefung

3.2.1 Zusammengesetzte Datentypen

In diesem Kapitel lernen wir die ersten komplexeren Datenstrukturen von C++ kennen. Zunächst gibt es das **struct**, das eine Zusammenfassung von verschiedenen (aber vorher festgelegten) Datentypen darstellt.[1] Eng verwandt ist die **union**, mit der Ausnahme, daß hier die Typen variieren können, man also die selben Daten verschieden betrachten kann. Als letztes betrachten wir noch das **enum**, bei dem es sich um einen Aufzählungstyp handelt.

3.2.1.1 Datenverbund: struct

Betrachten wir ein einfaches Beispiel eines **struct**, an dem die Verwendung deutlich wird:

```
struct
{
  int           Alter;
  long          PersNr;
  double        Gehalt;
} Otto, Egon, Eva;
```

oder

```
struct Personal
{
  int           Alter;
  long          PersNr;
  double        Gehalt;
};

Personal        Otto, Egon, Eva;
```

Wie man sieht, gibt es zwei Möglichkeiten, einen **struct** zu definieren. Im ersten Fall wird der **struct** und gleichzeitig auch die Variablen Otto, Egon und Eva definiert. Im zweiten Fall wird zunächst ein neuer Typ Personal (der dann auch an

[1] ....**struct**'s stammen von C und werden in C++ durch die wesentlich leistungsfähigere Struktur **class** erweitert.

anderen Stellen verwendet werden kann) und erst dann Variablen von diesem Typ definiert. Der Zugriff auf **struct**-Variablen erfolgt durch die Punktnotation:

```
Otto.PersNr = 112363;
```

Der Punktoperator hat die höchste Ausführungspriorität, zusammen mit ( ) und ->[1]. Damit wird durch

```
Eva.Alter    = Eva.Alter + 1;
```

Eva um ein Jahr älter.

Natürlich lassen sich **struct**'s auch schachteln:

```
struct Datum
{
  unsigned char Tag, Monat, Jahr;
};

struct Personal
{
  Datum        Geburtstag;
  long         PersNr;
  double       Gehalt;
};

Personal Otto, Egon, Eva;
```

Entsprechend muß dann auch der Punkt eingesetzt werden:

```
cout << "Geburtstag von Eva: "
     << Eva.Geburtstag.Tag     << "."
     << Eva.Geburtstag.Monat   << "."
     << Eva.Geburtstag.Jahr    << endl;
```

Der Datentyp Personal kann gleichwertig wie die vordefinierten Datentypen verwendet werden. So können wir Personal-Daten als Parameter übergeben oder Variablen dieses Typs einander zuweisen. Arithmetik ist natürlich nicht möglich.

3.2.1.2 Varianten: union

Eine **union** kann man in etwa als variablen **struct** auffassen. Genauer besteht eine **union** aus mehreren Feldern, die den gleichen Speicherplatz einnehmen. Wenn man sich einen **struct** aus mehreren Daten vorstellt, die nacheinander im Speicher abgelegt werden, werden die Felder in einer **union** quasi übereinander gelegt.

[1] ....Die Zeichen (und) werden im nächsten Kapitel Kontrollstukturen beschrieben, das Zeichen -> spielt eine Rolle bei der dynamischen Allokation von Objekten (siehe Band II Dynamische Objekte).

```
union Variante
{
  short  s;
  double d;
  char   c;
};
```

In einer Variable vom Typ `Variante` können sowohl Werte vom Typ **short** und **double** als auch **char** abgelegt werden. Es wird dabei genügend Platz reserviert, um das größte Einzeldatum, hier `d`, aufzunehmen. Änderungen an einem der Werte verändern automatisch alle restlichen Werte mit.

Nun ein etwas komplizierteres Beispiel, das zeigt, daß man auch **struct** und **union** beliebig kombinieren kann:

```
struct Variante2
{
  float  aa;
  char   bb;
  union {
        struct {
               char  cc, dd;
               short ee;
               } A;
        struct {
               float  ff;
               double gg;
               } B;
        } Fall;
};
```

Der Zugriff auf solche geschachtelten Daten geschieht dann beispielsweise so:

```
Variante2  VarRec;

VarRec.aa          = 1.5;       // ein float
VarRec.Fall.A.cc = 'F';         // ein char im Fall A
VarRec.Fall.B.gg = 33.567;      // ein double im Fall B, wobei nun Fall A
                                // überschrieben wurde
```

Zu beachten ist hier, daß mit `VarRec.Fall.B.gg = 33.567` der Wert von `VarRec.Fall.A.cc` überschrieben wird, da es sich ja um eine **union** handelt, die nur einmal Speicher zur Verfügung stellt und zwar für das größere der beiden **struct**'s `A` oder `B`.

Die Datenstruktur **union** wird tatsächlich nur sehr selten verwendet. Ein Beispiel für den Einsatz einer **union** ist ein Personal-**struct**, wo im Falle eines Arbeiters der Stundenlohn als **float**, bei einem Angestellten aber die Gehaltsgruppe als **char** eingetragen werden soll.[1]

[1] ....Siehe hierzu auch die Aufgabe am Ende des Vertiefungsabschnitts.

3.2.1.3 **Aufzählungstyp:** enum

Eine Variable vom Typ **enum** kann nur die Werte annehmen, die bei der Definition des **enum**-Typs angegeben wurden. Betrachten wir auch hierzu wieder ein kleines Beispiel:

```
enum Wochentag
{
  Montag, Dienstag, Mittwoch, Donnerstag, Freitag, Samstag, Sonntag
};
```

Ähnlich wie bei **struct** und **union** werden Aufzählungstypen mit einem Namen, hier Wochentag, beschrieben.

Weiter können explizite Aufzählungstypen, wie bei Wochentag, und implizite Aufzählungstypen im Zusammenhang mit Variablendefinitionen auftreten:

```
enum { Rot, Gruen, Blau } Grundfarbe;
```

Wiederum können beide Methoden kombiniert werden:

```
enum bool
{
  false, true
} Fehler, Programmende;
```

Hier wurde der Datentyp bool und die Variablen Fehler und Programmende von diesem Typ definiert.

Natürlich können Aufzählungstypen wie vordefinierte einfache Datentypen verwendet werden; so können sie in **struct**'s oder **union**'s auftreten.

Intern werden Aufzählungstypen durch ganze Zahlen dargestellt, wobei die Zählung mit 0 beginnt. Man kann aber die vorgegebene interne Numerierung der **enum**-Werte durch explizite Wertangaben überschreiben, wobei ausschließlich ganze Zahlen benutzt werden dürfen:

```
enum Interrupts
{
  Video = 0x10, Reset = 0x19,
  MsDos = 0x21, User1 = 0x80
};
```

3.2.1.4 Felder

Wir kommen nun zu einem wichtigen Vertiefungsabschnitt, den **Feldern**, die sehr eng mit Pointern und Adressenarithmetik zusammenhängen. Dieser Zusammenhang wird jedoch in dem Kapitel „Dynamische Objekte" noch ausführlich behandelt, so daß wir uns zum Einstieg ein einfaches Beispiel vornehmen, an dem die Arbeitsweise mit Feldern bzw. **Arrays** verdeutlicht wird:

```
/* Punkteliste: */
/* ------------ */
const Teilnehmer = 20;

int main( )
{
  short Punkte[Teilnehmer];

  Punkte[7] = 0;
  // ...
  return 0;
}
```

In diesem Beispiel wird ein eindimensionales Feld `Punkte` mit 20 **short**-Zahlen definiert und dann der Wert mit Index 7 auf den Wert 0 gesetzt. Wir notieren die folgenden Besonderheiten:

- Es gibt keine speziellen Schlüsselworte wie etwa **ARRAY** in Pascal. In C++ wird bei der Felddefinition die Größe in [ ] hinter den Variablennamen geschrieben.
- Der Elementtyp steht wieder vor der Variable.
- Es wird keine Felduntergrenze angegeben; die Feldelemente beginnen immer mit 0.

Der Zugriff auf Feldelemente wird durch den `[ ]` Operator (**Indexoperator**) ermöglicht. Er hat, zusammen mit `( )` und den **struct** Auswahloperationen `.` und `->` die höchste Ausführungspriorität, noch vor dem Dereferenzierungsoperator `*`. Dies wird später noch wichtig werden!

Die unangenehmste Einschränkung sind sicher die Feldindizes. Sie müssen aus ganzen Zahlen bestehen und beginnen immer mit dem Index 0. Wie wir aus dem obigen Beispiel sehen, reicht das Feld `Punkte` in C++ vom Index 0 bis zum Index `Teilnehmer -1`, da es ja `Teilnehmer` viele Elemente hat. Die Konstante, die bei der Felddefinition angegeben werden muß, bezeichnet also nicht den letzten Index, sondern die Anzahl der Elemente im Feld! Daher bezeichnet `Punkte[7]` auch nicht das siebte, sondern das achte Feld.

Wie beispielsweise in Pascal, muß auch in C++ die Größenangabe bei einer Felddefinition eine Konstante sein. Da C++ aber bei der Auswertung von konstanten Ausdrükken keine Probleme hat, sind auch folgende Definitionen zulässig (**sizeof** bildet konstante Ausdrücke):

```
const    Angest = 10;

struct   Personal
{
  // ...
};
// ...
Personal Personen[Angest+17];
char     Puffer[sizeof(double)*2+1];
```

Natürlich unterliegen die Elementtypen für Felder keinen Einschränkungen. Oben wurde ein Feld `Personen` mit 27 Elementen vom Typ `Personal` (ein **`struct`**) kreiert. Auf komplexere Kombinationen, speziell von Feldern und Zeigern oder von mehrdimensionalen Feldern gehen wir später ein.

Als wichtige Regel merken wir uns, daß C++ keinerlei Prüfungen auf Über- oder Unterschreitungen des Indexbereichs vornimmt. Daher muß bei der Arbeit mit Feldern große Vorsicht bei den Werten der Indexausdrücke angewendet werden, um katastrophale Fehler bis hin zum Systemzusammenbruch zu vermeiden. Der Grund für diese schwachen Schutzmechanismen liegt im engen Zusammenhang mit Pointern begründet, auf den wir im Kapitel „Dynamische Objekte" eingehen werden. Außerdem wird in Kapitel 13 „Anwendung von Container-Klassen" eine Möglichkeit vorgestellt, wie sich sichere Arrays realisieren lassen.

3.2.2 Aufgaben

Aufgabe 7 Personalverwaltung

Programmiere einen Personal-**`struct`** mit folgenden Feldern:

Feld	Typ
Name	`string`
Personalnummer	**`unsigned short`**
Abteilung	**`char`**
Beschäftigungsverhältnis	**`enum`**
Verdienst	**`union`**

Das Beschäftigungsverhältnis soll angeben, ob es sich um einen Arbeitnehmer oder einen Angestellten handelt. Je nachdem, welcher Fall zutrifft, gibt der `Verdienst` dann den `Stundenlohn` (Arbeitnehmer) als **`double`** oder die `Lohngruppe` (Angestellter) als **`char`** an.

4. Elementare Operationen

Nachdem wir bis jetzt bereits die Grundbausteine der Daten kennengelernt haben, wollen wir in diesem Kapitel die Arbeit mit diesen Daten aufnehmen. Die Abschnitte „Inkrementbefehle“ und „Abkürzungen“ im Vertiefungsteil können zunächst ausgelassen werden. Spätestens nach den ersten praktischen Erfahrungen sollte jedoch zumindest der Abschnitt „Inkrementbefehle“ eingesehen werden. Der Abschnitt „Abkürzungen“ beinhaltet Formulierungen, die für die meisten Programmierer ungewohnt sein werden, aber in fast allen C++-Programmen zu finden sind; überzeugte C-Anhänger kultivieren diese Abkürzungsmöglichkeiten oft bis zur Unlesbarkeit.

4.1 Grundlagen

4.1.1 Zuweisungen

Wie aus den bereits vorgestellten Programmfragmenten deutlich wurde, benutzt C++ das = als **Zuweisungsoperator** und nicht := wie etwa Pascal oder andere Programmiersprachen. Wenn man hier Fehler begeht, werden sie vom Compiler sofort gemeldet (endlich mal eine Zeichenfolge, die auch der älteste C-Compiler nicht mehr durchgehen läßt). Spätestens bei den Vergleichen werden wir den Grund für diese Randbemerkung verstehen.

Was die Konvertierung und Typprüfung bei Zuweisungen betrifft, wurde bereits im vorigen Kapitel zusammengestellt. Dennoch bietet die Zuweisung in C++ noch eine Überraschung: Eine Zuweisung ist nämlich keine Anweisung, sondern ein **Ausdruck** (engl.: **expression**)! Dadurch sind nämlich auch Formulierungen der folgenden Art möglich:

```
int a, b, c;

a = b = c = 42;
```

Die rechts stehende Zuweisung, `c=42`, wertet als Ausdruck zum Wert `42` aus. Dieser Wert wird in der nächsten Zuweisung der Variablen `b` zugewiesen, wobei der Wert dieser Zuweisung wieder `42` ist. Schließlich wird dieser Wert dann der Variablen `a` zugewiesen. Und dann? Wohin wird dann der Wert der letzten Zuweisung übergeben? Er wird einfach ignoriert! Durch das abschließende Semikolon wird aus dem Ausdruck eine Anweisung, wobei der Wert des Ausdrucks verloren geht.

Diese Merkwürdigkeit von C++ wird oft benutzt, da C++ eigentlich keine Prozeduren kennt, sondern nur Funktionen. Wer noch nicht ganz von dieser merkwürdigen Interpretation überzeugt ist, kann sich anhand der nächsten drei Anweisungen von jedem C++-Compiler überzeugen lassen:

```
int a, b, c;

// Alles zulässige Anweisungen:

  4711;   a;   23 + b * ( a - c / 2 );
```

Im letzten Beispiel berechnen wir zunächst ein Ergebnis und werfen es danach wieder weg; gut nicht? Dafür erhalten wir die Möglichkeit, elegante Mehrfachzuweisungen, wie im ersten Beispiel, zu formulieren, was die meisten Programmiersprachen nicht bieten können. Alles hat seinen Preis.

Zuweisungen als Ausdruck werden von erfahrenen, abkürzungsfreudigen C++-Programmierern auch in Kontrollstrukturen verwendet. Wir werden dafür noch viele Beispiele kennenlernen. Zum Schluß dieses Abschnitts wollen wir jedoch noch zwei Begriffe definieren, die im Zusammenhang mit Zuweisungen oft auftauchen:

1. **L-Value**: Als L-Value wird alles bezeichnet, was links von einer Zuweisung stehen kann, also in der Regel eine Variable.

2. **R-Value**: Als R-Value wird alles bezeichnet, was rechts von einer Zuweisung stehen kann, also auch komplexe Ausdrücke.

4.1.2 Elementare Arithmetik

Natürlich kann man in C++ rechnen, wie in jeder anderen vernünftigen Programmiersprache. Auch wird die Rechenregel „Punktrechnung geht vor Strichrechnung" berücksichtigt. C++ erweitert diese 2 Operatorebenen auf 15 Ebenen (keine Angst, wir behandeln sie nicht alle in diesem Kapitel). Der Ein- oder Umsteiger wird also anfangs oft vor der Frage stehen, welche Operationen in welcher Reihenfolge ausgeführt werden. Der Gebrauch von Klammern `(  )` kann hier Klarheit schaffen und zwar für den Programmierer, wie für einen späteren Leser. Richtige C-Freaks werden hier die Nase über den Stilbruch rümpfen, unter Umständen zwei Tasten zuviel gedrückt zu haben. Dennoch soll es erfahrene Programmierer geben, die nicht alle Vorrang- und Assoziativitätsregeln von C++ auswendig herunterbeten können; wozu auch?

Addition (`+`), Subtraktion (`-`) und Multiplikation (`*`) bereiten keine Probleme; bereits bei der Division sollte man aufpassen, denn C++ unterscheidet Ganzzahl- und Gleitkommadivision nur anhand der Datentypen. Ein explizites DIV wie etwa in Pascal existiert nicht, der `/` Operator beschreibt beide Operationen. Betrachten wir ein Beispiel, in dem u. a. Grad Fahrenheit in Grad Celsius umgewandelt werden:

```
double Celsius, Fahrenheit;
short  a, b, c;

a       = 25 + b / 4 - b / c;
Celsius = 5/9 * (Fahrenheit-32);
```

Der erste Ausdruck mit den **`short`** Zahlen benutzt offenbar die ganzzahlige Division, in Pascal würde hier also ein DIV stehen. Bereits bei der zweiten Formulierung würden wir feststellen, daß jeder beliebige Fahrenheitwert den Celsiuswert `0.0` ergibt. Der Fehler liegt in der nachlässigen Formulierung der Konstanten. Bei der Subtraktion wird die **int** 32 zunächst automatisch in eine **double** 32.0 umgewandelt, was korrekt ist. Bei der Berechnung von 5/9 meinten wir den Wert 0.555..., also eine Gleitkommazahl. Für den C++-Compiler werden hier jedoch zunächst zwei **int** Zahlen 5 und 9 ganzzahlig dividiert, was natürlich 0 (**int**) ergibt. Besonders Umsteiger haben bei solchen Fällen oft Probleme, weil in den meisten Programmiersprachen der / Operator immer Gleitkommazahlen liefert. In C++ ist dies nicht der Fall! Verbessern wir also dieses Beispiel:

```
Celsius = 5.0/9.0 * (Fahrenheit-32.0);
```

Ausschließlich mit ganzen Zahlen operiert der Operator %, der beispielsweise in Pascal mit MOD bezeichnet wird, also die **Modulofunktion** (Divisionsrest) realisiert. Er zählt als „Punktoperation", liegt also in der gleichen Operatorreihenfolge wie die Multiplikation und Division.

Bei der Ausführung von Operationen gleicher Vorrangstufe ist dennoch Vorsicht geboten. Zwar gilt in der Berechnung

```
a = b + c - d - e( a ) - f( b );
```

die vertraute Rechtsassoziativität, diese bewirkt aber nicht, daß auch der Funktionsaufruf e(a) in dem Ausdruck vor dem Aufruf f(b) stattfindet! Im Normalfall wird es egal sein, welche Funktion zuerst aufgerufen wird. Modifizieren die Funktionen e() und f() jedoch durch **Seiteneffekte**[1] Daten, kann die Reihenfolge des Aufrufs entscheidend sein.

Sieht man einmal davon ab, daß solche Seiteneffektfunktionen vernünftigen Programmierregeln nicht im geringsten entsprechen, sollten wir uns jedoch merken, daß die Berechnungsreihenfolge innerhalb einer Vorrangstufe nicht definiert ist. Da auch Zuweisungen und Zugriffsfunktionen in dieses Schema eingepaßt sind, sollten wir diese Nebenabrede nicht vergessen. Besonders optimierende Compiler nutzen ihre Freiheit bei der Berechnungsreihenfolge oft nachhaltig aus, um effizienteren Code zu erzeugen!

4.1.3 Bit- und Logikoperationen

C++ bietet eine Reihe von Bitmanipulationsbefehlen. Vergleichbares ist auch in anderen Programmiersprachen zu finden, wobei es sich aber beispielsweise in Turbo Pascal nur um eine nicht standardisierte Spracherweiterung handelt.

Realisiert sind die fundamentalen Bitoperationen **UND, einschließendes** und **ausschließendes ODER** (**XOR**), sowie **Negation** und **Shifts**. Bei diesen Operationen werden die einzelnen Bits innerhalb von ganzzahligen Daten verknüpft:

---

[1] .... Als Seiteneffekte bezeichnet man das Ändern von Variablen durch Funktionen, denen man nicht unbedingt ansieht, daß sie diese Variable ändern. Z.B: Wenn die Funktion y=f(x) nicht nur die Variable y ändert, sondern auch die Variable x und vielleicht sogar noch eine Variable z, so bezeichnet man dies als einen Seiteneffekt. Normalerweise sollte man keine Funktionen programmieren, die Seiteneffekte produzieren, da dies häufig zu Fehlern führt, die sich nur schwer finden lassen.

<table>
<tr><th>Bitoperation</th><th>Beschreibung</th><th>Beispiel</th></tr>
<tr><td>a & b</td><td>bitweises UND von a und b</td><td>1011 & 0110 = 0010</td></tr>
<tr><td>a | b</td><td>einschließendes ODER</td><td>1011 | 0110 = 1111</td></tr>
<tr><td>a ^ b</td><td>ausschließendes ODER</td><td>1011 ^ 0110 = 1101</td></tr>
<tr><td>a << n</td><td>Shift n Stellen links</td><td>10110111 << 3 = 10111000</td></tr>
<tr><td>a >> n</td><td>Shift n Stellen rechts</td><td>10110111 >> 3 = 00010110</td></tr>
<tr><td>~a</td><td>Bitkomplement von a</td><td>~10110111 = 01001000</td></tr>
</table>

C++ unterscheidet hier besser als Pascal zwischen den Bitoperationen und den gleichnamigen logischen Operationen. Die hier angegebenen zweistelligen Operatoren &, | und ^ beziehen sich immer auf Bitoperationen.

Für die gleichnamigen logischen Operationen lauten die Operatoren wie folgt:

<table>
<tr><th rowspan="2">logische Operation</th><th rowspan="2">Beschreibung</th><th colspan="4">Entscheidungstabelle</th></tr>
<tr><th>true
true</th><th>false
false</th><th>true
false</th><th>false
true</th></tr>
<tr><td>a && b</td><td>logisches UND</td><td>true</td><td>false</td><td>flase</td><td>false</td></tr>
<tr><td>a || b</td><td>logisches ODER</td><td>true</td><td>false</td><td>true</td><td>true</td></tr>
<tr><td>!a</td><td>logische Negation</td><td colspan="2">!true = false</td><td colspan="2">!false = true</td></tr>
</table>

Diese logischen Operationen arbeiten in C++ auch auf beliebigen ganzzahligen Daten, dabei gilt immer die Regel, daß 0 dem Wert **false** entspricht und alle Werte ungleich 0 dem Wert **true**. Es fällt auf, daß kein logisches XOR existiert.

C++ realisiert diese logischen Operatoren mit Hilfe der **Kurzschlußlogik**. Bei der Kurzschlußlogik wird beispielsweise bei einem **UND** bereits das Ergebnis **false** erzeugt, wenn der linke Ausdruck zu **false** ausgewertet worden ist. Das Ergebnis des rechten Ausdrucks ist für das Ergebnis somit unerheblich, also braucht er überhaupt nicht mehr ausgewertet zu werden. Für **ODER** gilt analoges im Fall eines **true** im ersten Ausdruck. Solche verkürzten Logikoperationen gestatten es, sehr elegante und daneben effiziente Anweisungen zu formulieren. Man muß sich dabei nur vor Augen halten, daß die Reihenfolge der Ausdrücke eine Bedeutung bekommt, die sie bei der vollständigen Logik sonst nicht hat:

```
if ( a != 0 && b / a < 15 )          // Wenn a ungleich 0 und b/a kleiner als 15
  Anweisung1;                        // dann Anweisung1
else                                 // sonst
  Anweisung2;                        // Anweisung2[1]
```

[1] ....Die Kontrollstruktur **if** ... **else** wird in Kapitel 5 „Kontrollsturkturen" vorgestellt und sollte jetzt einfach hingenommen werden.

Diese Formulierung benötigt unbedingt Kurzschlußlogik, da sie sonst eine Division durch Null verursachen würde. Wertet nämlich `a!=0` zu **`false`** aus (also gilt `a=0`), dann wird bei Kurzschlußlogik der zweite Ausdruck nicht mehr berechnet, es tritt also kein Fehler auf. Bei vollständiger Logik würden immer beide Ausdrücke ausgewertet, was im Fall `a=0` zu einem Divisionsfehler führt. In C++ ist dies bereits in der Sprache festgelegt; die logischen Operatoren benutzen Kurzschlußlogik. Jetzt wird auch verständlich, warum es kein logisches (verkürztes) **XOR** gibt.

Will man dagegen unbedingt die vollständige Logik auch in C++ benutzen, muß man nur die logischen Operatoren gegen die Bitoperatoren ersetzen, da der Gesamtausdruck schließlich zu einer ganzen Zahl auswertet, die wieder nach der oben angegebenen Vorschrift interpretiert wird. Man muß jedoch beachten, daß man für **`true`** nur gleiche Werte benutzt und nicht einmal 1 und ein anderes mal 42, was ja beides dem logischen **`true`** entspricht.

Etwas mehr Beachtung sollten aber die Vorrangregeln bei solchen komplexen Tests erhalten. Da C++ nicht zwischen booleschen Werten und ganzen Zahlen unterscheidet, wird auch ein semantisch[1] falscher Ausdruck ausgewertet, ohne daß der Compiler eine Fehlermeldung produziert. Im Zweifelsfall helfen Klammern über dieses Problem hinweg.

4.1.4 Vergleiche

Die Vergleichsoperationen von C++ liefern Resultate vom Typ **`int`**, die `0` sind, falls der Vergleich fehlschlägt, sonst `1`. Man sollte im zweiten Fall aber nur von einem Wert ungleich Null ausgehen und sich nicht auf einen festen Wert bei allen Implementierungen verlassen.

Vergleichsoperation	Bedeutung	Vergleichsoperation	Bedeutung
==	gleich	>=	größer-gleich
!=	ungleich	<	kleiner
<=	kleiner-gleich	>	größer

Diese Operatoren sind für alle bis jetzt vorgestellten elementaren Datentypen definiert,[2] wobei bei Bedarf automatische Typumwandlungen eingefügt werden. Besonders der Vergleichs- und der Zuweisungsoperator führen oft zu Verwechslungen der folgenden Art:

---

[1] ....In einer Sprache (hier einer Programmiersprache) wird durch die **Syntax** ein Regelsystem definiert, nach welchem Sätze (Ausdrücke) gebildet werden können. Jedoch muß ein Satz (Ausdruck), der nach den Regeln der Syntax korrekt gebildet wurde nicht unbedingt sinnvoll sein. Die Bedeutung eines Ausdrucks wird als **Semantik** bezeichnet. Zum Beispiel ist der Satz „Nachts ist es dunkler als draußen" ein syntaktisch völlig korrekter Satz, jedoch ist er semantisch sinnlos.

[2] ....inklusive Datentyps `string`, wobei für die Vergleichsoperationen die lexikographische Ordnung verwendet wird.

```
if ( a = b )
  AnweisungAgleichB;
```

Hier wird kein Compiler einen Fehler melden (es wird höchstens eine Warnung ausgegeben). Das übersetze Programm wird nur nicht entsprechend der beabsichtigten Semantik (Führe `AnweisungAgleichB` aus, falls `a` gleich `b` ist), sondern entsprechend der falsch formulierten Anweisung ablaufen. `a=b` ist kein Vergleich, sondern eine Zuweisung und dazu auch ein Ausdruck (wie oben gesehen). Damit prüft die **`if`**-Anweisung nicht auf Gleichheit zwischen `a` und `b`, sondern ob `b` ungleich `0` ist (eine Zuweisung liefert als Ausdruck den zugewiesenen Wert, hier also `b`). Leider gibt es keinen praktischen Trick, der solche Fehler unmöglich macht. In manchen Fällen hilft ein Umformulieren, wenn Konstanten beteiligt sind:

```
if ( a == 5 )
```

Besser:

```
if ( 5 == a )
```

Wird jetzt irrtümlich

```
if ( 5 = a )
```

geschrieben, hat auch der C++-Compiler (endlich) einen Fehler gefunden.

Abschließend fassen wir die Auswertungsreihenfolge der bis jetzt vorgestellten Operatoren zusammen. Weitere Operatoren werden später in der Tabelle ergänzt:

Rang	Operator	Anmerkung
1	`( )`	Klammern, Funktionsaufrufe
2	`-`	arithmetische Negation
	`~`	bitweise Negation
	`!`	logische Negation
	`sizeof`	Größenberechnung in Bytes
	`(Typ)`	Type-Cast
3	`* /`	Multiplikation und Division
	`%`	Modulo
4	`+ -`	Addition und Subtraktion
5	`<< >>`	Shifts links und rechts, Ein- und Ausgabe
6	`< <=`	kleiner, kleiner oder gleich
	`> >=`	größer, größer oder gleich
7	`== !=`	gleich, ungleich
8	`&`	bitweises UND

Rang	Operator	Anmerkung
9	^	bitweises XOR
10	|	bitweises ODER
11	&&	logisches UND
12	||	logisches ODER
14	=	Zuweisung

4.1.5 Aufgaben

Aufgabe 8 Wo steckt der Fehler?

Wie lautet das vom Computer berechnete Ergebnis bei der folgenden Division?

```
cout << "Ich rechne (falsch)." << endl;

int         zaehler = -12;
unsigned    nenner  = +4;

int         resultat = zaehler / nenner;

cout << zaehler << "/" << nenner << " = " << resultat << endl;
```

Was muß man ändern, um die richtige Lösung zu erhalten?

Aufgabe 9 Das Schachbrett

Eine alte Geschichte: Auf das erste Feld eines Schachbretts (aus 8 mal 8 Feldern) wird ein Reiskorn gelegt, auf das zweite 2, auf das dritte 4, auf das vierte 8 und so weiter. Die Anzahl wird also jedesmal verdoppelt.

Schreibe ein Programm, das die Anzahl für jedes der 64 Felder ausgibt.

4.2 Vertiefung

In diesem Abschnitt werden einige Operationen vorgestellt, die der Einsteiger nicht unbedingt benötigt, um seine Programme zu entwickeln. Alle hier vorgestellten Operationen lassen sich auch aus den oben behandelten zusammensetzen, so daß man zunächst auf diese Operationen verzichten kann. Jedoch lassen sich durch diese Operatoren einige Aufgaben wesentlich kürzer und übersichtlicher programmieren, weshalb interessierte Leser diesen Abschnitt durchaus lesen sollten.

4.2.1 Inkrementbefehle

In C++ gibt es eine elegante Möglichkeit zur **Inkrementierung** und **Dekrementierung** von ganzzahligen Werten. Die Addition bzw. Subtraktion von 1 zu einer Variablen ist mit der folgenden Anweisung möglich:

```
Zaehler = Zaehler + 1;
```

Da aber viele Prozessoren spezielle Inkrement- und Dekrementbefehle haben, die schneller als die übliche ganzzahlige Arithmetik sind, wünschte man sich für eine hardwarenahe Sprache die Möglichkeit, diese Vorteile auch auszunutzen. Optimierende Compiler können solche Verbesserungen heute auch bei Formulierungen wie im obigen Beispiel erkennen. Aus der Entstehungsgeschichte von C/C++ entnehmen wir jedoch, daß diese Sprache zunächst als erster Schritt von maschinenunabhängigen Assemblern wie BCPL ausgelegt war. An optimierende C++ Compiler war noch nicht zu denken, als man das Betriebssystem UNIX erstmals in C formulierte. In C sollte der Systemprogrammierer bequem die Möglichkeit haben, Optimierungen auch von Hand durchzuführen. Die hier beschriebenen Inkrementbefehle sind ein Hilfsmittel dazu, die im nächsten Kapitel beschriebenen Abkürzungen ein zweites.

Die einstelligen Operatoren ++ und -- inkrementieren bzw. dekrementieren die Variable, bei der sie stehen:[1]

```
short   Zeile, Spalte;

Zeile++;
Spalte--;
```

Diese Operationen sind zugleich aber auch Ausdrücke. In diesen Ausdrücken stellen sie Seiteneffekte dar; sie verändern also Variablen während anderer Aktionen, beispielsweise der Berechnung eines arithmetischen Ausdrucks oder eines Vergleiches. Der Wert, zu dem ein Inkrement- oder Dekrement-Befehl auswertet, hängt davon ab, ob der Operator vor oder hinter der Variablen steht. Steht der Operator vor der Variablen (Präfix-Operator), so wird die Variable zuerst geändert, und der Ausdruck wertet zu dem veränderten Wert aus. Steht der Operator nach der Variable (Postfix-Operator), so erhält der Ausdruck noch den alten Wert, erst danach wird die Variable verändert. Das obige Beispiel könnte daher auch so lauten:

```
short   Zeile, Spalte;

++Zeile;
--Spalte;
```

Wichtig wird die Position erst innerhalb von Ausdrücken:

```
short   i, j,
        Zeile, Spalte;

i = ++Zeile-j;                  // erhöhe Zeile um 1, subtrahiere j
j = Spalte-- / 2;               // teile Spalte durch 2, verringere Spalte um 1
```

Oft können bei solchen Seiteneffekten auch ungewollte Veränderungen auftreten, insbesondere wenn sie als aktuelle Parameter in Makros auftreten. An solchen Stellen ist Vorsicht geboten![2]

---

[1] ....Daher kommt auch die Bezeichnung C++, die man auch als die „Version nach C" auffassen kann.

[2] ....Vergleiche auch den Abschnitt „Der Präprozessor II: Makros" in Kapitel 6 „Funktionen".

Insbesondere bei der Formulierung von **for**-Schleifen und im Zusammenhang mit Adressenarithmetik sind diese Operatoren oft nützlich. In der Reihenfolge der Ausführung sind diese Operatoren dem Rang 2 unserer Tabelle aus dem letzten Kapitel zugeordnet; sie werden also zusammen mit den einstelligen Operatoren – ~ ! **sizeof** und Type Casts ausgeführt.

4.2.2 Abkürzungen

Eine weitere Möglichkeit zur Optimierung von Hand sind die **verkürzten Zuweisungsoperatoren**. Die meisten Mikrocomputer benutzen heute eine 2-Adress-Maschine, sie können also üblicherweise Operationen der Form

```
        ADD     AX, BX  ;  AX := AX + BX
```

ausführen, wobei ein Operand zugleich als Datenquelle und zur Aufnahme des Ergebnisses dient. Für den Compiler bedeutet dies, daß der Programmierer durch geschickte Formulierungen einfacheren und schnelleren Code erzeugen kann.

In C++ können alle zweistelligen arithmetischen Operatoren für diese Verkürzung verwendet werden. Dazu wird das Operatorzeichen mit dem Zuweisungszeichen = kombiniert. Wir fassen dies zusammen:

verkürzter Operator	ausführliche Schreibweise
`a += b;`	`a = a + b;`
`a -= b;`	`a = a - b;`
`a *= b;`	`a = a * b;`
`a /= b;`	`a = a / b;`
`a %= b;`	`a = a % b;`
`a |= b;`	`a = a | b;`
`a &= b;`	`a = a & b;`
`a ^= b;`	`a = a ^ b;`
`a <<= b;`	`a = a << b;`
`a >>= b;`	`a = a >> b;`

An der Stelle von b kann natürlich immer ein kompletter Ausdruck stehen. Diese verkürzten Zuweisungen nehmen den gleichen Rang in der Ausführungsreihenfolge ein, wie auch die „normalen" Zuweisungen. Daher wird immer der Wert von b zuerst vollständig berechnet, bevor die letzte Operation durchgeführt wird. Das nachfolgende Beispiel macht dies deutlich:

```
a *= b + c;      // entspricht NICHT    a = a * b + c;
                 // sondern             a = a * (b+c);
```

Üblicherweise stellt aber dieses Denken als 2-Adress-Maschine kein Problem dar. Natürlich ist auch eine verkürzte Zuweisung ein Ausdruck. In diesem Fall wertet die Zuweisung `a += b` zu dem neuen Wert von `a` aus, also genau wie bei der normalen Zuweisung. Konstruktionen wie

```
a += 2 * ( b *= c - b % 4 );
```

müssen aber nicht unbedingt sein, obwohl sie natürlich zulässig sind. Eine wirklich positive Funktion haben solche Zuweisungen, wenn das Ziel nicht durch eine einfache Variable, sondern selbst durch eine Berechnung festgestellt wird, beispielsweise bei der Arbeit mit Vektoren und komplexen Indizes:

```
Ziel[i+j-n] = Ziel[i+j-n] * Faktor;
```

Besser:

```
Ziel[i+j-n] *= Faktor;
```

An solchen Stellen verbessert die verkürzte Zuweisung auch Lesbarkeit und Verständlichkeit des Textes; ferner wird eine mögliche Fehlerquelle bei der wiederholten Formulierung des Indexes vermieden.

Hier wird nochmals deutlich, daß mit solchen Anweisungen auch ein einfacher Compiler effizienten Code erzeugen kann. Optimierende Compiler würden dagegen auch die erste Formulierung äquivalent effizient umformen.

Mit den verkürzten Operatoren lassen sich auch sehr einfach einzelne Bits setzen, löschen und wechseln:

```
  a |= 1 << n;           // Bit Nr. n in a setzen
  a &= ~( 1 << n );      // Bit Nr. n in a löschen
  a ^= 1 << n;           // Bit Nr. n in a wechseln
```

Bei der Systemprogrammierung stehen oft vordefinierte Bitmasken zur Verfügung, so daß die Formulierungen dann so aussehen (BLINKEN sei eine solche Bitmaske vom Typ **int**):

```
  a |=  BLINKEN;         // Einschalten
  a &= ~BLINKEN;         // Ausschalten
  a ^=  BLINKEN;         // Wechseln
```

Eine weitere Besonderheit von C++ ist das funktionale **if** ... **else**[1] als Bestandteil von Ausdrücken. Es ist zudem der einzige 3-stellige Operator in C++. Betrachten wir ein Beispiel:

```
b = 2 * ( a > Schwellwert ? Wert : 0 );
```

Bei dem Bedingungsoperator (`? :`) wird zunächst der Ausdruck vor dem `?` als Wahrheitswert bewertet. Falls er ungleich `0` (nicht **false**) ist, wertet der gesamte Ausdruck zu dem Wert des ersten Ausdrucks nach dem `?` aus, sonst zu dem Wert des

[1] ....Das funktionale **if** ... **else** wird auch als **Bedingungsoperator** (engl.: **immediate if**) bezeichnet.

zweiten Ausdrucks nach dem Doppelpunkt (:). In unserem Fall nimmt a>Schwellwert?Wert:0 den Wert Wert an, wenn a>Schwellwert, sonst 0. Das obige Beispiel läßt sich natürlich auch ohne den Operator ?: formulieren. Mitunter werden einige Formulierungen durch ?: einfacher und effizienter. Im Zusammenhang mit Makros werden wir diesen Operator noch mehrmals verwenden.

Den Abschluß dieser erweiterten Operatoren bildet der Komma-Operator (,). Er ist der Operator mit dem letzten Rang in der Auswertungsreihenfolge. Er bewirkt einfach die sequentielle Ausführung der beiden Operanden, also ähnlich wie ein Semikolon. Der Unterschied ist subtil: Das Semikolon beendet eine Anweisung, das Komma verbindet zwei Ausdrücke und wertet zum letzten Ausdruck aus. Man fragt sich zu Recht: Wozu das?

Die Antwort wird die **for**-Schleife[1] bei fortgeschrittenen Anwendungen liefern. Mit Hilfe des , Operators lassen sich dort komplexere Aktionen formal zu einer zusammenfassen. Insgesamt ist der Operator aber auch außerhalb von **for**-Schleifen zulässig. Einen wirklichen Sinn macht er sowieso nur im Zusammenhang mit Seiteneffekten bzw. Zuweisungen als Teilen von Ausdrücken, da er ja den Wert des ersten Ausdrucks ignoriert.

Runden wir unseren Operatorzoo mit einer erweiterten aber noch immer nicht vollständigen Tabelle ab:

Rang	Operator	Anmerkung
1	( )	Klammern, Funktionsaufrufe
2	-	arithmetische Negation
	~	bitweise Negation
	!	logische Negation
	sizeof	Größenberechnung in Bytes
	(Typ)	Type-Cast
	++ --	Inkrement, Dekrement
3	* /	Multiplikation und Division
	%	Modulo
4	+ -	Addition und Subtraktion
5	<< >>	Shifts links und rechts, Ein- und Ausgabe
6	< <=	kleiner, kleiner oder gleich
	> >=	größer, größer oder gleich

[1] ....Die **for**-Schleife wird zur wiederholten Ausführung von Anweisungen benötigt und im nächsten Kapitel behandelt.

<table>
<tr><th>Rang</th><th>Operator</th><th>Anmerkung</th></tr>
<tr><td>7</td><td>== !=</td><td>gleich, ungleich</td></tr>
<tr><td>8</td><td>&</td><td>bitweises UND</td></tr>
<tr><td>9</td><td>^</td><td>bitweises XOR</td></tr>
<tr><td>10</td><td>|</td><td>bitweises ODER</td></tr>
<tr><td>11</td><td>&&</td><td>logisches UND</td></tr>
<tr><td>12</td><td>||</td><td>logisches ODER</td></tr>
<tr><td>13</td><td>? :</td><td>IF-THEN-ELSE als Ausdruck</td></tr>
<tr><td rowspan="5">14</td><td>=</td><td>Zuweisung und alle verkürzten Zuweisungen</td></tr>
<tr><td>+= -= *=</td><td></td></tr>
<tr><td>/= %= &=</td><td></td></tr>
<tr><td>|= ^=</td><td></td></tr>
<tr><td><<= >>=</td><td></td></tr>
<tr><td>15</td><td>,</td><td>sequentielle Auswertung</td></tr>
</table>

4.2.3 Aufgaben

Aufgabe 10 das funktionale if

Was tut das folgende Listing?

```
int main()
{
  int   a, b, c;

  cout  << "Geben Sie zwei Zahlen ein: ";
  cin   >> a >> b;

  a>b?c=a:c=b;

  cout  << "Das Ergebnis lautet      : " << c << endl;
  return 0;
}
```

Bevor das Listing abgetippt wird, sollte man zunächst ohne Computer überlegen, was auf dem Bildschirm ausgegeben wird und erst dann seine Überlegungen am Computer überprüfen.

Aufgabe 11 Operatoren

Welches sind üblicherweise die beiden häufigsten Operatoren in C++ Programmen?

5. Kontrollstrukturen und strukturierte Programmierung

In diesem Kapitel werden wir die **Kontrollstrukturen** von C++ vorstellen und uns mit der **strukturierten Programmierung** befassen. Im Grundlagenteil werden dabei die bedingten Kontrollstrukturen vorgestellt, wie sie jede höhere Programmiersprache so oder in ähnlicher Form kennt. In der Vertiefung widmen wir uns dann den unbedingten Sprüngen (**`goto`**), wie sie vor allem aus BASIC bekannt und gefürchtet sind (es sei hier nur an den berüchtigten Spaghetti-Code erinnert). Hierbei beschränken wir uns jedoch auf einige entschärfte Varianten.

Die bisherigen Aufgaben ließen sich noch relativ leicht direkt in ein Programm umsetzen, doch sehr schnell stößt man auf Probleme, bei denen es schon erheblich schwieriger wird, ein Programm direkt zu entwickeln. Hierbei hilft die strukturierte Programmierung, indem sie Richtlinien vorgibt, nach denen man komplexe Aufgaben strukturiert und sie somit leichter in Programme umsetzen kann.

5.1 Grundlagen

Im Zusammenhang mit der Programmierung tritt immer wieder der Begriff Algorithmus auf, für den wir nun zunächst eine Definition angeben wollen:

Definitionsversuch: Eine Folge von Bearbeitungsschritten (Anweisungen), mit der eine Aufgabe gelöst oder ein Ziel erreicht wird, heißt **Algorithmus**. Ein Algorithmus muß allgemein, eindeutig und endlich sein. Werden die Schritte in einer Programmiersprache formuliert, so entsteht ein **Programm**.

Bis jetzt ist bereits mehrmals der Begriff „strukturiert" gefallen, ohne daß dieser Begriff näher erläutert wurde. Daher wollen wir nun zunächst die wichtigsten Eigenschaften und Begriffe zur strukturierten Programmierung zusammenstellen:

Ein Block (Programm, Prozedur, Funktion) heißt **wohlstrukturiert**, wenn zu seinem Aufbau nur folgende Elemente verwendet werden:

- Elementare Anweisungen,
  - Wertzuweisung,
  - Funktions- oder Prozedur-Aufrufe (z. B. Ein-/Ausgabeanweisungen),
- Zusammengesetzte Anweisungen,
  - Sequenz,
  - Schleifen (abweisend oder nicht abweisend),
  - Bedingte Anweisungen (einfache, zweifache oder mehrfache Alternativen).

Ein leistungsfähiges Hilfsmittel zur allgemeinen Darstellung von Algorithmen sind die Struktogramme. Ein **Struktogramm** (auch **Nassi-Shneiderman-Diagramm** genannt) ist eine grafische Darstellung der oben genannten Strukturelemente und ein gutes Programmierhilfsmittel. Aus einem Struktogramm kann man im allgemeinen direkt ein (C++) Programm erstellen.

```
Anweisung1;
Anweisung2;
    ...
AnweisungN;
```

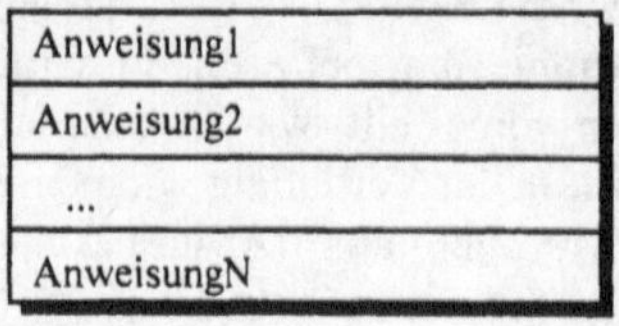

In den vorangehenden Kapiteln haben wir bereits erwähnt, daß in C++ Anweisungen durch ein Semikolon abgeschlossen werden. Dadurch können mehrere Anweisungen durch Blockbildung formal zu einer Anweisung zusammengefaßt werden, die man auch als **Sequenz** (oder **Anweisungs-Sequenz**) bezeichnet. Obwohl C++ ein vollständiges Blockkonzept realisiert,[1] benutzen wir momentan die durch { und } gebildeten Blöcke nur zur Kennzeichnung von Anfang und Ende einer Kontrollstruktur.

5.1.1 `while`-Schleifen

In C++ werden sowohl abweisende, als auch nichtabweisende **Schleifen** mit **`while`** formuliert. Bei der **abweisenden Schleife** wird die Bedingung vor dem Schleifenrumpf getestet. Ist die Bedingung bereits am Anfang nicht erfüllt, wird die Schleife nicht durchlaufen, daher die Bezeichnung „abweisend":

```
while (Bedingung)
    Anweisung;
```

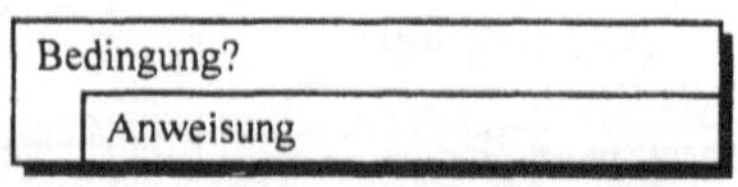


```
do
    Anweisung;
while (Bedingung)
```

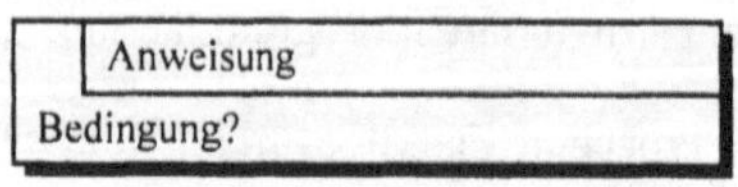


```
/* Abweisende Schleife in C++ */
/* -------------------------- */

while ( Hunger )            // bei nur einer Anweisung kann auf die Klammerung
  Esse;                     // mit {} verzichtet werden.
```

[1] ....vergleiche hierzu Kapitel 7 „Das Blockkonzept".

```
while ( Laufbedingung )
{                              // würden hingegen hier die Klammern weggelassen,
  Anweisung_1;
  // ...
  Anweisung_n;                 // so würde nur Anweisung_1 zur Schleife gehören.
}
```

In beiden Fällen wird eine Laufbedingung verwendet (solange **`true`** bzw. ungleich `0`, wird die Schleife durchlaufen).

Die **nichtabweisende Schleife** wird in C++ als **`do`** ... **`while`**-Schleife formuliert. Dabei wird die Bedingung erst am Ende des Schleifenrumpfes geprüft, so daß die Schleife also mindestens einmal durchlaufen wird (daher nichtabweisend). Auch bei der nichtabweisenden Schleife handelt es sich um eine Laufbedingung und nicht um eine Abbruchbedingung:

```
/* nichtabweisende Schleife in C++ */
/* ------------------------------- */

do
  Spare;                          // Auch hier kann die Klammerung bei nur einer
while ( !Millionär );             // Anweisung weggelassen werden.

do
{                                 // Vergißt man hier jedoch die Klammerung, so
bekommt
  Anweisung_1;
  // ...
  Anweisung_n;                    // man eine Fehlermeldung, da nach Anweisung_1 ein
} while ( Laufbedingung );        // while erwartet wird.
```

Am Ende des Grundlagenteils befindet sich eine kleine Aufgabe, die wir jetzt mit Kenntnis der abweisenden und nichtabweisenden Schleifen programmieren können.

5.1.2 Bedingte Anweisungen: `if`

```
if (Bedingung)
      Anweisung;
```

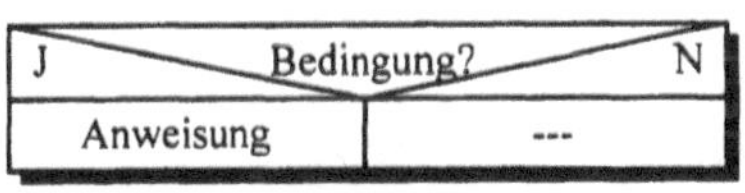


```
if (Bedingung)
      Anweisung1;
else  Anweisung2;
```

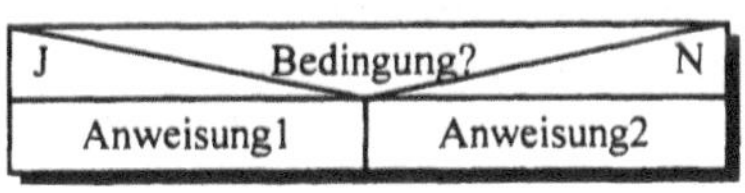

Bemerkenswert an C++ ist das Fehlen eines Schlüsselwortes THEN in der **`if`** ... **`else`**-Konstruktion. Wir werden aber sehen, daß dieses Schlüsselwort eigentlich überflüssig ist:

```
/* Bedingte Anweisung in C++ */
/* -------------------------- */

if ( Regen )                     // Auch hier gelten die gleichen Klammerregeln
  SchirmAufspannen;              // wie bei den while-Schleifen

if ( Sonnenschein )
{
  SchirmZumachen;
  // ...
  JackeAusziehen;
}
```

Bei der Alternative wird das **`else`** benötigt:

```
/* Alternative in C++ */
/* ------------------ */

if ( Warm )
          InsFreibadGehen;
else      InsHallenbadGehen;

if ( Bedingung )
        {
          Anweisung_1a;
          // ...
          Anweisung_na;
        }
else    {
          Anweisung_1b;
          // ...
          Anweisung_nb;
        }
```

Bedingungen werden, wie schon bei den Schleifen, in runde Klammern eingefaßt. Da in C++ **`int`**-Werte als logische Werte interpretiert werden, sollte man nicht generell Tests auf `!= 0` unterdrücken. Im folgenden Beispiel könnte der erste Vergleich auch mit, der zweite ohne die Operation `!= 0` formuliert werden:

```
int      Fehler;                     // logischer Wert
short    a, b, c;                    // Zahlen

if ( Fehler ) Fehlerbehandlung();

if ( a != 0 ) b = c / a;
```

Da `Fehler` einen logischen Wert beschreibt, wäre hier die Formulierung `Fehler!=0` genauso inhaltlich überflüssig und unpassend, wie ein `Fehler=`**`true`** beispielsweise in Pascal. Umgekehrt unterstreicht der Test `a!=0` im zweiten Fall den numerischen Charakter der Variablen a. Man sollte also auch in C++ nicht immer die absolut kürzeste, sondern die inhaltlich klarste Formulierung verwenden.

5.1.3 `for`-Schleifen I

Wir kommen nun zu dem Paradepferd der C++ Kontrollstrukturen, der **`for`**-Schleife. Hier schlägt die Funktionalität von C++ das schmalbrüstige Gegenstück in Pascal um

Längen. Wegen der erweiterten Möglichkeiten haben wir diesen Abschnitt in zwei Teile gegliedert. Der erste beinhaltet die absolute Pflicht, der zweite Teil – der sich im Vertiefungsabschnitt dieses Kapitels befindet – setzt die Abschnitte „Inkrementbefehle" und „Abkürzungen" aus dem Vertiefungsteil von Kapitel 4 „Elementare Operationen" voraus.

Die **for**-Schleife in C++ beschreibt eine allgemeine abweisende Schleife mit variablem Initialisierungsteil, Laufbedingung und Inkrementierungsteil. Daher benötigt man auch keine spezielle grafische Darstellung, vielmehr kann auch hierfür die Darstellung der abweisenden Schleife verwendet werden. Damit lassen sich natürlich auch einfache Zählschleifen realisieren. Die allgemeine Form der **for**-Schleife lautet:

```
for ( Init; Laufbedingung; Inkrement )
  Anweisung;
```

wobei anstelle einer Anweisung auch wieder ein Block { } mit mehreren Anweisungen stehen kann. Betrachten wir zunächst folgendes Beispiel:

```
for ( i=UGrenze; i <= OGrenze; i=i+1 )
  Anweisung_1;

for ( j=OGrenze; j >= UGrenze; j=j-1 )
  Anweisung_2;
```

Die Initialisierung, Laufbedingung und Inkrementierung sind in C++ keinen Einschränkungen unterworfen; sie können auch vollständig entfallen. Zur Verdeutlichung übersetzen wir die **for**-Schleife in eine **while**-Schleife:

```
for ( Init; Laufbedingung; Inkrement )
  Anweisung;

/* und als while Schleife */

Init;
while ( Laufbedingung )
{
  Anweisung;
  Inkrement;
}
```

Es gibt daher auch keine Einschränkungen bei den Zählvariablen, wie das beispielsweise in Pascal der Fall ist. Im folgenden Beispiel lassen wir einen Geldbetrag verzinsen:

```
double      Geld, SparZiel,
            AnfangsKapital, Zinssatz;
int         Periode;

Periode     = 0;

for ( Geld = Anfangskapital; Geld < SparZiel; Geld = Geld*(1.0+Zinssatz) )
            Periode = Periode + 1;
```

Im Vertiefungsteil werden wir das gleiche Beispiel in noch kürzerer Form realisieren. **for**-Schleifen beinhalten also keine magischen Tricks, sondern sind nur eine sehr bequeme Abkürzung für fast alle Schleifenarten.

5.1.4 Fallunterscheidungen: **switch**

```
switch (Selektor)
 {
   case Fall1:
   Anweisung1;
   break;
     ...
   case FallN:
   AnweisungN;
   break;
   default:
      Standardfall;
      break;
 }
```

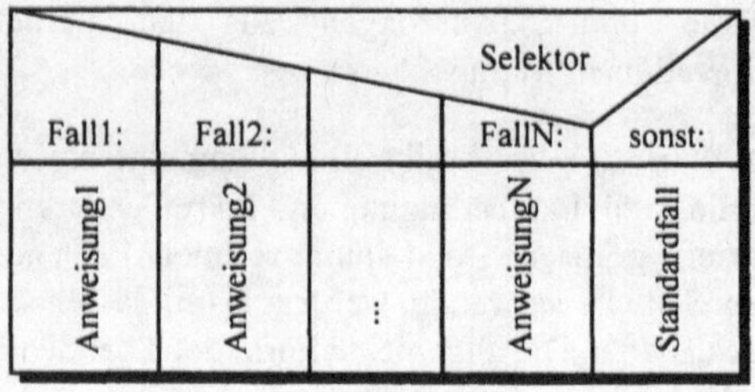

Bei Menüauswahlen treten oft Mehrfachverzweigungen oder Fallunterscheidungen auf. Auch C++ bietet hierfür eine Konstruktion mit dem Schlüsselwort **switch**. Betrachten wir hierzu wieder ein Beispiel:

```
char ch;

switch( ch )
{
  case 'A':
  case 'a': {
              Anweisung_A1;
              // ...
              Anweisung_An;
            }
            break;
  case 'B':
  case 'b': {
              Anweisung_B1;
              // ...
              Anweisung_Bm;
            }
            break;
  default:  {
              DefaultAnweisung_1;
              // ...
              DefaultAnweisung_n;
            }
            break;
} /* switch */
```

Wir notieren dazu eine Reihe von Eigenschaften:

- In C++ können nach einem **case**-Label beliebig viele Anweisungen folgen.
- Ein **case**-Label beschreibt immer nur eine Konstante.
- Anweisungsfolgen müssen durch die **break**-Anweisung beendet werden. Sie erst sorgt für die Fortsetzung der Ausführung nach der **switch**-Anweisung.
- Zum Verzweigen können nur **int**-Werte und Aufzählungstypen verwendet werden.

- **case**-Labels müssen passende Konstanten enthalten.
- Der **default**-Teil ist optional.
- Ist kein passender Fall und auch kein **default** vorhanden, so wird keine Anweisung ausgeführt. Aus Sicherheitsgründen sollte aber möglichst immer ein **default**-Teil vorhanden sein, auch wenn er gemäß der geplanten Programmlogik nie auftreten dürfte. In diesem Fall sollte er eine Warnung ausgeben, daß offenbar noch (mindestens) ein logischer Fehler im Programm steckt.

Besonders hervorgehoben werden sollte die Bezeichnung **case**-Label. Tatsächlich verhält sich die **switch**-Anweisung mehr wie eine **goto**-Version (Fortran kennt da das „Computed Goto") als eine Verallgemeinerung von **if** ... **else**. Die **switch** Anweisung wertet nur den Ausdruck in Klammern aus und sucht das passende **case**-Label. Dort beginnt dann die Ausführung, und es spielt keine Rolle, ob dabei links am Wegesrand weitere **case**-Labels stehen. In Pascal beispielsweise impliziert der Beginn eines neuen Falls automatisch das Ende des vorangehenden. In C++ ist dies nicht der Fall! Daher muß ein Fall in einer **switch**-Anweisung explizit mit der **break**-Anweisung abgeschlossen werden. Details dieser Anweisung werden wir im nächsten Abschnitt beschreiben.

Daher merken wir uns einige Regeln für den möglichst fehlerfreien Umgang mit **switch**: Alle Fälle werden mit **break** abgeschlossen. Am Besten wird bereits beim Eintippen des **case**-Labels auch das zugehörige **break** eingegeben, damit es nicht vergessen wird. Auch der aktuell letzte Fall in der Anweisung erhält sein **break**; es kann ja sein, daß später noch weitere Fälle hinter den derzeit letzten Fall eingefügt werden.

Durch die Möglichkeit des „Durchfallens" in den nächsten Fall sind eine ganzen Reihe von Gehirnverknotungen möglich:

```
/* Heute: Spaghetti alla C++ */
/* ------------------------- */

switch( i )
{
  case 4:
  case 5:  TuWas();
           if (i==5) break;
  case 7:  NochWas();
           if (i==7) break;
  case 8:  Blabla();
  default: FuerAlle();
}
```

Solche Konstruktionen haben nichts mehr mit ordentlichen Fallunterscheidungen zu tun. Hier wurde die wildeste Spaghetti-Code-Programmierung durch die Hintertür wieder eingeführt. C++ erzwingt keine vernünftige Programmierung; wer aber bereits strukturierte Programmierung in anderen Programmiersprachen gelernt hat, wird kaum auf solche Ideen kommen (hoffentlich ist dadurch keiner neugierig geworden!).

Die oben vorgestellten Bausteine für Struktogramme können natürlich beliebig ineinander eingesetzt und in ein Programm umgesetzt werden, da sie alle Anweisungen bilden. Ein Struktogramm für ein Programm, das den ggT[1] zweier Zahlen berechnet, soll hier als Beispiel dienen:

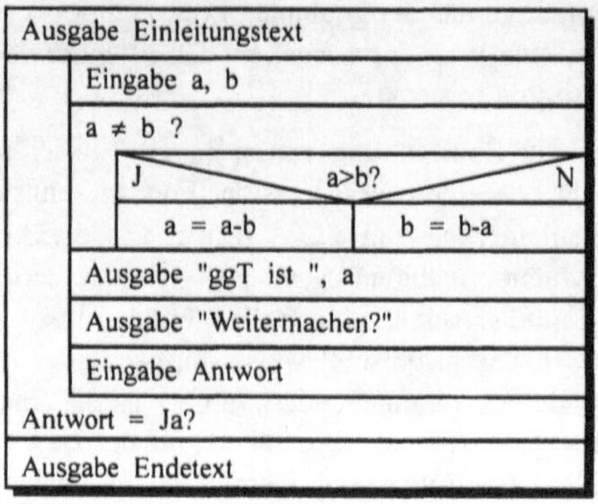

Wohlstrukturiertheit betrifft nur die innere Struktur eines Blocks; so können alle Prozeduren eines Programms wohlstrukturiert sein, das Programm selbst aber durch wildes Aufrufen dieser Prozeduren durch andere (in sich wohlstrukturierte Prozeduren) ein heilloses Durcheinander darstellen. In der Praxis kommt man oft ohne eine gemäßigte Form eines solchen Durcheinanders nicht aus, wenn man sich nicht die Aufgabe künstlich erschweren will.

Neben diesen, etwas formalen Bauplänen für ein strukturiertes Programm, sollten die Hauptbausteine, in C++ Prozeduren bzw. Funktionen, eine gewisse Größe nicht überschreiten, denn auch eine große Anzahl einfacher Dinge kann enorm unübersichtlich und damit kompliziert werden. Daher gibt es die allgemeine Faustregel: Funktionen sollen **lokal trivial**, oder praktischer, höchstens eine Seite (auf dem Drucker bzw. Bildschirm) lang sein. Das Ziel, auch bei größeren Programmen die Übersichtlichkeit zu gewährleisten, wird durch ein Modularisierungskonzept angestrebt, das in einem späteren Kapitel dargestellt wird.

---

[1] ....ggT (größter gemeinsamer Teiler): Der ggT von zwei ganzen Zahlen a und b ist die größte Zahl, durch die sich sowohl a als auch b ohne Rest teilen lassen.

5.1.5 Aufgaben

Aufgabe 12 Einfache Berechnung, while-Schleife

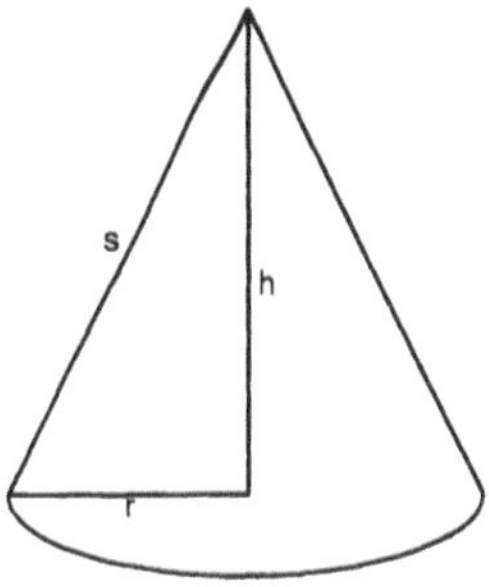

Für das Volumen V und die Oberfläche O eines geraden Kreiskegels mit Höhe h und Radius r gelten folgende Formeln:

$$V = \frac{1}{3} r^2 \pi h \; und \; O = \pi r (r + s) \qquad mit \; s = \sqrt{h^2 + r^2}$$

a) Setze diese Rechenvorschriften in ein Programm um, das den Benutzer nach den Werten für r und h abfragt und daraus V und O berechnet.

b) Die Berechnung soll nacheinander (für mehrere Werte) durchgeführt werden können, ohne das Programm neu starten zu müssen. Dazu sollen Benutzerabfrage und Berechnung in einer **while**-Schleife so oft durchlaufen werden, bis der Benutzer auf die Frage „Noch eine Berechnung" nicht mehr mit „j" (für „ja") antwortet.

Aufgabe 13 while-Schleifen, float

Was geht hier schief? Wie kann man das Problem beheben?

```
cout << "Ich zaehle von 1 bis 10." << endl;
int   z = 0;
while ( z != 10 )
      {
        z++;
        cout << "Ich bin jetzt bei " << z << endl;
      }

cout << "Ich bin bereit fuer die naechste Runde." << endl;
cout << "Tippe irgendwas ein und druecke RETURN!" << endl;
char a; cin>>a;                                // Warte auf Tastendruck

cout << "Ich zaehle von 0.1 bis 1." << endl;   // Vorsicht Falle !
float x = 0;
while ( x != 1 )
      {
        x += 0.1;
        cout << "Ich bin jetzt bei " << x << endl;
      }
```

Aufgabe 14 for-Schleife

Schreibe ein kurzes Programm, das die Summe der natürlichen Zahlen von 1 bis 10 mittels einer **for**-Schleife berechnet.

Aufgabe 15 for, while und if

Erweitere das Programm aus der vorigen Aufgabe um folgende Fähigkeiten:

1) Der Benutzer soll die Obergrenze (das war bisher fest die 10) jeweils eingeben können.

2) Die Eingabe soll (in einer **`while`**-Schleife) so lange wiederholt werden, bis der Benutzer eine positive Zahl eingibt (also nicht etwa beispielsweise -5).

3) Im Fall einer negativen Eingabe (mit **`if`** prüfen) soll ein Hinweis ausgegeben werden.

Aufgabe 16 Fakultät zum ersten

Schreibe ein Programm, das die Fakultät[1] einer positiven ganzen Zahl berechnet. Das Programm soll noch keine Prüfung der Eingabe vornehmen. Der Benutzer soll das Programm für mehrere Eingaben nacheinander verwenden können. Zur Ein/Ausgabe verwende `cin` und `cout` durch Einbinden der Stream-Library mit `#include <iostream.h>`.

Aufgabe 17 Fakultät zum zweiten

Verbessere das letzte Programm zur Berechnung von Fakultäten, indem unzulässige (negative) Eingaben abgefangen werden und eine Fehlermeldung ausgeben wird.

Aufgabe 18 Der ggT

Entwickle an Hand des obigen Struktogramms ein Programm, das den ggT zweier ganzer Zahlen berechnet.

Aufgabe 19 Zahlenraten

Schreibe ein Programm zum Raten von ganzen Zahlen. Dazu gebe eine Ober- und eine Untergrenze an. Das Programm soll durch **Bisektionssuche**[2] die geheime Zahl erraten. Nach jedem Rateversuch muß entschieden werden, ob die geratene Zahl zu groß (Antwort > 0), zu klein (Antwort < 0) oder richtig war (Antwort=0). Berücksichtige auch die Möglichkeit, daß gemogelt wird, also daß die Antworten falsch sind.

Diese Bisektionssuche wird häufig zum schnellen Auffinden innerhalb von geordneten Daten (z. B. alphabetisch sortierten Listen) verwendet.

[1] ....Die **Fakultät** einer Zahl `n` wird allgemein als `n!` geschrieben und berechnet sich wie folgt:

`n! = 1*2*3*4*...*n`

...........So ist z. B. `5! = 1*2*3*4*5 = 120`.

[2] ....Bei der Bisektionssuche wird ein Intervall genau in der Mitte geteilt. Die gesuchte Zahl befindet sich nun entweder im ersten oder im zweiten Intervall. Dieses Intervall wird nun wieder in der Mitte geteilt, so daß sich die Intervalle, in denen die gesuchte Zahl steht sehr schnell verkleinern und man so die Zahl leicht findet.

Aufgabe 20 Der Taschnrechner

Schreibe ein Programm, das einen einfachen Taschenrechner für die vier Grundrechenarten (+ - * /) simuliert. Der Benutzer soll dazu zunächst eine **double**-Zahl, dann ein Operationszeichen und eine zweite **double**-Zahl eingeben.

5.2 Vertiefung

5.2.1 for-Schleifen II

Hier werden wir die Abkürzungen aus dem Vertiefungsteil des Kapitels „Elementare Operationen" auf die **for**-Schleife anwenden und sie damit noch flexibler in der Anwendung machen. Besonders der Komma-Operator (,) also die sequentielle Auswertung von Ausdrücken, ist praktisch nur im Init- und Inkrement-Teil einer **for**-Schleife sinnvoll. Als erste Anwendung wählen wir das obige Beispiel der Verzinsung:

```
for ( Periode=0, Geld=Anfangskapital; Geld < SparZiel; Geld *= ( 1.0+Zinssatz ) )
        Periode++;
```

Hier wurden im Init-Teil zwei Initialisierungen durchgeführt. Natürlich können auch im Inkrement-Teil der Schleife mehrere Ausdrücke, getrennt durch , stehen. Man darf die mehrfachen Initialisierungs- und Inkrementierungsteile aber nicht mit einer geschachtelten Schleife verwechseln. Wenden wir dies auf das obige Beispiel an, so erhalten wir:

```
for ( Periode=0,Geld=Anfangskapital; Geld<SparZiel; Geld*=(1.0+Zinssatz),Periode++
)
        /* Nix */;
```

Hier ist der Anweisungsteil der Schleife leer, was sonst sicher nur einen beschränkten Wert hätte. Aus Gründen der Deutlichkeit sollte man bei solchen Konstruktionen die leere Anweisung auch deutlich durch einen Kommentar hervorheben. Ein Semikolon direkt nach der schließenden Klammer würde beim ersten Lesen (eines anderen Programmierers) garantiert übersehen und würde dann zu Verständnisproblemen führen.

Daneben kann auch der Initialisierungsteil und/oder der Inkrementierungsteil ausgelassen werden, die Semikola zur Trennung müssen aber bleiben. Es gibt sogar sinnvolle Anwendungen dafür, die Laufbedingung auszulassen. Man erhält dann eine Endlosschleife, die man dann mit anderen Mitteln verlassen muß.

5.2.2 Entschärftes goto

Obwohl C++ auch ein ganz normales **goto** bietet, werden wir es hier nicht einmal am Rande beschreiben, da es für die eigene Arbeit absolut überflüssig ist, andererseits kommt es auch in Fremdprogrammen selten genug vor (ein Glück!). Daher beschreiben wir besser zwei zahme Verwandte des wilden **goto**'s:

5.2.2.1 break

In der **switch**-Anweisung haben wir **break** erstmals kennengelernt. Es sorgt dafür, daß die Programmausführung mit der ersten Anweisung nach dem **switch** fortgesetzt wird. Allgemein sorgt ein **break** für das Verlassen der sie umgebenden **switch**-Anweisung, **while**- oder **for**-Schleife. Es hat keinen Einfluß auf **if**-Anweisungen oder auf die Ausführung von Funktionen.

Eine sinnvolle Anwendung von **break** ist die Konstruktion einer Schleife, die zu einem beliebigen Zeitpunkt verlassen werden kann. Abweisende Schleifen haben ja den „Ausgang“ am Anfang, nichtabweisende Schleifen am Ende des Schleifenrumpfes. Ein häufiges Beispiel für einen gewünschten „Ausstieg aus der Mitte“ ist der Abbruch eines Benutzerdialoges, wie er in allen bisherigen Übungsprogrammen auftreten kann:

```
int     Weiter;

do      // while (Weiter)
        {
          cout << "Weitermachen (0/1)"; // 0: Nein     1: Ja
          cin  >> Weiter;

          if ( Weiter )
                {
                  /* Rest des Programms */
                }
        } while ( Weiter );
```

Mit der **break**-Anweisung ist dies einfacher und vor allem übersichtlicher möglich. Dabei benutzen wir eine Endlosschleife, die wir aus allen vorgestellten Schleifenarten aufbauen können; hier wurde die **while**-Schleife verwendet:

```
while( 1 /* forever */ )
        {
          cout << "Weitermachen (0/1)";
          cin  >> Weiter;

          if ( !Weiter ) break;

          /* Rest des Programms */

} // while forever
```

Auch Konstruktionen wie die folgenden werden dazu verwendet:

```
do      // while( 1 )                                    // Endlosschleife
        {
          // ...
          if ( Abbruch ) break;
          // ...
        } while( 1 );

for ( ; 1 /* forever */ ; )                              // Endlosschleife
        {
          // ...
          if ( Abbruch ) break;
          // ...
        }
```

Man kann die **for**-Schleife dabei natürlich weiterhin zum Initialisieren und Inkrementieren benutzen.

Die **break**-Anweisung kann durchaus dabei helfen, übersichtliche und gute Programme zu formulieren; ähnliches gilt für das Verlassen von Funktionen mit der **return**-Anweisung.[1] Derartige Sprünge sollten aber für besondere Zustände wie Fehler, Abbrüche o.ä. reserviert werden und möglichst lokal und übersichtlich bleiben.

5.2.2.2 continue

Die **continue**-Anweisung ist auf Schleifen beschränkt (**while**, **do**, **for**) und übernimmt dort etwa die Rolle des Gegenspielers von **break**. Mit **continue** wird die Ausführung unmittelbar an die Schleifenkontrolle übergeben, wobei alle nachfolgenden Anweisungen übersprungen werden. Betrachten wir ein Beispiel:

```
for ( Init; Laufbedingung; Increment )
        {
          Anweisung_1();

          if ( vorzeitigerTest ) continue;

          /* Rest des Programms */
        }
```

Dieses Codefragment kann wie folgt auch ohne **continue** formuliert werden:

```
for( Init; Laufbedingung; Increment )
        {
          Anweisung_1();

          if ( !vorzeitigerTest )
                {
                  /* Rest des Programs */
                }
        }
```

Man spart also weder häufige Tests, noch gewinnt man Übersichtlichkeit. Der Wunsch nach einem **continue** tritt eigentlich nur dann auf, wenn innerhalb von tief verschachtelten **if**- oder **switch**-Anweisungen die umgebende Schleife erneut durchlaufen werden soll. In dem Augenblick, wo ein **continue** also wirklich das Programm verkürzt, ist der Code wahrscheinlich ohnehin schon zu komplex, so daß er besser in Funktionen aufgeteilt worden wäre.

Aufgabe 21 for-Schleife

Darf man die Zählvariable innerhalb einer **for**-Schleife ändern? Kann das sinnvoll sein?

---

[1] ....Die **return**-Anweisung wird in Kapitel 6 „Funktionen" vorgestellt. Sie ist das Pendant zur **break**-Anweisung.

```
cout << "Ich zähle von 1 bis 10." << endl;
for ( int i=1; i<=10; i++ )
    {
      cout << "Ich bin jetzt bei " << i << endl;
      i = 10;                              // Geht das? Was passiert?
    }
```

6. Funktionen

Alle bisherigen Übungsprogramme haben noch keine selbstdefinierten Prozeduren oder Funktionen enthalten. An dieser Stelle soll nun dieser Mangel behoben werden. Wie schon erwähnt, kennt C++ aber streng genommen nur Funktionen und keine echten Prozeduren. Diese und einige weitere Eigenheiten von C++ werden wir hier kennenlernen.

6.1 Grundlagen

6.1.1 Funktionsresultate

Eine Funktion beginnt in C++ mit dem Rückgabedatentyp, gefolgt von ihrem Namen, der formalen Parameterliste und einem Block. Gibt man keinen Rückgabetyp an, so bedeutet dies nicht, daß diese Funktion keinen Rückgabewert hat, sondern es bedeutet, daß diese Funktion den Rückgabetyp **int** hat. Einige Compiler (z. B. Borland C++) geben noch zusätzlich eine Warnung aus, um sicherzustellen, daß dem Programmierer hier kein Fehler unterlaufen ist.

Erst später bei der Entwicklung von C wurde ein Ersatz für die fehlenden Prozeduren eingeführt. Diese wurden nicht sehr schmerzlich vermißt, da wir Funktionen auch aufrufen können, ohne ihr Resultat entgegenzunehmen. Dies ist eine Konsequenz aus der Regel, daß jeder Ausdruck in C++ durch ein abschließendes Semikolon zu einer Anweisung wird. Durch Einführung des speziellen Datentyps **void** wurden erst „echte" Prozeduren möglich; der Datentyp **void** beschreibt einfach nichts. Eine **Prozedur** ist daher eine nichts-wertige Funktion:

```
void Prozedur( int Parameter )
```

Daher definieren wir die Funktion `main` zunächst auch immer mit dem Rückgabetyp **void**. Auf die möglichen Parameter und Rückgabewerte von `main` gehen wir in der Vertiefung noch ein. Eine einfache, echte Funktion soll als Beispiel dienen:

```
double power( double x, int n )

// Berechnung von x hoch n, auch für negative n.
{
  if ( n < 0 )
        {
          x = 1.0 / x;
          n = -n;
        }

  double wert;

  for ( wert=1.0; n > 0; n-- )
          wert *= x;

  return wert;
}
```

Die **formale Parameterliste** besteht aus dem **double**-Parameter x und dem **int**-Parameter n. Im Block der Funktion wird die lokale Variable wert definiert.[1]

Der Block einer Funktion unterscheidet sich in keiner Weise von den Blöcken, die wir bereits in der main-Funktion angewendet haben. Als echte Funktion, muß power natürlich einen Wert zurückgeben. C++ benutzt hierzu die **return**-Anweisung, die zugleich auch die Funktion beendet. Bei allen echten Funktionen folgt nach dem **return** der Ausdruck, der das Resultat bilden soll; er muß natürlich vom Typ passen. **void**-wertige Funktionen können das **return** ohne nachfolgenden Ausdruck benutzen, um die Funktion zu beenden. Jede Funktion wird natürlich auch nach der Ausführung der letzten Anweisung im Block beendet.

Das **return** entspricht einem entschärften Sprung an das Ende der Funktion. Solche Zwischenausgänge sollten aber möglichst auf Fehler- oder Trivialfälle eingeschränkt werden. Als Beispiel für einen Ausstieg in der Mitte dient das modifizierte obige Beispiel:

```
double power( double x, int n )

// Berechnung von x hoch n, auch für negative n.
{
  if ( n == 0 )
        return 1.0;

  if ( n < 0 )
     {
        x = 1.0 / x;
        n = -n;
     }

  double wert;

  for ( wert=1.0; n > 0; n--, wert *= x )
        /* nix */;
  return wert;
}
```

Hier wurde x verändert. Dies hat jedoch keine Auswirkungen nach außen, wie wir später noch sehen werden. Zusätzlich wurde die **for**-Schleife hier ohne Anweisungsteil verwendet.

Innerhalb des Blocks einer Funktion ist kein Zugriff auf die Variablen in der main-Funktion, oder auf Variablen anderer Funktionen möglich. Die main-Funktion umschließt nicht alle Funktionen, wie dies das **PROGRAM** in Pascal tut. Vielmehr liegt main parallel zu den übrigen Funktionen auf einer Ebene, so daß keine Funktion auf die lokalen Variablen einer anderen Funktion zugreifen kann.

---

[1] ....Obwohl C++ ein vollständiges Blockkonzept realisiert, so daß in jedem Block lokale Variablen definiert werden können, können im Unterschied zu beispielsweise Pascal in C++-Funktionen keine lokalen Funktionen definiert werden.

6.1.2 Parameterübergabe

Um in diesem Abschnitt leichter über die Problematik der Parameterübergabe reden zu können, führen wir zunächst zwei Definitionen ein:

1. **Aktueller Parameter**: Als aktuellen Parameter bezeichnet man das, was an ein eine Funktion übergeben wird, also z. B. eine Variable, ein Wert oder ein ganzer Ausdruck.

2. **Formaler Parameter**: Als formalen Parameter bezeichnet man den Parameter in der Parameterliste der Funktion

Wir haben bereits eine Art der Parameterübergabe an Funktionen kennengelernt, allgemein werden jedoch zwei Arten unterschieden: Die **Referenzübergabe (Call by Reference)** und die **Werteübergabe (Call by Value)**. Im oberen Beispiel wird die Übergabe nach dem Prinzip Call by Value durchgeführt. Betrachten wir ein Beispiel, um dies genau zu verstehen:

```
int main()
{
  double      Basis         = 7.5,
              Ergebnis;
  int         Exponent;     = 2;

  Ergebnis    = power( Basis/2.0, Exponent )
  return 0;
}
```

In diesem Beispiel wird `3.75`^{2} berechnet. Obwohl in der Funktion die lokale Variable `x` verändert wurde, hat dies keine Auswirkungen auf den Wert von `Basis`, so daß `Basis` auch nach dem Aufruf von `power` noch den Wert `7.5` enthält. Dies liegt daran, daß hier nur der Wert `7.5/2.0` (daher auch Call by Value) an `power` übergeben wurde, nicht aber die Variable `Basis`.

Möchte man jedoch eine Funktion schreiben, die einen Parameter verändern können soll, so muß man sich der Variante Call by Reference bedienen. Wie der Name schon sagt, wird hier nicht nur der Werte einer Variable an die Prozeduren bzw. Funktionen übergeben, sondern eine Referenz auf die zu übergebende Variable, so daß deren Inhalt dann verändert werden kann.

Betrachten wir hierzu beispielsweise die Prozedur `Name`, bei der der Vor- und der Nachname einer Person abgefragt werden soll:

```
void Name( string Meldung, string& Vorname, string& Nachname )
{
  cout << Meldung;
  cin  >> Vorname;
  cin  >> Nachname;
}
```

Es fällt sofort das neue Zeichen `&` auf, das als **Referenzoperator** bezeichnet wird und somit angibt, daß die Inhalte der übergebenen Variablen geändert werden können. Der Inhalt der Variablen, die für `Meldung` übergeben wird, kann jedoch nicht geändert werden. Dies heißt jedoch nicht, daß man innerhalb von Name Meldung nicht ändern könnte, da es sich ja um eine lokale Variable von Name handelt. Diese Änderungen haben jedoch keine Auswirkungen auf den aktuellen Parameter der an Name für den formalen Parameter Meldung übergeben wurde.

Zur Benutzung der Prozedur Name betrachten wir folgendes Beispiel:

```
int main()
{
  string       Nachricht        = "Gib Name und Vorname ein :";
  string       NachName         = "Meier";
  string       VorName          = "Hans";

  Name( Nachricht, VorName, NachName )  // das geht
  Name( "Name?",   VorName, NachName )  // geht auch
  Name( Nachricht, "Hans",  NachName )  // geht nicht, da in Name als 2.
                                        // Parameter eine Variable vom
                                        // Typ string erwartet wird
  return 0;
}
```

Wie wir gesehen haben, können für Call-by-Value-Parameter auch Konstanten des entsprechenden Typs eingesetzt werden, nicht jedoch bei der Übergabe durch Call by Reference. Hier muß unbedingt eine Variable des entsprechenden Typs übergeben werden, da ja deren Inhalt verändert werden soll bzw. kann.

Fassen wir noch einmal kurz zusammen:

- Call by Value: Hier wird der Wert des Ausdrucks, der als aktueller Parameter auftritt, kopiert. Spezialfälle sind etwa der Inhalt einer übergebenen Variable oder Konstanten, der in die lokale Variable der Parameterliste kopiert wird. Der Inhalt der übergebenen Variable kann somit nicht geändert werden.
- Call by Reference: Wie das Wort schon sagt, wird hier lediglich ein Verweis auf den L-Value, der als aktueller Parameter auftritt, übergeben. Ein Spezialfall ist eine Variable, deren Inhalt dadurch verändert werden kann.

Man kann nun bereits ein Problem erahnen. Möchte man eine Variable von einem komplexen Typ übergeben (z. B. ein sehr komplexes **struct** mit sehr vielen Daten), deren Inhalt aber nicht verändert werden soll, so erreicht man dies mit der Übergabe durch Call by Value. Wie wir aber oben festgestellt haben, müssen dabei alle Daten in die lokale Variable der aufgerufenen Funktion kopiert werden, was bei großen Datenmengen sehr viel Zeit in Anspruch nimmt und somit das Programm verlangsamt. Eine Lösung wäre die Übergabe durch Call by Reference. Nun werden die Daten nicht kopiert, sondern es wird lediglich ein Verweis darauf übergeben. Hierbei besteht jedoch die Gefahr, daß die Daten in der Funktion geändert werden, was man allerdings vermeiden will. Ein Ausweg aus diesem Dilemma bietet das Schlüsselwort **const**, das verhindert, daß Inhalte von Variablen, die mit Call by Reference übergeben wurden, geändert werden dürfen.

```
int mal2( const int& eineZahl )
{
  eineZahl = eineZahl*2;  // an dieser Stelle beschwert sich der Compiler, da
                          // konstante Objekte nicht verändert werden dürfen.

  return eineZahl
}
```

Mit Hilfe von **const** kann man also das Kopieren von großen Datenmengen vermeiden, aber trotzdem sicherstellen, daß die Inhalte der übergebenen Variablen nicht doch durch ein Versehen geändert werden.

Bisher haben wir bei Funktionen bzw. Prozeduren immer darauf geachtet, daß beim Aufruf exakt so viele Parameter übergeben wurden, wie die Funktion verlangte. In C++ gibt es aber noch das Konzept der **Default-Argumente**, so daß bestimmte Parameter mit Defaultwerten belegt werden und so beim Aufruf diese Parameter nicht übergeben werden müssen. Betrachten wir hierzu das folgende Beispiel:

```
#include <iostream.h>
#include <sstring.h>

void GibTextAus( string Text, unsigned char Anzahl=1 )
{
  for( unsigned char i=0; i<Anzahl; i++ )
          cout << Text << endl;
}

int main()
{
  GibTextAus( "Ein erster Versuch" );

  cout << endl;

  GibTextAus( "und jetzt drei mal", 3 );
  return 0;
}
```

Wie man sieht, wurde für Anzahl 1 als Voreinstellung gewählt, so daß der Text, wenn man beim Aufruf den zweiten Parameter wegläßt, nur einmal ausgegeben wird.

```
Ein erster Versuch

und jetzt drei mal
und jetzt drei mal
und jetzt drei mal
```

Wichtig bei Default-Argumenten ist, daß sie immer am Ende in der Parameterliste stehen müssen. Es kann auch mehr als nur ein Default-Argument geben, aber beim Aufruf der Funktion können die Argumente nur von hinten weggelassen werden. Man kann also beispielsweise nicht das zweite Argument weglassen und das dritte wieder angeben, da dies der Compiler nicht feststellen kann.

6.1.3 Funktionsprototypen

Genau wie in den meisten Programmiersprachen, gilt auch in C++ die Regel, daß Objekte vor ihrer ersten Benutzung vereinbart werden müssen.[1] Für Variablen ist dies durch die Definition möglich. Bei Funktionen müssen diese dann so im Quelltext angeordnet werden, daß sie vor ihrer ersten Nutzung vereinbart werden.

Da eine solche Ordnung nicht immer möglich ist, kennt C++ die **Funktionsprototypen** (kurz: **Prototypen**). Betrachten wir die Prototypen der Beispiele aus diesem Kapitel:

```
double power( double x, int n );
void Name( string Meldung, string& Vorname, string& Nachname );
```

Sie unterscheiden sich von den kompletten Funktionen nur dadurch, daß der Block durch ein ; ersetzt worden ist. Neben dieser vollständigen Form, in der auch die Namen der formalen Parameter auftreten (x, n, Meldung, Vorname, Nachname), gibt es auch die verkürzte Form:

```
double power( double, int);
void Name( string, string&, string&);
```

Hier werden nur die Typen der Parameter beschrieben, was die formale Parameterliste der Funktion ja vollständig beschreibt. Die Variablennamen in der vollständigen Version werden ohnehin in den Prototypen ignoriert.

In vielen C++-Programmen findet man zu Beginn des Quelltextes die Prototypen aller auftretenden Funktionen. Damit ist die Reihenfolge, in der die einzelnen Funktionen später auftreten, unerheblich, da der Compiler bereits alle auftretenden Funktionen mit ihrer Parameterliste kennt. Damit ist es dann auch ohne weiteres möglich, mit der Funktion main zu beginnen, und die untergeordneten Funktionen erst später zu beschreiben.

Funktionsprototypen ohne Parameterliste sollten dann beispielsweise wie folgt aussehen:

```
double OhneParameter();
```

6.1.4 Aufgaben

Aufgabe 22 Der Taschenrechner zum zweiten

Modifiziere das Taschenrechnerprogramm so, daß komplexe Aufgaben, wie die Berechnung von Potenzen oder Fakultäten, möglich sind. Diese, sowie die Ein-/Ausgabe sollen als separate Funktionen ausgelegt werden.

[1] ....Hierbei werden die Begriffe **Deklaration** und **Definition** unterschieden. Der Prototyp einer Funktion ist eine Deklaration, die Implementierung der Funktion bezeichnet man als Definition. Die Deklaration gibt also lediglich bekannt, daß es eine Funktion (Variable) mit diesem Namen gibt, die Definition enthält dann die genaue Implementierung.

Aufgabe 23 Taschenrechner mit Fehlertoleranz

Füge in das Taschenrechnerprogramm eine fehlertolerante Eingabe ein und stelle alle Funktionsprototypen am Anfang des Programms zusammen.

Aufgabe 24 Hauptprogramm

Wie lautet das kürzeste lauffähige C++ Programm?

6.2 Vertiefung

6.2.1 Die Parameter der `main`-Funktion

In Betriebssystemen wie MS-DOS oder UNIX stehen C++-Programme mit der Umwelt in einer definierten Beziehung. Die Funktion `main`, die vom Betriebssystem selbst aufgerufen wird, erhält zwei Argumente, aus denen sie die **Kommandozeilenargumente** entnehmen kann, die beim Start des Programms mit angegeben worden sind.

Weiter kann `main` ein **`int`**-Resultat liefern, das das Betriebssystem bei Batch-Programmen als Fehlercode interpretiert. So kann ein Batch-Programm, gleichgültig ob unter MS-DOS oder unter UNIX, zum Beispiel feststellen, ob ein Programm erfolgreich abgelaufen ist. Es hat sich die Konvention eingebürgert, daß das Resultat 0 im Erfolgsfall ausgegeben wird. Werte größer 0 bezeichnen Ausnahme- bis Fehlerfälle, wobei größere Werte schwerwiegende Fehler bezeichnen.[1] Ein „kleinerer" Fehler wäre zum Beispiel das Fehlen einer angegebenen Datei (Dateiname und/oder Pfad falsch). „Fatale" Fehler wären dagegen Hardwaredefekte (Plattensektoren nicht gefunden, Laufwerke nicht bereit). Dieser Fehlercode wird einfach als Funktionsresultat von `main` durch **`return`** an das Betriebssystem gemeldet. Wenn das Programm nicht durch eine Batch-Datei gestartet wurde, die diesen Wert prüft (in MS-DOS durch den Befehl IF ERRORLEVEL), wird er ignoriert.

Häufig soll ein Programm auf zusätzliche Angaben aus der Kommandozeile reagieren. So können dort Namen für Dateien, die gelesen oder geschrieben werden sollen, angegeben werden. Weiter sind auch Optionen denkbar, die weitere Angaben über die Funktion des Programms machen sollen. Unter MS-DOS werden Optionen in der Regel durch / oder – eingeleitet; UNIX benutzt einheitlich das Zeichen -. Für beide Anwendungen ist die Kommandozeilenversion des C++-Compilers dafür ein gutes Beispiel.

Der Prototyp von `main` erhält dadurch die Gestalt:

```
int main( int argc, char* argv[] );
```

[1] Dies steht im Gegensatz zur Interpretation von **`int`** als **`bool`**, denn hier wird 0 als **`false`** und Werte ungleich 0 als **`true`** interpretiert.

Der Parameter argc[1] bezeichnet die Anzahl der Argumente, die übergeben worden sind. argv[2] ist ein Array von C-Strings[3]. argv[0] bezeichnet den Namen, unter dem das Programm vom Betriebssystem gestartet wurde. Dies gilt jedoch nur unter MS-DOS ab Version 3.0, sowie unter UNIX. Von argv[1] bis argv[argc-1] stehen die Kommandozeilenargumente zur Verfügung. Ein Beispiel verdeutlicht die Nutzung:

```
int main( int argc, char* argv[] )
{
  cout << "Hallo, ich heiße " << argv[0] << endl; // Hier wird der Programmname
                                                  // ausgegeben
  cout << "Meine Argumente:";
  for ( int i=1; i<argc; i++ )
        cout << argv[i] << " ";                   // und hier die Argumente

  return( argc-1 );                               // als Test
}
```

6.2.2 Variable Parameterlisten

Als eine Spezialität bietet C++ die Möglichkeit, variable Parameterlisten zu definieren. Diese Möglichkeit war auch schon in der Uralt-C-Versionen gegeben, dort war sie aber eher ein sehr ausgefeilter Trick, der nur von wenigen Systemfunktionen wie printf und scanf benutzt wurde. Durch Einführung von ANSI C wurde diese Möglichkeit auch für den Anwendungsprogrammierer in eine einfache Form gebracht. Leider ist gerade an dieser Stelle auch ein zweiter Standard im UNIX V entstanden, der sich etwas von ANSI C unterscheidet. Wir beschränken uns hier auf die ANSI-Version.

Als Beispiel wollen wir eine Funktion Mean (Mittelwert) realisieren, die mit einer variablen Anzahl von **double**-Parametern arbeiten kann:

```
MWert1 = Mean( 23.2, 12.4, 0.0 );
MWert2 = Mean( 12.1, 9.8, 11.6, 0.0 );
```

MWert1 sollte also 17.8 und MWert2 11.16666 enthalten. Der Wert 0.0 definiert dabei das Ende der Parameterliste. Funktionen mit variablen Argumenten müssen in irgendeiner Form die Anzahl der Parameter selbst feststellen können. Hier geschieht dies durch Abschluß der Liste mit dem besonderen Wert 0.0. Betrachten wir nun unsere Funktion Mean:

---

1 ....argc steht für argument–count.

2 ....argv steht für argument–value.

3 ....Die veraltete Methode, in C Strings darzustellen, wurde über Zeiger auf Charakter erreicht. Diese Zeiger werden durch das Zeichen * gekennzeichnet. Dies muß uns aber nicht weiter interessieren, da wir die alten C–Strings direkt in unsere neuen string's umwandeln können, wenn wir damit weiter arbeiten wollen.

```
#include <stdarg.h>             // ANSI-C-Header für variable Parameterlisten
#include <iostream.h>

double Mean( double Anfang, ... )
{
  double  Summe  = 0.0;
  double  Wert;
  int     Anzahl = 0;
  va_list Liste;

  if ( Anfang == 0.0 )
        return( 0.0 );

  for ( va_start( Liste, Anfang ); (Wert=va_arg(Liste,double)) != 0.0; Anzahl++ )
        Summe += Wert;

  return( Summe / Anzahl );
}
```

Die Parameterliste zeigt, daß mindestens ein **double**-Parameter übergeben werden muß. Dann kann eine beliebige Parameterliste folgen, beschrieben durch ... (**Ellipse**), wobei keine Typen angegeben werden. Daher kann der Compiler bei variablen Parameterlisten auch nicht feststellen, ob der variable Teil korrekt ist.

Für den Zugriff auf die einzelnen Parameter dienen die Funktionen `va_start` und `va_arg` aus der Bibliothek `stdarg`. Für eine variable Parameterliste wird hier die Variable `Liste` vom Typ `va_list` benötigt, die von `va_start` korrekt initialisiert und von `va_arg` benutzt wird. Bei der Initialisierung wird an `va_start` der letzte feste Parameter, hier `Anfang` übergeben. Damit wird `Liste` auf den ersten optionalen Parameter der Funktion eingestellt.

Die Funktion `va_arg` liefert den Parameter, auf den `Liste` aktuell zeigt, als Resultat. Der Typ dieses Parameters wird `va_arg` als zweites Argument übergeben, hier ist es immer **double**. Zugleich wird bei jedem Aufruf von `va_arg` der Inhalt von `Liste` so verändert, daß `Liste` auf den nächsten Parameter zeigt.

Es ist die Aufgabe der Funktion, durch korrekte Benutzung von `va_start` und `va_arg` mit Angabe des erwarteten Typs die Argumente aus der variablen Argumentliste zu übernehmen. Ebenso ist es Aufgabe des Aufrufers, sich an die vereinbarten Konventionen für die variable Parameterliste zu halten. Hier ist sie einfach: Die Argumentliste besteht immer aus einer Folge von **double**-Daten, die mit dem speziellen Wert `0.0` abgeschlossen werden. Übergibt ein Aufrufer irrtümlich unzulässige Daten, z. B. **int**-Daten anstelle von **double**-Zahlen, kann unsere Funktion `Mean` unter Umständen die abschließende `0.0` nicht mehr finden und gerät in eine Endlosschleife. Da die Parameterliste nicht formal definiert ist, kann der Compiler auch keinerlei Prüfungen oder automatische Konvertierungen durchführen. Funktionen mit variablen Argumenten sind also bei einigen Anwendungen elegant, setzen aber Disziplin auf beiden Seiten (Funktion und Aufrufer) voraus, um spektakuläre Fehler bis hin zum Systemzusammenbruch zu vermeiden.

Variable Parameterlisten sind in den meisten anderen Programmiersprachen nicht möglich. Der Grund liegt in der Art der Parameterübergabe über den Stack (Stapelspeicher). Beim Aufruf einer Pascal-Funktion werden die aktuellen Parameter in der Reihenfolge auf den Stack geschoben, wie sie auftreten:

```
PROCEDURE Pascal( a, b, c : integer );
```

Hier wird also a zuerst auf den Stack geschoben und c zuletzt, so daß c zuoberst auf dem Stack liegt. C++ schiebt seine Parameter genau umgekehrt auf den Stack, so daß bei

```
void CPP( int a, int b, int c );
```

schließlich a zuoberst auf dem Stack liegt. Dadurch ist gewährleistet, daß bei variablen Parameterlisten der Anfang immer eine feste Position auf dem Stack einnimmt. Nur so ist der Anfang der Parameterliste überhaupt festzustellen.

Für die gemischte Programmierung von C++ und Pascal wurde daher eine Möglichkeit eingeführt, die Parameter in Pascal-Art auf dem Stack abzulegen. Wird das Schlüsselwort **pascal** bei Prototypen oder Definitionen vor den Namen der Funktion gestellt, so werden die Parameter in der Pascal-Reihenfolge übergeben:

```
int pascal FremdImport(int a, int b );
```

Für den Programmierer ist dies darüber hinaus unwesentlich, da der Compiler alle weiteren Details selbständig behandelt. Nur variable Parameterlisten sind natürlich nicht mit **pascal**-Funktionen möglich.

6.2.3 Der Präprozessor II

Neben der einfachen Definition von Konstanten kann der Präprozessor auch komplexere Aufgaben realisieren. Dazu zählen Makros, mit deren Hilfe kleinere Funktionen sehr effizient „inline" umgesetzt werden können. Weiter sind damit auch **generische Funktionen**[1] möglich, die in C++ selbst aufgrund von Syntax- und Typprüfungen ohne weiteres nicht möglich wären.[2] Eine weitere Aufgabe des Präprozessors ist es, den Übersetzungsprozeß durch Bedingungen und Compileroptionen zu steuern.

6.2.3.1 Makros

Konstanten und Makros werden durch die Präprozessoranweisung `#define` definiert und unterscheiden sich nur durch das Vorhandensein von Parametern. Einfache Kon-

[1] ....Generische Funktionen sind Funktionen, die mit verschiedenen Datentypen arbeiten können. Zum Beispiel kann man die Funktion `sin` (zur Berechnung des Sinus) sowohl auf Werte vom Typ **double** als auch auf Werte von Typ **int** anwenden.

[2] ....Zur effektiven Implementierung kleiner, häufig benötigter Funktionen bietet C++ durch **inline** eine moderne, sichere Realisierung. Ähnliches gilt für generische Funktionen und Templates. Beide Features werden später noch ausführlich behandelt und unterstreichen, daß C++ viele Aufgaben, die der Präprozessor in „C–Zeiten" noch übernehmen mußte, selbst realisiert.

stanten, wie wir sie im Kapitel „Präprozessor I" beschrieben haben, sind Makros ohne Parameter.

```
#define PI 3.141592654
#define SQR( x )  x * x          // Achtung Falle!
```

Im obigen Programm wird also `PI` durch `3.141592654` ersetzt. `SQR` erwartet dagegen ein Argument, das hier mit `x` bezeichnet ist. Der Name dieses formalen Parameters hat außerhalb der Makrodefinition keine Bedeutung, so daß wir nicht prüfen müssen, ob `x` bereits an anderer Stelle definiert worden ist. Betrachten wir nun ein Beispiel für die Anwendung von unserem Makro `SQR`:

```
Quadrat = SQR( Zahl );
```

Diese C++-Anweisung wird vom Präprozessor zunächst in

```
Quadrat = Zahl * Zahl;
```

umgesetzt, wobei Zahl als aktueller Parameter die Rolle des formalen Parameters `x` übernommen hat. Dieser modifizierte Text wird dann erst vom C++-Compiler übersetzt.

Ein Makro `SQR` hat gegenüber einer Funktion `sqr` einige Vorteile, aber auch Nachteile, die man bei der Benutzung kennen sollte. Ein Makro wird vor der Übersetzung direkt in den C++-Quelltext expandiert, so daß `SQR` hier keinen zusätzlichen Aufwand für einen Funktionsaufruf benötigt; Makros gestatten es also, häufig benutzte kleinere Aufgaben direkt in den Code zu integrieren, wodurch Makros schnellere Programme auf Kosten der Größe erzeugen.

Diese Art von Funktionen, die durch direkte Expansion „aufgerufen" werden, heißen **intrinsisch**. Optimierende Compiler benutzen diese Strategie häufig bei arithmetischen Funktionen um eine größere Ausführungsgeschwindigkeit auf Kosten der Programmgröße zu erzielen. In C++ kann hier der Programmierer wieder selbst optimieren, indem er für häufige Funktionen Makros definiert oder diese als **`inline`** implementiert.

Weiter können mit Makros leicht generische Funktionen realisiert werden. Im obigen Beispiel wird nicht festgelegt, welchen Datentyp die zu quadrierende Zahl hat. Auch der Resultattyp von `SQR` liegt nicht fest. Wird `SQR` auf ein **`int`**-Datum angewendet, ist das Resultat **`int`**, wird es auf **`double`**-Zahlen angewendet, ist auch das Ergebnis vom Typ **`double`**. Diese Flexibilität ist gerade deswegen möglich, weil der Präprozessor die Details von C++, wie Datentypen, nicht kennt. Die Ersetzung geschieht rein mechanisch.

Diese Beschränktheit des Präprozessors hat natürlich auch Nachteile. Was würde beim folgenden Aufruf geschehen:

```
string          EinString = "Otto";
  //...
Quadrat = SQR( EinString );
```

Der Präprozessor würde auch hier das Makro formal zu

```
Quadrat = EinString * EinString;
```

expandieren, was dann später bei der Bearbeitung durch den C++-Compiler natürlich einen Fehler produziert, weil keine Multiplikation von `string` definiert ist. Der Fehler tritt aber erst bei der Übersetzung durch den Compiler auf, der Präprozessor liefert keinen Fehler. Auf diese Weise können scheinbar einfache Fehler zu mitunter schwer verständlichen Fehlermeldungen führen. Die Fehlermeldungen werden vom Compiler erzeugt, der durch den zwischengeschalteten Präprozessor bei der Expansion eines Makros einen ganz anderen Programmtext erhält als der Programmierer sieht und formuliert hat. Wenn solche Fehlermeldungen auftreten, sollte man sich zunächst die Definitionen der Makros ansehen, die auch bei fertigen Bibliotheksroutinen lesbar sind, weil sie in den Headerdateien beschrieben werden. Ein weiteres Hilfsmittel kann die Ausgabe des Programmtextes nach der Bearbeitung durch den Präprozessor sein. Die meisten C++-Compiler bieten diese Möglichkeit.

Neben solchen Fehlern, die zumindest der Compiler bemerkt, gibt es jedoch im Zusammenhang mit Makros auch regelrechte Fallen, die erst bei der Abarbeitung auffallen können. Dazu ein Beispiel mit dem oben definierten Makro SQR:

```
int a = 3, b = 4, Quadrat;
//...
Quadrat = SQR( a + b );
```

Man erwartet nun, daß `Quadrat` den Wert `49 = (3+4)`^{2} enthält. Tatsächlich erhält `Quadrat` den Wert `19`. Warum? Betrachten wir dazu den Code nach der Expansion von `SQR` durch den Präprozessor:

```
Quadrat = a + b * a + b;
```

Dieser Ausdruck ist aufgrund der Vorrangregeln (Punkt- vor Strichrechnung) nicht mit `(a+b)`^{2} äquivalent. Bei Makros kann daher nur die dringende Empfehlung gegeben werden, daß alle formalen Parameter im Makro eingeklammert werden:

```
#define SQR( x )  (x) * (x)
```

Damit wird das obige Beispiel dann wie gewünscht expandiert:

```
Quadrat = (a + b) * (a + b);
```

Aber auch solche abgesicherten Makros können noch Fallen enthalten, wenn sie mit Seiteneffekten kombiniert werden. Wir betrachten dazu:

```
int x = 4, x2;
//...
x2 = SQR( x++ );
```

Die daraus berechneten Werte werden überraschen: `x=6` und `x2=20`. Hier helfen auch keine eingeklammerten Parameter weiter, denn nach der Expansion zu

```
x2 = (x++) * (x++);
```

wird `x` zweimal durch den Seiteneffekt `++` vergrößert und die Berechnung des Quadrats wird durch den jeweils aktuellen Werte von `x` verfälscht. Ähnlich unangenehm können Seiteneffekte bei der nächsten Makrodefinition sein:

```
#define MAX( x,y ) ( (x)>(y)?(x):(y) )

int a = 4, b = 5, c;

c = MAX( a++, b );
```

Auch hier treten die formalen Parameter x und y mehrmals in der Makrodefinition auf, so daß auch hier a zweimal durch den Seiteneffekt ++ erhöht wird. Da gegen solche Probleme kein einfaches Gegenmittel wie die Klammerung der Parameter gegeben werden kann, sollte man Seiteneffekte grundsätzlich nicht in Makros verwenden. Aus diesem Grund sollten auch echte Makros, und nicht nur Konstanten, einheitlich groß geschrieben werden, um dem Benutzer sofort zu signalisieren, daß er hier ein Makro benutzt.

6.2.3.2 Bedingte Kompilierung

Bei der Entwicklung von umfangreicheren Programmen kommt es häufig vor, daß Änderungen zwischen unterschiedlichen Versionen in ein und demselben Programm gewünscht werden. Eine häufige Anwendung dabei ist die Verwendung von **Prüfcode**, der im laufenden Programm bestimmte Konsistenzprüfungen durchführt, die aber im fertigen Programm nicht mehr benötigt werden. Dazu zählen auch Protokollausgaben, die den Benutzer über den aktuellen Maschinenzustand informieren.

Für diese Aufgabe gibt es in allen modernen Programmiersprachen die Möglichkeit zur bedingten Compilierung. In C++ steuert der Präprozessor über Präprozessorvariablen die Übersetzung. Ein Beispiel:

```
if ( Bedingung )
{
#ifdef PROTOKOLL
  cout << "Protokoll: if Zweig" << endl;
#endif
//...
}
```

Die cout-Anweisung wird nur dann in das Programm eingebunden, wenn die Präprozessorvariable PROTOKOLL definiert ist. Diese Variablen unterscheiden sich nicht von den Konstanten, die wir bereits vorgestellt haben. Mit

```
#define PROTOKOLL  1
```

wird die Variable PROTOKOLL definiert. Dabei hat der Wert, hier 1, keine Bedeutung und kann auch weggelassen werden. Auch bei der Definition mit dem Wert 0 wäre die Variable definiert und würde so für die Protokollanweisung sorgen. Allgemein prüft #ifdef nur, ob ein Name (Makro, Konstante) dem Präprozessor bekannt ist; der konkrete Wert spielt keine Rolle.

Neben dem #ifdef mit zugehörigem #endif gibt es auch eine #else und eine #ifndef Präprozessoranweisung. Mögliche Anwendungen dafür sind unterschiedliche Versionen in einem Programm:

```
#ifdef NEUEVERSION
  SuperQSort( Daten, Anfang );
#else
  xn = x0 + Laenge;
  qsort( Daten, Vergleich, x0, xn );
#endif
```

Die `#ifndef` Anweisung fügt den nachfolgenden Code bis zu `#endif` oder `#else` nur dann ein, wenn der angegebene Name nicht definiert ist. Damit lassen sich Warnungen durch Redefinitionen von Makros oder Konstanten mit den daraus folgenden Warnungen durch den Präprozessor vermeiden:

```
#ifndef MAX
#define MAX( x,y ) ( (x)>(y)?(x):(y) )
#endif
```

Hier wird das Makro `MAX` nur dann definiert, wenn es nicht bereits vorher, zum Beispiel durch ein importiertes Modul, definiert worden ist.

Mit Makros lassen sich auch leicht **Assertions** (Zusicherungen) in ein Programm einbauen, die Plausibilitätstests zur Laufzeit durchführen und beim Fehlschlagen eine Laufzeitfehlermeldung ausgeben. Ein entsprechendes Makro könnte folgende Gestalt haben:

```
#ifdef DEBUG
#       define ASSERT(Cond)       \
        if( !(Cond) )             \
                cout << "Assertion failed in line " << __LINE__ << endl;
#else
#       define ASSERT(Cond)
#endif
```

Wenn die Präprozessorvariable DEBUG definiert ist, wird aus dem folgenden Codefragment

```
  k = strlen( Name );
  ASSERT( k > 0 );
  for ( p=0; p<k; p++ ) //...
```

durch den Präprozessor der Code

```
  k = strlen( Name );
  if ( !(k > 0) )
        cout << "Assertion failed in line " << __LINE__ << endl;
  for ( p=0; p<k; p++ ) //...
```

Dabei spielt `__LINE__` eine besondere Rolle. Dieses vordefinierte Makro expandiert zur jeweils aktuellen Zeilennummer. Daher wird zur Laufzeit im Fehlerfall zum Beispiel „Assertion failed in line 234" ausgegeben, so daß der Programmierer dann feststellen kann, daß die Zusicherung der Zeile 234 fehlgeschlagen ist. Wenn in mehreren Dateien gearbeitet wird, kann man diese Fehlermeldung noch durch den Dateinamen ergänzen. Dafür steht das ebenfalls vordefinierte Makro `__FILE__` zur Verfügung, das zum aktuellen Dateinamen expandiert. Wenn dagegen `DEBUG` nicht definiert ist, wird das oben gezeigte Programm zu

```
k = strlen( Name );
for ( p=0; p<k; p++ ) //...
```

expandiert. Es findet also keine Prüfung zur Laufzeit mehr statt, und es wird auch kein ungenutzter Code in das übersetzte Programm übernommen. Da diese Realisierung von Assertions bequem und effektiv ist, wurde ein entsprechendes Makro `assert` im Header `<assert.h>` bereits definiert und kann nach Import mit `#include` fertig benutzt werden. Dieses Makro bricht allerdings das laufende Programm sogar beim Fehlschlagen der Assertion ab.

Der Vollständigkeit halber seien hier noch folgende Präprozessor-Anweisungen und vordefinierte Variablen erwähnt:

<table>
<tr><td>#if</td><td>hiermit können Konstrukte der folgenden Art gebildet werden:
<code>#if defined DEBUG || defined TEST</code></td></tr>
<tr><td>#elif</td><td>steht für "else if". Hiermit können verschachtelte Abfragen realisiert werden.</td></tr>
<tr><td>#error
<Meldung></td><td><code>#if !defined(MODEL)</code>
<code>#error MODEL nicht definiert</code>
<code>#endif</code>
Hier wird die Fehlermeldung <code>Meldung</code> ausgegeben, und die Compilierung bricht ab.</td></tr>
<tr><td>#line
<Numer>
[<Name>]</td><td>hiermit kann die Zeilennummer <code>Nummer</code> der Datei <code>Name</code> direkt gesetzt werden. D. h., die Zeilennumerierung wird mit der Zeilennummer <code>Nummer</code> fortgesetzt. Wird <code>Name</code> nicht angegeben, so bezieht sich <code>Nummer</code> auf die aktuelle Datei.</td></tr>
<tr><td>#pragma
<Anweisung></td><td>Mit dieser Präprozessor-Anweisung können dem Compiler bestimmte <code>Anweisungen</code> gegeben werden, die sich von Compiler zu Compiler unterscheiden können.</td></tr>
<tr><td>__DATE__</td><td>gibt das Datum des Compilierens an.</td></tr>
<tr><td>__TIME__</td><td>gibt die Zeit des Compilierens an.</td></tr>
</table>

Interessant bei der Definition von Makros ist noch die Verwendung von # und ##. Mit ## können Symbole zusammengefaßt werden, wie das folgende Beispiel verdeutlicht:

```
#definde CONCAT(a,b,c) (a##b##c)
```

Die Anweisung `CONCAT(x,y,z)` wird nun vom Präprozessor zu `xyz` ausgewertet. Wichtiger ist aber #, das Argumente in Strings umwandelt. Mit dem folgenden Makro kann der Name einer Variable und deren Wert ausgegeben werden:

```
#define PRINTVAR(var)    cout << #var << ": " << var

int Alter        = 26;
PRINTVAR(Alter);
```

PRINTVAR(Alter) wird vom Präprozessor zu cout << "Alter" << ": " << Alter ausgewertet, was folgende Ausgabe zur Folge hat:

```
Alter: 26
```

Dieses Makro kann somit hervorragend für Debugging-Zwecke eingesetzt werden, um sich über den aktuellen Inhalt von Variablen zu informieren.

6.2.4 Aufgaben

Aufgabe 25 Taschenrechner mit Kommandozeilen-Bedienung

Ändere das Taschenrechnerprogramm so ab, daß man in der Kommandozeile die gewünschte Funktion und die Argumente angeben kann.

Aufgabe 26 Variable Parameterlisten

Schreibe eine Funktion, die den Notendurchschnitt einer Klassenarbeit berechnet. Die Funktion muß jeweils eine Note und deren Häufigkeit entgegennehmen. Hierzu wird eine variable Parameterliste benötigt, denn es ist ja vorher nicht bekannt, welche Noten überhaupt im Notenspiegel auftauchen.

Aufgabe 27 Präprozessor

Schreibe mit Hilfe des Präprozessoroperators # ein einfaches Makro PRINTSIZEOF, das den Speicherbedarf eines als Parameter übergebenen Datentyps ausgibt. Die Zeilen

```
PRINTSIZEOF(int);
PRINTSIZEOF(char);
PRINTSIZEOF(int[3]);
PRINTSIZEOF(double);
```

bewirken dann beispielsweise die Ausgabe:

```
size(int)=2
size(char)=1
size(int[3])=6
size(double)=8
```

7. Das Blockkonzept

Obwohl auch beispielsweise in Pascal mehrere Anweisungen durch **BEGIN** ... **END** zu einem Block zusammengefaßt werden können, realisiert Pascal kein volles Blockkonzept. Dazu zählt nämlich auch die Möglichkeit, lokale Variablen in jedem Block zu vereinbaren. Dieses **volle Blockkonzept** wird in C++, C und in ALGOL realisiert.

Im Grundlagenteil werden die einfachen Regeln vorgestellt, nach denen dieses volle Blockkonzept realisiert ist. In der Vertiefung lernen wir dann weitere Modifikatoren kennen, mit denen man exakt bestimmen kann, wo der Compiler Variablen im Speicher ablegt und wie man lokale und globale Variablen realisiert.

7.1 Grundlagen

Lokale Variablen sind in vielen Programmiersprachen lediglich für Prozeduren und Funktionen möglich. Auf diese lokalen Variablen können nur innerhalb der Funktion oder Prozedur zugegriffen werden. In C++ können lokale Variablen bereits in jedem Block definiert werden.

Die Definition von Variablen entspricht den Regeln, die wir bereits kennengelernt haben: Nach der Beschreibung für den gewünschten Datentyp folgt eine Liste – abgetrennt durch Kommas – der Variablennamen. Die Definition kann an jeder beliebigen Stelle im Block stattfinden, also zwischen { und }. Die gleiche Regel gilt für jeden Block, also auch für Blöcke, die zur Formulierung von Schleifen oder **if**- und **else**-Zweigen notwendig sind. Einige Beispiele:

```
for ( int i=0; i < MAXIMUM; i=i+1 )
      {
        double          a, b, c;
        int             k, l, m;

        Anweisung();
      }

for ( int i=20; i > 0; i=i-1 )          // Fehler bei bisherigen Compilern (i ist
                                        // global)
      {
        cout << i << endl;
      }

cout << i << endl;                      // Fehler bei ANSI Compilern (i ist nicht
                                        // definiert)

if ( Wert > 0 )
      {
        double          f;

        f = 10.0 / Wert;
        Anweisung();
      }
```

Bei allen Arten von Kontrollstrukturen ist hier jedoch Vorsicht geboten. Fing der Block bisher erst bei { an (so daß i im obigen Beispiel auch außerhalb der **for**-Schleife sichtbar war), so umfaßt der Block laut des neuen Standards die gesamte Kontrollstruktur (so daß i eine lokale Variable innerhalb der **for**-Schleife ist). Dabei gelten die gleichen **Sichtbarkeitsregeln**[1], wie sie auch bei den lokalen Variablen in Pascal bekannt sind:

```
{
  int    a, b, c;
         {
            double        b, c, d;
            /* hier:      a ist int          */
            /*            b, c, d sind double */
         }
  /* hier:        a, b, c ist int        */
  /*              d ist nicht definiert */
}
```

Das volle Blockkonzept gibt die Möglichkeit, Variablen erst dann zu definieren, wenn sie gebraucht werden und durch Beendigung des Blocks auch rechtzeitig zu entfernen. Ein Beispiel:

```
{
  int    a, b;
         {                                   // Austausch von a und b
            int    temp;
            temp   = a;
            a      = b;
            b      = temp;
         }
}
```

Auch wenn das volle Blockkonzept bei der Programmierung mit C++ relativ selten genutzt wird, bietet es doch günstige Möglichkeiten, etwa bei der flexiblen Definition von komplexeren Makros. An dieser Stelle unterstreichen wir bereits die Tatsache, daß der Inhalt von Variablen, die durch einen Block definiert worden sind, undefiniert ist. Es können aber solchen Variablen explizit ein Wert bei der Definition zugewiesen werden:

```
{
  int    a = 1,
         b = 0;
  //...
  while( a )
         {
            int x = 2 * b - a;
            //...
         }
}
```

[1] ....Genauere Informationen zu den Sichtbarkeitsregeln (**Scope–Regeln**) werden im nächsten Abschnitt behandelt.

Auch komplexe Initialisierungen, wie oben für `x=2*b-a`, sind möglich. Sie entsprechen aber nur einer üblichen Zuweisung,[1] werden also bei jedem Eintritt in den Block neu berechnet. Wir werden später noch echte statische Initialisierungen kennenlernen, die keine Berechnungen wie im obigen Beispiel zulassen. Auch wenn solche komplexen Initialisierungen möglich sind, werden oft nur einfache konstante Werte für die Initialisierung verwendet.

7.2 Vertiefung

7.2.1 Scope-Regeln

In C++ hat der Programmierer – anders als in vielen anderen Programmiersprachen – einen erheblichen Einfluß darauf, wie Daten tatsächlich im Computer gespeichert werden. Er kann, wie wir oben gesehen haben, bestimmen, wie lange Variablen gültig sind, indem er sie in Blöcken plaziert.

Darüber hinaus können Variablen aber auch für alle Funktionen sichtbar gemacht werden, man spricht dann von **globalen Variablen**. Außerdem gibt es spezielle Modifikatoren, mit denen der Programmierer genau festlegen kann, wie auf die Variablen zugegriffen werden darf.

7.2.1.1 Lokale Variablen

Wir haben bisher alle Variablen durch Anwendung des vollständigen Blockkonzeptes lokal zu Funktionen definiert. Diese lokalen Variablen werden auf dem **Runtime-Stack** abgelegt, und zwar für jeden Funktionsaufruf ein kompletter Satz lokaler Variablen. Dieser Mechanismus macht rekursive Funktionsaufrufe[2] überhaupt erst möglich:

```
unsigned long fak( unsigned n )
{
  unsigned long Ergebnis;

  if ( n > 0 )
          Ergebnis = n * fak( n-1 );
  else    Ergebnis = 1L;                        // Rekursionsanker

  return Ergebnis;
}
```

In diesem Beispiel wird bei jedem Aufruf von `fak` Platz für die Variablen `n` und `Ergebnis` auf dem Stack angelegt. Jede rekursive Instanz von `fak` erhält so ihre privaten Variablen `n` und `Ergebnis`. Betrachten wir den Stack nach dem Aufruf von `fak(3)` bei der tiefsten Rekursion am Rekursionsanker:

[1] ....Das gilt jedenfalls bei den bislang vorgestellten Typen. Bei Klassen kann eine geringfügig abweichende Bedeutung der Initialisierung auftreten, wie wir später noch sehen werden.

[2] ....Man spricht von einem **rekursiven Funktionsaufrufen**, wenn sich eine Funktion selbst aufruft. Durch diese Vorgehensweise lassen sich bestimmte Probleme sehr elegant lösen.

Stack-Adressen	Inhalt	Bemerkung
0x2354:	`n = 3`	
0x2356:	`Ergebnis` = ????	1. Instanz von `fak`
0x235a:	`n = 2`	
0x235c:	`Ergebnis` = ????	2. Instanz von `fak`
0x2360:	`n = 1`	
0x2362:	`Ergebnis` = ????	3. Instanz von `fak`
0x2366:	`n = 0`	
0x2368:	`Ergebnis = 1L`	4. Instanz von `fak`

Wir haben hier nur eine vereinfachte Darstellung gewählt; der tatsächliche Runtime-Stack enthält noch einige weitere Informationen, die uns aber hier nicht interessieren.

Da diese Variablen automatisch auf dem Stack erzeugt und ebenso automatisch nach Verlassen des zugehörigen Blocks wieder vom Stack entfernt werden, werden sie in C++ der **Speicherklasse `auto`** zugeordnet. Diese Bezeichnung kann bei Variablendefinitionen vor dem Datentyp eingetragen werden. Die Speicherklasse **`auto`** ist Vorgabe, so daß wir dieses Schlüsselwort bisher nicht verwendet haben. Vollständig ließe sich das obige Beispiel so formulieren:

```
unsigned long fak( auto unsigned n )
{
  auto unsigned long    Ergebnis;

  if ( n > 0 )
          Ergebnis = n * fak( n-1 );
  else    Ergebnis = 1L;                       // Rekursionsanker

  return Ergebnis;
}
```

Man wird die Angabe der Speicherklasse **`auto`** aber in kaum einem Programm finden, da sie überflüssig ist. Daneben gibt es aber noch zwei weitere Speicherklassen für lokale Variablen.

Die Speicherklasse **`static`** legt ihre Daten nicht auf dem Stack ab. Dies bewirkt, daß die Werte von **`static`**-Variablen über das Ende des Blocks hinaus erhalten bleiben, was bei normalen **`auto`**-Variablen natürlich nicht der Fall ist.

Im folgenden Beispiel wird eine **`static`**-Variable dazu benutzt, einen internen Zähler `n` der Funktion `Mean` sowie eine Variable `Sum` zwischen den einzelnen Aufrufen zu erhalten:

```
#include <iostream.h>

double Mean( double Value )
{
  static double Sum      = 0;
  static unsigned n      = 0;

  if ( Value == 0.0 )
        {
          double        Temp_S  = Sum;
          unsigned      Temp_n  = n;
          n     = 0;
          Sum   = 0.0;
          return        Temp_S/Temp_n;
        }

  Sum   += Value;
  n++;
  return 0.0;                          // Null, solange noch gerechnet wird
}


int main(void)
{
  for( int i=1; i<=10; i++ )
          Mean( i );                   // Durchschnitt von 1 - 10 berechnen

  cout << Mean(0) << endl;             // Durchschnitt ausgeben u. zurücksetzen

  for( i=11; i<=20; i++ )
          Mean( i );                   // Durchschnitt von 11 - 20 berechnen

  cout << Mean(0) << endl;             // Durchschnitt ausgeben u. zurücksetzen
  return 0;
}
```

Die Funktion `Mean` wurde ja bereits im Vertiefungsabschnitt des Kapitels „Funktionen" mit variabler Parameterliste implementiert. An dieser Stelle sieht man eine Alternative ohne variable Parameterliste, die man beliebig oft mit verschiedenen Parametern aufrufen kann. Auch hier wird wieder der Trick verwendet, daß die Berechnung beendet wird, sobald man 0 übergibt. Dies läßt sich nur dadurch realisieren, daß die Summe `Sum` und der Zähler `n` als **`static`** definiert wurden und so deren Inhalt zwischen den einzelnen Aufrufen erhalten bleibt. Die **`auto`**-Variablen auf dem Stack können dies nicht realisieren. **`static`**-Variablen werden dagegen in einem speziellen statischen Datenbereich angelegt und bestehen für die gesamte Laufzeit des Programms. Sie sind also eigentlich globale Variablen mit dem Unterschied, daß `Sum` und `n` nur innerhalb des Blocks der Funktion `Mean` erreichbar sind.

Anders als normale Variablen, müssen **`static`**-Variablen nicht initialisiert werden. In diesem Fall erhalten sie automatisch den Wert 0 bzw. einen äquivalenten Inhalt. Alle Programme, die mit **`static`**-Variablen arbeiten, sollten diese aber immer korrekt initialisieren, entweder als explizite Anweisung oder als Initialisierung bei der Definition.

Als dritte Speicherklasse kennt C++ **register**. Sehr häufig benutzte Variablen, zum Beispiel Schleifenzähler oder Variablen, in denen Werte gesammelt werden (**Akkumulatoren**) sind Kandidaten für diese Speicherklasse. Dazu muß man wissen, daß die meisten Prozessoren eine kleine Anzahl von Speichern besitzen, in denen sie Zwischenergebnisse halten können. Auf diese Speicherplätze kann der Prozessor natürlich wesentlich schneller zugreifen, als auf den „langsamen" Arbeitsspeicher. Je höher die Taktfrequenz der Prozessoren wird, um so bedeutungsvoller wird der Zeitunterschied zwischen Daten auf dem Prozessor und Daten, die erst aus dem langsamen Arbeitsspeicher geholt werden müssen. Die Speicherklasse **register** gibt dem Programmierer wiederum ein Mittel in die Hand, schnellere Programme durch manuelle Optimierung zu erhalten.

So besitzen die Intel-Prozessoren 11 Register mit je 16 Bit (Prozessoren bis 80286), von denen aber die meisten für spezielle Aufgaben reserviert sind. Prozessoren mit modernerer Architektur (RISC[1] Architekturen wie bei vielen Workstations, SPARC, Intel 80860, DEC Alpha, MIPS R4000, IBM 601) bieten dagegen eine größere Anzahl von universellen Registern, so daß dort leicht 10 bis 20 Variablen in den Prozessorregistern gehalten werden können.

Ähnlich wie bei der Optimierung durch die verkürzten Arithmetikoperationen, werden heute durch optimierende Compiler selbständig die erfolgversprechenden Daten in Register gelegt. Unter Umständen ist die Wahl des optimierenden Compilers sogar besser, als die **register**-Definition, denn der optimierende Compiler kennt den von ihm produzierten Maschinencode besser als der Programmierer. Daher darf man von der **register**-Klasse keine Wunder erwarten.

Als sehr maschinennahe Eigenschaft schränkt **register** nicht nur die Anzahl, sondern auch den Datentyp stark ein. Werden mehr Variablen als **register** definiert, als der Compiler realisieren kann, berücksichtigt er nur die ersten Definitionen und ignoriert beim Rest die Speicherklassenbezeichnung. Daher sollten die Daten, die am meisten benutzt werden, zuerst als **register** definiert werden. Als Datentyp kommen natürlich nur „kleine" Daten in Frage, typischerweise das Maschinenwort **int**; auch **char** und **short** sind möglich. **long** sowie **float** und **double** hängen bereits stark von der Hardware ab; nur ein 32-Bit-Prozessor kann **long**-Variablen in Registern halten. Ähnliches gilt für alle Zeigertypen, die je nach Computer und Compiler 16- oder 32-Bit groß sein können. Bei Gleitkommazahlen werden besondere Gleitkommaregister benötigt, die bei Spezialhardware in größeren Mikrocomputern und Workstations durchaus zu finden sind (oder in Coprozessoren wie etwa dem 80x87 oder dem Weitek x167). Komplexere Datenstrukturen wie Felder , **struct**'s oder Objekte von Klassen sind dagegen nie als **register** möglich und werden daher bereits vom Compiler zurückgewiesen. In allen anderen Fällen hängt die Umsetzung des

[1] ....RISC = Reduced-Instruction-Set-Computer: Computer mit dieser Architektur arbeiten mit einem reduzierten Befehlssatz, was dazu führt, daß die einzelnen Maschinenbefehle schneller abgearbeitet werden können.

register-Attributes vom konkreten Compiler, Betriebssystem und der Zielhardware ab.

Die Zuordnung zur Speicherklasse **register** hat inhaltlich praktisch keine Auswirkungen für den Programmierer. Einzig der Referenzoperator & kann auf **register** Variablen nicht angewendet werden. Er liefert ja eine Referenz auf die Variable. Da **register**-Variablen aber (möglicherweise) im Prozessor selbst abgelegt werden, haben sie keine Adresse, und der &-Operator hat hier keinen Sinn. Alle drei Speicherklassen – **auto**, **static** und **register** – schließen sich natürlich gegenseitig aus.

7.2.1.2 Globale Variablen

Neben den lokalen Variablen durch das Blockkonzept, bietet C++ auch die Möglichkeit, globale Variablen zu vereinbaren, auf die dann alle Funktionen innerhalb eines Moduls zugreifen können. Ein Modul in C++ wird einfach durch eine Quelltextdatei definiert. Ein C++-Programm ist daher einfach das Modul, das die main-Funktion enthält. Da C++ sonst keine formalen Definitionen für Module gebraucht, sind alle weiteren Details von Modulen streng genommen nur Konvention, an die man sich aber möglichst halten sollte.

Globale Variablen werden einfach außerhalb aller Funktionen vereinbart. Eine spezielle Position innerhalb der Datei oder spezielle Schlüsselworte werden nicht benötigt. Daher sollte der Programmierer selbst für eine sinnvolle Anordnung der Definitionen innerhalb eines Moduls sorgen. Das abschließende Beispiel kann hierfür als Anhaltspunkt dienen.

```
/* globale Variablen */
/* ----------------- */
unsigned        n = 17;
char            Puffer[n];                // ein Feld von char's mit n Einträgen
int             Zeile = 0;

/* Funktionen */
/* ---------- */
void Eingabe( void )
{
  Zeile++;                                // hier wird Zeile um 1 erhöht
  //...
}

int Auswahl( void )
{
  cout << "Zeile " << Zeile;              // hier wird der aktuelle Wert von Zeile
                                          // ausgegeben
  //...
}

int main( int argc, char *argv[] )
{
  Zeile = 0;                              // hier wird Zeile initialisiert
  //...
  return 0;
}
```

Hier wurden zwei globale Variablen `Puffer` und `Zeile` definiert, die von allen Funktionen (`Eingabe`, `Auswahl` und `main`) benutzt werden können. Es gibt keine Einschränkungen bei den Datenstrukturen, die als globale Variablen definiert werden können. Auch Initialisierungen sind möglich.

Globale Variablen entsprechen den lokalen **static** Variablen. Auch sie existieren während der gesamten Laufzeit des Programms und behalten daher ihre Werte. Daher liegen ihre Adressen auch bereits zur Übersetzungszeit fest, während lokale **auto**-Variablen erst beim Eintritt in den Block auf dem Stack erzeugt werden und dann ihre Adresse erhalten.

Globale Variablen spielen eine wichtige Rolle bei der Formulierung von separaten Modulen in C++. Weitere Details zur Strategie der Modularisierung diskutieren wir aber in einem eigenen Kapitel.

Da globale und lokale Variablen den gleichen Bezeichner haben können, ist es zunächst durch Angabe des Bezeichners im Block der lokalen Variable nicht möglich auf die globale Variable zuzugreifen. Um aber trotzdem auch lokal auf gleichnamige globale Variablen zugreifen zu können, dient der **Gültigkeitsbereich-Zugriffsoperator** (engl.: **scope resolution operator**) `::` (zwei Doppelpunkte). Das folgende Beispiel zeigt die Verwendung:

```
#include <iostream.h>

int i = 42;

int main()
{
  int i = 7;

  cout << i << endl;          // Ausgabe des lokalen  i
  cout << ::i << endl;        // Ausgabe des globalen i
  return 0;
}
```

Als Ausgabe erhält man nun zuerst den Inhalt der lokalen Variable `i` (`7`) und dann den der globalen Variable `i` (`42`).

7.2.2 Weitere Modifikatoren

Mit der Einführung von ANSI C wurden die weiteren Modifikatoren **const** und **volatile** für Daten eingeführt. Sie dienen sowohl der weiteren Absicherung von Programmen gegen Fehler, als auch der Unterstützung von optimierenden Compilern. Diese Modifikatoren beschreiben nicht weitere Speicherklassen, daher können sie mit den Klassenbeschreibungen **auto**, **static** oder **register** prinzipiell kombiniert werden, obwohl manche Kombinationen nur von zweifelhaftem Wert sind.

Der Modifikator **const** beschreibt konstante Daten, wie wir ja bereits wissen. Diese sind aber nicht mit den Präprozessorkonstanten über `#define` vergleichbar. **const** beschreibt normale Variablen, die aber nicht mehr innerhalb des Gültigkeitsbereich verändert werden können. Außerdem ist **const** besonders bei Parameterübergaben eine große Hilfe. **const** erhöht sowohl die Sicherheit, als auch die Lesbarkeit von Programmen. Anhand des Funktionsprototyps kann unzweifelhaft festgestellt werden, ob eine Funktion ein Datum verändern kann oder nicht. Dies ist jedoch nur bei der Variablenübergabe mit Call by Reference sinnvoll, da bei Call by Value die Funktion ja sowieso nur eine Kopie der Daten erhält. Da wir aber auch diese Verwendung bereits ausführlich besprochen haben, wollen wir es bei dieser kurzen Zusammenfassung belassen.

Das Attribut **volatile** wird derzeit nur von wenigen C++ Compilern ausgenutzt; syntaktisch ist es jedoch in jedem C++-Compiler vorhanden. Mit **volatile** werden Variablen bezeichnet, die sich außerhalb der Programmkontrolle ändern können. Das können zum Beispiel Daten aus gemeinsam von mehreren Prozessen benutzten Speicherbereichen sein (**Shared Memory**). Diese Information ist besonders für optimierende C++-Compiler wichtig, da sie sonst unzulässige Annahmen über noch unveränderte Daten machen:

```
int a, b, c;

a = 15;
b = 16;
c = a;
```

Hier könnte ein optimierender Compiler davon ausgehen, daß a immer noch den Wert 15 hat, so daß bei der Zuweisung c=a der Wert von a nicht nochmals gelesen werden muß. Der immer noch unveränderte Wert von a sollte immer noch 15 sein, so daß die letzte Zuweisung optimiert werden könnte.

Wird a dagegen durch einen anderen Prozeß oder durch einen Seiteneffekt verändert, dann ist die Annahme des optimierenden Compilers und damit auch die vorgenommene Optimierung falsch. In diesem Fall muß a als veränderlich markiert werden:

```
volatile int a;
         int b, c;
```

Beide Angaben, **const** und **volatile** können optimierende Compiler bei der Verbesserung des Codes nachhaltig unterstützen. Zumindest **const** sollte daher bereits jetzt in (fast) allen C++-Programmen benutzt werden. Anwendungen für **volatile** sind dagegen eher bei Multiprozeß- oder Systemprogrammen gegeben. Beide Attribute schließen sich auch nicht aus. Ein **const-volatile**-Datum wäre von anderen Prozessen aus veränderbar, der eigene Prozeß hätte aber keine Zugriffsrechte.

Aufgabe 28 Scope, Vergleich

Das folgende Listing enthält zwei subtile Fehler, die man ohne Eintippen und Übersetzen des Programms entdecken sollte. Wer doch die Hilfe des Compilers in Anspruch nehmen will, kann beobachten, wie dieser sich dabei verhält (gibt es Fehlermeldungen oder Warnungen?).

```
cout << "Ich zaehle von 1 soweit ich kann ..." << endl;

int z = 0;
do    {
          z++;
          cout << "Ich bin jetzt bei " << z << endl;
          cout << "Weiter (j/ ) ? " << endl;
          char weiter; cin >> weiter;

      } while ( weiter = 'j' );
```

Aufgabe 29 Auflösungsoperator

Was gibt folgendes Programm aus?

```
double x = 1.23;

int main()
{
  double x = 2.34;
  {
        double y = x;
        double x = 3.45;
        cout << "x=" << x << "      ::x=" << ::x << "      y=" << y << endl;
  }
  cout << "x=" << x << "      ::x=" << ::x << endl;
  return 0;
}
```

8. Klassen

8.1 Grundlagen

Wie im Einführungs-Kapitel ausführlich erläutert wurde, bilden Objekte und Klassen[1] die zentralen Strukturen in C++. In einer **Klasse** werden Daten und Operationen auf diesen Daten zusammengefaßt (**Kapselung**). Der Aufruf einer solchen Operation (**Methode**, **Elementfunktion**, engl.: **Member Function**) kann als **Nachricht** an das betreffende Objekt interpretiert werden. Da dem Benutzer einer Klasse nur die **Schnittstellenseite**, d.h. die Definition der Klasse, bekannt gegeben wird, kann die interne Realisierung (**Implementationsseite**) nachträglich verändert werden. Die Anwendung der Klasse bleibt dabei gleich. In diesem Kapitel werden sowohl die Definition und Implementierung von Klassen beschrieben, als auch die Verwendung von Klassen-Instanzen, den **Objekten**.

Soweit wie möglich werden alle Erläuterungen des Kapitels an einer vereinfachten Simulation eines Autos illustriert. Das Auto hat in diesem Beispiel einen konstanten Kraftstoffverbrauch und einen Tank mit festgelegtem Fassungsvermögen. Bei jeder Fahrt erhöht sich der Kilometerstand auf dem Tachometer, und das Benzin im Tank wird weniger. Ist der Tank leer, kann das Auto nicht mehr fahren. Es ist aber jederzeit möglich aufzutanken, wobei ein Überfüllen des Tanks vermieden werden soll. Zur vereinfachten Kontrolle des Kilometerstands und der Tankfüllung sollten diese beiden Werte auf Knopfdruck ausgegeben werden können.

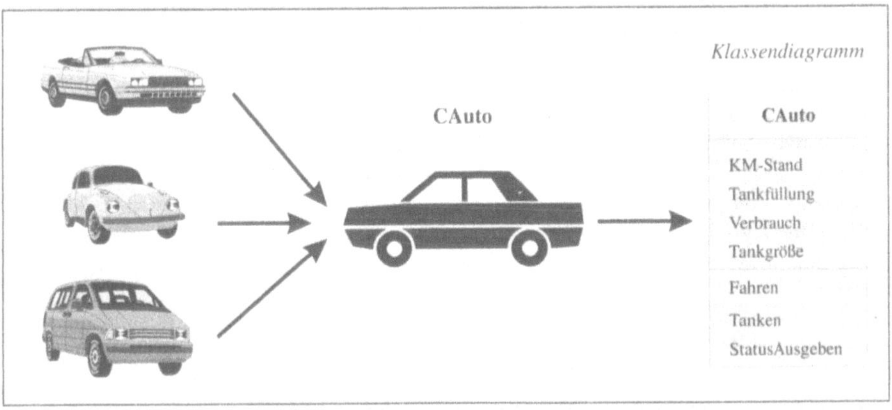

Abb. 8.1-9: Veranschaulichung des Beispiels mit konkreten Objekten und allgemeiner Klasse

[1] ....C++ hieß ursprünglich „C with Classes".

8.1.1 Instanzvariablen und Methoden

Die Definition einer Klasse hat in C++ folgendes Aussehen:

```
class KlassenName
{
  private:

  // hier stehen die privaten Elemente

  public:

  // hier stehen die öffentlichen Elemente

};        // Semikolon nicht vergessen!
```

Dabei ist bereits ersichtlich, daß alle Daten und Funktionen, die zu einer Klasse gehören, in zwei Gruppen aufgeteilt sind.[1] Der Benutzer einer Klasse kann nur die als **public** deklarierten Elemente verwenden, die privaten Elemente sind für ihn nicht zugänglich. Innerhalb der Klasse selbst ist diese Aufteilung irrelevant, weil alle Methoden auf die (eigenen) Elemente zugreifen können.

Das Schlüsselwort **private** kann bei Klassen-Definitionen auch ausgelassen werden, da standardmäßig alle Elemente privat sind. Zur deutlichen optischen Abgrenzung vor den öffentlichen Elementen empfiehlt sich aber, diesen **Modifizierer** auf jeden Fall anzugeben.[2]

Man sollte sich klar machen, daß der Schutzmechanismus für private Elemente sich nur auf den Zugriff bezieht, nicht etwa auf die Sichtbarkeit. Wenn man also Klassendefinitionen weitergibt, können zwar andere Programmierer sehen, welche (auch privaten) Elemente es gibt, aber es gibt keine Möglichkeit, darauf in eigenen Programmen zuzugreifen.

Wie im Listing schon angedeutet, vergessen selbst erfahrene Programmierer mitunter das Semikolon am Ende der Klassendefinition. Dies ist nämlich einer der wenigen Fälle in C++, wo nach einer geschweiften Klammer ein Semikolon stehen muß. Es empfiehlt sich daher, gleich zu Beginn einer neuen Klassendefinition beide geschweiften Klammern und das Semikolon einzutippen, ehe man die Elemente einfügt.

---

[1] .... Im übernächsten Kapitel wird noch eine dritte Art der Zugriffskontrolle vorgestellt, die aber nur bei Klassenhierarchien von Bedeutung ist.

[2] .... Die Verbundstruktur **struct** der Programmiersprache C kann in C++ ebenfalls als Klasse aufgefaßt werden, bei der alle Elemente standardmäßig öffentlich sind. Anders als in C können **struct**s hier also auch Funktionen umfassen. Gleiches gilt auch für **union**s, allerdings mit zahlreichen starken Einschränkungen. Beispielsweise darf eine **union** weder als Basis- noch als Unterklasse verwendet werden.

Bei unserem Auto-Beispiel sollen alle Daten vor Manipulation durch den Benutzer (den „Fahrer des Autos") geschützt sein. Der Programmierer als „Hersteller" des Autos deklariert diese Daten, die als **Instanzvariablen** bezeichnet werden, daher als privat.[1]

```
class CAuto
{
  private:
//--------
  double            Verbrauch;           // Liter pro Kilometer
  double            MaxTankFuellung;     // beides feste Werte

  double            TankFuellung;        // variabel
  unsigned long     KilometerStand;      // variabel

  // ...

}; // Klasse CAuto
```

Der Versuch des Programmierers, außerhalb der Klasse auf die privaten Elemente von `CAuto` zuzugreifen, wird vom Compiler mit der Meldung „Zugriff nicht erlaubt" abgewiesen.

```
int main()
{
  // Lege ein Objekt vom Typ CAuto an (Erläuterung der Syntax folgt später)
  CAuto        einAuto;

  // Verwende eine private Instanzvariable (Erläuterung der Syntax folgt später)
  cout << einAuto.Verbrauch;           // Fehler: "Verbrauch ist nicht zugreifbar"
  return 0;
}
```

Damit sich der Fahrer aber über den Zustand seines Fahrzeugs informieren kann, sollen ihm Zugriffsfunktionen zum Lesen der Werte von `Verbrauch`, `MaxTankFuellung`, `TankFuellung` und `KilometerStand` zur Verfügung gestellt werden. Funktionen, die zu einer Klasse gehören, werden als **Methoden** bezeichnet.

```
class CAuto
{
  private:
//--------

  // ...

  public:
//-------
  double            GetVerbrauch()         const   {return Verbrauch;}
  double            GetMaxFuellung()       const   {return MaxTankFuellung;}
  double            GetFuellung()          const   {return TankFuellung;}
  unsigned long     GetKilometerStand()    const   {return KilometerStand;}

}; // Klasse CAuto
```

[1] ....Wir schlagen vor, alle Klassennamen mit dem Buchstaben C (für „Class") zu beginnen.

Die Implementierung der Methoden steht direkt hinter dem Methodenkopf und besteht hier jeweils aus nur einer Anweisung, die den Wert der gewünschten Instanzvariable zurückliefert. Solche Methoden, die innerhalb der Klassendefinition implementiert werden, heißen **inline-Methoden** und können vom Compiler sehr effizient umgesetzt werden (mehr dazu im Kapitel Modularisierung und Projektorganisation).

Das Schlüsselwort **`const`** hinter dem Methodennamen besagt, daß diese Methoden keinerlei Änderungen an den Instanzvariablen vornehmen. Dadurch ist garantiert, daß der interne Zustand unverändert bleibt. Anders als bei konstanten Variablen oder konstanten Parametern gilt das **`const`** also hier für das Objekt, auf das die entsprechende Methode angewendet wird.

Konstante Methoden können sowohl von konstanten als auch von nicht-konstanten Objekten aufgerufen werden, nicht-konstante Methoden können aber nur von nicht-konstanten Objekten aufgerufen werden.[1]

```
class CBeispielKlasse
{
  // ...

  public:

  void  Lese() const;                    // Konstante Methode
  void  Aendere ();                      // Nicht-konstante Methode
};

int main()
{
  const CBeispielKlasse KObjekt;         // Konstantes Objekt
        CBeispielKlasse VObjekt;         // Nicht-konstantes Objekt

  KObjekt.Lese();                        // ok
  KObjekt.Aendere();                     // Fehler: Konstantes Objekt
                                         // kann nicht geändert werden

  VObjekt.Lese();                        // ok
  VObjekt.Aendere();                     // ok
  return 0;
}
```

Um das Auto-Beispiel interessanter zu machen, soll dem Benutzer der Klasse `CAuto` das Ändern des Kilometerstands erlaubt werden (z.B. nach dem Einbau eines Austauschmotors). Dazu wird eine öffentliche Methode `SetKilometerStand` eingeführt, die natürlich nicht **`const`** sein darf.

```
void    SetKilometerStand ( unsigned long NewKilometerStand = 0)
        {KilometerStand = NewKilometerStand;}
```

[1] ....Analoge Aussagen gelten für **`volatile`**-Methoden, d. h. **`volatile`**-Objekte dürfen nur Methoden aufrufen, die als **`volatile`** deklariert sind. Dies ist allerdings im Gegensatz zu konstanten Methoden eher unüblich. Die Kombination von **`const`** und **`volatile`** ist möglich.

Wird die Methode ohne Parameter aufgerufen, wird der Tacho wegen des Defaultwerts auf 0 zurückgesetzt.

Im Gegensatz zu den bisher behandelten einfachen Methoden, die nur elementare Zugriffe auf die internen Daten realisieren, werden die übrigen Methoden `Tanke`, `Fahre`, und `Status` nicht inline implementiert. Sie werden daher in der Klassendefinition nur deklariert (durch Angabe des Prototyps) und müssen außerhalb definiert werden. Betrachten wir zunächst `Tanke` und `Fahre`.

```
class CAuto
{

  // ...

  public:
//-------

  void          Tanke(double Liter);              // tankt maximal so viele Liter
  bool          Fahre(unsigned long KM);          // falls moeglich (sonst false)

}; // Klasse CAuto

// ---------------------------------------------------------------

void CAuto::Tanke(double Liter)
{
  if (TankFuellung+Liter <= MaxTankFuellung)     // wenn alles rein passt
          TankFuellung += Liter;                 // dann einfuellen
  else  TankFuellung = MaxTankFuellung;          // sonst nur bis Tank voll
}


bool CAuto::Fahre(unsigned long KM)
{
  double VerbrauchteLiter = Verbrauch*KM;

  if (TankFuellung<VerbrauchteLiter)
          return false;                          // keine Fahrt, wenn Sprit
                                                 // nicht reicht
  else  {
          TankFuellung   -= VerbrauchteLiter;    // Verbrauch abziehen
          KilometerStand += KM;
          return true;
        }
}
```

Innerhalb der Methoden kann auf die (privaten) Instanzvariablen sowohl lesend als auch schreibend zugegriffen werden, da alles innerhalb von `CAuto` stattfindet.

Besonders zu beachten ist die Notation im Kopf der Methoden. Vor dem eigentlichen Methodennamen muß hier nämlich die Zugehörigkeit zur Klasse `CAuto` erklärt werden, da auch andere Klassen Methoden desselben Namens haben könnten oder globale Funktionen namens `Fahre` oder `Tanke` existieren könnten. Allgemein hat ein Methodenkopf folgendes Aussehen:

```
Rückgabetyp Klassenname::Methodenname( Argumentliste )
```

Das Zeichen **::** wird als **scope resolution operator** (eingedeutscht: **Gültigkeitsbereich-Zugriffsoperator** oder **Auflösungsoperator**) bezeichnet. Er ordnet die Methoden dem Gültigkeitsbereich der Klasse `CAuto` zu, so daß innerhalb der Methoden direkt auf Elemente von `CAuto` zugegriffen werden kann (z.B. auf `TankFuellung`).

Wie bereits im Kapitel über das Blockkonzept erwähnt wurde, kann der Auflösungsoperator auch unabhängig von Klassen verwendet werden, wie im folgenden Beispiel:

```
{
  int i = 15;
  {
    int i = 42;

    cout << i        << endl;        // gibt 42 aus
    cout << ::i      << endl;        // gibt 15 aus
  }
}
```

Nach den Methoden, die den Zustand des Autos ändern, muß nun noch `Status` implementiert werden. Da darin nur lesend auf Instanzvariablen zugegriffen werden muß, kann die Methode als konstant deklariert werden, und die `Get`-Zugriffsmethoden können verwendet werden.[1]

```
void CAuto::Status() const
{
  cout  << " Kilometerstand:"   << GetKilometerStand()
        << "  Fuellung:"        << GetFuellung()
        << endl;
}
```

Da nun alle wesentlichen Methoden vorliegen, kann die Auto-Klasse zum ersten Mal getestet werden. Ein Objekt `einAuto` wird dazu im Hauptprogramm wie jede andere Variable durch Angabe des Typnamens (hier: `CAuto`) definiert. Die öffentlichen Methoden können über die Punktnotation `Objekt.Methodenname` aufgerufen werden. Mit `einAuto.Status()` wird also die Nachricht „Status" an das konstruierte Auto `einAuto` geschickt, seinen Zustand auf dem Bildschirm auszugeben.

```
int main()
{
  cout << "----------- Auto-Beispiel --------------" << endl;

  CAuto einAuto;        // konstruiere ein Auto-Objekt

  einAuto.Status();

  einAuto.Fahre(25);
  einAuto.Status();
  return 0;
}
```

[1] .... Dies stellt keinerlei zusätzlichen Aufwand (Funktionsaufruf) dar, da der Compiler die Aufrufe der inline-Funktionen direkt durch die benötigten Variablenzugriffe ersetzt. Es hat aber den Vorteil, daß `Status` bei Änderung der internen Implementierung von `GetKilometerStand` und `GetTankFuellung` nicht mehr angepaßt werden muß.

Die Ausgabe des Programms gibt allerdings keinen Anlaß zur Freude. Sie kann zum Beispiel so aussehen:

```
------------ Auto-Beispiel ---------------
Kilometerstand:7652  Fuellung:1.397322E-261
Kilometerstand:7677  Fuellung:1.397322E-261
```

Zwar scheinen alle verwendeten Methoden zu funktionieren, aber die internen Werte sind zu Beginn nicht sinnvoll vorbelegt. Der Klasse fehlt eine Methode zur Initialisierung!

8.1.2 Konstruktoren

Methoden, die ein Objekt bei dessen Erstellung initialisieren, heißen **Konstruktoren**. Wenn eine Klasse keinen Konstruktor besitzt (wie die Auto-Klasse), wird vom Compiler automatisch ein Konstruktor bereitgestellt, der allerdings keine Vorbelegung der Instanzvariablen vornimmt.[1] Es empfiehlt sich daher, stets einen eigenen Konstruktor vorzusehen, der den vom Compiler generierten Konstruktor ersetzt. Dies kann sowohl ein **Standardkonstruktor** sein, d. h. ein Konstruktor ohne Parameter oder mit lauter Defaultargumenten, als auch ein Konstruktor mit Parametern (mit denen dann die Instanzvariablen vorbelegt werden können).

Für das Auto-Beispiel kann folgende Deklaration gewählt werden:

```
class CAuto
{
  // ...

  public:
//-------

        CAuto(    double          NewVerbrauch,
                  double          NewMaxTankFuellung,
                  double          NewTankFuellung,
                  unsigned long   NewKilometerStand = 0 );

  // ...
};
```

Hierbei fällt auf, daß die Konstruktor-Methode keinen Rückgabewert hat (auch nicht **`void`**)[2] und denselben Namen wie die Klasse (`CAuto`) trägt. Der Konstruktor muß im **`public`**-Teil stehen, damit er zum Anlegen von Objekten (außerhalb des Klassenbereichs) verwendet werden kann.

---

[1] ....Der Compiler kann ja nicht wissen, welche Werte für die verschiedenen Instanzvariablen sinnvoll sind. Dies hängt unter anderem von der geplanten Anwendung der Klasse ab. Der bereitgestellte Konstruktor ist ein öffentlicher (**`public`**) Standardkonstruktor.

[2] ....Soll ein Konstruktor vorzeitig verlassen werden, genügt (wie bei **`void`**-wertigen Funktionen) eine **`return`**-Anweisung ohne Argument.

Eine mögliche Implementierung könnte so aussehen:

```
CAuto::CAuto( double NewVerbrauch, double NewMaxTankFuellung,
              double NewTankFuellung, unsigned long NewKilometerStand )
{
  Verbrauch          = NewVerbrauch;
  MaxTankFuellung    = NewMaxTankFuellung;
  KilometerStand     = NewKilometerStand;

  if (NewTankFuellung > MaxTankFuellung)                    // Überfüllen vermeiden
         TankFuellung = MaxTankFuellung;
  else   TankFuellung = NewTankFuellung;
}
```

Auch hier wird (natürlich) kein Rückgabewert angegeben. Im Methodenkopf zeigt das `CAuto` vor dem Auflösungsoperator **::** die Zugehörigkeit zur Klasse `CAuto` an, das zweite `CAuto` ist der Methodenname.

Innerhalb des Konstruktors werden den Instanzvariablen die übergebenen Werte zugewiesen. Alternativ dazu könnten diese Anweisungen in einer anderen Methode (im folgenden Beispiel: `Init`) ausgeführt werden, die dann vom Konstruktor nur noch aufgerufen werden muß.

```
CAuto::CAuto( double NewVerbrauch, double NewMaxTankFuellung,
              double NewTankFuellung, unsigned long NewKilometerStand )
{
  Init( NewVerbrauch, NewMaxTankFuellung,
        NewTankFuellung, NewKilometerStand );
}


bool CAuto::Init( double NewVerbrauch, double NewMaxTankFuellung,
                  double NewTankFuellung, unsigned long NewKilometerStand )
{
  Verbrauch             = NewVerbrauch;
  MaxTankFuellung       = NewMaxTankFuellung;
  KilometerStand        = NewKilometerStand;

  if (NewTankFuellung>MaxTankFuellung)              // Überfüllen vermeiden
        {
          TankFuellung = MaxTankFuellung;
          return false;
        }
  else {
          TankFuellung = NewTankFuellung;
          return true;
        }
}
```

Dies hat den Vorteil, daß die Instanzvariablen jederzeit mit `Init` neu gesetzt werden können. Konstruktoren hingegen werden nur einmal, nämlich beim Erzeugen eines neuen Objekts, aufgerufen.

```
int main()
{
  CAuto einAuto( 7.0/100.0, 42.0, 42.0 );              // Konstruktor aufgerufen

  // Das eben erzeugte Objekt einAuto verbraucht 7 Liter auf 100 KM, hat die
  // Tankgröße 42, die Tankfüllung 42 und den Kilometerstand 0
  // (wegen des Default-Arguments).

  CAuto zweitesAuto( 8.5/100.0, 60.0, 50.0, 1111 );    // Konstruktor aufgerufen


  // Das eben erzeugte Objekt zweitesAuto hat den Verbrauch 0.085, die Tankgröße
  // 60, die Tankfüllung 50 und den Kilometerstand 1111.

  // ...

  einAuto.Init( 7.5/100, 42.0, einAuto.GetFuellung() );         // Verbrauch erhöht

  // ...

  zweitesAuto.Init( 8.5/100, 90.0, zweitesAuto.GetFuellung() ); // Tank vergrößert
  return 0;
}
```

Die Argumente für den Konstruktor werden beim Erzeugen eines Objekts in runden Klammern übergeben – wie dies bei allen Funktionen vorgeschrieben ist. Darin unterscheiden sich scheinbar Objekte von normalen Variablen, die mit `Typ Name = Vorbelegung` initialisiert werden. Tatsächlich aber ist dafür auch die Notation `Typ Name(Vorbelegung)` möglich, wie im folgenden Beispiel zu sehen ist.

```
{
  int   Zahl;                               // ohne Vorbelegung
  CZahl ZahlObjekt;                         // ohne Vorbelegung (außer, wenn
                                            // Standard-Konstruktor definiert
                                            // ist)

  int   NochEineZahl(42);                   // mit 42 initialisiert
  CZahl NochEinZahlObjekt(42);              // mit 42 initialisiert
}
```

Dies zeigt, daß in C++ nicht zwischen den Standardtypen (wie **`int`**, **`char`** oder **`double`**) und Klassen unterschieden werden muß. Elaborierte Klassen, die man praktisch nicht mehr von eingebauten Typen unterscheiden kann, bezeichnet man als **first class data types**.

Ein häufiger Fehler beim Erzeugen von Objekten über den Standard-Konstruktor ist es, wie beim Aufruf von Funktionen ohne Parametern, leere Klammern hinter den Bezeichner zu schreiben:

```
string       EinString();                  // falsch
string       NochEinString;                // richtig
```

Trotzdem wird die falsche Schreibweise nicht vom Compiler als Fehler angemahnt, da sie eine zulässige – wenn auch nicht die beabsichtigte – Bedeutung besitzt. Im obigen Beispiel würde nämlich ein Prototyp für eine Funktion namens `EinString` deklariert, die keine Argumente entgegennimmt und ein `string`-Objekt zurückliefert.

Einen Konstruktor, der mit einem einzigen Argument aufgerufen werden kann,[1] nennt man **Konvertierungskonstruktor**. Er wird zur Konversion des Argumenttyps in den Typ der Klasse herangezogen. Betrachten wir ein Beispiel:

```
class Nummer
{
  public:
//-------
  Nummer(unsigned Nr);                    // Konvertierungskonstruktor
  Nummer(string Nr, int Offset=0);        // noch ein Konvertierungskonstruktor
};

int main()
{
  Nummer        a = 42;                   // ruft die erste Variante auf
  Nummer        b = "4711";               // ruft die zweite Variante auf
  a = 7;                                  // ruft die erste Variante auf
  return 0;
}
```

Konstruktoren können nicht wie andere Funktionen aufgerufen werden, auch nicht aus den Methoden der betreffenden Klasse. So würde `CZahl(42)` nicht den Konstruktor mit Parameter 42 aufrufen, sondern ein **anonymes Objekt** erzeugen, das mit dem Wert 42 initialisiert wird. Anonyme Objekte sind sehr kurzlebig, da sie nach Abarbeitung der Zeile, in der sie erzeugt wurden, sofort wieder gelöscht werden. Trotzdem können sie nützliche Dienste leisten, wenn wirklich nur temporäre Objekte benötigt werden. Beispielsweise könnte eine Klasse für komplexe Zahlen einen Konstruktor mit zwei Argumenten für den Real- und den Imaginärteil besitzen. Wenn eine komplexe Zahl mit einer festen anderen komplexen Zahl multipliziert werden soll, reicht es aus zu schreiben

```
  Complex KomplexeZahl, Ergebnis;

  // ...

  Ergebnis = KomplexeZahl * Complex(1.5, 3.141);       // Multiplikation mit
                                                        // anonymem Objekt
```

anstatt für die temporär benötigte Zahl (1.5, 3.141) eine eigene Variable anlegen zu müssen.

```
// dasselbe Beispiel unnötig umständlich

  Complex KomplexeZahl, Ergebnis;

  // ...

  Complex Temp(1.5, 3.141);                   // Konkretes Objekt

  Ergebnis = KomplexeZahl * Temp;             // Multiplikation mit diesem Objekt
```

[1] ....Er hat also mindestens ein Argument und danach ggf. beliebig viele Defaultparameter.

Konstruktoren dürfen nicht als **static**, **const** und/oder **volatile** deklariert werden. Sie werden aber nichtsdestotrotz zur Konstruktion konstanter Instanzen oder **volatile**-Objekte herangezogen.

8.1.3 Referenzen als Rückgabetypen

Wenn auf eine private Instanzvariable einer Klasse über öffentliche Zugriffsmethoden sowohl lesend als auch schreibend zugegriffen werden soll, bietet sich die Rückgabe einer Referenz auf die Variable an. Referenzen sind seit dem Kapitel Funktionen als Verweise auf Variablen bekannt, und dementsprechend werden sie hier verwendet:

```
class CBeispiel
{
  private:
//--------
  int           MeinA;                // private Instanzvariable

  public:
//-------
  int& A()      {return MeinA;}       // man beachte die Referenz!

}; // Klasse CBeispiel


int main()
{
  CBeispiel     einBeispiel;

  einBeispiel.A() = 42;               // schreibt den Wert 42 in die
                                      // Instanzvariable MeinA
  cout << einBeispiel.A();            // gibt MeinA (also 42) aus
                                      // (lesender Zugriff)
  return 0;
}
```

Ein Vorteil des Zugriffs über eine Methode gegenüber dem direkten Zugriff auf die Instanzvariable liegt darin, daß in der Methode vorher noch eventuell benötigte Überprüfungen durchgeführt werden können. Beispielsweise sollte beim Zugriff mit der Methode `EineTelefonNummer.GibZiffer(8)` auf die achte Stelle eines Telefonnummer-Objekts kontrolliert werden, ob die Nummer wirklich aus mindestens acht Stellen besteht. Andernfalls müßte eine Warnung ausgegeben werden,[1] um auf den Fehler aufmerksam zu machen. Allerdings muß auch im Fehlerfall eine gültige Referenz (kein konstanter Wert, etwa '\0') auf eine auch außerhalb der Methode verfügbare Variable zurückgegeben werden.

Auf ähnliche Weise wie in dem einfachen Beispiel könnten bei der `CAuto`-Klasse die beiden Methoden `SetKilometerStand` und `GetKilometerStand` alternativ zur vorher dargestellten Implementierung auch in einer einzigen Zugriffsfunktion

[1] ....Alternativ kann auch eine andere Fehlerbehandlung eingeleitet werden (vgl. das Kapitel über Exception Handling im zweiten Band).

KMStand[1] zusammengefaßt werden. Dazu müßte man den Rückgabetyp als Referenz auf einen **unsigned** deklarieren. Dann kann auf KilometerStand sowohl lesend als auch schreibend zugegriffen werden.

```
class CAuto
{
  // ...
  public:
//-------
  unsigned&     KMStand()          {return KilometerStand;}
  // man beachte die Referenz. Es ist keine Überprüfung mehr nötig.

}; // Klasse CAuto


int main()
{
  CAuto           einAuto( 7.0/100.0, 42.0, 42.0 );  // legt eine CAuto-Instanz an

  cout << einAuto.KMStand();     // liest die Instanzvariable KilometerStand
  cin  >> einAuto.KMStand();     // schreibt in die Instanzvariable KilometerStand
  return 0;
}
```

Auf das Defaultargument für den neuen Kilometerstand und die **const**-Angabe müßte dann allerdings verzichtet werden, da die **const**-Variante bei schreibendem und ein Standardargument bei lesendem Zugriff auf die Instanzvariable keinen Sinn macht. Als Kompromiß kann man sowohl eine **const**-Version (für nur lesenden Zugriff) als auch eine nicht-**const**-, aber referenzwertige Methode (für schreibenden Zugriff) definieren (was durch Überladen[2] möglich wird), so daß der Zugriff auf die jeweils günstigste Weise erfolgt.

8.1.4 Vollständige Übersicht des Auto-Beispiels

Zum Abschluß folgt noch ein komplettes Listing einer möglichen Implementierung der Autosimulation:

```
//   Vereinfachte Auto-Simulation
//   Autor: Thomas Dapper

#include <iostream.h>

// -----------------------------------------------------------------
```

[1] ....Würde man die Methode KilometerStand nennen, käme es zu einem Namenskonflikt mit der Instanzvariable.

[2] ....Auf Überladen wird im folgenden Kapitel ausführlich eingegangen.

```
class CAuto
{
  private:
//--------

  double             Verbrauch;            // Liter pro Kilometer
  double             MaxTankFuellung;      // beides feste Werte

  double             TankFuellung;         // variabel
  unsigned long      KilometerStand;       // variabel


  public:
//-------

                     CAuto();
                     CAuto( double         NewVerbrauch,
                            double         NewMaxTankFuellung,
                            double         NewTankFuellung,
                            unsigned long  NewKilometerStand = 0
                          );

  bool               Init(  double         NewVerbrauch,
                            double         NewMaxTankFuellung,
                            double         NewTankFuellung,
                            unsigned long  NewKilometerStand = 0
                         );

  double             GetVerbrauch() const             {return Verbrauch;}
  double             GetMaxFuellung() const           {return MaxTankFuellung;}
  double             GetFuellung() const              {return TankFuellung;}
  unsigned long      GetKilometerStand() const        {return KilometerStand;}

  void               SetKilometerStand( unsigned long NewKilometerStand = 0 )
                     {KilometerStand=NewKilometerStand;}

  unsigned long&     KMStand()                        {return KilometerStand;}

  void               Tanke();              // Volltanken
  void               Tanke(double Liter);  // tankt maximal so viele Liter

  bool               Fahre(unsigned long KM);// falls möglich (sonst false)

  void               Status() const;       // gibt Daten aus

}; // Klasse CAuto
```

```
// ---------------------------------------------------------------

CAuto::CAuto()
{
  Init(7.0/100.0, 42.0, 42.0 );
}


CAuto::CAuto( double NewVerbrauch, double NewMaxTankFuellung,
              double NewTankFuellung, unsigned long NewKilometerStand )
{
  Init( NewVerbrauch, NewMaxTankFuellung,
        NewTankFuellung, NewKilometerStand );
}


bool CAuto::Init( double NewVerbrauch, double NewMaxTankFuellung,
                  double NewTankFuellung, unsigned long NewKilometerStand )
{
  Verbrauch              = NewVerbrauch;
  MaxTankFuellung        = NewMaxTankFuellung;
  KilometerStand         = NewKilometerStand;

  if (NewTankFuellung>MaxTankFuellung)
        {
          TankFuellung = MaxTankFuellung;
          return false;
        }
  else  {
          TankFuellung = NewTankFuellung;
          return true;
        }
}


void CAuto::Tanke()
{
  TankFuellung = MaxTankFuellung;
}


void CAuto::Tanke(double Liter)
{
  if (TankFuellung+Liter <= MaxTankFuellung)     // wenn alles rein passt
          TankFuellung += Liter;                 // dann einfuellen
  else    TankFuellung = MaxTankFuellung;        // sonst nur bis Tank voll
}
```

```
bool CAuto::Fahre(unsigned long KM)
{
  double VerbrauchteLiter = Verbrauch*KM;

  if (TankFuellung<VerbrauchteLiter)
          return false;                       // keine Fahrt, wenn Sprit nicht reicht
  else  {
          TankFuellung  -= VerbrauchteLiter;            // Verbrauch abziehen
          KilometerStand += KM;
          return true;
        }
}

void CAuto::Status() const
{
  cout  << " Kilometerstand:"   << GetKilometerStand()
        << "  Fuellung:"        << GetFuellung()
        << endl;
}


// ---------------------------------------------------------------

int main()
{
  CAuto          einAuto;

  einAuto.Status();

  einAuto.Fahre(25);
  einAuto.Status();

  einAuto.Tanke(15);
  einAuto.Status();
  return 0;
}
```

8.1.5 Grafische Notation

Um Zusammenhänge zwischen Klassen und Objekten anschaulich auszudrücken, wurden von mehreren Entwicklern objektorientierter Analyse- und Modellierungsverfahren verschiedene Notationen eingeführt. Zu den bekanntesten Vertretern gehören die Booch-Methode von *Grady Booch* aus [BOO91] und die OMT-Diagramme (**OMT** = Object Modeling Technique) von *James Rumbaugh* et al. aus [RUM93]. Wir beschreiben in diesem Abschnitt die wichtigsten Notationen aus [RUM93].

Klassen werden durch **Klassendiagramme** veranschaulicht, die den Namen, die Instanzvariablen und die Methoden in einem rechteckigen Kasten auflisten, wie in der folgenden Abbildung (links) zu sehen ist. Zu den Attributen wird ihr Typ und ggf. Ihr Defaultwert angegeben. Die Methodenbeschreibung umfaßt die Argumentliste und den Rückgabetyp.

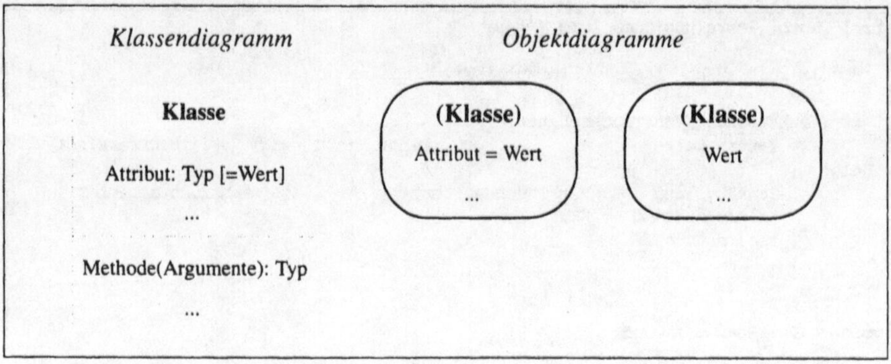

Abb. 8.1-10: Die wichtigsten OMT-Diagramme

Objektdiagramme (auch **Instanzendiagramme** genannt) werden mit abgerundeten Kästen dargestellt. Der Name der zugehörigen Klasse wird in Klammern angegeben. Dann folgen die Attribute mit ihren jeweiligen Werten. Ist aus dem Zusammenhang klar ersichtlich, welches Attribut bei Angabe eines Werts gemeint ist, kann der Attributname zur Verkürzung der Schreibweise ausgelassen werden, wie im rechts abgebildeten Objektdiagramm.

Die folgende Abbildung zeigt ein einfaches Beispiel dieser grundlegenden OMT-Notationen. Zur Klasse `Mensch` gehören die Merkmale `Name`, `Alter` und eine Operation `SagName`, um den Namen auszugeben.

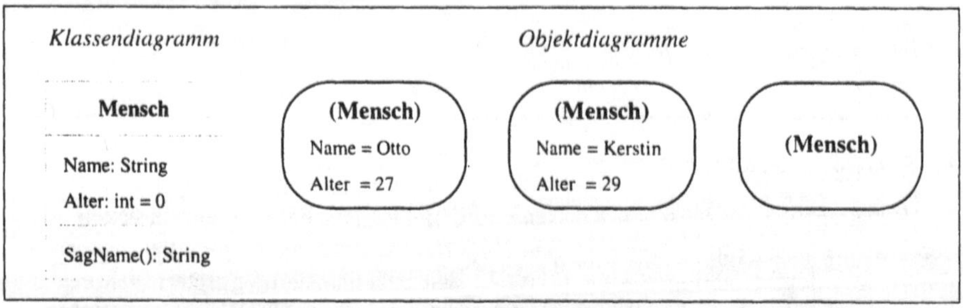

Abb. 8.1-11: Beispiele von Klassen- und Instanzendiagrammen

Zwei konkrete Personen sind als Instanzen der Klasse `Mensch` angegeben, nämlich Otto und Kerstin. Das rechte Objektdiagramm symbolisiert einen anonymen (noch uninitialisierten Menschen).

Eine Stärke der OMT-Notation ist es, bidirektionale Beziehungen zwischen Klassen oder Objekten auszudrücken. „Konzeptuelle Verbindungen" zwischen Objekten heißen allgemein **Verknüpfung**, auf Klassenebene bezeichnet man sie als **Assoziation**.

Beide Varianten lassen sich oft durch Verben wie „wohnt-in", „arbeitet-für" oder „kommuniziert mit" ausdrücken. Derartige Beziehungen werden einfach durch gerade

Verbindungslinien zwischen den betreffenden Objekten oder Klassen veranschaulicht, wobei man bei Bedarf eine verbale Beschreibung der Beziehung ergänzen kann.

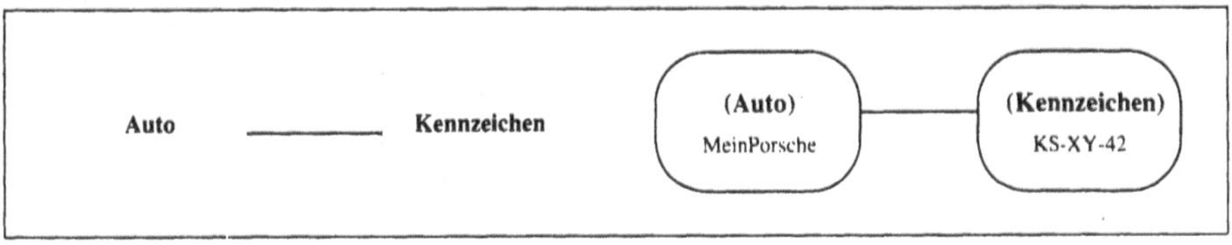

Abb. 8.1-12: Einfache Assoziationen mit 1:1-Beziehung

Das abgebildete Beispiel zeigt eine Assoziation (links), die uns im Rahmen einer Aufgabe noch beschäftigen wird, und eine Verknüpfung (rechts).

Beziehungen zwischen mehr als zwei Objekten werden mit Hilfe eines Rautensymbols dargestellt, wie die folgende ternäre Assoziation:

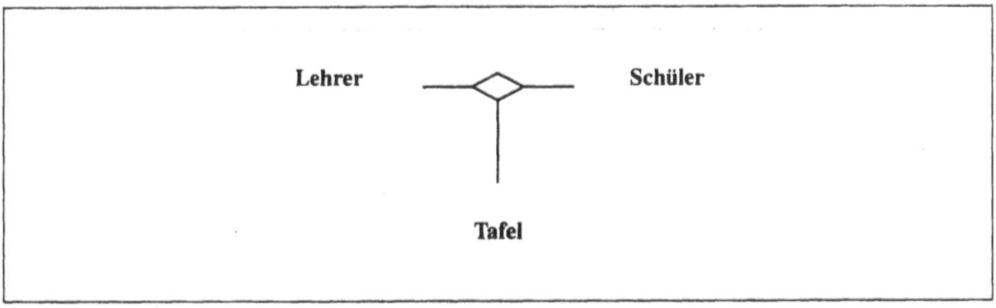

Abb. 8.1-13: Eine Beziehung zwischen drei Klassen (ternäre Assoziazion)

Der Lehrer unterrichtet Schüler und schreibt dabei an die Tafel. Die Schüler lauschen dem Lehrer und lesen von der Tafel.

Zur genaueren Spezifikation von Assoziationen dient die **Multiplizität**. Dazu werden die Verbindungsstellen der Diagramme gemäß folgendem Schlüssel beschriftet:

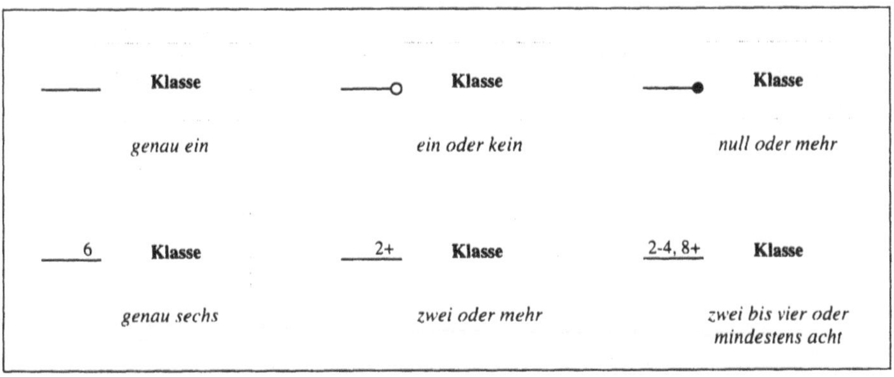

Abb. 8.1-14: Angabe von Kardinalitäten

Der einfachste Fall, die eindeutige Zuordnung (links oben), trifft auch auf das Beispiel mit dem Autokennzeichen zu: Jedes Auto hat genau ein Kennzeichen, und jedes Kennzeichen identifiziert genau ein Fahrzeug. Zwei Beispiele für andere Multiplizitätswerte sind:

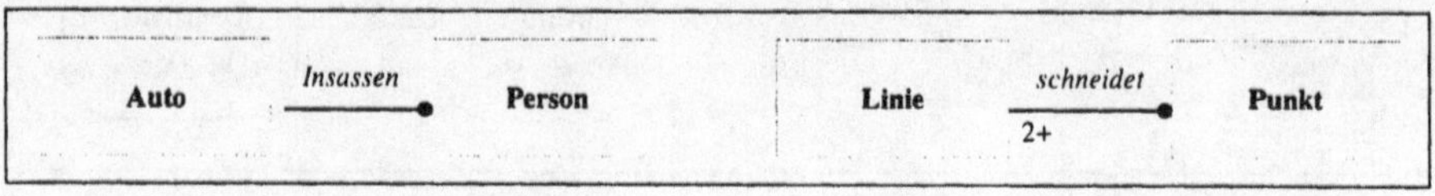

Abb. 8.1-15: Beispiele mit Multiplizität

Jedes Auto hat null (wenn es steht) oder mehr Insassen. Jede Person kann sich zu einem Zeitpunkt aber nur in höchstens einem Auto aufhalten.[1]

Zwei oder mehr Linien schneiden sich in einem, keinen (z. B., wenn sie parallel verlaufen) oder unendlich vielen Punkten (wenn sie aufeinander liegen).

Der wichtigste Spezialfall einer Assoziation ist die **Aggregation**. Sie beschreibt eine „ist Teil von"-, „besteht aus"-, „besitzt ein"- oder „hat ein"-Beziehung und wird mit Hilfe des Rautensymbols notiert.[2] Eine wichtige Möglichkeit zur Konstruktion komplexer Objekte in C++ ist, diese aus mehreren kleineren Objekten zusammenzusetzen (**Object Composition**). Das abgebildete Beispiel beschreibt den Zusammenhang *„Universitäten bestehen aus (beliebig vielen) Fachbereichen*[3]*, die sich wiederum in Fachgruppen*[4] *gliedern"*.

Abb. 8.1-16: Eine zweischichtige Aggregation

Fachgruppen sind **Komponenten** der Fachbereiche, die wiederum Komponenten einer Universität sind.

Neben den hier vorgestellten Notationen umfaßt die OMT noch einige weitere Diagramme, die der interessierte Leser in [RUM93] nachschlagen kann. Die wohl wichtigste Diagrammform zur Darstellung von Generalisierungen- oder Konkretisierungen behandeln wir im Kapitel über Vererbung.

---

[1] ....Dieses Beispiel wird später im Kapitel Referenzen und Beziehungen aufgegriffen.

[2] ....Wir verwenden im weiteren Text die Bezeichnung „Has-A"-Beziehung.

[3] ....z. B. FB Informatik, FB Biologie, FB Kunst und FB Psychologie.

[4] ....z. B. FG Praktische Informatik, FG Theoretische Informatik und FG Künstliche Intelligenz.

8.1.6 Aufgaben

Aufgabe 30 Klasse anwenden

Die Klasse `CDatenbank` (von den Beispielprogrammen) realisiert eine einfache Datenbank, mit der man zu jedem Schlüssel (zum Beispiel einem Namen) einen Wert (z.B. eine Telefonnummer) speichern kann.

```
class CDatenbank
{
  public:
//-------
              CDatenbank();                    // Konstruktor

  int         Eintragen(string Schluessel, string Wert);
  string      Suchen(string Schluessel);
  // ...
};
```

Sie versteht im Wesentlichen die beiden Nachrichten `Eintragen` und `Suchen`. `Eintragen` fügt der Datenbank ein Schlüssel-Wert-Paar hinzu (falls noch Platz dafür ist). `Suchen` ermittelt den Wert zu einem Schlüssel (und gibt eine Fehlermeldung aus, falls kein passender Eintrag gefunden wurde).

Experimentiere mit dieser Klasse. Lege dazu ein Objekt (eine Instanz) an, dem Du Nachrichten zum Eintragen und zum Suchen von Daten zuschickst.

Aufgabe 31 Vorhandene Klasse erweitern

Erweitere die Auto-Klasse um eine Instanzvariable `Kennzeichen` vom Typ `string`. Passe den Konstruktor sowie die Methoden `Init` und `Status` entsprechend an. Ergänze Zugriffsfunktionen zum Abfragen und Ändern des Kennzeichens. Schreibe ein Hauptprogramm, das alle Methoden der Klasse `CAuto` testet. Was bewirkt im Hauptprogramm folgende Zeile?

```
  CAuto NeuesModell;
```

Aufgabe 32 Zwei Implementationen

Diese Aufgabe soll bestätigen, daß die Implementationsseite einer Klasse nachträglich verändert werden kann, ohne die Anwendung der Klasse zu beeinflussen.

Entwickle eine Klasse `CPLZ` zur Verwaltung fünfstelliger Postleitzahlen gemäß folgender Spezifikation:

```
class CPLZ
{
  private:
//--------
  unsigned short          Ziffer1, Ziffer2, Ziffer3, Ziffer4, Ziffer5;

  public:
//-------
                          CPLZ( unsigned long NeuePLZ );        // Konstruktor

  void                    Init( unsigned long NeuePLZ );        // Initialisierung

  void                    Ausgabe() const;                      // auf cout
  unsigned short          GetZiffer( unsigned short n ) const;  // n-te Ziffer
};
```

Schreibe ein Testprogramm, das alle Methoden der Klasse verwendet, wie zum Beispiel

```
int main()
{
  CPLZ meinePLZ(34560UL);              // die Postleitzahl ist eine lange Zahl !

  meinePLZ.Ausgabe();                  // gibt 34560 aus

  char a = meinePLZ.GetZiffer(3);
  cout << a << endl;                   // gibt 5 (die dritte Ziffer) aus
  return 0;
}
```

Ändere dann die interne Implementation, so daß die gesamte Postleitzahl als Zeichenkette (Typ `string`) abgelegt wird. Der **`public`**-Teil bleibt dabei unverändert.

```
class CPLZ
{
  private:
//--------

  string                  PLZString;

  public:
//-------
                          CPLZ( unsigned long NeuePLZ );        // Konstruktor

  void                    Init( unsigned long NeuePLZ );        // Initialisierung

  void                    Ausgabe() const;                      // auf cout
  unsigned short          GetZiffer( unsigned short n ) const;  // n-te Ziffer
};
```

Implementierungshinweis: Im beiliegenden Header <str_konv.hxx> findet sich eine Funktion `convertToString(` **`unsigned long`** `l )`, die aus der übergebenen Ganzzahl `l` einen `string` erzeugt und diesen zurückliefert.

Überzeuge Dich, daß das (unveränderte) Programm immer noch genauso wie vorher funktioniert!

Aufgabe 33 Konto-Klasse

Entwerfe und implementiere eine Klasse `Konto`, die zunächst nur aus einer Instanzvariable `Kontostand` und entsprechenden Methoden `Set` (setzen des neuen Kontostands) und `Get` (Abfrage des Kontostands) besteht. Negative Kontostände (Kredit, Soll) sollen möglich sein.

Wie ist der Kontostand initialisiert? Ergänze die Klasse mit einem **Konstruktor**.

Erweitere die Klasse um Methoden zur Einzahlung und Auszahlung bestimmter Beträge (mit Überprüfung).

Aufgabe 34 Objektdiagramm

Betrachte nochmals die im letzten Abschnitt beschriebene Beziehung „Linien schneiden sich in Punkten". Zeichne ein Verknüpfungsdiagramm für folgenden Beispielfall mit fünf Linien und zwei Punkten:

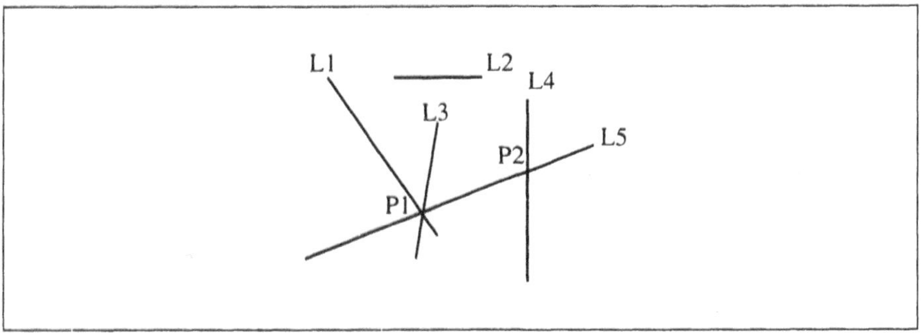

Abb. 8.1-17: Ein Beispiel mit Linien und Punkten

Aufgabe 35 Klassendiagramm interpretieren

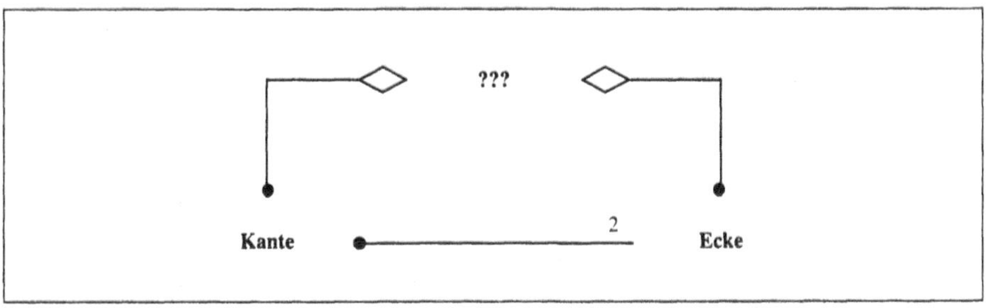

Abb. 8.1-18: Welche aus der Mathematik bekannte Struktur beschreibt dieses OMT-Diagramm?

Aufgabe 36 Klassendiagramm zeichnen

Zeichne ein Klassendiagramm für folgenden Sachverhalt: Ein Computer besteht (unter anderem) aus mindestens einem Monitor, beliebig vielen Festplatten, (genau) einer Tastatur, einer optionalen Maus und einer Systemeinheit. Letztere wiederum ist (in der Regel) ein Aggregat aus einer CPU, RAM-Chips und (bei manchen Modellen) einem Lüfter.

8.2 Vertiefung

8.2.1 Initialisierung von Instanzvariablen

Eine andere Möglichkeit zur Vorbelegung von Instanzvariablen als die Zuweisung von Werten im Implementationsteil des Konstruktors bildet die **Initialisierer-Liste**. Dabei werden alle zu initialisierenden Variablen hinter dem Methodenkopf des Konstruktors aufgezählt.

```
class CTest
{
  private:
//--------

  int   i;
  char  c;

  public:
//-------

  CTest(int NewI, char NewC);
};


CTest::CTest(int NewI, char NewC) : i(NewI), c(Newc)     // Initialisierer-Liste
{
  // braucht keine Initialisierung vorzunehmen
}
```

Diese Vorgehensweise ist besonders nützlich, wenn Instanzvariablen komplexe Objekte sind, die nicht (oder nur ineffizient) mit dem Zuweisungsoperator = zugewiesen werden können und keine Methode zur nachträglichen Initialisierung besitzen.[1]

[1] ....Details über Zuweisungen und mögliche Probleme beim Kopieren von Objekten findet der Leser im Kapitel Dynamische Objekte.

```
class CEierlegendeWollMilchSau
{
  CKompliziert           Daten;  // enthält umfangreiche, komplexe Datenstrukturen

  public:
//-------
                // Konstruktor
                CEierlegendeWollMilchSau( string Name, unsigned Eier,
                                        unsigned Wolle=12, double Milch=47.11 );
  // ...

}; // Klasse CEierlegendeWollMilchSau

// ---------------------------------------------------------------------------

class CBauernhof
{
  CEierlegendeWollMilchSau      Vieh;          // Instanzvariable mit komplexer
                                               // Datenstruktur

  // ...

  public:
//-------
                CBauernhof( unsigned HuehnerZahl, unsigned EierBedarf );

}; // Klasse CBauernhof

// ---------------------------------------------------------------------------


CBauernhof::CBauernhof(unsigned HuehnerZahl, unsigned EierBedarf)
                : Vieh( "Pikeldi", EierBedarf-2*HuehnerZahl )   // Initialisierung!
{
  // ...
}
```

Sogar unverzichtbar ist die Initialisierer-Liste bei Klassen mit konstanten (aber nicht-statischen[1]) Instanzvariablen. So wäre es beim Auto-Beispiel sinnvoll, wenn der Kraftstoffverbrauch und die Tankgröße stets gleich bleiben würden. Dazu können die Instanzvariablen `Verbrauch` und `MaxTankFuellung` – wie jede Variable – als konstant deklariert werden.

[1] ....vgl. Abschnitt „Klassenvariablen und Klassenmethoden".

```
class CAuto
{
  private:
//--------
  const double          Verbrauch;              // Liter pro Kilometer
  const double          MaxTankFuellung;        // beides feste Werte

  double                TankFuellung;           // variabel
  unsigned              KilometerStand;         // variabel

  // ...

}; // Klasse CAuto
```

Hierbei ist es noch nicht möglich, die Vorbelegung der Instanzvariablen vorzunehmen, da diese für alle `CAuto`-Objekte gelten würden. Es soll jedoch jede Auto-Instanz einen individuellen (aber konstanten) Kraftstoffverbrauch und eine individuelle Tankgröße haben können. Daher kann die Vorbelegung nur aufgrund der an den Konstruktor übergebenen Werte erfolgen.

```
CAuto::CAuto( double NewVerbrauch, double NewMaxTankFuellung,
              double NewTankFuellung, unsigned NewKilometerStand )
                : Verbrauch(NewVerbrauch), MaxTankFuellung(NewMaxTankFuellung)
{
  // Verbrauch und MaxTankFuellung können hier nicht geändert werden,
  // da sie Konstanten sind

  Init( NewTankFuellung, NewKilometerStand );
}
```

Die `Init`-Methode darf dann die beiden Instanzvariablen nicht mehr ändern und kann wie folgt realisiert werden:

```
bool CAuto::Init( double NewTankFuellung, unsigned NewKilometerStand )
{
  KilometerStand        = NewKilometerStand;

  if (NewTankFuellung>MaxTankFuellung)
        {
          TankFuellung = MaxTankFuellung;
          return false;
        }
  else {
          TankFuellung = NewTankFuellung;
          return true;
        }
}
```

8.2.2 Klassenvariablen und Klassenmethoden

Wenn bei dem Auto-Beispiel alle Autos (Objekte derselben Klasse) denselben Kraftstoffverbrauch und dieselbe Tankgröße haben sollen, bietet es sich an, **statische Elemente** zu verwenden. Instanzvariablen, die mit dem Schlüsselwort **`static`** gekennzeichnet sind, werden nur ein einziges Mal abgespeichert und nicht für jedes Objekt einer Klasse einzeln. Sie gehören also zu der Klasse (nicht zu einem speziellen

Objekt) und werden deshalb auch als **Klassenvariablen** bezeichnet. Analog heißen statische Elementfunktionen **Klassenmethoden**.

Klassenvariablen werden zwar innerhalb der Klasse deklariert, sie müssen aber außerhalb definiert werden:

```
class CAuto
{
  private:
//--------

  static double Verbrauch;           // beides Klassenvariablen
  static double MaxTankFuellung;     // hier ist keine Initialisierung erlaubt!

  public:
//-------

  // ...

}; // Klasse CAuto


double CAuto::Verbrauch = 7.0/100.0;   // kann hier initialisiert werden (obwohl
                                       // die Variable private ist)
double CAuto::MaxTankFuellung;         // muß aber nicht vorbelegt werden
```

Der Zugriff auf `Verbrauch` und `MaxTankFuellung` soll entsprechend über Klassenmethoden[1] erfolgen. Daher werden die schon vorhandenen Methoden `GetVerbrauch` und `GetMaxFuellung` nun ebenfalls als **`static`** deklariert.

```
class CAuto
{
  private:
//--------

  // ...

  public:
//-------

  static double GetVerbrauch()       {return Verbrauch;}
  static double GetMaxFuellung()     {return MaxTankFuellung;}

  // ....

}; // Klasse CAuto
```

Der Zugriff auf die Klassenmethoden sollte dann mit dem Auflösungsoperator **`::`** durchgeführt werden, um ihren besonderen Status zu verdeutlichen. Erlaubt ist aber auch die übliche Punktnotation, beide Schreibweisen sind gleichbedeutend.

[1] ....Klassenmethoden können nur mit statischen Elementen (Klassenvariablen oder andere Klassenmethoden) operieren.

```
int main()
{
  CAuto einAuto(7.0/100.0, 42.0, 42.0);

  cout << "Verbrauch = " << CAuto::GetVerbrauch() << endl;  // deutlicher

  cout << "Verbrauch = " << einAuto.GetVerbrauch() << endl; // aber so geht´s auch
  return 0;
}
```

Beim Umgang mit Klassenvariablen ist zu beachten, daß jede Änderung an irgendeinem der Objekte sich sofort auf alle anderen Objekte derselben Klasse auswirkt. Wenn also `Verbrauch` und `MaxTankFuellung` im Konstruktor oder der Methode `Init` geändert werden, gelten die neuen Werte für alle existierenden `CAuto`-Instanzen, was eher realitätsfremd ist.

```
int main()
{
  CAuto einAuto(7.0/100.0, 42.0, 42.0);
  CAuto nocheinAuto(3.5/100.0, 30.0, 17.3);

  cout << "Verbrauch = " << CAuto::GetVerbrauch() << endl;  // gibt 0.035

  cout << "Verbrauch = " << einAuto.GetVerbrauch() << endl; // gibt auch 0.035 !
  return 0;
}
```

Diese beiden Instanzvariablen sollten daher sowohl **`static`** als auch **`const`** deklariert werden. Eine Realisierung dieser Spezifikation ist Gegenstand einer Aufgabe am Ende dieses Kapitels.

8.2.3 Destruktoren

Die Destruktoren bilden das Gegenstück zu den Konstruktoren. Der **Destruktor** eines Objekts wird automatisch aufgerufen, wenn die Objektvariable ihren deklarierten Gültigkeitsbereich (z. B. lokaler Block oder `main`-Funktion) verläßt. Verfügt eine Klasse über keinen expliziten Destruktor (wie `CAuto`), generiert der Compiler einen **Standarddestruktor**, der keine spezielle Funktionalität hat, als öffentliche (**`public`**) Methode.

```
int main()
{
  // ...

  {
    CAuto            einAuto(0.25, 40.0, 30.0);

    // ...

  }              // einAuto wird nach Aufruf des CAuto-Destruktors gelöscht.

  // ...
  return 0;
}
```

Eine Klasse sollte einen Destruktor definieren, wenn beim Konstruieren dynamisch Speicherplatz allokiert[1] oder eine Datei geöffnet wird. Aber auch beliebige andere „Aufräumungsarbeiten" können im Destruktor ausgeführt werden.

In unserem Auto-Programm könnte beispielsweise eine Klassenvariable die Anzahl der im Umlauf befindlichen Fahrzeuge (`CAuto`-Instanzen) verwalten. Diese wird bei der Herstellung eines neuen Autos (im Konstruktor oder der Methode `Init`) um Eins erhöht und muß nach Verschrotten eines Autos (im Destruktor) um Eins verringert werden. Über die Klassenmethode `GetAnzahl` kann jederzeit der aktuelle Wert abgefragt werden.

```
class CAuto
{
  private:
//--------

  static unsigned        Anzahl;                    // Autos im Verkehr
  // ...

  public:
//-------

  ~CAuto();                                         // Destruktor

  static unsigned GetAnzahl()   {return Anzahl;}
  // ...

}; // Klasse CAuto

unsigned        CAuto::Anzahl = 0;

// --------------------------------------------------------------------

CAuto::~CAuto()                                     // Destruktor
{
  Anzahl--;
  cout << "+++ Autos im Umlauf: " << Anzahl << endl << endl;
}

bool CAuto::Init( double NewTankFuellung, unsigned NewKilometerStand )
{
  Anzahl++;
  cout << "+++ Autos im Umlauf: " << Anzahl << endl << endl;
  // ...
}
```

Wie aus dem Listing ersichtlich ist, hat der Destruktor (wie auch der Konstruktor) keinen Rückgabetyp, und er trägt den Namen `~KlassenName`. Im Gegensatz zum Konstruktor darf ein Destruktor keine Argumente akzeptieren. Er darf aber (anders als der Konstruktor) wie eine normale Funktion aufgerufen werden, was jedoch nur in Ausnahmefällen sinnvoll ist.[2]

[1] ....Diese Problematik wird ausführlich in einem späteren Kapitel behandelt.

[2] ....nicht aber im nächsten Beispiel-Listing!

```
int main()
{
  CAuto         einAuto(30.0, 12500);   // erzeugt Auto mit 30 Litern Benzin
                                        // im Tank und Kilometerstand 12500
  // ...

  einAuto.~CAuto();                     // expliziter Aufruf des Destruktors
                                        // (nur zum Test)
  einAuto.~CAuto();                     // nochmal expliziter Aufruf
  einAuto.~CAuto();                     // nochmal expliziter Aufruf

  einAuto.Status();                     // funktioniert immer noch
  return 0;
}
```

Obwohl hier (unsinnigerweise) dreimal hintereinander der Destruktor für `einAuto` aufgerufen wurde, wird das Objekt dadurch nicht zerstört, denn ein Destruktor ist nur für letzte Anweisungen vor dem Löschen eines Objekts durch den Compiler zuständig. Im obigen Beispiel wird daher lediglich die Klassenvariable `Anzahl` um Drei verringert, was in einem Unterlauf (Underflow) des **unsigned**-Bereichs und angeblich über 65000 produzierten Autos resultiert.

Genau wie in den Konstuktoren können im Destruktor beliebige andere Methoden der Klasse aufgerufen werden.

8.2.4 friends

Die Entwickler von C++ haben mit der **friend-Funktionalität** eine Hintertür in der strengen Trennung zwischen privaten und öffentlichen Daten geschaffen. Damit ist es möglich, speziellen Funktionen, fremden Methoden oder ganzen Klassen Zugriff auf private Elemente einer Klasse zu geben. Diese Hintertür läßt sich zwar nur von der betroffenen Klasse selbst öffnen, sie sollte aber nach Möglichkeit nie benutzt werden. Wenn in einem objektorientierten System mit friends gearbeitet wird, ist dies normalerweise ein Zeichen für unzureichende öffentliche Zugriffsmethoden, über die kontrolliert auf die erforderlichen privaten Daten zugegriffen werden könnte. Lediglich in Ausnahmefällen, wo die geforderte Effizienz nur durch direkte Zugriffe auf private Elemente erreichbar ist, kann der Einsatz von friend-Deklarationen sinnvoll sein. Bei Programmen mit grafischer Oberfläche ist es beispielsweise praktisch, wenn ein Dokument und seine Darstellung auf dem Bildschirm gegenseitig auf alle ihre Elemente zugreifen dürfen (Document-View-Modell).

In diesem Abschnitt wird zwar die friend-Funktionalität erläutert, alle beschriebenen Beispiele könnten aber ebensogut mit der herkömmlichen Methodik gestaltet werden, da die Klasse `CAuto` über alle nötigen Zugriffsmethoden verfügt.

8.2.4.1 friend-Funktionen

Zuerst soll eine Funktion zur Ausgabe der internen Daten eines Autos programmiert werden, die in der Form `Ausgabe(DasAuto)` aufgerufen werden kann. Sie kann also keine Methode von CAuto sein, da der Aufruf dann DasAuto.Ausgabe() lauten würde. Die Implementation von Ausgabe könnte z. B. so aussehen:[1]

```
void Ausgabe(const CAuto& Auto)
{
  // Beachte: KilometerStand und TankFuellung sind private Elemente von CAuto
  cout  << " Kilometerstand:"  << Auto.KilometerStand
        << "  Fuellung:"       << Auto.TankFuellung
        << endl;
}
```

Damit die Funktion auf die privaten Daten der übergebenen CAuto-Instanz zugreifen kann, muß die Klasse CAuto den Zugriff erlauben, indem sie Ausgabe mit dem Schlüsselwort **friend** deklariert.

```
class CAuto
{
  // ...

  // friends
  // -------
  friend void Ausgabe(const CAuto& Auto);        // gestattet Ausgabe Zugriff
                                                 // auf private Elemente
}; // Klasse CAuto
```

8.2.4.2 friend-Methoden

Völlig analog zu friend-Funktionen werden **friend-Methoden** realisiert. Um beispielsweise der Methode MotorCheck der Klasse CWerkstatt Zugriff auf die internen Daten zu gewähren, muß diese Methode als **friend** von CAuto deklariert werden.

[1] ....Besser wäre die Verwendung der Zugriffsmethoden GetKilometerstand und GetFuellung, optimal wäre der Aufruf Auto.Status().

```
class CWerkstatt
{
  public:
//-------
  void          MotorCheck(CAuto& Auto);

}; // Klasse CWerkstatt

// ---------------------------------------------------------------

class CAuto
{
  // ...

  // friends
  // -------

  // Deklaration als friend-Methode
  friend void   CWerkstatt::MotorCheck(CAuto& Auto);

}; // Klasse CAuto

// ---------------------------------------------------------------

void CWerkstatt::MotorCheck(CAuto& Auto)
{
  cout << "*** Auto ist in der Werkstatt ***" << endl;

  // Lese Verbrauch und Tankgroesse

  cout << "Verbrauch   = " << Auto.Verbrauch          << endl;
  cout << "Tankgroesse = " << Auto.MaxTankFuellung    << endl;

  if ( Auto.KilometerStand > 42000 )
       {
         cout << "Motor muss ausgetauscht werden!";
         Auto.KilometerStand = 0;
       }
  else   cout << "Motor ist noch ok.";

  cout << endl << endl;
}
```

Die Realisierung des Beispiels in einem Programm wirft ein Problem auf. In der Klasse `CAuto` wird auf eine Methode von `CWerkstatt` verwiesen, in `CWerkstatt` umgekehrt auf eine Instanz von `CAuto`. Egal in welcher Reihenfolge man die Klassendefinitionen anordnet, dem Compiler fehlen Informationen über die jeweils zweite Klasse, da er den Quelltext von oben nach unten bearbeitet. Zur Lösung der verzwickten Situation wird die Existenz von `CAuto` zuerst durch eine **Vorab-Deklaration**[1] bekannt gegeben (siehe Listing), dann `CWerkstatt` und anschließend `CAuto` definiert. Am Schluß folgt die Implementation der nicht-inline-Methoden von `CWerkstatt` und `CAuto`.

[1] ....engl.: forward declaration.

```
class CAuto;                // forward-Deklaration

class CWerkstatt
{
  // ...
}; // Klasse CWerkstatt

// ---------------------------------------------------------------

class CAuto
{
  // ...
}; // Klasse CAuto

// ---------------------------------------------------------------

// Implementation der CWerkstatt-Methoden

// ...

// Implementation der CAuto-Methoden

// ...
```

Im folgenden Programmbeispiel wechselt die Werkstatt den Motor eines Gebrauchtwagens nach einer Fahrt von 250 Kilometern.[1]

```
int main()
{
  CAuto einAuto(30.0, 41800);                // Gebrauchtwagen
  Ausgabe(einAuto);

  CWerkstatt().MotorCheck(einAuto);          // Motor noch ok

  einAuto.Fahre(250);                        // Kilometerstand: 42050
  Ausgabe(einAuto);

  CWerkstatt().MotorCheck(einAuto);          // Motorwechsel
  Ausgabe(einAuto);                          // Kilometerstand: 0
  return 0;
}
```

Hierbei wurden anonyme Werkstatt-Objekte verwendet, da der Motorcheck von jeder beliebigen Werkstatt ausgeführt werden kann, also kein bestimmtes Objekt benötigt wird.[2]

[1] ....Das Beispiel verwendet anonyme Instanzen (vgl. Abschnitt „Konstruktoren") von `CWerkstatt`, da keine konkrete Werkstatt benötigt wird.

[2] ....Außerdem wollen wir ja keine Schleichwerbung machen.

8.2.4.3 friend-Klassen

Um allen Methoden von `CWerkstatt` Zugriff auf die privaten Daten von `CAuto` zu geben, kann die gesamte Klasse als **`friend`** deklariert werden.

```
class CAuto
{
   // ...

   // friends
   // -------
   friend class  CWerkstatt;                 // CWerkstatt ist friend von CAuto

}; // Klasse CAuto


// ----------------------------------------------------------------

void CWerkstatt::IrgendeineMethode (CAuto& Auto)
{
   // mache irgendwas mit den privaten Daten von Auto (oje!)
}
```

Natürlich darf so die Werkstatt auch weiterhin den Motorcheck durchführen, selbst, wenn die Methode `MotorCheck` nicht mehr explizit als friend von `CAuto` deklariert wird.[1]

Folgende Regeln sind bei Freundschaftsbeziehungen zwischen Klassen zu beachten:

- Freundschaften sind nicht symmetrisch, d.h. wenn A ein Freund von B ist, muß B kein Freund von A sein.[2]
- Freundschaften sind nicht transitiv, d.h. wenn A ein Freund von B ist und B ein Freund von C ist, dann muß A kein Freund von C sein.[3]
- Freundschaften werden vererbt (vgl. Kapitel Vererbung).[4]

Bei allen drei Möglichkeiten der friend-Deklaration ist zu beachten, daß die betroffene Klasse selbst die Initiative ergreifen muß und einer Funktion, Methode oder anderen Klasse Zugriff auf ihren Privatbereich gewährt. Dies stimmt durchaus mit der Realität überein. So wird man sicherlich nicht in das Privatbüro des Bundeskanzlers eingelassen, wenn man sich einfach als dessen Freund ausgibt. Nur wenn der Kanzler selbst (gegenüber dem Wachpersonal) die Freundschaft bestätigt, darf man (vielleicht) eintreten.

---

[1] ....Das ist also überflüssig, schadet aber andererseits auch nichts.

[2] ....wie im richtigen Leben.

[3] ....wie im richtigen Leben.

[4] ....anders als im richtigen Leben.

8.2.5 Geschachtelte Klassen

In C++ können Klassendefinitionen geschachtelt werden, wie im folgenden Beispiel.

```
class CAussen                    // Äußere Klasse
{
  double       x;

  // ...

  class CInnen                   // Innere Klasse
  {
    public:
  //-------
    int   Zahl;
    void  Methode();

  } InnenObjekt;                 // Instanz der Klasse CInnen

} AussenObjekt;                  // Instanz der Klasse CAussen
```

Dies kann in Fällen sinnvoll sein, bei denen Teile einer komplexen Klasse zu einer einfachen Hilfsklasse zusammengefaßt sind, die von der Oberklasse benötigt werden. Eine Anwendung geschachtelter Klassen ergibt sich etwa im Kapitel Templates bei der Realisierung eines allgemeinen Stapelspeichers.

Auf die öffentlichen Elemente der inneren Klasse kann von außerhalb durch mehrfache Anwendung der Punktnotation zugegriffen werden, aber nur, wenn `CInnen` als **`public`** in `CAussen` definiert ist.

```
int main()
{
  AussenObjekt.InnenObjekt.Zahl = 42;    // nur, wenn CInnen public in CAussen
  return 0;
}
```

Die Methoden von inneren Klassen haben keinen speziellen privilegierten Zugriff auf die privaten Elemente der äußeren Klasse. Im obigen Beispiel darf also die Methode `CInnen::Methode()` nicht auf das `x` von `CAussen` zugreifen.

Bei der Implementierung von Methoden der inneren Klasse muß der Auflösungsoperator zweimal verwendet werden:

```
void CAussen::CInnen::Methode()
{
  // ...
}
```

Da sich allerdings die Regeln für verschachtelte Klassen bei verschiedenen C++ Implementierungen (und damit auch bei verschiedenen Compilern) unterscheiden, sollte nach Möglichkeit auf die Schachtelung verzichtet werden, indem man die innere Klasse statt dessen als friend-Klasse der äußeren Klasse mit rein privaten Elementen (einschließlich Konstruktor) deklariert. Das hat dieselbe Wirkung, da dann nur `CAussen` mit `CInnen` arbeiten kann.

8.2.6 Lokale Klassen

Innerhalb von Funktionen können Klassen definiert werden, die dann außerhalb nicht zugänglich sind. Betrachten wir ein Beispiel:

```
void f()
{
  class CLokal                                  // Lokale Klasse
  {
    public:
  //-------
    int   Zahl;
    void  Methode()      { Zahl = 42 ;}
  };

  CLokal        LokalesObjekt;                  // Instanz der Klasse CLokal

} // Die Außenwelt weiß von CLokal nichts
```

Allerdings sind bei der Verwendung einige Einschränkungen zu beachten. So müssen alle Methoden **inline** implementiert werden. Lokale Klassen dürfen keine **static**-Elemente besitzen und nur auf globale, externe oder statische Variablen zugreifen.[1]

8.2.7 Neuerungen bei ANSI C++

8.2.7.1 Das Schlüsselwort mutable

Durch Hinzufügen der neuen Speicherklasse **mutable** (neben **const**, **static**, **auto**, **volatile**, **extern** und **register**) wird die strikte Behandlung von konstanten Objekten und **const**-Methoden etwas aufgeweicht. Mit **mutable** kann man Instanzvariablen explizit als veränderbar kennzeichnen. Dieses Attribut ist stärker als die **const**-Eigenschaft eines aufrufenden Objekts oder einer aufrufenden Methode.

Betrachten wir zunächst ein einfaches Beispielprogramm:

```
class CTest
{
  public:
//-------
  mutable int   x;

  CTest(int NeuesX) {x = NeuesX;}

}; // class CTest
```

[1] ....siehe auch das Kapitel Modularisierung und Projektorganisation.

```
int main()
{
  const CTest           EinTest(17);

  EinTest.x = 42;       // x dürfte ohne mutable nicht verändert werden,
                        // da das Objekt EinTest konstant ist
  return 0;
}
```

Dabei wird die Instanzvariable `x` von `EinTest` verändert, obwohl es ein konstantes Objekt ist. Ohne das Schlüsselwort **`mutable`** erhält man einen Compilerfehler wie „Cannot modify a const object“.

Sinnvoll kann die Verwendung von **`mutable`** in solchen Fällen sein, wenn ein Objekt „im wesentlichen konstant“ sein soll, aber an einer speziellen Stelle (in der internen Implementierung) eine Modifizierbarkeit erwünscht ist. Als Anwendungsbeispiel soll ein Objekt zur Auswertung einer sehr komplexen – und damit rechenaufwendigen – mathematischen Funktion dienen.[1]

```
class CFunktion
{
  public:
//-------
  int                   Auswertung(int x) const;

}; // class CFunktion
```

Da die Methode `Auswertung` „nur“ das Funktionsresultat ermitteln soll, wird sie sinnvollerweise als **`const`** deklariert.

Um aber den Aufwand möglichst gering zu halten, sollen (bei vorherigen Aufrufen) bereits berechnete Wertepaare in einer Tabelle abgelegt werden, aus der man das Ergebnis einfach ablesen kann, wenn ein bekannter x-Wert übergeben wird.[2] Andernfalls muß man (statt des schnellen Tabellenzugriffs) weiterhin die Funktion auswerten.

```
class CTabelle
{
  private:
//--------

  // ...

  public:
//-------
  void       Einfuegen(int x, int fx);         // fügt Paar ein
  bool       IstDrin(int x, int& fx) const;    // holt Funktionswert ab (sofern
```

[1] ....Der Einfachheit halber gehen wir von einer **`int`**-wertigen Abbildung eines Ganzzahlargumentes aus.

[2] ....Im Kapitel Anwendung von Container-Klassen wird eine leistungsfähige Klasse zur Aufbewahrung von Paaren aus Schlüsseln und Werten vorgestellt.

```
                                                     // vorhanden), sonst false

}; // class CTabelle

// -------------------------------------------------------------------


class CFunktion
{
  private:
//--------
  CTabelle      Tab;

  public:
//-------
  int                    Auswertung(int x) const;

}; // class CFunktion


int CFunktion::Auswertung(int x) const
{
  int    y;

  if ( ! Tab.IstDrin(x,y) )              // Aufruf einer konstanten Funktion
                                         // (unproblematisch)
        {
          y = x*sin(x)*exp(1/sqrt(x));   // eigentlich noch komplexere Berechnung

          Tab.Einfuegen(x,y);            // Aufruf einer nicht-konstanten Methode !
                                         // (in konstanter Methode Auswertung
                                         // verboten)
        }

  return y;
}
```

Von unserer neuen internen Werteverwaltung muß ein Benutzer der Klasse `CFunktion` nichts wissen. Daher wäre es für ihn unlogisch, wenn die Funktionsauswertung nicht mehr konstant sein könnte. Darüberhinaus könnte er die Methode `Auswertung` nicht mehr für konstante `CFunktion`-Objekte aufrufen, was möglicherweise fatale Auswirkungen auf sein Anwendungsprogramm hätte.

Einen Ausweg aus dieser Situation liefert hier die Speicherklasse **`mutable`**. Definieren wir nämlich das in `CFunktion` verwendete `CTabelle`-Objekt als **`mutable`**, kann `Auswertung` weiter konstant bleiben, die Aktualisierung der (internen) Tabelle ist dann aber möglich.

```
class CFunktion
{
  private:
//--------
  mutable CTabelle      Tab;                              // veränderbar!

  public:
//-------
  int                   Auswertung(int x) const;          // weiterhin const

}; // class CFunktion


int CFunktion::Auswertung(int x) const
{
  int   y;

  if ( ! Tab.IstDrin(x,y) )
       {
         y = x*x*sin(x)*exp(1/sqrt(x));          // eigentlich komplexere Berechnung

         Tab.Einfuegen(x,y);                     // erlaubt, da Tab nun mutable ist
       }

  return y;
}
```

Der Vollständigkeit halber sei noch erwähnt, daß **mutable**-Elemente (selbstverständlich) nicht gleichzeitig **const** sein dürfen, und auch nicht **static**.

8.2.7.2 Das Schlüssewort explicit

Wie bereits oben erwähnt wurde, werden Konstruktoren, die mit einem Argument aufgerufen werden können, automatisch zur Konversion des Argumenttyps in die Klasse verwendet. Man bezeichnet sie als Konvertierungskonstruktoren. Ist dieser Effekt aber unerwünscht, kann er durch Voranstellen des neuen Schlüsselworts **explicit** vor den betreffenden Konstruktor verhindert werden, wie im folgenden Beispiel:

```
class Nummer
{
  public:
//-------
  explicit Nummer(unsigned Nr);              // Konvertierungskonstruktor
  Nummer(string Nr, int Offset=0);           // noch ein Konvertierungskonstruktor
};

int main()
{
  Nummer        a = 42;                      // Fehler: Keine implizite Konversion!
  Nummer        b = "4711";                  // Fehler: Keine implizite Konversion!
  a = 7;                                     // Fehler: Keine implizite Konversion!
  return 0;
}
```

Explizite Umwandlungen sind aber nach wie vor erlaubt. Das Schlüsselwort **explicit** bedeutet also, daß ausschließlich explizite Umwandlungen durchgeführt werden dürfen.[1]

```
int main()
{
  Nummer        a = Nummer(42);          // ruft die erste Variante auf
  Nummer        b("4711");               // ruft die zweite Variante auf
  a = Nummer(7);                         // ruft die erste Variante auf
  return 0;
}
```

8.2.8 Aufgaben

Aufgabe 37 Initialisierer-Liste

Entwickle ein kleines Testprogramm, mit dem man feststellen kann, welcher der folgenden Alternativen zur Initialisierung von Instanzvariablen mit Verwendung einer Initialisierer-Liste zutrifft.

a) Die Initialisierung erfolgt in der bei der Initialisierer-Liste angegebenen Reihenfolge.

b) Die Initialisierung erfolgt in der bei der Klassendeklaration angegebenen Reihenfolge.

Aufgabe 38 const und static

Die Instanzvariablen `Verbrauch` und `MaxTankFuellung` der Klasse `CAuto` sollen sowohl als **const** als auch als **static** deklariert werden. Welche Bedeutung hat das? Besteht ein Unterschied zwischen **const static** und **static const**?

Aufgabe 39 Globale Objekte

Was bewirkt folgende globale Definition?

```
class CInit
{
  public:
//-------

  CInit()       {cout << "----- Start -----" << endl;}
  ~CInit()      {cout << "----- Ende -----"  << endl;}

} GlobalesObjekt;
```

[1] ....Will man entsprechende Umwandlungen ganz verbieten, auf den Konstruktor aber nicht verzichten, sollte man ihn als **private** oder **protected** deklarieren.

```
int main()
{
  // irgendwelche Anweisungen
  return 0;
}
```

Aufgabe 40 Forward-Deklarationen

Betrachte noch einmal das Problem der gegenseitigen Abhängigkeit von `CAuto` und `CWerkstatt` im Abschnitt „friend-Methoden“. Sind auch folgende Reihenfolgen im Quelltext zur Lösung des Problems geeignet (mit Begründung) ?

a) ① forward-Deklaration von `CAuto`

② Definition und Implementation von `CWerkstatt`

③ Definition und Implementation von `CAuto`

b) ① forward-Deklaration von `CWerkstatt`

② Definition und Implementation von `CAuto`

③ Definition und Implementation von `CWerkstatt`

Aufgabe 41 Namenskollision

Ist folgende Deklaration zulässig?

```
class X          *X;
```

9. Überladen

Mit den Default-Argumenten erlaubt C++ die Realisierung von Funktionen, die mit unterschiedlichen Parametern aufgerufen werden können. Diese Flexibilität der Programmiersprache wird durch das **Overloading** (deutsch: **Überladen**) noch erweitert. Damit können mehrere Funktionen denselben Namen tragen, wenn sie unterschiedliche Argumentlisten haben. Sogar Operatoren wie +, * oder = lassen sich in C++ überladen. Letzteres wird im Vertiefungs-Abschnitt behandelt.

9.1 Grundlagen

9.1.1 Überladen von Funktionen

Bei der Berechnung des Betrags[1] einer Zahl müssen C-Programmierer zwischen den Funktionen `abs` (für **`int`**-Argumente), `labs` (für **`long`**-Zahlen), `fabs` (für **`double`**), `fabsl` (für **`long double`**) und `cabs` (für komplexe Zahlen) unterscheiden. In C++ kann diese unpraktische Trennung aufgehoben werden, indem eine Funktion (hier: `Abs`) überladen wird.

```
#include <math.h>                     // für die Betragsfunktionen
#include <complex.h>                  // für komplexe Zahlen

int          Abs(int z)               { return  abs(z); }
long int     Abs(long int z)          { return labs(z); }
double       Abs(double z)            { return fabs(z); }
double       Abs(complex z)           { return cabs(z); }
double       Abs(CBruch b)            { //... }         // eigene Bruch-Klasse !

int main()
{
  int        iz(42);
  long int   liz(-33333);
  double     dz(3.14159);
  complex    cz(-1, 0.707);
  CBruch     b(-3, 4);

  // im folgenden Aufruf der überladenen Abs-Funktion (abhängig vom Typ
  // des Arguments) und damit allgemein verwendbar.
  cout << "Betrag von iz:  "    << Abs(iz)      << endl;
  cout << "Betrag von liz: "    << Abs(liz)     << endl;
  cout << "Betrag von dz:  "    << Abs(dz)      << endl;
  cout << "Betrag von cz:  "    << Abs(cz)      << endl;
  cout << "Betrag von b:   "    << Abs(b)       << endl;
  return 0;
}
```

[1] ....Der **Betrag** einer reellen Zahl x (in Zeichen |x|) entspricht dem Wert ohne Beachtung des Vorzeichens, d.h. $|x| := \begin{cases} x, \text{falls } x \geq 0 \\ -x, \text{falls } x < 0 \end{cases}$. Für andere Typen, wie komplexe Zahlen oder Vektoren, wird der Betrag anders berechnet.

In diesem Beispiel wird auch deutlich, daß wir schon seit dem ersten Programm mit einem überladenen Operator arbeiten, nämlich mit <<. Mit diesem Ausgabeoperator lassen sich Zeichenketten und die diversen Zahltypen gleichermaßen ausgeben.[1]

Überladene Funktionen können vom Compiler nicht nur durch unterschiedliche Argument-Typen, sondern auch durch eine verschiedene Anzahl der Parameter unterschieden werden, wie das folgende Beispiel einer Funktion, die das Maximum von zwei oder von drei Zahlen ermittelt, zeigt:

```
int Max( int a, int b )              // überladen
{
  return ( a>b ? a : b );
}

int Max( int a, int b, int c )       // überladen
{
  return Max( Max(a,b), c );         // zweimal die Version mit 2 Argumenten aufgerufen
}

// -----------------------------------------------------------------

int main()
{
  cout << Max( 47, 11 )        << endl;        // gibt 47 aus
  cout << Max( 5, 9, 2 )       << endl;        // gibt 9 aus
  return 0;
}
```

Hingegen ist es nicht möglich, zwei Funktionen gleichen Namens zu definieren, die sich nur im Rückgabetyp unterscheiden, da Funktionsresultate in C und C++ ignoriert werden können. Die genauen Kriterien zur Unterscheidung von überladenen Funktionen sind recht subtil, so daß wir sie nicht im Detail aufführen wollen.[2]

In einigen Fällen sind überladene Funktionen effizienter zu realisieren als Funktionen mit Default-Argumenten, insbesondere, wenn für die Default-Werte spezielle Behandlungen nötig sind. So sollte im nächsten Beispiel die Auswertung des Parameters `str` nicht innerhalb der Funktion `Ausgabe` durchgeführt werden ...

```
void Ausgabe( const string& str="" )          // leer, falls Standardtext
                                              // ausgegeben werden soll
{
  if (str=="")                                // Defaultwert ?
          cout << "Bla bla";                  // gibt Standardtext aus
  else    cout << str;
}
```

... sondern sie kann schon beim Übersetzen des Programms durch den Compiler umgesetzt werden, wenn `Ausgabe` sinnvoll überladen ist.

---

[1] ....Details zum Überladen des Operators << für eigene Klassen finden sich im Kapitel „Ein- und Ausgabe“.

[2] ....Der Vollständigkeit halber werden im Vertiefungsteil die wesentlichen Einschränkungen vorgestellt.

```
void Ausgabe()                          // Version 1, ohne Parameter
                                        // (für Standardtext)
{
  cout << "Bla bla";                    // gibt Standardtext aus
}

void Ausgabe( const string& str )       // Version 2
{
  cout << str;                          // gibt str aus
}
```

Man beachte, daß nicht beide Versionen von Ausgabe (die mit dem Standardparameter und die ohne Argumente) gleichzeitig existieren können, da dies beim Aufruf Ausgabe() zu Mehrdeutigkeiten führen würde, weil nicht klar ist, welche Variante aufgerufen werden soll.

9.1.2 Überladen von Methoden

Da in C++ alle Funktionen überladen werden dürfen, gilt dies insbesondere auch für Methoden. Bei der Klasse CAuto wäre es z. B. sinnvoll, die Methode Tanke so zu überladen, daß keine Literzahl mehr übergeben werden muß, sondern automatisch vollgetankt wird. Da die Menge des benötigten Treibstoffs dabei sowohl von der Tankgröße als auch vom aktuellen Füllungsgrad abhängt, die beide von vorneherein nicht bekannt sind, kann das gewünschte Verhalten nicht über ein Default-Argument realisiert werden.[1]

```
class CAuto
{
  public:
//-------

  void  Tanke();                    // Volltanken
  void  Tanke(double Liter);        // tankt maximal "Liter" Liter

  // ...

}; // Klasse CAuto

// -------------------------------------------------------------

void CAuto::Tanke()                 // zweite Version (zum Volltanken)
{
  TankFuellung = MaxTankFuellung;
}
```

Es wäre ebenso möglich (aber ineffizient), in der Methode zum Volltanken die erste Tanke-Version mit der richtigen Differenz als Parameter aufzurufen.

Beim Überladen von Methoden ist es gestattet, daß sich die verschiedenen Varianten im Zugriffsrecht unterscheiden. So könnte beispielsweise in unserem Beispiel die Me-

[1] ....In der Tat können alle Funktionen mit Standardargumenten durch Überladen realisiert werden. Die Umkehrung dieser Aussage gilt aber nicht.

thode zum Volltanken **private** werden, während die allgemeine Tanke-Methode öffentlich zugänglich bleibt.

9.1.3 Überladen von Konstruktoren

Durch das Überladen des Konstruktors stehen dem Benutzer einer Klasse mehrere Möglichkeiten zum Erzeugen eines Objekts zur Verfügung, was die Flexibilität erhöht. Damit kann auch erreicht werden, daß jede Klasse einen Standardkonstruktor erhält, der besonders bei Arrays (Feldern) aus Objekten benötigt wird (siehe Kapitel Dynamische Objekte).

Beispielsweise könnten in einem Standardkonstruktor der Klasse CAuto spezielle Defaultwerte vorgegeben werden.

```
class CAuto
{
  public:
//-------
              CAuto();                  // Standardkonstruktor für Default-Auto

              CAuto( double             NewTankFuellung,
                     unsigned           NewKilometerStand = 0
                   );

  // ...

}; // Klasse CAuto

// ----------------------------------------------------------------------------

CAuto::CAuto()
{
  Init( 42.0 );                         // Default-Auto
}

CAuto::CAuto( double NewTankFuellung, unsigned NewKilometerStand )
{
  Init( NewTankFuellung, NewKilometerStand );
}
```

Hierbei hat es sich ausgezahlt, daß die eigentliche Initialisierung der Instanzvariablen in der separaten Methode Init durchgeführt wird, die von allen Konstruktoren mit den gewünschten Parametern aufgerufen werden kann, statt dort jedesmal die Initialisierungen selbst durchführen zu müssen. Dies unterstreicht nochmals, wie sinnvoll es ist, das Initialisieren einer Klasse in einer separaten Methode zu ermöglichen.

9.1.4 Kopierkonstruktor und Objektidentität

In allen Fällen, in denen eine Kopie eines Objekts erzeugt wird, verwendet C++ eine weitere Variante von Konstruktoren, nämlich den **Kopierkonstruktor** (engl.: **Copy Constructor**). Ist für eine betroffene Klasse kein eigener Kopierkonstruktor definiert, generiert der Compiler – analog zum Standardkonstruktor bei fehlendem Konstruktor –

implizit einen **Standardkopierkonstruktor**, der wiederum alle Elemente objektweise kopiert, indem er deren jeweilige Kopierkonstruktoren aufruft.

Die allgemeine Form eines Kopierkonstruktors für eine Klasse C lautet

```
C(C& Original)
```

oder

```
C(const C& Original)
```

wobei die zweite Form zu bevorzugen ist, weil damit auch konstante Instanzen als Original verwendet werden können. Im Sinne des Überladens von Konstruktoren ist aber auch die gleichzeitige Verwendung beider Varianten möglich.

Betrachten wir als Beispiel die Definition eines Kopierkonstruktors für die Klasse `CAuto`:

```
class CAuto
{
  public:
//-------
               CAuto();                         // Standardkonstruktor
               CAuto( const CAuto& Original ); // Kopierkonstruktor

  // ...

}; // Klasse CAuto

// ---------------------------------------------------------------------------

CAuto::CAuto( const CAuto& Original )
{
  cout << "Hier wird ein Auto kopiert.";

  Init( Original.GetFuellung(), Original.GetKilometerStand() );
}
```

Im Hauptprogramm wird nun zur Illustration durch expliziten Aufruf des Kopierkonstruktors eine Kopie des Autos `einAuto` erzeugt:

```
int main()
{
  CAuto   einAuto;

  einAuto.Fahre(25);
  einAuto.Status();

  CAuto   Nachbildung(einAuto); // Aufruf des Kopierkonstruktors

  Nachbildung.Status();         // Die Nachbildung hat den gleichen Status
                                // wie das Original.
  return 0;
}
```

Noch einfacher (und mit der gleichen Funktionalität) läßt sich der Kopierkonstruktor implementieren, indem man auf den Zuweisungsoperator = zurückgreift. Wir gehen darauf im Vertiefungsteil noch detailliert ein.

Kopierkonstruktoren können noch zusätzliche Parameter besitzen, sofern diese alle über Default-Werte verfügen. Soll beispielsweise ein optionaler Parameter `Neustart` kennzeichnen, ob bei der Kopie der Kilometerstand auf Null zurückgesetzt werden soll, kann dies wie folgt realisiert werden.

```
class CAuto
{
  public:
//-------
                CAuto( const CAuto& Original, bool Neustart = true );

  // ...

}; // Klasse CAuto

// ---------------------------------------------------------------------------

CAuto::CAuto( const CAuto& Original, bool Neustart )
{
  cout << "Hier wird ein Auto kopiert.";

  if (Neustart)
        Init( Original.GetFuellung(), 0 );
  else  Init( Original.GetFuellung(), Original.GetKilometerStand() );
}

// -------------------------------------------------------------------

int main()
{
  CAuto einAuto;
  einAuto.Fahre(25);
  einAuto.Status();

  CAuto Nachbildung(einAuto, true);

  Nachbildung.Status();          // Der Kilometerstand der Nachbildung ist 0.
  return 0;
}
```

Die große Bedeutung des Kopierkonstruktors beruht aber weniger auf seiner expliziten Verwendung, sondern auf den Fällen, wo er vom C++ Compiler (stillschweigend) benutzt wird. Betrachten wir dazu ein Beispiel, das die verschiedenen Möglichkeiten aufzeigt.

```
class CTest
{
  public:
//-------
                CTest()                 { cout << "Konstruktor" << endl; }
                CTest(const CTest&)     { cout << "Kopierkonstruktor" << endl; }

} Testobjekt;

// ------------------------------------------------------------------------
```

```
// Funktion mit CTest-Objekt als Parameter:
// ----------------------------------------
void CallByValue(CTest)          {}

// Funktion mit CTest-Objekt als Resultat:
// ---------------------------------------
CTest ReturnValue()              { return Testobjekt; }

// ---------------------------------------------------------------------

int main()
{
  CTest t;                       // => Konstruktor
  cout << "### vor Kopie ###" << endl;
  CTest Kopie(t);                // => Kopierkonstruktor
  cout << "### vor Kopie mit = ###" << endl;
  CTest NochNeKopie = t;         // => Kopierkonstruktor, (1)

  cout << "### vor CallByValue ###" << endl;
  CallByValue(t);                // => Kopierkonstruktor, (2)

  cout << "### vor ReturnValue ###" << endl;
  ReturnValue();                 // => Kopierkonstruktor, (3)
  return 0;
}
```

Nach Anlegen der Objekte `t` und `Testobjekt` erscheint nach jeder Ausgabe der Ablaufinformationen („### vor ... ###") die Meldung „Kopierkonstruktor":

```
Konstruktor
Konstruktor
### vor Kopie ###
Kopierkonstruktor
### vor Kopie mit = ###
Kopierkonstruktor
### vor CallByValue ###
Kopierkonstruktor
### vor ReturnValue ###
Kopierkonstruktor
```

Es existieren also außer dem schon bekannten expliziten Aufruf drei weitere Fälle, in denen der Kopierkonstruktor implizit verwendet wird:

- Bei der Konstruktion eines Objekts und gleichzeitiger Zuweisung einer bestehenden Instanz, wie im Fall (1). Dies ist – genau genommen – keine neue Variante, da sie äquivalent zum expliziten Aufruf des Kopierkonstruktors ist. Die folgenden beiden Zeilen sind demzufolge gleichbedeutend:

```
CTest  NochNeKopie = t;
CTest  NochNeKopie(t);
```

- Bei Übergabe einer Instanz an eine Funktion als Wertparameter (call-by-value), wie im Fall (2).[1]

[1] ....unabhängig davon, ob das kopierte Objekt in der Funktion tatsächlich genutzt wird.

- Bei Rückgabe einer Instanz durch eine Funktion, wie im Fall (3).[1]

Da das Kopieren bei umfangreichen Objekten evtl. sehr aufwendig sein kann, sollte es nach Möglichkeit vermieden werden.[2] Eine einfache und zugleich wirkungsvolle Alternative besteht in der Verwendung von Referenzen als Parametertyp bzw. Rückgabetyp. Wie das folgende Beispiel zeigt, ist der Kopierkonstruktor bei derartigen Objektübergaben nicht involviert, da statt Kopien nur Verweise benötigt werden.

```
// Funktionen mit CTest-Objekten als Parameter:
// -----------------------------------------
void            CallByValue(CTest)       {}
void            CallByReference(CTest&)  {}

// Funktion mit CTest-Objekt als Resultat:
// ---------------------------------------
CTest           ReturnValue()            { return Testobjekt; }
const CTest&    ReturnReference()        { return Testobjekt; }

// --------------------------------------------------------------------------

int main()
{
  CTest t;                        // => Konstruktor
  cout << "### vor Kopie ###" << endl;
  CTest Kopie(t);                 // => Kopierkonstruktor, Fall (1)
  cout << "### vor Kopie mit = ###" << endl;
  CTest NochNeKopie = t;          // => Kopierkonstruktor, Fall (1)

  cout << "### vor CallByValue ###" << endl;
  CallByValue(t);                 // => Kopierkonstruktor, Fall (2)
  cout << "### vor CallByReference ###" << endl;
  CallByReference(t);

  cout << "### vor ReturnValue ###" << endl;
  ReturnValue();                  // => Kopierkonstruktor, Fall (3)
  cout << "### vor ReturnReference ###" << endl;
  ReturnReference();
  return 0;
}
```

Als Ausgabe erhält man in der Tat

```
Konstruktor
Konstruktor
### vor Kopie ###
Kopierkonstruktor
### vor Kopie mit = ###
Kopierkonstruktor
### vor CallByValue ###
```

[1] ....auch, wenn – wie hier – das Ergebnis ignoriert wird.

[2] ....Es gibt auch Anwendungen, wo das Kopieren von Objekten gänzlich unerwünscht ist, worauf wir in Kürze eingehen werden.

```
Kopierkonstruktor
### vor CallByReference ###
### vor ReturnValue ###
Kopierkonstruktor
### vor ReturnReference ###
```

Aufrufe des Kopierkonstruktors finden also bei Verwendung von Referenzen nicht statt. Dies gilt sowohl für konstante als auch für nicht konstante Referenzen. Da die Übergabe einer konstanten Referenz den gleichen Effekt wie eine entsprechende Wertübergabe hat, sollte man generell jeweils an Stelle von Parametern der Form `CKlasse Obj` die Schreibweise **`const`** `Cklasse& Obj` verwenden.

An dieser Stelle sei noch einmal darauf hingewiesen, daß weder im Beispiel der Klasse `CAuto` noch für `CTest` – außer zur Ausgabe des Meldungstextes – die Definition eines eigenen Kopierkonstruktors erforderlich wäre, da der Standard-Kopierkonstruktor ohnehin die gewünschte elementweise Kopie durchführt. Die Bereitstellung eines Kopierkonstruktors wird sich aber im Zusammenhang mit dynamischen Objekten als sehr wichtig erweisen (siehe entsprechendes Kapitel).

Die Existenz und vielfältige Nutzung des Kopierkonstruktors wirft – insbesondere bei der Modellierung realer Systeme – eine nahezu philosophische Fragestellung auf: Macht es überhaupt Sinn, vollwertige Kopien von Objekten zuzulassen? Können beispielsweise zwei oder mehr Autos mit denselben Eigenschaften (einschließlich Kennzeichen) gleichzeitig existieren? Entsteht durch das Kopieren eines Personen-Objekts ein neuer Mensch?

Genau genommen gehört zu einer vollständigen Objektbeschreibung neben dem Typ (der Klasse) und dem Zustand, der in den Instanzvariablen festgehalten ist, eine einzigartige **Identität** eines Objekt, die es von allen anderen Objekten unterscheidet. Das beste Beispiel bilden Personen, die ihre Identität behalten, auch wenn sich ihre Eigenschaften (Adresse, Name, Beruf, Personalnummer etc.) ändern. Strenge Objektidentität schließt sogar den Wechsel von Klassen ein (z. B. von der Klasse Student zur Klasse Wissenschaftler).[1] Jede Person ist einzigartig und bleibt im Verlaufe ihres Lebens stets derselbe Mensch.

Es macht auch keinen Unterschied, ob man auf eine Datei in einem Verzeichnisbaum über einen lokalen Pfadnamen, eine Netzwerkfreigabe oder einen logischen Verweis[2] zugreift; die spezifizierte Datei ist dieselbe, und sie behält ihre Identität auch nach dem Verschieben an eine andere Position. Eine Kopie der Datei existiert hingegen völlig eigenständig, selbst wenn sie den gleichen Inhalt und die gleichen Attribute hat.

---

1 ....Dies wird auch als „**Rollenwechsel**" bezeichnet und in Kapitel Entwurfsmuster im zweiten Band näher demonstriert.

2 ....Einige Betriebssysteme (UNIX, Windows 95, Windows NT ...) erlauben, symbolische Links auf Dateien einzurichten, um darauf über Aliasnamen zugreifen zu können.

Zur Identifikation von Objekten muß jede Instanz mit einer global eindeutigen Kennzeichnung versehen werden, die entweder vom umgebenden System generiert wird (wie z. B. für Prozesse in Betriebssystemen) oder in einer zusätzlichen Instanzvariablen festgehalten werden muß.[1] Wir könnten beispielsweise fordern (und müßten dann sicherstellen), daß jede Instanz der Klasse `CAuto` ein eindeutiges Kennzeichen besitzt.[2]

Je nach Anwendung ist individuell zu entscheiden, ob Objektkopien sinnvoll und zulässig sind. Doch wie kann man ggf. das Kopieren verhindern, wenn der Compiler einen Standard-Kopierkonstruktor erzeugt, falls man keinen eigenen Kopierkonstruktor deklariert? Die Lösung des Problems ist eigentlich schon in der Frage enthalten: Man deklariert den Kopierkonstruktor, aber als **`private`**,[3] und läßt die Implementierung aus.[4] Außerhalb des Gültigkeitsbereichs der Klasse ist er dann nicht zugänglich (ggf. Fehlermeldung beim Übersetzen), und innerhalb kann er aufgrund der fehlenden Implementierung nicht verwendet werden (ggf. Linker-Fehler).[5]

```
class CAuto
{
  private:
//--------
                CAuto( const CAuto& );  // ohne Implementierung

  // ...

}; // Klasse CAuto
```

Zur Vermeidung von Fehlermeldungen muß man dann – wie oben erläutert – mit Referenzen statt Wertübergaben arbeiten.

Eine konzeptionelle Alternative zum „Verstecken" des Kopierkonstruktors wäre, ihn so zu implementieren, daß er die zur Identifikation verwendete Instanzvariable beim Kopieren nicht überträgt, sondern der Kopie eine neue (eindeutige) ID zuteilt, etwa durch Heraufzählen einer entsprechenden Klassenvariable bei jedem neuen Objekt.

Eine dieser beiden Techniken sollte man beispielsweise bei der Konto-Klasse aus den Übungsaufgaben des Kapitels Klassen anweden, um eine „wundersame Geldvermehrung" beim Kopieren von Konten zu vermeiden.

---

1 ....Als Beispiel eines real existierenden globalen Systems mit eindeutiger Identifizierung kann die Adressierung aller im Internet zusammengeschlossenen Computer dienen. Jede IP-Adresse besteht aus einer weltweit eindeutigen 32-Bit-Zahl, die (der besseren Lesbarkeit halber) in vier Felder aus Zahlen von 0 bis 255 unterteilt ist.

2 ....Eine ausführliche Auseinandersetzung mit dem Konzept der Identität findet der Leser in [KHO90].

3 ....Der implizit generierte Kopierkonstruktor ist **`public`**.

4 ....Dies gilt auch für den Zuweisungsoperator (siehe Vertiefungsteil).

5 ....Der naive Ansatz, in der Implementierung des Kopierkonstruktors einen Fehler auszulösen, um die Durchführung von Kopien zu unterbinden, würde ggf. einen (schwerer zu behandelnden) Laufzeitfehler verursachen.

9.1.5 Aufgaben

Aufgabe 42 Nachrichten erkennen

Die Klasse `string` ermöglicht den einfachen Umgang mit Zeichenketten. Welche Nachrichten werden im folgenden Beispiel an das Objekt s geschickt?

```
string                s;

s = " Ich kann C++";
cout << s << endl;
cout << "s hat die Länge " << s.length() << endl;
```

Aufgabe 43 Bruchzahlen mit überladener Methode

Programmiere eine Klasse `CBruch` für Bruchzahlen, die aus einem Zähler und einem Nenner bestehen. Stelle dem Benutzer Methoden zum lesenden Zugriff auf Zähler und Nenner, zum Ausrechnen des Bruchs (in eine Fließkommazahl), zur Ausgabe auf `cout` und zum Kürzen[1] zur Verfügung. Überlade eine Funktion `Addiere` so, daß sie zwei, drei oder vier Bruchzahlen addieren kann. Die Klasse `CBruch` wird am Ende des Vertiefungsabschnitts weiter ausgebaut.

9.2 Vertiefung

9.2.1 Überladen von Operatoren

Eine Besonderheit von C++ gegenüber anderen Programmiersprachen ist, daß fast alle Operatoren (+, -, =, >, usw.) für Klassen überladen werden dürfen. Dies bezeichnet man als **Operator Overloading**. Damit läßt sich zum Beispiel ermöglichen, daß mit Bruchzahlen (Klasse `CBruch`) wie gewohnt gerechnet werden kann und sie sich auch sonst wie die eingebauten Typen verhalten.

```
int main()
{
  CBruch        einBruch(2,3), nochEinBruch(42/13), groessterBruch;

  cout << einBruch + nochEinBruch * CBruch(1/9);          // Ausgabe, Summe, Produkt

  if ( einBruch >= nochEinBruch )                         // Vergleich
        groessterBruch = einBruch;                        // Zuweisung

  cin >> einBruch;                                        // Eingabe
  return 0;
}
```

Beim Operator Overloading sollten einige Regeln und Hinweise beachtet werden.

[1] .... Beim **Kürzen** eines Bruchs werden Zähler und Nenner durch deren größten gemeinsamen Teiler dividiert.

- Es ist nicht erlaubt, die Operatoren für die integrierten Typen (**char**, **int**, **double** ...) neu zu definieren, da dies schwerwiegende Konsequenzen haben könnte. Das Überladen von Operatoren darf also nur in Verbindung mit Klassen erfolgen, d. h. mindestens ein Operand muß ein Objekt sein. Mehrere Operanden unterschiedlichen Typs sind durchaus zulässig. Beispielsweise könnte bei geeigneter Definition des Operators * eine Bruchzahl mit einem **double** multipliziert werden.

```
Produkt = 3.5 * CBruch(3,7);  // verknüpft den double 3.5 mit dem Bruch 3/7
```

Ob das Ergebnis dann **double**, `CBruch` oder einen anderen Typ hat, ist nicht festgelegt und kann daher vom Programmierer beliebig spezifiziert werden.

- Man darf lediglich bestehende Operatoren (davon gibt es rund 40) auf Klassen anpassen, nicht aber neue Operatoren erfinden.
- Folgende Operatoren dürfen überladen werden:

Operator(en)	Bedeutung
& | ^ ~ << >>	bitweise Operatoren
+ - * / %	arithmetische Operatoren
=	Zuweisung
&= |= ^= <<= >>= += -= *= /= %=	verkürzte Operatoren
++ --	Inkrement und Dekrement
,	Komma-Operator
! && ||	logische Operatoren (NOT, AND, OR)
< > <= >= == !=	Vergleiche
-> ->* & *	Zeiger und Dereferenzierung[1]
new new[] delete delete[]	zur dynamischen Speicherverwaltung
()	Funktionsaufruf
[]	Indizierung

Dabei ist zu beachten, daß manche Operatoren mehrere Bedeutungen haben. Beispielsweise kann & in den drei Bedeutungen

```
p = &a;                       // Adreßoperator
c = a & b;                    // bitweises Und
int& r;                       // Referenzmodifizierer
```

auftreten. Mit * kann eine Multiplikation (binär) oder eine Dereferenzierung (unär) formuliert werden:

[1] ....Diese Operatoren werden im zweiten Band behandelt.

```
p = a * b;                    // Produkt
i = *zeiger;                  // Dereferenzierung
```

Die Operatoren +, - und - können ebenfalls unär (z.B. -3) oder binär (5-2) interpretiert werden. Die Shift-Operatoren >> und << werden in der Regel zur Ein- und Ausgabe von Objekten überladen.

- Folgende Operatoren dürfen nicht überladen werden:

Operator(en)	**Bedeutung**
.	Elementzugriff
::	Auflösungsoperator
.*	Dereferenz für Klassenelemente
?:	Bedingungsoperator
sizeof	Speicherplatz-Bedarf
# ##	Präprozessor-Operatoren

- Operatoren für eigene Klassen sollten nur definiert werden, wenn dies wirklich sinnvoll ist. So wäre es eher verwirrend, wenn man in der Auto-Klasse die arithmetischen Operatoren überladen würde, da dies keine sofort einsichtige Bedeutung hätte. Daher wird in diesem Abschnitt auf den Ausbau der Klasse `CAuto` verzichtet, und es werden statt dessen mathematische Objekte (Vektoren und Bruchzahlen) als Anschauungs-Beispiele verwendet.

  Über folgende wichtige Operatoren sollte aber jede (nichttriviale) Klasse verfügen: << (zur Ausgabe), >> (zur Eingabe), = (Zuweisung) und gegebenenfalls == und != (Vergleiche). Die Bedeutung und Verwendung dieser Operatoren werden ausführlich in zwei späteren Kapiteln behandelt.

- Auf keinen Fall sollte die übliche Bedeutung der überladenen Operatoren geändert werden, obwohl dies prinzipiell erlaubt ist. Wenn etwa `cout!a+b` den Quotient b/a ausgibt, ist der Code nicht mehr verständlich.

- Das Überladen von Operatoren hat keinen Einfluß auf die Operator-Präzedenz[1]. Beispielsweise behält der bitweise XOR-Operator ^ seine niedrige Präzedenz, auch wenn er als Potenz-Operator (der üblicherweise eine hohe Präzedenz hat) gebraucht wird.

---

[1] ....Eine entsprechende Tabelle der Prioritäten befindet sich am Ende des Kapitels „Elementare Operationen".

```
int main()
{
  CZahl     a(2), b(5);                // Objekte einer eigenen Zahl-Klasse
  cout      << a^3          << endl; // falsch, da << vor ^ ausgewertet wird
  cout      << ( a^3 )      << endl;         // funktioniert, gibt 8 =2^3 aus
  cout      << ( a+b^2 )    << endl;         // falsch, gibt 49 =(2+5)^2 aus
  cout      << ( a+(b^2) )  << endl;         // so geht´s, gibt  37 =2+(5^2) aus
  return 0;
}
```

- Operatormethoden dürfen nicht **static** sein.

9.2.1.1 Eine einfache Vektorklasse

Am Beispiel einer Klasse `CVektor`, die ein Koordinatenpaar[1] aus zwei reellen Werten (**double**) darstellt, sollen nun die Operatoren +, *, =, +=, ++, ==, !=, <, >, !, [] und () überladen werden. Interessierte Leser können anschließend versuchen, einige der folgenden Operatoren zu implementieren, was analog zu den hier behandelten Beispielen programmiert werden kann: - (unär und binär), / (Teilen aller Komponenten durch eine reelle Zahl), -=, *=, /=, >=, <= und --. Hier zunächst die Klassendefinition von `CVektor` im Überblick:

```
class CVektor
{
  private:
//--------
  double       x1, x2;                  // die beiden Komponenten

  public:
//-------
               CVektor( double NewX1=0, double NewX2=0 );

  void         Init( double NewX1=0, double NewX2=0 );

  double       GetX1() const            {return x1;}
  double       GetX2() const            {return x2;}
  double       Laenge() const;                    // Betrag des Vektors

  void         Ausgabe() const;                   // auf cout

  CVektor      operator +( const CVektor& Summand ) const;
  CVektor&     operator +=( const CVektor& Summand );

  CVektor&     operator ++();                              // präfix
  CVektor&     operator ++( int );                         // postfix
```

[1] ....Im Laufe dieses Buches wird die Klasse später auf Vektoren beliebiger Länge verallgemeinert.

```
  CVektor     operator *( double d ) const;            // Vektor * double

  double      operator []( unsigned i ) const;
  double      operator ()( unsigned i ) const;

  bool        operator !() const;                       // Nullvektor?
  bool        operator ==( const CVektor& v ) const;
  bool        operator !=( const CVektor& v ) const;
  bool        operator <( const CVektor& v ) const;
  bool        operator >( const CVektor& v ) const;

  CVektor&    operator =( const CVektor& v );
  CVektor&    operator =( double d );

}; // Klasse CVektor

CVektor operator *( double d, const CVektor& v );       // eine Operatorfunktion
```

Wir erläutern die Realisierung des Operator Overloading zunächst an den arithmetischen Operatoren + und *.

9.2.1.2 Arithmetische Operatoren

Bei der binären Interpretation von + werden zwei Vektoren komponentenweise zu einem Summenvektor addiert. Der Rückgabetyp des Operators muß daher `CVektor` sein. Eine entsprechende Methode kann wie folgt implementiert werden.

```
CVektor CVektor::operator +( const CVektor& Summand ) const
{
  CVektor Summe( GetX1()+Summand.GetX1(), GetX2()+Summand.GetX2() );
  // Hiermit wird ein lokales Objekt angelegt.
  return Summe;
}
```

Der Name der Methode lautet also **`operator`** +. Er wird dem ersten Summanden zugeordnet und erwartet den zweiten Summanden als Parameter. Da die Summanden bei der Addition nicht verändert werden, sollte sowohl das Argument als auch die Methode selbst konstant sein. Innerhalb der Methode braucht nur ein Summenvektor mit den richtigen Komponenten konstruiert werden, der dann als Ergebnis zurückgegeben wird.[1] Die Komponenten des Ergebnisvektors ergeben sich einfach als Summe der entsprechenden Komponenten des ersten Summanden (des Vektors, zu der die Methode gehört, daher ohne expliziten Namen) und des zweiten Summanden `Summand`.

Noch etwas kürzer wird die Methode, wenn als Summenvektor ein anonymes Objekt konstruiert wird.

[1] ....Die Rückgabe einer `CVektor`-Referenz ist nicht möglich, da das betreffende Objekt nur temporär – innerhalb der Operatormethode – existiert. In der angegebenen Form wird bei der Rückgabe eine Kopie des temporären Objekts erzeugt (vgl. dazu das Kapitel über Referenzen und dynamische Objekte).

```
CVektor CVektor::operator +( const CVektor& Summand ) const
{
  return CVektor( GetX1()+Summand.GetX1(), GetX2()+Summand.GetX2() );
  // Hiermit wird ein anonymes Objekt angelegt.
}
```

Der Aufruf des Operators kann dann wie bei normalen Methoden über `Objekt.Methode(Parameter)` erfolgen.

```
  v.operator+(w)                              // Summe der Vektoren v und w
```

Der Methodenname ist hier also „**`operator`** +“.

Ein Vorteil des Operator Overloading liegt darin, daß die überladenen Operatoren auch in der gewohnten Schreibweise `v+w` angewendet werden können. Zur Ausgabe der Summe wird dementsprechend einfach

```
  (v + w).Ausgabe();                          // ohne Klammern geht´s nicht
```

aufgerufen. Auf die Klammern kann nicht verzichtet werden, weil der Punktoperator . eine höhere Priorität als das + hat.

Ein weiterer Vorteil des Operator Overloading ist, daß überladene Operatoren wiederholt angewendet werden können. Im Gegensatz dazu müssen überladene Funktionen für jede mögliche Anzahl von Argumenten definiert werden, wie bei der in Aufgabe 2 programmierten Funktion `Addiere` für zwei, drei und vier Bruchzahlen.

```
  (v + w + x + y).Ausgabe();                  // 4 Summanden, kein Problem
```

Analog zur Addition zweier Objekte läßt sich die Multiplikation eines Vektors mit einer reellen Zahl (mathematisch ausgedrückt: einem Skalar) realisieren.[1]

```
CVektor CVektor::operator *( double d ) const
{
  return CVektor( GetX1()*d, GetX2()*d );
}
```

Zu beachten ist, daß der Compiler den Operator nicht kommutativ (d.h. ohne Beachtung der Reihenfolge der Faktoren) umsetzt, da dieser nur für die Multiplikation eines Vektors mit einer **`double`**-Zahl definiert wurde und nicht umgekehrt.

```
int main()
{
  CVektor        v(3, 2);

  (v * 1.5).Ausgabe();              // geht (aber nur mit Klammern), gibt (4.5, 3) aus
  (1.5 * v).Ausgabe();              // Fehler: "structure required on left side of ."
  return 0;
}
```

Da es nicht möglich ist, den Operator * für den Typ **`double`** zu überladen (vgl. obenstehende Anmerkung), um die Multiplikation mit einem Vektor zu ermöglichen, muß

[1] ....nicht zu verwechseln mit dem Skalarprodukt, siehe weiter unten.

der Operator zu diesem Zweck als normale Funktion (keine Methode) definiert werden.

```
CVektor operator *( double d, const CVektor& v )          // double * Vektor
{
  return CVektor( d*v.GetX1(), d*v.GetX2() );
}

// -----------------------------------------------------------------

int main()
{
  CVektor       v(3, 2);

  (v * 1.5).Ausgabe();                  // geht, gibt (4.5, 3) aus
  (1.5 * v).Ausgabe();                  // geht jetzt auch, gibt auch (4.5, 3) aus
  return 0;
}
```

Die Parameterliste umfaßt dann nicht nur ein Argument (den **double**), sondern muß auch ein Objekt der Vektorklasse enthalten.

Fast alle Operatoren können sowohl als Methode als auch als Funktion überladen werden.[1] Es darf aber kein Operator mit identischer Argumentliste als Methode und auch als Funktion existieren, da dies zu Mehrdeutigkeiten führen würde. Der Compiler kann dann nicht entscheiden, welche Version aufgerufen werden soll. Dies ist insbesondere problematisch, wenn sie verschieden implementiert sind, also eine unterschiedliche Semantik besitzen. Ob man Operatoren als Methoden oder als Funktionen überlädt, bleibt dem Geschmack des Programmierers überlassen.[2]

Eine Multiplikation zweier Vektoren, die in der Mathematik als **Skalarprodukt** v1*w1+v2*w2 interpretiert wird,[3] kann als Funktion folgendermaßen realisiert werden:

```
double operator *( const CVektor& v, const CVektor& w )          // Vektor*Vektor
{
  return v.GetX1() * w.GetX1() + v.GetX2() * w.GetX2();
}
```

Alle weiteren Operatoren der Klasse CVektor werden hier als Methoden implementiert, für den als nächstes behandelten Zuweisungsoperator = ist dies sogar vorgeschrieben.

[1] .... Eine Ausnahme bilden lediglich [], (), = und -> , die nur als Methode sinnvoll zu implementieren sind.

[2] .... Wenn Klassen über automatische Typkonvertierungen verfügen (mehr dazu im Kapitel Referenzen und Beziehungen), ist es ratsam, binäre Operatoren als Funktionen zu definieren, da dann beide Operanden umgewandelte Standardtypen sein können.

[3] .... wobei v = (v1, v2) und w = (w1, w2) die zu multiplizierenden Vektoren bezeichnen sollen.

9.2.1.3 Zuweisungen

Ähnliche Bedeutung wie der Kopierkonstruktor besitzt auch der **Zuweisungsoperator**. Für Klassen ohne dynamische Ausdehnung braucht er ebenfalls i. d. R. nicht implementiert zu werden, da der vom Compiler implizit generierte **Standardzuweisungsoperator** bereits die benötigte elementweise Kopie durchführt. Das Zusammenspiel von Kopierkonstruktor und Zuweisungsoperator beschreibt die Logik der Kopie eines Objekts und wird daher als **Copy-Semantik** bezeichnet. Zur Erläuterung der prinzipiellen Vorgehensweise beim Überladen des Zuweisungsoperators implementieren wir an dieser Stelle dennoch eine Version für Vektoren.[1]

Zuweisungen an ein Vektorobjekt ändern dessen Zustand, so daß die entsprechenden Operatoren keine konstanten Methoden sein dürfen. Für das Ergebnis der Zuweisung braucht kein neuer Vektor konstruiert zu werden, sondern der geänderte (implizite) Vektor kann als Resultat zurückgegeben werden. Als Rückgabetyp kann daher `CVektor&` gewählt werden. Zum Ansprechen des impliziten Vektors, für den der Operator aufgerufen wurde, dient `*this`. Die genauere Bedeutung dieser Schreibweise ist hier noch nicht von Interesse; sie wird im Kapitel Referenzen und Beziehungen ausführlich erläutert.

```
CVektor& CVektor::operator =(const CVektor& v)
{
  x1 = v.GetX1();                         // Werte ändern ...
  x2 = v.GetX2();

  return *this;                           // ... und dieses Objekt zurückgeben
}

// ---------------------------------------------------------------

int main()
{
  CVektor      v1, v2(1), v3(6.2, 4.1);

  v1 = v2 = v3;                           // auch Mehrfachzuweisung sind möglich!
  v1.Ausgabe();                           // gibt (6.2,4.1) aus
  v2.Ausgabe();                           // gibt (6.2,4.1) aus
  return 0;
}
```

Weiterhin ist es durch Überladen möglich, mehrere Varianten des Zuweisungsoperators bereitzustellen, etwa noch einen weiteren, der beide Komponenten mit einer **double**-Zahl initialisiert:

[1] ....Im weiteren Verlauf dieses Buchs wird das Beispiel auf Vektoren beliebiger Dimension ausgeweitet, wobei das Überladen von = (und die Implementierung eines eigenen Kopierkonstruktors) erforderlich wird.

```
CVektor& CVektor::operator =(double d)
{
  x1 = x2 = d;                          // Werte ändern ...
  return *this;                         // ... und dieses Objekt zurückgeben
}

// ---------------------------------------------------------------

int main()
{
  CVektor       v1;

  v1 = 3.141;
  v1.Ausgabe();                         // gibt (3.141,3.141) aus
  return 0;
}
```

Obwohl die Art der Implementierung des Zuweisungsoperators und des Kopierkonstruktors nicht vorgeschrieben ist, so daß sie prinzipiell beliebige Funktionalitäten wahrnehmen können, sollte man sich an folgende Richtlinien halten, die sich an der ursprünglichen Semantik orientieren:

- Der Zuweisungsoperator sollte auf zwei *bestehenden* Objekten gleicher Dimension operieren (etwa zwei gleich langen Vektoren) und alle erforderlichen Instanzvariablen kopieren. Stimmt die Dimension nicht überein, sollte ein Fehler ausgelöst werden.
- Der Kopierkonstruktor sollte zunächst ein neues Objekt mit der richtigen Größe konstruieren (z. B. mit einer `Init`-Methode) und dann den Kopiervorgang ausführen (und zwar sinnvollerweise mit Hilfe des Zuweisungsoperators).

Die im Grundlagenteil gezeigte Beispiel-Implementierung des Kopierkonstruktors von `CAuto` sollte daher wie folgt geändert werden:

```
CAuto::CAuto( const CAuto& Original )
{
  cout << "Hier wird ein Auto kopiert.";

  // hier ggf. Konstruktion mit Init

  *this = Original;
}
```

Auf diese Weise muß der Kopiervorgang nur an einer[1] und nicht an zwei Stellen implementiert werden, was sich insbesondere bei späteren Änderungen des Verhaltens als vorteilhaft (und weniger fehleranfällig) erweist.

9.2.1.4 Inkrementoperatoren

Völlig analog zum Zuweisungsoperator mit einem Vektor als Argument kann nun der Inkrementoperator += implementiert werden.

[1] ....bzw. gar nicht, wenn auf den Standard-Zuweisungsoperator zurückgegriffen wird.

```
CVektor& CVektor::operator +=( const CVektor& Summand )
{
  x1 += Summand.GetX1();                        // Wert ändern ...
  x2 += Summand.GetX2();

  return *this;                                 // und dieses Objekt zurückgeben
}

// ---------------------------------------------------------------

int main()
{
  CVektor        v1(3, 2), v2(2, 6), v3(4, 5);

  v2 += v3;
  v2.Ausgabe();                                 // gibt (6, 11) aus
  return 0;
}
```

Diese spezielle Art der Zuweisung steht nicht automatisch zur Verfügung, auch wenn die beiden Teil-Operatoren + und = definiert sind. Grundsätzlich müssen alle Operatoren, die mit einer Klasse verwendet werden sollen, dort auch definiert sein.[1]

Die Präfix-Variante (++C) des Inkrementoperators soll die erste Komponente des Vektors um 1.0 erhöhen (entspricht der Addition des ersten Einheitsvektors).

```
CVektor& CVektor::operator ++()         // präfix
{
  x1 += 1.0;                            // Wert ändern ...
  return *this;                         // und dieses Objekt zurückgeben
}

// ---------------------------------------------------------------

int main()
{
  CVektor        EinVektor, NochEinVektor(6.2, 4.1), DritterVektor(2.5);

   (++DritterVektor).Ausgabe();         // präfix,  ohne Klammern geht's nicht
                                        // gibt (3.5,0) aus
  return 0;
}
```

Da ++ ein unärer Operator ist, braucht die Operatormethode kein Argument entgegenzunehmen. Wenn der Compiler allerdings zwischen Präfix- und Postfixnotation (C++) unterscheiden soll, kann dies nur durch ein zusätzliches Dummy-Argument gekennzeichnet werden, wobei man sich auf den Typ **int** geeinigt hat. Die Postfix-Variante von ++ soll den zweiten Einheitsvektor (0, 1) addieren.

[1] ....Weitere Beispiele für zusammengesetzte Operatoren folgen im Laufe dieses Kapitels.

```
CVektor& CVektor::operator ++(int)        // postfix, Dummy-Argument wird ignoriert
{
  x2 += 1.0;                              // Wert ändern ...
  return *this;                           // und dieses Objekt zurückgeben
}

// -----------------------------------------------------------------

int main()
{
  CVektor       EinVektor, NochEinVektor(6.2, 4.1), DritterVektor(2.5);

   (++DritterVektor).Ausgabe();           // präfix,  ohne Klammern geht´s nicht
                                          // gibt (3.5,0) aus
   DritterVektor++.Ausgabe();             // postfix, geht ohne Klammern
                                          // gibt (3.5,1) aus
  return 0;
}
```

9.2.1.5 Vergleiche und logisches NOT

Zwei Vektoren sind gleich, wenn sie in allen Komponenten übereinstimmen. Da ein direkter Vergleich zweier **double**-Werte aufgrund der Rechenungenauigkeit nicht ratsam ist, wird im Zuweisungsoperator von `CVektor` geprüft, ob sich die Werte jeweils um höchstens `Epsilon` (eine kleine, positive Zahl) unterscheiden.

```
const double Epsilon = 0.00001;

bool CVektor::operator ==(const CVektor& v) const
{
  return ( Abs(GetX1()-v.GetX1())<=Epsilon && Abs(GetX2()-v.GetX2())<=Epsilon );
 // beide Komponenten dürfen um höchstens Epsilon differieren
}
```

Statt die Ungleichheit analog zu überprüfen (Differenz bei mindestens einer Komponente größer als `Epsilon`), kann beim Überladen von != einfach der eigene Vergleichsoperator == aufgerufen werden.

```
bool CVektor::operator !=(const CVektor& v) const
{
  return !operator==(v);                        // ungleich, wenn nicht gleich
}

// -----------------------------------------------------------------

int main()
{
  CVektor       v1(3,2), v2(2,6), v3(4,5), v4(1), v5(2,6);

  if (v2==v3)           cout << "v2 == v3 "     << endl;          // nein
  if (v2!=v3)           cout << "v2 != v3 "     << endl;          // ja
  if (v2==v5)           cout << "v2 == v5 "     << endl;          // ja
  if (v2!=v5)           cout << "v2 != v5 "     << endl;          // nein
  return 0;
}
```

Da eine „Kleiner"-Relation zwischen Vektoren nicht definiert ist, wird in unserem Beispiel die Länge[1] als Größenmaß für einen Vergleich mit den Operatoren < und > herangezogen.

```
double CVektor::Laenge() const
{
  return sqrt(x1*x1 + x2*x2);
}


bool CVektor::operator <(const CVektor& v) const
{
  return Laenge() < v.Laenge();                         // Länge vergleichen
}


bool CVektor::operator >(const CVektor& v) const
{
  return Laenge() > v.Laenge();
}

// ------------------------------------------------------------

int main()
{
  CVektor        v1(3,2), v2(2,6);

  if (v1<v2)            cout << "v1 < v2"        << endl;        // ja
  if (v1>v2)            cout << "v1 > v2"        << endl;        // nein
  return 0;
}
```

Wie bei den zusammengesetzten arithmetischen Operatoren +=, *=, usw. wird auch keiner der Vergleichsoperatoren automatisch aus den anderen kombiniert. Es reicht also beispielsweise nicht, den Operator == zu überladen, wenn man auch mit != auf Ungleichheit testen möchte. Sogar falsch wäre es, wenn der Compiler automatisch die Gleichheit zweier Vektoren annehmen würde, wenn zwischen ihnen weder eine „Kleiner"- noch ein „Größer"-Beziehung besteht.[2] So haben zwar (3, 4) und (5, 0) die gleiche Länge (deshalb gilt weder < noch >), sie sind aber nicht gleich.[3]

Über den NOT-Operator ! wird in vielen Situationen abgeprüft, ob sich ein Objekt in einem definierten Zustand befindet, so daß mit ihm weitergearbeitet werden kann. Die Abfrage `if (!Datei)` sollte beispielsweise wahr ergeben, wenn die letzte Dateioperation (Lesen, Schreiben ...) nicht erfolgreich war. Beim Umgang mit Vektoren kommt dem Nullvektor (0, 0) eine besondere Bedeutung zu, so daß häufig sichergestellt wer-

---

[1] ....Die Länge eines Vektors wird (nach dem Satz des Pythagoras) als Wurzel aus der Summe aller quadratierten Komponenten berechnet.

[2] ....Dies wäre bei ganzen Zahlen korrekt, da auf ihnen eine vollständige Ordnung definiert ist.

[3] ....Mathematisch ausgedrückt ist auf den Vektoren durch die angegebene Vergleichsrelation nur eine Halbordnung definiert.

den muß, daß ein vorliegender Vektor nicht der Nullvektor ist. Dies kann für `CVektor` durch Überladen von ! leicht implementiert werden.

```
bool CVektor::operator !() const
{
  return ( Abs(GetX1())<Epsilon && Abs(GetX2())<Epsilon );
}

// ---------------------------------------------------------------

int main()
{
  CVektor        EinVektor, NochEinVektor(6.2, 4.1), DritterVektor(2.5);

  if (!NochEinVektor)   cout << "NochEinVektor ist Nullvektor"  << endl;  // nein
  if (!EinVektor)       cout << "EinVektor ist Nullvektor"      << endl;  // ja
  return 0;
}
```

9.2.1.6 Indizierung

Das Überladen des Indexoperators [] bietet sich immer dann an, wenn eine Klasse mehrere gleichartige Komponenten enthält, wie dies bei Vektoren der Fall ist. So kann man über den Index-Operator auf die erste oder zweite Komponente eines `CVektor`-Objekts zugreifen:

```
double CVektor::operator []( unsigned i ) const
{
  switch (i)
        {
          case 1:        return GetX1();          // erste Komponente
          case 2:        return GetX2();          // zweite Komponente

          default:       cout << "CVektor::operator[] Index nicht erlaubt"  << endl;
                         return 0.0;
        }
}

// ---------------------------------------------------------------

int main()
{
  CVektor        v1(3,2), v2(2,6), v3(4,5), v4(1), v5(2,6);

  cout << v1[1] << endl;                          // gibt 3 aus
  cout << v2[2] << endl;                          // gibt 6 aus
  cout << v3[3] << endl;                          // gibt Fehlermeldung und 0 aus
  return 0;
}
```

Dabei sollte man stets prüfen, ob der übergebene Index im erlaubten Bereich liegt (hier: 1 oder 2 ist) und andernfalls die Ausgabe einer Fehlermeldung veranlassen. Bei unserem einfachen Beispiel reicht es aus, die Meldung direkt auf `cout` zu schreiben. Klassen, die in verschiedenen Anwendungen und auf unterschiedlichen Systemen (mit zeichenorientierter Ausgabe oder grafischer Benutzeroberfläche) eingesetzt werden sollen, müssen sich „zivilisierter" verhalten, indem sie etwa eine Fehlervariable setzen, die vom Aufrufer abgefragt werden kann. Ausführliche Informationen zum Thema Fehlerbehandlung finden sich im Kapitel „Exception Handling“.

9.2.1.7 Der Funktionsaufruf-Operator

Der flexibelste Operator ist der Funktionsaufruf-Operator (), da er eine beliebige Anzahl von Argumenten entgegennehmen kann. Während man beispielsweise mit dem Index-Operator nicht auf doppelt-indizierte Datenstrukturen (wie Matrizen) zugreifen kann, ist dies mit dem Funktionsaufruf-Operator problemlos möglich, indem man zwei Indizes übergeben läßt. Ist er mit verschiedenen Argument-Anzahlen überladen, kann der Zugriff recht intuitiv erfolgen, etwa mit `Matrix`(1, 4) für das Element in der ersten Zeile und vierten Spalte oder `Matrix`(3) für die gesamte dritte Zeile.

Da dieser Operator keine feste Bedeutung hat (keiner festen Funktion zugeordnet ist), kann er – ohne Verwirrung zu verursachen – überladen werden. In unserem einfachen Beispiel soll er – ebenso wie der Index-Operator – zum Zugriff auf eine Komponente von `CVektor`-Objekten dienen, damit der Benutzer der Klasse beide Schreibweisen verwenden kann.

```
double CVektor::operator ()( unsigned i ) const
{
  return operator[](i);                  // return (*this)[i];   geht genauso
}

// ------------------------------------------------------------------

int main()
{
  CVektor       v1(3,2), v2(2,6), v3(4,5), v4(1), v5(2,6);
  cout << v1(1) << endl;                 // gibt 3 aus
  cout << v2(2) << endl;                 // gibt 6 aus
  cout << v3(3) << endl;                 // gibt Fehlermeldung und 0 aus
  return 0;
}
```

Der Funktionsaufruf-Operator ist der einzige Operator, der Default-Argumente verwenden darf.

9.2.2 Einschränkungen beim Überladen

Die **Überladungsauflösung** (engl. **overload resolution**), d. h. die Auswahl der aufzurufenden Variante bei überladenen Funktionen, ist ziemlich kompliziert. Dabei sind zahlreiche Regeln und Ausnahmen zu berücksichtigen.

An dieser Stelle können daher nur einige wichtige Fälle behandelt werden. Eine Unterscheidung überladener Methoden ist nicht möglich, wenn eine der (sonst übereinstimmenden) Varianten eine Klassenmethode (**`static`**) ist.

```
class Beispiel
{
  static void  M();
  void         M();                        // Fehler!
  void         M() const;                  // Fehler!
};
```

Unterschiede in den Modifikatoren **const** oder **volatile** der Methoden können aber zur Überladungsauflösung herangezogen werden, so daß im folgenden Listing vier Varianten entstehen, die nach dem Typ des aurufenden Objekts unterschieden werden.

```
class Beispiel
{
  void         M();
  void         M() const;
  void         M() volatile;
  void         M() const volatile;
};
```

Wie bereits erwähnt, können Rückgabetypen nicht allein zur Unterscheidung dienen:

```
class Beispiel
{
  void         M();
  int          M();                        // Fehler!
  double       M();                        // Fehler!
};
```

Bei den Parameterlisten sind die Regeln besonders diffizil. Beispielsweise sind folgende drei Funktionen unterscheidbar: Eine mit Argument Typ&, eine mit **const** Typ& und eine weitere mit **volatile** Typ&. Nicht unterscheidbar sind die Funktionen hingegen, wenn die eine ein Argument Typ, die andere **const** Typ und die dritte **volatile** Typ hat.

```
class Beispiel
{
  void         M(string&);
  void         M(const string&);                  // ok
  void         M(volatile string&);               // ok

  void         M(string);
  void         M(const string);                   // Fehler!
  void         M(volatile string);                // Fehler!
};
```

Desweiteren ist eine Überladungsauflösung nicht möglich, wenn äquivalente selbstdefinierte Typen mit Standardtypen übereinstimmen:[1]

[1] ....Der Fehler tritt erst dann auf, wenn die Funktionen auch definiert werden (im Beispiel **inline**). Andernfalls wird die zweite Variante als Redeklaration der gleichen Methode akzeptiert.

```
class Beispiel
{
  typedef       double MeinDouble;

  void          M(MeinDouble)    { /* ... */ }
  void          M(double)        { /* ... */ }          // Fehler!
};
```

Zwischen **int** und Aufzählungstypen kann aber unterschieden werden.

```
class Beispiel
{
  enum          MeinEnum { i };

  void          M(MeinEnum)      { /* ... */ }
  void          M(int)           { /* ... */ }          // ok
};
```

9.2.3 Aufgaben

Aufgabe 44 Operatoren überladen

Überlade für die Klasse `CBruch` aus den Aufgaben des Grundlagenteils mindestens einen Operator aus allen folgenden Gruppen:

- +, - (unär und binär), *, / , ^,
- +=, *=, -=, /=,
- ++, --,
- =, ==, !=,
- <, >, <=, >=,
- !, [], ().

Teste die Operatoren in einem Hauptprogramm!

Aufgabe 45 Stringklasse analysieren

Betrachte die Deklaration und Implementierung der Klasse `string`, insbesondere die überladenen Operatoren.

Aufgabe 46 Abgedreht

Im folgenden Beispiel sind die beiden Aufrufe in der Implementierung von `B::Methode()` äquivalent, oder?

```
class A {} einA;                          // Klasse A mit globalem Objekt

void operator +(A,A);                     // Operatorfunktion

class B
{
  void operator +(B);
  void Methode()
        {
          einA + einA;
          operator+(einA,einA);           // dasselbe (?) ausführlich geschrieben
        }
};
```

Funktionieren beide Varianten, schlagen beide fehl oder klappt nur eine? Versuche, das Programm mit einem C++ Compiler zu übersetzen.

Aufgabe 47 Copy-Sematik

Welche Ausgabe liefert folgendes Programm?

```
class Test
{
  public:
//-------
  int           x;

                Test(int newx)
                        {
                          cout<<"Konstruktor von Test"<<endl;
                          x = newx;
                        }

                Test(const Test& t)
                        {
                          cout<<"Kopierkonstruktor von Test"<<endl;
                          *this = t;
                        }

  Test&         QuadriereMich()
                        {
                          x = x*x;
                          return *this;
                        }
};

// -------------------------------------------------------------------------

  Test          Quadrat(const Test t)
                        {
                          Test  NeuesObjekt(t.x*t.x);
                          return NeuesObjekt;
                        }
```

```
// -----------------------------------------------------------------------

int main()
{
  Test  EinT(4);
  Test  NochEinT = EinT;
  cout << "EinT.x =" << EinT.x << endl;

  cout << "Quadrat(EinT).x =" << Quadrat(EinT).x << endl;
  cout << "EinT.x =" << EinT.x << endl;
  NochEinT.QuadriereMich();
  cout << "NochEinT.x =" << NochEinT.x << endl;
  return 0;
}
```

Welche Kopien könnte man einsparen?

10. Vererbung

10.1 Grundlagen

Ein zentrales Motiv der objektorientierten Programmierung ist die Wiederverwendbarkeit von bereits erzeugtem Code. Wir haben schon gesehen, wie man eine Klasse (insbesondere deren Code) verwenden kann, indem man in einer anderen Klasse Elemente von diesem „Typ" benutzt. Ein weiteres, sehr wichtiges Hilfsmittel in C++, um schon erstellten Code wiederzuverwenden, ist die **Vererbung** (**Ableitung**, engl.: **Inheritance**). Hier geht es darum, von einer schon gebildeten Klasse (z. B. Baum) eine **Unterklasse** (z. B. Tanne) abzuleiten. Alle Elemente, die die schon gebildete Klasse hat (z. B. Wurzeln, Stamm, Äste, Blätter etc.) erbt auch die Unterklasse, sie kann aber noch zusätzliche Elemente haben (z. B. Zapfen) oder ererbte Elemente individuell ausprägen (z. B. Blätter als Nadeln), sie kann aber auch ererbte Funktionen oder Eigenschaften unbenutzt lassen (nicht ausprägen). Umgekehrt wie bei der Verwendung einer Klasse in einer anderen Klasse, wo man aus speziellen Klassen immer allgemeinere Klassen aufbaut, geht man bei der Vererbung genau den umgekehrten Weg, indem man aus sehr allgemeinen Klassen immer speziellere Klassen ableitet.

Das zweite Motiv der objektorientierten Programmierung ist die Strukturierung und Modellierung. Neben der bereits vorgestellten Aggregation (also der „Has-A" Beziehung wie zwischen Auto und Motor), bei der ein Objekt mehrere Teilobjekte besitzt, stellt die Vererbung die zweite wichtige Strukturierung dar, nämlich die „Is-A" Beziehung. Eine dritte Möglichkeit der Strukturierung, die Referenzierung auf andere Objekte, wird später im Kapitel 14. „Referenzen und Beziehungen" beschrieben. Die Unterschiedlichkeit dieser Strukturierungen spiegeln sich auch in den benutzten Klassen- bzw. Objektdiagrammen wieder, die wir anhand der Beispiele aus der Automobilwelt darstellen:

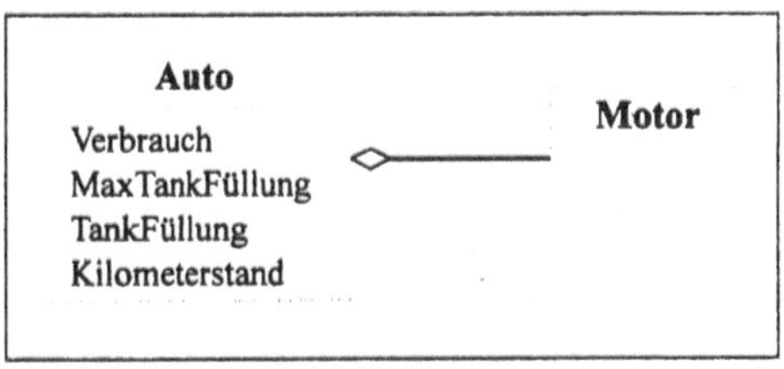

Abb. 10.1-1: Klassendiagramm Auto mit Motor

10.1.1 Das Beispiel CAuto

Als Beispiel für Vererbung wollen wir die schon aus den vergangenen Kapiteln bekannte Klasse `CAuto` ein wenig weiter strapazieren. Bisher haben wir diese Klasse aus dem Blickwinkel des Verbrauchs und der Reichweite eines Autos betrachtet.

Wir beziehen jetzt den Blickwinkel der Ölindustrie, die für Autos (global) Benzin und Diesel anbietet, wobei jedes Auto je nach seiner Bauart von einem der Angebote wählen muß. Für diese Unterscheidung reicht die Klasse `CAuto` nicht aus. Nun möchte man aber trotzdem getane Arbeit nicht wegwerfen, sondern sie auch in der neuen Situation so weit wie möglich benutzen.

Klassische Programmierer würden nun in die Klasse `CAuto` noch eine Variable `Art` von einem **enum**-Typ einfügen, die über diese gewünschten Eigenschaften Auskunft gibt. Dies zieht aber einen unübersehbaren „Rattenschwanz" von Änderungen nach sich, da nun etwa der Konstruktor der neuen Situation angepaßt und ein Zugriff auf diese Eigenschaften neu eingerichtet werden müßte. Nun hat sich dadurch aber die **Schnittstelle (Interface)** der Klasse geändert, so daß auch an allen Stellen, wo diese Klasse benutzt wird, Anpassungen notwendig werden. Wer aber kann über all diese Stellen eine Übersicht behalten?

10.1.2 Abgeleitete Klassen

Hier bietet sich nun die Technik der **Vererbung** (der **Ableitung**) an, mit der man eine neue Klasse aus der alten ableitet, in der man die notwendigen Veränderungen definiert. Die Syntax einer solchen Ableitung sieht im einfachsten Fall folgendermaßen aus:

```
class NameDerAbgeleitetenKlasse : ArtDerAbleitung NameDerBasisKlasse
{
    // Klassendeklaration
};
```

Der Effekt ist nun, daß alle nicht privaten Elemente und Methoden der Basisklasse automatisch der abgeleiteten Klasse zur Verfügung stehen, und zwar (per Voreinstellung) als private Elemente und Methoden der abgeleiteten Klasse. Durch Auswahl der geeigneten Schlüsselworte (**`public`**, **`protected`** oder **`private`**) für die Art der Ableitung kann kontrolliert werden, ob und für wen öffentliche Teile aus der Basisklasse zugänglich sind (darauf wird noch im Detail eingegangen).

Eine gewisse Sonderrolle spielen hier der Konstruktor, der Destruktor und der Operator = der Basisklasse, die nicht vererbt werden. Hat die Basisklasse einen Default-Konstruktor, so wird er automatisch vor den Konstruktor der abgeleiteten Klasse geschaltet:

```
class Level0 { /* ... */ };              // Basisklasse
class Level1 : Level0 { /* ... */ };     // 1. Ableitungsschicht
class Level2 : Level1 { /* ... */ };     // 2. Ableitungsschicht
```

Wird eine Instanz von `Level2` erzeugt, so wird der Konstruktor `Level2` aufgerufen, der seinerseits zunächst den Konstruktor `Level1` aufruft, der wieder `Level0` aktiviert, d. h. es werden die Konstruktoren `Level0`, `Level1` und `Level2` in dieser Reihenfolge abgearbeitet. Die Destruktoren werden dann in umgekehrter Reihenfolge aufgerufen. Aus diesem Grund ist auch eine Vererbung der Konstruktoren und Destruktoren nicht notwendig. Etwas komplizierter ist die Situation, wenn die Basisklasse keinen Default-Konstruktor hat, wie wir gleich erläutern werden.

Als kleines Beispiel betrachten wir nun eine Einteilung unserer vorhandenen Autos in Benziner und Dieselautos.

10.1.2.1 Klassen für Benziner und Dieselautos

Ein `CBenzinAuto` ist ein `CAuto`, das Benzin tankt, und analog ist ein `CDieselAuto` ein `CAuto`, das Diesel benötigt:

```
class CBenzinAuto : public CAuto
{
  private:
//-------
    enum { kein, EuroKat, USKat } Katalysator;
         // weitere Instanzvariablen und Methoden für Benziner

}; // Klasse CBenzinAuto

class CDieselAuto : public CAuto
{
  private:
//-------
    bool Russfilter;
         // weitere Instanzvariablen und Methoden für Dieselautos

}; //Klasse CDieselAuto
```

Zunächst einmal haben diese beiden Klassen noch keine Unterschiede und sind einfache Duplikate von `CAuto`. Man wird aber diese abgeleiteten Klassen (zum Beispiel durch zusätzliche Variablen) für die Art ihres Katalysators (Benzin) bzw. das Vorhandensein eines Rußfilters (Diesel) spezialisieren, so daß unterschiedliche Klassen entstehen.

Die Darstellung im Klassendiagramm symbolisiert diese „Erbschaftsbeziehung" durch Dreiecke auf den Verbindungslinien zwischen den Klassen. Damit wird deutlich: Ein Benzinauto ist ein Auto und ein Dieselauto ist ein Auto („Is-A"-Beziehung), wogegen in den vorangegangen Beispielen gilt: Ein Auto hat einen Motor („Has-A"-Beziehung).

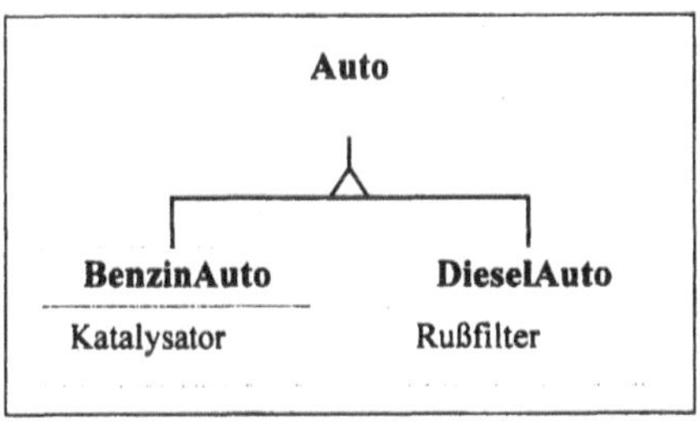

Abb. 10.1-2: Zwei abgeleitete Auto-Klassen

Ein syntaktisches Problem dieser Ableitung entsteht dadurch, daß die Klasse `CAuto` keinen Default-Konstruktor hat, das heißt ihr Konstruktor muß mit Parametern zur Initialisierung aufgerufen werden. Deshalb kann einem Default-Konstruktor von `CBenzinAuto` kein Default-Konstruktor von `CAuto` vorgeschaltet werden. Die abgeleitete Klasse muß in diesem Fall einen eigenen Konstruktor haben, der den Konstruktor der Basisklasse explizit aufruft.

```
enum TKat { keinKat, EuroKat, USKat };

class CBenzinAuto : public CAuto
{
   private:
// --------
   TKat  Katalysator;
                          // weitere Deklarationen für Benziner
```

```
  public:
//  --------
  CBenzinAuto( double   NewVerbrauch,
               double   NewMaxTankFuellung,
               double   NewTankFuellung,
               unsigned NewKilometerStand = 0,
               TKat     Kat              = EuroKat  )
     : CAuto( NewVerbrauch,
              NewMaxTankFuellung,
              NewTankFuellung,
              NewKilometerStand )
               { Katalysator = Kat;}      //  der Konstruktor von CAuto

}; // Klasse CBenzinAuto

int main()
{
  CBenzinAuto  MeinScirocco( 12, 60, 40 );     // ein Benzin-Auto
  MeinScirocco.Fahre( 185 );
  MeinScirocco.Tanke( 20 );
  return 0;
}
```

Dazu folgt der formalen Parameterliste des Konstruktors, abgeteilt durch einen Doppelpunkt, der gewünschte Konstruktor der Oberklasse mit dessen aktuellen Parametern. Die Syntax ist also die gleiche wie bei der Initialisierung von Instanzvariablen durch Initialisierer-Listen.

Wenn wir weiter beachten, daß die Methode `Tanke` einen Unterschied zwischen Benzinern und Dieselautos machen muß, da die Autos mit dem falschen Treibstoff nicht die erwartete Fahrleistung erbringen, erhalten wir zusätzliche Unterschiede in den Klassen. Diese abgeleiteten Klassen müssen deshalb jeweils eigene, unterschiedliche Methoden `Tanke` haben, die die Methode `Tanke` der Klasse `CAuto` **verdecken** oder **überschreiben**.

Nehmen wir zum Beispiel an, wir haben ein Objekt `Tankstelle` einer Klasse `CKonzern` mit Abfrage- und Änderungsmethoden für die Treibstoffe Diesel und Benzin, auf die sich die Methoden `Tanke(x,Tankstelle)` der abgeleiteten Klassen beziehen sollen, so könnte eine solche Implementierung etwa wie folgt aussehen:

```
void CBenzinAuto::Tanke(double Liter, CKonzern& Tankstelle)
{
  double AlteTankFuellung = GetTankfuellung();
  if ( Liter < Tankstelle.BenzinVorhanden() )   // ist zuwenig Benzin da,
     Liter = Tankstelle.BenzinVorhanden();       // nimm soviel wie da ist.
  CAuto::Tanke( Liter );                         // Tanke, wie für Autos üblich
  Tankstelle.EntnehmeBenzin( GetTankFuellung()
                      - AlteTankFuellung ); // das entnommene Benzin der
                                            // Tankstelle abziehen
} // CBenzinAuto::Tanke
```

```
void CDieselAuto::Tanke( double Liter, CKonzern& Tankstelle )
{
   double AlteTankFuellung = GetTankfuellung();
   if ( Liter < Tankstelle.DieselVorhanden() )  // ist zuwenig Diesel da,
      Liter = Tankstelle.DieselVorhanden();     // nimm soviel wie da ist.
   CAuto::Tanke( Liter );                       // Tanke, wie für Autos üblich
   Tankstelle.EntnehmeDiesel( GetTankFuellung()
                        - AlteTankFuellung ); // das entnommene Diesel der
                                              // Tankstelle abziehen
} // CDieselAuto::Tanke
```

Hier haben wir es mit einem ersten Beispiel der **Polymorphie**[1] zu tun. Objekten einer Klassenhierarchie (hier: Abkömmlinge von `CAuto`) kann eine Nachricht (hier: `Tanke`) zugeschickt werden, die, je nach Klassenzugehörigkeit des aktuellen Empfängers, eine unterschiedliche Methode aktiviert und damit unterschiedliches Verhalten zur Folge hat. Konkret bedeutet dies in unserem Beispiel, daß Instanzen der Klasse `CBenzinAuto` anders tanken als solche der Klasse `CDieselAuto`.

Wichtig ist dabei zu unterscheiden, daß Polymorphie nur bei Methoden gleicher Signatur auftreten kann. Die Methode `CAuto::Tanke` hat eine andere formale Parameterliste als die Methoden `Tanke` von `CBenzinAuto` und `CDieselAuto`. Dadurch verdecken die beiden Methoden `CBenzinAuto::Tanke` und `CDieselAuto::Tanke` die Unterklassen-Methode `CAuto::Tanke`. Um diese dennoch benutzen zu können, muß sie explizit über ihren Klassennamen qualifiziert werden.

Diese Verdeckung von Oberklassen-Methoden durch gleichnamige Unterklassen-Methoden mit unterschiedlicher Signatur ist oft wenig sinnvoll, da ja eine Unterklasse die volle Funktionalität der Oberklasse erben soll. Eine Modifikation einer Methode (besser eines Verhaltens auf die gleiche Nachricht) im Sinne der Polymorphie setzt dagegen die gleiche Signatur voraus, worauf wir im Abschnitt 10.1.4 noch im Detail eingehen werden.

Wir halten also zunächst fest:

- Die abgeleitete Klasse kann auf alle nicht-privaten Elemente der Basisklasse zugreifen, ohne mit dem Auflösungsoperator für die Basisklasse noch qualifizieren zu müssen, ausgenommen in der abgeleiteten Klasse gibt es ein Element gleichen Namens.
- Die abgeleitete Klasse kann zusätzlich zu den von der Basisklasse ererbten Elementen eigene Elemente haben.
- Die abgeleitete Klasse kann Methoden der Basisklasse umdefinieren und damit die ursprüngliche Bedeutung verändern.

[1] .... polymorph (griechisch: vielförmig).

10.1.3 Zugriffsrechte

Über die Zugriffsspezifikatoren **private** und **public** wurde schon ausführlich gesprochen. Im Zusammenhang mit der Vererbung erlangt der dritte Spezifikator **protected** Bedeutung, der eine Zwischenstellung zwischen **private** und **public** einnimmt. Ein in einer Klasse `C` als **protected** qualifiziertes Element gilt für alle übrigen Klassen als ein **private** Element von `C` außer bei den von `C` abgeleiteten Klassen, wo es wie ein **public** Element von `C` behandelt wird.

Wir hatten schon oben erwähnt, daß per Voreinstellung alle **public** Elemente einer Klasse in den abgeleiteten Klassen als **private** Elemente zugreifbar sind, sinngemäß überträgt sich diese Regel auch auf die **protected** Elemente der Klasse. In manchen Fällen ist diese Einschränkung zu strikt, und deshalb ist in C++ auch eine Zugriffsspezifikation der Ableitung vorgesehen. Eine Reihe von Beispielen soll dieses Zusammenspiel verdeutlichen:

```
class CAuto
{
  private:
    double MaxTank;           // eine reine Privatsache von CAuto

  protected:
    double AktuellerTank;     // für CAuto-Abkömmlinge sichtbar
                              // nicht aber für CAuto-Nutzer
  public:
    double GetTank();         // für alle sichtbar

}; // CAuto
```

Die **public** Ableitung modelliert das öffentliche Verhältnis „Is-A" zwischen abgeleiteter Klasse und Basisklasse, wobei dies auch für den Anwender der Klasse vollständig sichtbar ist.

```
class CDieselAuto : public CAuto
{
  public:
    void TuWas()
    {
      cout << GetTank();  // GetTank() ist für alle sichtbar
      AktuellerTank = 0;  // AktuellerTank ist in CDieselAuto sichtbar
                          // nicht aber außerhalb
      MaxTank = 50;       // ***FEHLER*** MaxTank ist nicht sichtbar
    }
}; // CDieselAuto
```

Die abgeleitete Klasse besitzt also die öffentliche Struktur der Basisklasse und noch zusätzliche eine eigene Struktur, somit kann ein Objekt der abgeleiteten Klasse überall dort auftreten, wo ein Objekt der Oberklasse erwartet wird (etwa bei Referenz-Parameterübergaben).

```
void Aussen()
{
  CAuto          Auto;
  CDieselAuto    DieselAuto;
```

```
  cout << Auto.MaxTank;             // ***FEHLER*** ist private in CAuto
  cout << Auto.AktuellerTank;       // ***FEHLER*** ist protected in CAuto
  Auto.GetTank();                   // ok, ist public
  DieselAuto.GetTank();             // ok, public in CAuto und public vererbt
}
```

Gleichermaßen ist die **public**, aber auch die **protected** Seite für die abgeleitete Klasse `CDieselAuto` sichtbar, weswegen `CDieselAuto` auf `AktuellerTank` zugreifen darf. Die **public** Ableitungsart verändert also die Schutzeigenschaften der Slots nicht.

Bei der **protected** Ableitung werden alle Zugriffsrechte mindestens auf **protected** eingeschränkt:

```
class CGeheimTankAuto : protected CAuto
{
  public:
    void TuWas()
    {
      cout << GetTank();  // GetTank() ist für CGeheimTankAuto sichtbar
                          // nicht aber außerhalb
      AktuellerTank = 0;  // AktuellerTank ist in CGeheimTankAuto sichtbar
                          // nicht aber außerhalb
      MaxTank = 50;       // ***FEHLER*** MaxTank ist nicht sichtbar
    }
};
```

Damit kann die einstmals öffentliche Methode `GetTank` nicht mehr von außen zugegriffen werden:

```
  CGeheimTankAuto  GeheimTanker;
  GeheimTanker.GetTank();          // ***FEHLER*** public GetTank wurde protected
```

Für abgeleitete Klassen von `CGeheimTankAuto` bleibt `GetTank` aber weiter als ein **protected** Slot intern verfügbar:

```
class CMeinGTAuto : public CGeheimTankAuto
{ public:
    void NochWas()
    {
      cout << GetTank();  // GetTank() bleibt für CGeheimTankAuto-Abkömmlinge
                          // sichtbar, nicht aber außerhalb
      AktuellerTank = 0;  // AktuellerTank bleibt sichtbar
                          // nicht aber außerhalb
      MaxTank = 50;       // ***FEHLER*** MaxTank ist nicht sichtbar
    }
};
```

Die stärkste Trennung von der abgeleiteten Klasse stell die voreingestellte **private** Ableitungsart[1] dar. Hier hat die abgeleitete Klasse nach außen nichts mit der Basisklasse zu tun, sondern verwendet nur privat die Basisklasse zu ihrer eigenen Implementie-

[1] .... Auch wenn **private** automatisch gilt, sollte man es immer ausschreiben! Nicht jeder Leser ist immer so vertraut mit allen Voreinstellungen von C++.

rung. Da kein Anwender von dieser Art der Vererbung etwas erfährt, ist dies nicht unbedingt eine Vererbung im strengen Sinne der objektorientierten Programmierung:

```
class CVehikel : private CAuto
{ public:
    void TuWas()
    {
      cout << GetTank();  // GetTank() ist nur für CVehikel sichtbar
                          // nicht außerhalb und nicht für Abkömmlinge
      AktuellerTank = 0;  // AktuellerTank ist in CVehikel sichtbar
                          // nicht aber außerhalb und nicht für Abkömmlinge
      MaxTank = 50;       // ***FEHLER*** MaxTank ist nicht sichtbar
    }
};
```

Die typische „Is-A" Beziehung gilt nur für die Implementierung der Klasse, wird also nach außen hin nicht sichtbar.

```
  CVehikel          Vehikel;
  Vehikel.GetTank();          // ***FEHLER*** public GetTank wurde private
```

Die „Is-A" Beziehung ist aber noch nicht einmal für die Abkömmlinge der Klasse sichtbar, auch **protected** Slots aus der Basisklasse werden vor den Unterklassen versteckt:

```
class CMeinVehikel : public CVehikel
{ public:
    void NochWas()
    {
      cout << GetTank();  // ***FEHLER*** GetTank() ist nicht mehr sichtbar
      AktuellerTank = 0;  // ***FEHLER*** AktuellerTank ist nicht mehr sichtbar
      MaxTank = 50;       // ***FEHLER*** MaxTank ist nicht sichtbar
    }
};
```

private Ableitungen entfernen also alle Zugriffsprivilegien für nachfolgende Unterklassen; diese müssen mit den gleichen Slots arbeiten, wie ein öffentlicher Benutzer.

Alle Kombinationen von Zugriffsrechten für Slots und für Ableitungsarten sind nochmals in folgender Tabelle zusammengestellt, wobei man sich die Ableitungsart wie einen Filter für die Zugriffsrechte der vererbten Slots vorstellen kann: Ein Slot ist höchstens so öffentlich, wie er von der Oberklasse vererbt wurde:

Vererbung von Elementen	`private` **abgeleitete Klasse**	`protected` **abgeleitete Klasse**	`public` **abgeleitete Klasse**
private Elemente der Basisklasse	nein	nein	nein
protected Elemente der Basisklasse	ja / **private**	ja / **protected**	ja / **protected**
public Elemente der Basisklasse	ja / **private**	ja / **protected**	ja / **public**

Eine Klasse und deren Instanzen können also maximal drei Ansichten darbieten:

- Die **interne Sicht** (`private`) ist nur für die Implementierung dieser Klasse selbst zugänglich. Dementsprechend braucht die Dokumentation etwa nur auf die internen Belange Rücksicht zu nehmen. Weiter sind Abstriche beim Bedienungskomfort oder auch der Fehlertoleranz zugunsten größerer interner Flexibilität oder auch Effizienz zulässig.
- Die **Fortentwicklersicht** (`protected`) stellt Hilfsmittel für eine zulässige Erweiterung der Klasse für andere Klassenentwickler zur Verfügung. Einsichten in gut dokumentierte Implementierungsdetails sind auf dieser Ebene durchaus zulässig. Die Art der Dokumentation kann aber durchaus Grundkenntnisse der internen Modellierung voraussetzen. Fehlertoleranz sollte in jedem Fall vollständig vorhanden sein.
- Die **Anwendersicht** (`public`) beschreibt die Klasse und deren Instanzen für den Anwendungsprogrammierer. Dies bedeutet, daß hier an die Dokumentation dieser Ansicht hohe Maßstäbe angelegt werden sollten. Weiterhin gilt hier erst recht, daß eine vollständige Plausibilitätsprüfung von Parametern bzw. genereller Zulässigkeit von Nachrichten erfolgen muß.

Alle drei Ansichten betreffen Instanz- und Klassenvariablen sowie Instanz- und Klassenmethoden, einschließlich aller spezieller Methoden wie Konstruktoren, Destruktoren oder auch Zuweisungsoperatoren.

Aus Gründen der Vereinfachung werden diese drei Sichtweisen in Klassendiagrammen üblicherweise nicht gesondert dargestellt.

10.1.4 Virtuelle Methoden und abstrakte Klassen

Wir kehren nochmals zu dem Problem des Überschreibens von Methoden der Basisklasse zurück. Ziel des objektorientierten Ansatzes ist es, schon erstellten Code nur auf Grund der Kenntnis des Interface (typischerweise realisiert in einer Header-Datei) zu verwenden, ohne Kenntnis der Implementierungsdetails. Nun könnte aber die Implementierung einer Methode wichtige im privaten Teil der Klasse verborgene Aufgaben wahrnehmen, von denen ein Anwender, der diese Methode überschreibt, nichts weiß (und nichts wissen sollte). Das Überschreiben der Methode könnte zur Folge haben, daß die Klasse nun nicht mehr korrekt funktioniert. C++ hat deshalb einen weiteren Qualifizierer `virtual`, der genau wie z. B. `static`, etc. verwendet wird. `virtual` vor einer Methode besagt einfach, daß diese Methode bei einer Ableitung der Klasse zum Überschreiben freigegeben ist, also keine Probleme in der Funktionalität der Klasse zu erwarten sind, wenn diese Methode umdefiniert wird. Die Basisklasse, die eine virtuelle Methode anbietet, hat nun zwei Möglichkeiten: Entweder die Methode ist in der Basisklasse definiert (als Default für die abgeleiteten Klassen), oder sie ist **pur virtuell**, d. h. es wird nur die Deklaration angegeben aber keine Implementierung der Methode vorgenommen. In der C++ Grammatik werden rein virtuelle Methoden durch das Präfix `virtual` zusammen mit dem Suffix `=0` gekennzeichnet. In der Darstellung von Klassendiagrammen unterscheidet man abstrakte Klassen dadurch, daß der Klassenname kursiv geschrieben wird.

C++ erlaubt es sogar, daß auch eine pur virtuelle Methode eine Implementierung besitzen kann. Diese kann aber nur voll qualifiziert über ihren Klassennamen benutzt werden. Aus Gründen der Klarheit der Konzeption, daß eine pur virtuelle Methode nur eine abstrakte Schnittstellenbeschreibung realisieren soll, wird diese Möglichkeit im Folgenden nicht weiter eingesetzt.

Hat eine Klasse rein virtuelle Methoden, so kann es keine sinnvolle Instanz dieser Klasse geben, da ja die rein virtuellen Methoden nicht definiert sind. Es handelt sich hier um sogenannte **abstrakte Klassen**, die selbst keine Instanz haben, sondern nur als „Oberbegriff" für die daraus abgeleiteten Klassen fungieren. Rein virtuelle Methoden können in den abgeleiteten Klassen entweder rein virtuell bleiben (noch eine abstrakte Klasse) oder definiert werden. In jedem Fall bleiben sie in der Ableitung aber virtuell (einmal virtuell, immer virtuell), es ist also ein schwerer logischer Fehler eine virtuelle Methode so zu überschreiben, daß ein erneutes Überschreiben der Methode in einer späteren Ableitung zu ernsthaften Schwierigkeiten führen würde.

Das Überschreiben einer virtuellen Methode ist kein völlig statischer Prozeß. Vielmehr verändert sich ein Objekt während seiner Erzeugung (im Konstruktor), indem es nacheinander das Verhalten aller Oberklassen durchläuft, von denen es abgeleitet ist. Die Überschreibung virtueller Methoden gilt also erst dann, wenn das Objekt vollständig fertiggestellt ist, was insbesondere bedeutet, daß bei virtuellen Methoden im Konstruktor (und Destruktor) noch das jeweils „alte" Verhalten gilt. Bei pur virtuellen Methoden kann deren Aufruf im Konstruktor oder Destruktor zu einem Laufzeitfehler führen.[1] Daher ist in Konstruktoren und Destuktoren Vorsicht beim Einsatz virtueller Methoden geboten.

10.1.4.1 Grafik-Objekt

Wir betrachten zur Illustration der Polymorphie eine geometrische Klassenhierarchie beginnend bei `CGeoObjekt`, aus der wir speziellere Klassen `CViereck`, `CDreieck`, `CKreis` ableiten. Jedes Objekt hat einen Bezugspunkt (zum Anfassen), an dem es (etwa mit der Maus) verschoben werden kann. Dazu wird zunächst eine Klasse `CPunkt` definiert:

```
class CPunkt                    // für Punkte in der Zeichenebene
{
  private:
//---------
  unsigned       x, y;       // die Koordinaten

  public:
//--------
  CPunkt( unsigned XCoord=0, unsigned YCoord=0 ) // Default-Konstruktor
  {
    x = Xcoord;    y = YCoord;
  }
```

[1] ....In der Regel erfolgt eine Fehlermeldung der Art: „pure virtual function called".

```
    unsigned First()  const { return x; }    // 1. Koordinate
    unsigned Second() const { return y; }    // 2. Koordinate
    void     Add( const Punkt& Distanz )     // Vektoraddition
    {
       x += Distanz.First();
       y += Distanz.Second();
    }
    void Gleich( const Punkt& Ziel )     // neu Initialisieren
    {
       x = Ziel.First();    y = Ziel.Second();
    }

};          // Klasse CPunkt
```

Davon leitete sich, allerdings nur **protected**, die Basisklasse für alle geometrische Objekte `CGeoObj` ab. In diesem Beispiel werden davon drei konkrete Klassen nämlich `CRechteck`, `CDreieck` und `CKreis` ab. Im Klassendiagramm unterscheiden sich abstrakte Klassen und pur virtuelle Methoden dadurch, daß sie kursiv geschrieben werden (vgl. Abb. 10.1-3).

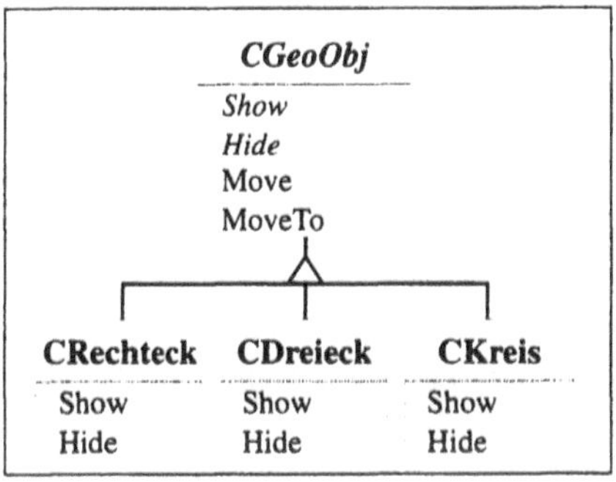

Abb. 10.1-3: Eine Geometrie-Hierarchie

Dieses Verschieben muß in drei Phasen ablaufen, indem zunächst das Objekt gelöscht (`Hide`), dann der Bezugspunkt verändert und schließlich das Objekt an der neuen Position neu gezeichnet wird (`Show`). Es ist offensichtlich, daß die Methoden `Hide` und `Show` auf den abstrakten Graphikobjekten keinen rechten Sinn machen und erst für die konkreten Klassen jeweils individuell unterschiedlich definiert werden können. Das Verschieben des Objekts jedoch kann durchaus schon auf dem abstrakten Niveau definiert werden, da es nur auf eine Manipulation des Bezugspunktes hinausläuft, den wir schon für geometrische Objekte postulieren.

```
class CGeoObject : protected CPunkt
{  private:
//---------
   public:
//--------
   virtual void Hide() = 0       // pur virtuell
   virtual void Show() = 0       // pur virtuell
   void Move( const CPunkt& Distanz )
   {
      Hide();
      Add( Distanz );
      Show();
   }
```

```
    void MoveTo( const CPunkt& Ziel )
    {
        Hide();
        Gleich(Ziel);
        Show();
    }
};              //Klasse GeoObject
```

Die konkreten Klassen führen nun zusätzliche Instanzvariablen ein und konkretisieren alle pur virtuellen Methoden (nur so werden ja aus abstrakten Klassen konkrete):

```
class CRechteck : public CGeoObject
{  private:
//---------
   CPunkt Diagonale;  //gibt den Diagonalvektor des Rechtecks an

   public:
//--------
   virtual void Hide();  // pur virtuelle Methode muß redefiniert werden
   virtual void Show();  // pur virtuelle Methode muß redefiniert werden

};  // Klasse CRechteck

class CDreieck : public CGeoObject
{
   private:
//--------
   CPunkt  a, b;      // geben die weiteren zwei Punkte des Dreiecks an

   public:
//--------
   virtual void Hide();  // pur virtuelle Methode muß redefiniert werden
   virtual void Show();  // pur virtuelle Methode muß redefiniert werden

};   // Klasse CDreieck
```

Auf die Ausführung der jeweiligen Methoden `Hide` und `Show` soll hier verzichtet werden. Prinzipiell hängt dies von der verwendeten Graphikbibliothek ab.

```
class CKreis  : public CGeoObject
{
   private:
//---------
   unsigned        Radius;   // gibt den Radius des Kreises an

   public:
//--------
   virtual void Hide();  // pur virtuelle Methode muß redefiniert werden
   virtual void Show();  // pur virtuelle Methode muß redefiniert werden

};   // Klasse CKreis
```

Benutzen wir diese Klassen in einem kleinen Beispiel-Programm:

```
  CRechteck einRechteck;
  CKreis    einKreis;

  einRechteck.Move( Punkt( 12, 37 ) );    // erste Nachricht
  einKreis   .Move( Punkt( 33, 44 ) );    // zweite Nachricht
```

Bei der ersten Move Nachricht wird zunächst die Methode GeoObj::Move benutzt (weil es keine eigene Methode in der Klasse Kreis gibt). Dabei wird zuerst durch die Nachricht Hide der Empfänger versteckt, dann mit Add die Position neu festgelegt und schließlich mit Show das Objekt wieder angezeigt. Da im ersten Fall ein Rechteck Empfänger der Nachricht ist, wird durch die Hide Nachricht die Methode Rechteck::Hide ausgeführt und durch die Show Nachricht die Methode Rechteck::Show. Bei der zweiten Move Nachricht an einKreis bewirkt dagegen die Hide Nachricht den Aufruf Kreis::Hide und Show den Aufruf von Kreis::Show.

Ohne virtuelle Methoden Hide und Show würde dagegen in der Methode Move jeweils GeoObject::Hide und GeoObjekt::Show aufgerufen (weshalb sie dann auch nicht pur-virtuell sein dürften).

10.1.4.2 Die abstrakte Klasse CAuto

Unter dem oben angesprochenen Beispiel CAuto ist eine „abstrakte" Methode Tanke auf der Basisklasse CAuto wenig sinnvoll. Es macht auch kaum einen Sinn, nun eine Instanz der Klasse CAuto zu konzipieren, da wir ohne Klärung, um welche Art es sich handelt, diese Instanz nicht benutzen können (Wie soll getankt werden?). Durch unsere Überlegungen ist CAuto zu einer „abstrakten Klasse" geworden, von der selbst keine Instanzen gebildet werden, CAuto dient dagegen nur als Basis für eine Diversifizierung (bzw. als Zusammenfassung). Die Methode Tanke ist dann als pur virtuell zu kennzeichnen.

```
class CAuto
{
   private:
//---------
   double     Verbrauch;            // Liter pro Kilometer
   double     MaxTankFuellung;      // Fassungsvermögen des Tanks
   double     TankFuellung;         // aktueller Tankinhalt
   unsigned   Kilometerstand;       // Tachometerstand

   public:
//--------
   CAuto( double    NewVerbrauch,
          double    NewMaxTankFuellung,
          double    NewTankFuellung,
          unsigned  NewKilometerStand = 0); // der Konstruktor
   double   GetVerbrauch()       const { return Verbrauch;       }
   double   GetMaxFuellung()     const { return MaxTankFuellung; }
   double   GetTankFuellung()    const { return TankFuellung;    }
   unsigned GetKilometerStand()  const { return KilometerStand;  }
   bool     Fahre( unsigned KM );          // falls möglich, sonst false

   virtual void Tanke( double Liter, CKonzern& Tankstelle) = 0; // pur virtuell

}; // Klasse CAuto
```

Wenn wir nun für unsere abgeleitete Klasse CBenzinAuto die Methode Tanke mit einem booleschen Rückgabewert überschreiben wollen, der darüber Auskunft gibt, ob das Tanken geklappt hat (ist soviel Benzin vorhanden gewesen?, konnte der Tank überhaupt soviel Benzin noch fassen?), so entsteht ein Fehler, denn `CBenzinAuto` erbt von der Basisklasse `CAuto` das Interface, das eine **`void`** Methode verlangt. Was aber wohl geschehen kann, ist die Deklaration einer neuen Methode `Tanke` mit einer anderen Struktur ihrer formalen Argumente, z.B. `Tanke()` fürs Volltanken an einer Standardtankstelle, die dann sehr wohl einen anderen Rückgabetyp haben kann. Bei dieser Deklaration wird nämlich nicht der **`virtual`** Mechanismus aktiviert, sondern es handelt sich dann um gewöhnliches Überladen des Namens „Tanke".

Nun könnte man auf die Idee kommen, überhaupt nur virtuelle Methoden zu verwenden, um in späteren Ableitungen keine Möglichkeiten auszuschließen. Tatsächlich gibt es in einigen C++ Compilern[1] Einstellungen, daß generell alle Methoden virtuell implementiert werden, was aber aufgrund der Portabilität nicht zu empfehlen ist. Vom Standpunkt der objektorientierten Programmierung wäre dies uneingeschränkt korrekt. Leider haben virtuelle Methoden einen geringfügig größeren Laufzeit-Overhead als nicht-virtuelle Methoden. Wie in den Beispielen gesehen, kann die Zuordnung zwischen Nachricht und virtueller Methode erst zur Laufzeit erfolgen (man nennt das **dynamische Bindung**; im Gegensatz zur **statischen Bindung**, bei der die Zuordnung schon zur Compilezeit festgelegt werden kann). In der Praxis spielt dies in der Regel keine Rolle, lediglich in Ausnahmefällen (etwa bei extrem häufig benutzten Zugriffsoperatoren, die zusätzlich auch inline implementiert werden), kann dies zu spürbaren Laufzeitunterschieden führen. Um dies für den Entwickler steuerbar zu machen, kann durch das Schlüsselwort **`virtual`** entschieden werden, welche Implementierung der Compiler zu wählen hat.

10.1.5 Aufgaben

Aufgabe 48 Tankstelle für Benzin und Diesel

Definiere eine Klasse `CTankstelle` mit zwei privaten **`unsigned`** Variablen `Diesel` und `Benzin` und zwei **`public`** Funktionen `KaufeDiesel(`**`double`**` Liter)` und `KaufeBenzin(`**`double`**` Liter)`. Mit Hilfe dieser schreibe eine Implementierung der Methode `Tanke` für `CDieselAuto` und `CBenzinAuto`.

Aufgabe 49 Personenwagen und Lastwagen

Leite aus der Klasse `CAuto` zwei Klassen `CPersonenWagen` und `CLastWagen` ab, wobei `CPersonenWagen` eine **`private`** Konstante `SitzZahl` und `CLastWagen` eine **`private`** Konstante `CMaxZuladung` besitzt. Definiere Methoden für Ein- und Aussteigen von *m* Personen in einen Personenwagen bzw. Ein- und Ausladen von *n* kg auf einen Lastwagen.

[1] ....So kann etwa der public domain GNU C++ Compiler arbeiten.

Aufgabe 50 Konstruktor- und Destruktorreihenfolge

Sage für das folgende C++ Programm die Reihenfolge des Aufrufs der Konstruktoren und Destruktoren voraus und teste das Ergebnis danach aus.

```
class X
{ public:
    X() { cout << "Konstruktor von X" << endl; }
    ~X() { cout << "Destruktor von X"  << endl; }
};

class B
{ public:
    B() { cout << "Konstruktor von B" << endl; }
    ~B() { cout << "Destruktor von B"  << endl; }
};

class C: public B
{ public:
    C() { cout << "Konstruktor von C" << endl; }
    ~C() { cout << "Destruktor von C"  << endl; }
};

class D: public C
{ public:
    X x;
    D() { cout << "Konstruktor von D" << endl; }
    ~D() { cout << "Destruktor von D"  << endl; }
};

int main()
{ D d;
  return 0;
}
```

Aufgabe 51 Vererbung beim Konto-Beispiel

Auf Sparkonten erhält man keinen Kredit aber Zinsen; und bei Girokonten gibt es keine Zinse aber bei Bedarf einen Dispokredit. Leite entsprechende Klassen `CSparkonto`, die nur positive Kontostände erlaubt, und `CGirokonto` von `CKonto` ab. Reicht es, die Methoden `Einzahlung` und `Auszahlung` entsprechend zu redefinieren oder müssen auch Operatoren (insbesondere **-=** und **-**) in den neuen Unterklassen von `CKonto` überschrieben werden?

Aufgabe 52 Klassenbaum

Entwerfe eine Klassenhierachie (in OMT-Notation) für folgende Begiffe: Auto, Fahrzeug, Segelboot, PKW, Yacht, Motorrad, Fahrrad, LKW, **Amphibienfahrzeug**, Schwertransporter, Schiff. Führe gegebenenfalls geeignete Zwischenklassen ein.

Aufgabe 53 protected-Elemente

Abgeleitete Klassen haben vollen Zugriff auf die `protected`-Elemente ihrer Basisklasse. Demzufolge funktioniert folgendes Programmfragment, oder?

```
class CBasis
{
  protected:
//----------
  char  Code;

}; // class CBasis


class CUnterklasse : private CBasis
{
  protected:
//----------
  char  GeheimCode;

  public:
//-------
  void  Uebertragen()
              { GeheimCode = Code; }
  void  Klauen(const CBasis& Quelle)
              { GeheimCode = Quelle.Code; }

}; // class CUnterklasse
```

10.2 Vertiefung

Hat man nicht unbedingt den strengen Auftrag, ein eindeutiges Klassifikationssystem zu schaffen (wie es z. B. die Biologie bei der Klassifikation der Tierwelt anstrebt), kann man über die einfache Vererbung hinaus auch an eine Mehrfachvererbung denken. So wird der Wal, obwohl in der Biologie eindeutig als Säugetier klassifiziert, vom Nichtbiologen wegen seiner äußeren Merkmale oft gern als Fisch apostrophiert. Ein natürlicheres, wenn auch nicht ganz so stringentes Klassifikationsverfahren wäre es, den Wal sowohl als eine Art Fisch, als auch eine Art Säugetier anzusehen, also in der Sprache der Objektorientierung, daß er von zwei Klassen (Fisch und Säugetier) abgeleitet ist und daher Merkmale von beiden erbt (Mehrfachvererbung).

10.2.1 Mehrfachvererbung

Solange jede abgeleitete Klasse nur aus einer einzigen Basisklasse abgeleitet wird, hat die Ableitungshierarchie eine Baumstruktur. Diese strenge Struktur wird mit dem Konzept der Ableitung einer Klasse aus mehreren Klassen zu einem gerichteten Hierarchiegraphen ohne Rückkopplungen aufgeweicht.[1]

Die Syntax für eine Ableitung aus mehreren Klassen ist:

[1] ....Solche Graphen werden oft auch als DAG = Directed Acyclic Graph bezeichnet.

```
class NameDerAbgeleitetenKlasse : AbleitArt1 NameBasis1,..., AbleitArtN NameBasisN
{
  //Klassendeklaration
};
```

Ein solche Deklaration hat den Effekt, daß jede Instanz der abgeleiteten Klasse eine Instanz jeder der aufgeführten Basisklassen erzeugt, insbesondere wird jede Instanzvariable jeder der Basisklassen in der abgeleiteten Klasse erzeugt. Jede Basisklasse darf deshalb nur einmal in der Liste der Basisklassen auftauchen, weil sonst - insbesondere bei den Instanz-Variablen - eine Mehrdeutigkeit entstünde (mehrere Variablen desselben qualifizierten Namens). Wohl aber darf in der gesamten Ableitungsstruktur einer Klasse dieselbe Klasse mehrfach auftreten.

10.2.1.1 Spezielle Autoklassen

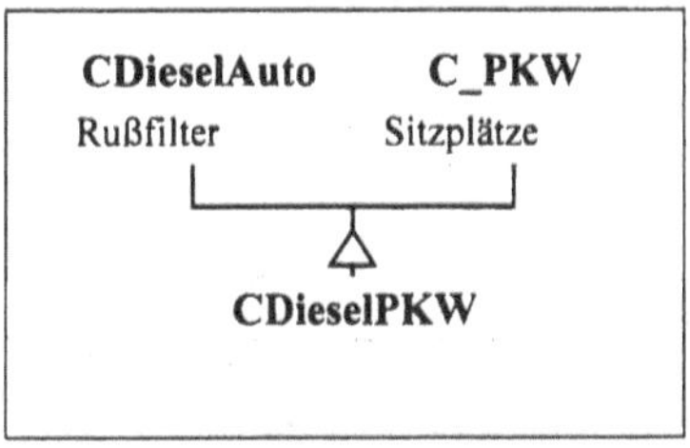

Abb. 10.2-1: Mehrfachvererbung

Wenn wir aus den vorangegangenen Beispielen die Klasse `C_PKW` übernehmen, können wir daraus zusammen mit der Klasse `CDieselAuto` nun die Klasse `CDieselPKW` ableiten:

```
class CDieselPKW : public CDieselAuto,
                   public C_PKW
{
  // Deklarationen

}; // Klasse CDieselPKW
```

Auch bei der mehrfachen Vererbung können alle beteiligten Basisklassen individuell als **private**, **protected** oder **public** spezifiziert werden.

```
class B {int d ;        * Basisklasse */};
class C : public  B  {/* abgeleitete Klasse */};
class D : public  B  {/* abgeleitete Klasse */};
class E : private C  {/* nochmals abgeleitete Klasse */};
class F : public B, public C, public B
{/* mehrfach abgeleitete Klasse */};              // !!!FEHLER!!!  B kommt 2-mal vor
class G : public B, public C, public D
{/* mehrfach abgeleitete Klasse */};              // korrekte Mehrfachableitung
```

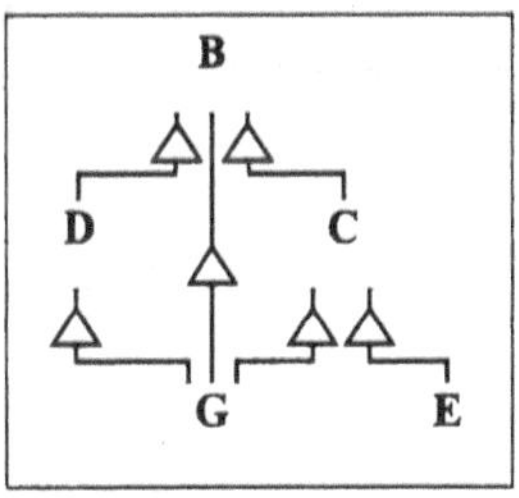

Abb. 10.2-2: komplexe Mehrfachvererbung

Man kann zu den Ableitungen den Ableitungsgraph notieren, aus dem sich die Folge (und auch Art) der Ableitung(en) ablesen läßt. Speziell auf die unterschiedliche graphische Darstellung in dem nebenstehenden Diagramm wird noch im folgenden vertieft eingegangen. Solche Ableitungsgraphen oder Klassendiagramme bilden ein gutes Hilfsmittel, um die Übersicht über die Ableitungsstruktur zu behalten. Daher werden sie heute auch häufig in speziellen Entwicklungsumgebungen als spezifische Werkzeuge für die objektorientierte Programmierung angeboten. Durch direktes Manövrieren innerhalb des Graphen arbeiten die OO-spezifischen

Klassen-Browser, mit deren Hilfe sowohl der Ableitungsgraph als ganzes, aber auch interne Details der jeweiligen Klassen (Variablen und Methoden) dargestellt werden kann.

Ohne die hier benutzte **Mehrfachvererbung (Multiple Inheritance)** bliebe der Ableitungsgraph (vgl. Abb. 10.2-2) stets nur ein Baum (es gibt dann eine eindeutige oberste Klasse in der Wurzel des Baums), etwa dann, wenn im obigen Beispiel die Klasse G nur noch von der Klasse C abgeleitet wird (vgl. Abb. 10.2-3).

In dem Beispiel der Mehrfachvererbung ruft der Konstruktor von `G` zunächst die Konstruktoren von `B`, `C` und `D` in dieser Reihenfolge auf, wobei `C` und `D` jeweils nochmals `B` aufrufen.

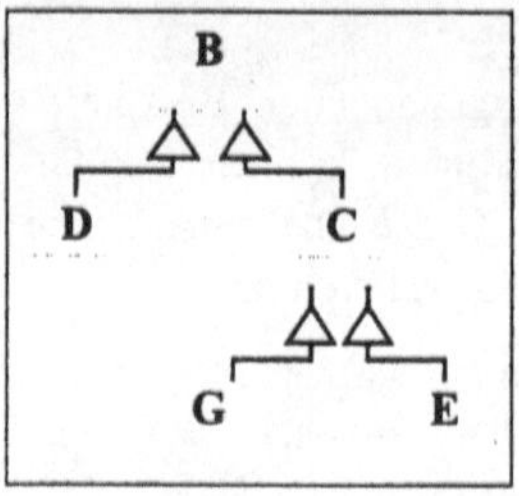

Abb. 10.2-3: Einfache Vererbung

Dies bedeutet insbesondere, daß alle Instanzvariablen `d` von `B` in `G` in dreifacher Ausfertigung `B::d`, `C::d` und `D::d` vorliegen. Da aber mehrere der Basisklassen die Variable `d` einbringen, muß `d` mit dem Klassennamen qualifiziert werden, aus dem die Variable stammt, um die Mehrdeutigkeiten aufzulösen. Bei den Methoden von `B` ist das nur nötig, wenn sie in den abgeleiteten Klassen umdefiniert worden sind. Es gibt noch eine andere Situation, in der bei Mehrfachableitungen Mehrdeutigkeiten auftreten können und deshalb eine Qualifizierung der Elemente unerläßlich ist:

```
class A {public: void Setup()};
class B {public: void Setup()};

class C : public A, public B
{
  void Init()
  {
    // Setup() - Aufruf ist mehrdeutig, daher:
    // ---------------------------------------
    A::Setup();
    B::Setup();
  }
};
```

10.2.2 Virtuelle Ableitungen

Die angesprochene Duplikation der Instanzvariablen ist in einigen Fällen durchaus gewollt und erwünscht. In vielen einfachen Anwendungen der Mehrfachvererbung mit späterer Zusammenführung[1] ist dies aber nicht gewünscht:

---

[1] ....Leser mit Kenntnissen aus der theoretischen Informatik könnten diese Eigenschaft auch kürzer als „konfluent" bezeichnen, was aber in der Objektorientierung nicht üblich ist.

```
class CAuto
{
  public:  string Kennzeichen;
};

class CDieselAuto : public CAuto
{
  public:  bool Russfilter;
};

class C_PKW : public CAuto
{
  public:  unsigned short Sitzplaetze;
};

class CDieselPKW : public CDieselAuto, public C_PKW
{
  // enthält unerwünschterweise zwei Kennzeichen
}
```

Im obigen Beispiel `CDieselPKW` haben wir zwei Ableitungswege von der Oberklasse `CAuto` und deshalb werden alle Instanzvariablen von `CAuto` zweimal angelegt und ggf. durch Konstruktoren initialisiert. Dies ist in unserem Beispiel natürlich völlig unangebracht, denn jedes Auto hat natürlich nur ein Kennzeichen und nicht etwa je ein Kennzeichen in seiner Eigenschaft als ein Dieselauto und als Personenwagen. Anders ausgedrückt ein Diesel-PKW sollte <u>ein</u> Auto sein und nicht zwei Autos.

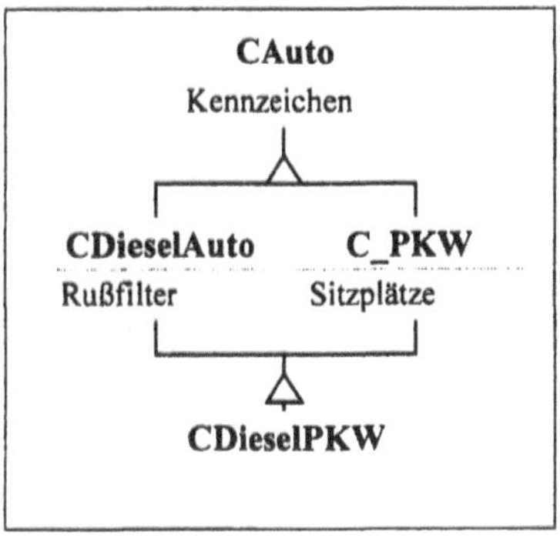

Abb. 10.2-4: Disjunkte Mehrfachvererbung

Daher unterscheidet man in der objektorientierten Programmierung zwischen **überlappenden** und **nicht-überlappenden** Ableitungen. Andere Bezeichnungen sind (etwas theoretischer) **disjunkt** und **nicht-disjunkt** oder gleich nach dem entsprechenden Schlüsselwort, das C++ verwendet, **virtuell**. Es ist dabei nur wichtig, daß dieses **`virtual`** nichts mit virtuellen Methoden zu tun hat.

Bei der bislang benutzten Art der Ableitung handelt es sich um die nicht-überlappende (disjunkte) Art. Sollen dagegen zwei Klassen überlappend (nicht-disjunkt) von einer gemeinsamen Oberklasse abgeleitet werden, so wird zusätzlich das Schlüsselwort **`virtual`** benutzt, das beliebig mit den Schlüsselworten zur Zugriffskontrolle (**`private`**, **`public`** oder **`protected`**) kombiniert werden kann:

```
class CDieselAuto : virtual public CAuto
{
  public:  bool Russfilter;
};

class C_PKW : virtual public CAuto
{
  public:  unsigned short Sitzplaetze;
};
```

```
class CDieselPKW : public CDieselAuto, public C_PKW
{
  // enthält jetzt nur ein Kennzeichen
}
```

Es ist bemerkenswert, daß die Klassen `CDieselAuto` und `C_PKW` virtuell abgeleitet werden müssen, um eine spätere Duplizierung in `CDieselPKW` zu vermeiden.

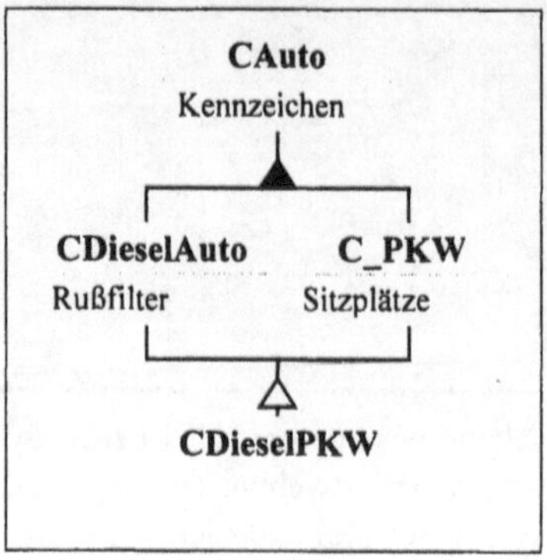

Abb. 10.2-5: Überlappende Mehrfachvererbung

Eine Klasse, die virtuell von einer Basisklasse abgeleitet ist, kennzeichnet damit, daß sie bereit ist, sich die Daten aus der Basisklasse mit anderen virtuellen Ableitungen aus derselben Basisklasse zu teilen. In Klassendiagrammen wird diese überlappende Ableitung durch ein gefülltes Dreieck anstelle des sonst üblichen leeren Dreiecks bezeichnet.

Tatsächlich sind überlappende Mehrfachvererbungen in der Praxis häufiger anzutreffen, als disjunkte, weil oft nur eine gleichartige Funktionalität über mehrere Vererbungslinien auftritt, ohne daß dies inhaltlich mit einer mehrfachen Instanziierung gleichzusetzen wäre. Zusätzlich lassen sich echte mehrfache Instanziierungen oft besser durch eine „Has-A“-Beziehung beschreiben.

In einem Kommunikationssystem mit Kommunikationskanälen kann etwa ein Kanalnutzer mit lesendem und schreibendem Zugriff gut durch überlappende Mehrfachvererbung beschrieben werden, weil dabei die Klasse `CKanalNutzer` tatsächlich (ähnlich wie bei dem Autobeispiel und ähnlich zu den C++ stream-Klassen) nur ein Kanal der Klasse `CKanal` ist, der aber zwei Funktionalitäten über die Klassen `CKanalLeser` und `CKanSchreib` erbt.

```
class CKanal
{
 private:
//--------
   string Inhalt;                          // Verwende String als Zeichenpuffer

 public:
//-------
   bool istLeer() { return Inhalt.length() == 0; }

 protected:
//----------
   void Einfuegen( char c ) { Inhalt.append( c ); }
   char Entnehmen()
   {
     if ( istLeer() ) return ' ';
     char Resultat = Inhalt[0]; Inhalt.remove( 0, 1 );
     return Resultat;
   }

}; // CKanal
```

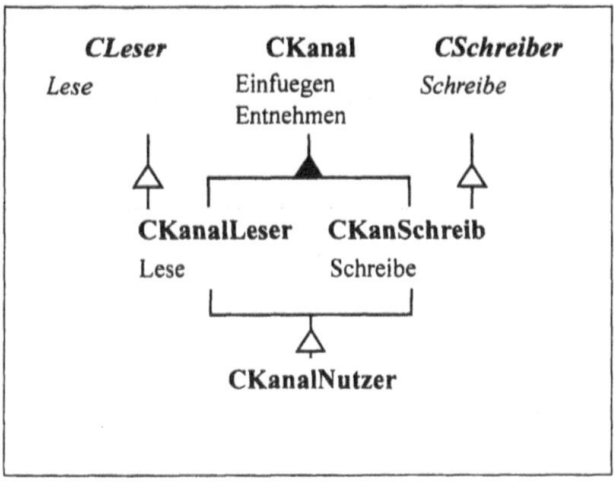

Abb. 10.2-6: Sinnvolle Anwendung überlappender Mehrfachvererbung

Die Benutzung des Kanals soll nur über entsprechende Methoden abgeleiteter Klassen erfolgen; daher sind `Einfuegen` und `Entnehmen` nur **`protected`** exportiert. Lediglich die Abfrage des Kanalinhaltes wurde **`public`** gemacht.

Die abstrakten Klassen `CLeser` und `CSchreiber` beschreiben ein (hier sehr rudimentäres) Interface für lesenden bzw. schreibenden Zugriff auf einen Kanal. Beide Klassen werden erst durch die Mehrfachvererbung mit der konkreten Klasse `CKanal` und entsprechender Konkretisierung der Methoden `Lese` und `Schreibe` zu den konkreten Klassen `CKanalLeser` und `CKanSchreib`.

```
class CLeser
{
  public:
    virtual char Lesen() = 0;

}; // class CLeser

class CSchreiber
{
  public:
    virtual
    void Schreiben( char c ) = 0;

}; // class CSchreiber
```

Durch die überlappende Ableitung von `CKanal` wird sichergestellt, daß bei der späteren Zusammenführung nur ein Kanal instanziiert wird:

```
class CKanalLeser : public CLeser, public virtual CKanal
{
  public:
    char Lesen() { return Entnehmen(); }

}; // CKanalLeser

class CKanSchreib : public CSchreiber, public virtual CKanal
{
  public:
    void Schreiben( char c ) { Einfuegen( c ); }

}; // CKanalLeser
```

Die Zusammenführung zur Klasse `CKanalNutzer` ist in diesem Fall einfach:

```
class CKanalNutzer : public CKanalLeser, public CKanSchreib
{ /* Nichts zusätzliches */ };
```

Damit können dann zwei Anwendungstasks (hier durch einfache Funktionen simuliert) kommunizieren, wobei der Leser eine eingeschränkte, lesende Sicht (nämlich als `CKanalLeser`-Instanz) und der Schreiber eine eingeschränkte, schreibende Sicht (nämlich als `CKanSchreib`-Instanz) erhält. Tatsächlich operieren beide auf ein und derselben `CKanal`-Instanz.

```
void Judith( CKanSchreib& s, unsigned wieviel )
{
  cout << "Judith: ";
  if ( s.istLeer() )                            // wenn Chance zum Schreiben
    for ( unsigned i=0; i < wieviel; i++ )      // schreibe etwas
    {
      s.Schreiben( 'b' ); s.Schreiben( 'l' ); s.Schreiben( 'a' );
    }
  else
  {
    cout << " ## Du hösrst nicht zu!";          // sonst beleidigt sein
  }
} // Judith

void Frank( CKanalLeser& L, unsigned wielange )
{
  for ( unsigned i=0; i < wielange && !L.istLeer(); i++ )  // solange etwas da
  {                                                        // und noch Lust
    char c = L.Lesen();  cout << c;             // Zuhören und protokollieren
  }
  if ( !L.istLeer() ) cout << "... uff!";       // Kein Kommentar

} // Frank

int main()
{
  CKanalNutzer Sprechanlage;
  Judith( Sprechanlage, 2 );    Frank( Sprechanlage, 10 );
  Judith( Sprechanlage, 5 );    Frank( Sprechanlage, 10 );
  Judith( Sprechanlage, 3 );    Frank( Sprechanlage, 10 );
  return 0;
}
```

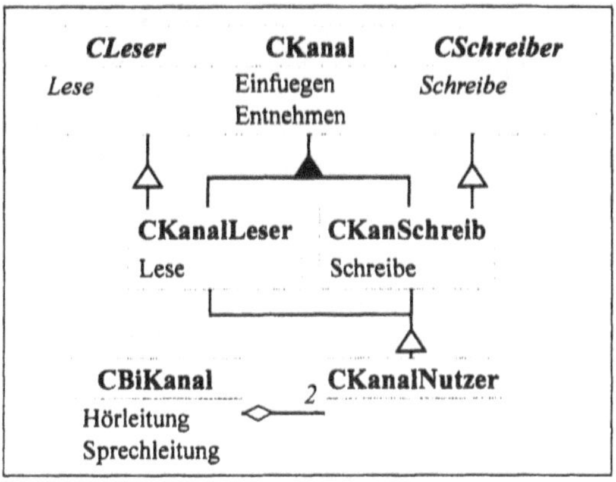

Abb. 10.2-7: Vermeidung ungeschickter disjunkter Mehrfachvererbung

Ein bidirektionaler Kanal wird dagegen besser nicht direkt durch eine disjunkte Mehrfachvererbung analog zu diesem Beispiel realisiert, weil die dabei entstehende Modellierung nur zu komplizierten Mehrdeutigkeiten führen würde.

Die Nachricht `istLeer` wäre bei disjunkter Mehrfachvererbung nicht eindeutig, weil es ja zwei `CKanal`-Instanzen gäbe. Hinzu kommt, daß bei einer bidirektionalen Verbindung die beiden beteiligten Benutzer eine jeweils vertauschte Sicht auf die Kanäle bekommen sollen: Der Eingabekanal des einen Benutzers ist der Ausgabekanal des zweiten und umgekehrt. Daher ist in diesem Fall eine Modellierung besser, bei der ein bidirektionaler Kanal zwei Kanäle besitzt (Has-A) anstelle „zwei Kanäle ist" (Is-A, disjunkt, vgl. Abb. 10.2-7).

```
class CBiKanal
{
  private:
    CKanalNutzer Kanal[2];
    unsigned short HKan, SKan;

  public:
    CBiKanal() { HKan = 0; SKan = 2; }

    CKanalLeser& HoerLeitung()  { HKan++; return Kanal[ HKan % 2 ]; }
    CKanSchreib& SprechLeitung(){ SKan--; return Kanal[ SKan % 2 ]; }

}; // CBiKanal
```

Ein `CBiKanal` besitzt zwei bidirektionale `CKanalNutzer`-Instanzen, deren Lese- bzw. Schreibteile jeweils paarweise vertauscht zur Verfügung gestellt werden können:

```
  CBiKanal Telefon;
  Judith( Telefon.SprechLeitung(), 2 );  Frank( Telefon.HoerLeitung(), 10 );
```

Diese Formulierung hat zudem den Vorteil, daß sie nicht auf bilaterale Kommunikation eingeschränkt sein muß; prinzipiell sind auch mehr parallele Kanäle ähnlich realisierbar.

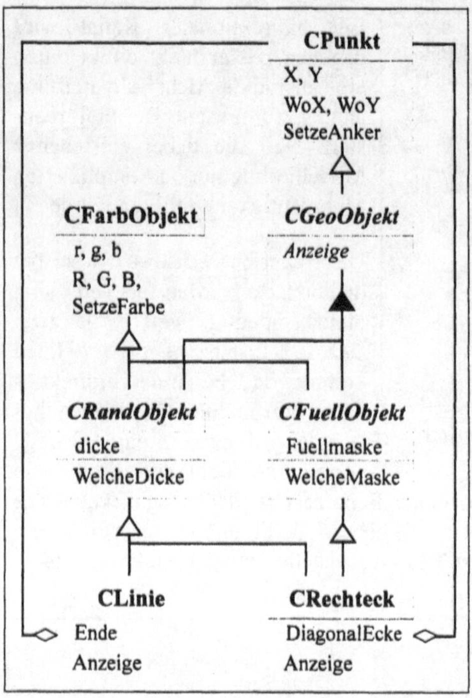

Abb. 10.2-8: Disjunkte und überlappende Mehrfachvererbung

Eine sinnvolle Anwendung für disjunkte und überlappende Mehrfachvererbung kann aber die Modellierung geometrischer Objekte liefern, wenn wir unser Beispiel von Seite 182 etwas weiter ausführen (vgl. Abb. 10.2-8):

Dazu werden Eigenschaften sowohl farbiger (`CFarbObjekt`), gefüllter (`CFuellObjekt`) als auch berandeter Objekte (`CRandObjekt`) in die Klassenhierarchie eingefügt. Aufgabe der abstrakten Klasse `CGeoObjekt` ist es, die Grundfunktionalität zur Anzeige (sowie Verstecken, Verschieben usw.) abstrakt zu beschreiben. Dazu wird sich auf `CPunkt` bezogen, wobei damit jedes Objekt mit einem `CPunkt` (seinem „Ankerpunkt") identifiziert wird.

Diese Eigenschaften werden dann an die (ebenfalls abstrakten) Klassen `CRandObjekt` und `CFuellObjekt` überlappend vererbt, denn diese Eigenschaften und besonders auch die damit verbundenen Instanzvariablen (Zustände) sollen bei einer späteren Zusammenführung durch Mehrfachvererbung nicht verdoppelt werden. Inhaltlich bedeutet dies, daß etwa eine Linie (Instanz der Klasse `CLinie`) ein Punkt (im Sinne ihres Ankerpunktes) ist und daß die Nachricht `Anzeige` (erstmalig definiert in `CGeoObjekt`) eindeutig ist.

```
class CPunkt
{
  private:
    unsigned short X, Y;

  public:
    CPunkt( unsigned short _x = 0, unsigned short _y = 0 )
    {  X = _x;  Y = _y;  }
    unsigned short WoX() const { return X; }
    unsigned short WoY() const { return Y; }

    void SetzeAnker(const CPunkt rhs)
    {  X = rhs.X;  Y = rhs.Y;  }

}; // class CPunkt
```

In der abstrakten Klasse `CGeoObjekt` können noch weitere geometrische Methoden definiert werden. Wichtig ist nur, daß alle von `CGeoObjekt` abgeleiteten Klassen, auch wenn diese über Mehrfachvererbung von konkreten Klassen mit abgeleitet werden, solange abstrakt bleiben, bis alle pur-virtuellen Methoden (hier: `Anzeige`) konkretisiert wurden.

```
class CGeoObjekt : public CPunkt
{
  public:
    CGeoObjekt( unsigned short _x = 0, unsigned short _y = 0 )
      : CPunkt( _x, _y ) { }

    void virtual Anzeige() = 0;

}; // CGeoObject
```

Die Klasse `CFarbObjekt` vererbt Farbeigenschaften (hier am Beispiel des RGB-Farbmodells).

```
class CFarbObjekt
{
  private:
    unsigned char r, g, b;

  public:
    CFarbObjekt( unsigned char _r = 255,
                 unsigned char _g = 255,
                 unsigned char _b = 255  )
    { r = _r; g = _g; b = _b; }

    void SetzeFarbe( const CFarbObjekt rhs )
    {
      r = rhs.r;  g = rhs.g;  b = rhs.b;
    }
    unsigned char R() const { return r; }
    unsigned char G() const { return g; }
    unsigned char B() const { return b; }

}; // CFarbObjekt
```

Diese Eigenschaft wird, anders als die geometrischer Objekte, disjunkt an die beiden nachfolgenden Klassen `CRandObjekt` und `CFuellObjekt` vererbt. Ein `CRandObjekt` ist ein geometrisches Objekt mit einer Berandung, deren Stärke (durch Instanzvariablen) und Farbe (über Vererbung) festgelegt werden kann.

```
class CRandObjekt : public virtual CGeoObjekt, public CFarbObjekt
{
  private:
    unsigned short dicke;

  public:
    CRandObjekt() { dicke = 1; }
    unsigned short WelcheDicke() const { return dicke; }

}; // class CRandObjekt
```

Ähnlich ist ein `CFuellObjekt` ein geometrisches Objekt mit einer Innenfläche, deren Muster (durch eine Instanzvariable) und Farbe (durch Vererbung) beschrieben wird.

```
class CFuellObjekt : public virtual CGeoObjekt, public CFarbObjekt
{
  private:
    string Fuellmaske;

  public:
    CFuellObjekt() { Fuellmaske = "voll"; }
    string WelcheMaske() const { return Fuellmaske; }

}; // class CFuellObjekt
```

Konkretisierungen sind nun die Klasse `CLinie`, die nur ein berandetes Objekt ist

```
class CLinie : public CRandObjekt
{
  private:
    CPunkt Ende;

  public:
    CLinie( unsigned short x0, unsigned short y0,
            unsigned short x1, unsigned short y1 ) : CGeoObjekt( x0, y0 )
    {
      Ende = CPunkt( x1, y1 );
    }
    void Anzeige()
    { /* ... */  }

}; // class CLinie
```

und die Klasse `CRechteck`, die berandetes und gefülltes Objekt ist.

```
class CRechteck : public CRandObjekt, public CFuellObjekt
{
  private:
    CPunkt DiagonalEcke;

  public:
    CRechteck( unsigned short x0, unsigned short y0,
               unsigned short x1, unsigned short y1 ) : CGeoObjekt( x0, y0 )
    {
      DiagonalEcke = CPunkt( x1, y1 );
    }
    void Anzeige()
    { /* ... */ }

}; // class CRechteck
```

Beide konkrete Klassen benutzen zusätzlich jeweils einen weitere `CPunkt`-Instanz für ihre interne Zustandsbeschreibung, was durchaus möglich ist (eine Linie ist damit ein (Anker)-Punkt = Anfangspunkt und besitzt noch einen Endpunkt).

In der Anwendung erkennt man dabei, daß die Farbe einer Linie direkt durch die Nachricht `SetzeFarbe` verändert werden kann, weil die Farbeigenschaft nur einmal geerbt wurde. Bei einem Rechteck muß dagegen bei der Farbwahl angegeben werden, von welchem Zweig in der Vererbungshierarchie die Farbeigenschaft übernommen wurde, weil diese, inhaltlich korrekt, zweimal vorhanden ist: Einmal für die Umrandung und für die Füllung. Die Veränderung des Ankerpunkts ist dagegen in beiden

Fällen eindeutig aufgrund der überlappenden Vererbung der Geometrie-Objekt-Eigenschaften.

```
CLinie L( 10, 10, 30, 40 );      // Linie erzeugen von (10,10 nach (30,40)

L.SetzeFarbe( CFarbObjekt( 255, 0, 0 ) );  // Linie in rot
L.SetzeAnker( CPunkt( 11, 11 ) );          // Ankerpunkt jetzt auf (11,11)
L.Anzeige();

CRechteck R( 4, 4, 12, 13 );   // Rechteck erzeugen (4,4) - (12,13)

R.CFuellObjekt::SetzeFarbe( CFarbObjekt( 0, 255, 0 ) ); // innen grün
R.CRandObjekt ::SetzeFarbe( CFarbObjekt( 0, 0, 255 ) ); // Rand blau
R.SetzeAnker( CPunkt( 5, 5 ) );                         // Ankerpunkt (5,5)
R.Anzeige();
```

10.2.3 Zuweisungskompatibilität und Projektion

Ist eine Klasse `CBenzinAuto` **`public`** von einer Klasse `CAuto` abgeleitet, so ist natürlich ein Objekt `Benziner` der Klasse `CBenzinAuto` auch ein Objekt der Klasse `CAuto`, daher ist eine Zuweisung von `Benziner` zu einem Objekt `einAuto` der Klasse `CAuto` möglich und erlaubt, denn bei dieser Zuweisung wird lediglich die zusätzliche Struktur (Instanzvariablen und Methoden) von `CBenzinAuto` „vergessen“. Diese Art der speziellen Zuweisung wird auch **Projektion** genannt;

```
class CAuto
{
   public:
      double  Verbrauch;
      double  MaxTankFuellung;        // ...
};

class CBenzinAuto : public CAuto
{
   public:
      bool  Katalysator;              // ...
};

int main()
{
   CAuto       einAuto;
   CBenzinAuto Benziner;

   einAuto  = Benziner;  // Zulässige Zuweisung,
   Benziner = einAuto;   // ***FEHLER*** die Struktur von Benziner ist größer als
                         // die von einAuto (es fehlt z. B. Katalysator).
```

Die Kompatibilität in umgekehrter Richtung (Zuweisung eines `CAuto`-Objekts zu einem `CBenzinAuto`-Objekt) kann in Einzelfällen höchstens dadurch nachträglich erreicht werden, daß der Zuweisungsoperator = für die Klasse `CBenzinAuto` überladen wird, und dabei für die zusätzlichen Instanzvariablen geeignete Vorgabewerte benutzt würden. Weitere Details zu solchen Zuweisungen und Umwandlungen mit expliziter Kontrolle werden in den Kapiteln 14. „Referenzen und Beziehungen“ und 15. „Dynamische Objekte“ vorgestellt.

Diese Möglichkeit der Zuweisungen zwischen Objekten gleicher Klasse oder von Unter- auf Oberklassen (Projektion) stützt sich dabei auf das Kopierverhalten aller beteiligten Teilobjekte und Instanzvariablen ab. Wenn also für alle Teilobjekte/Instanzvariablen ein „vernünftiges" Kopierverhalten erklärt ist, dann braucht sich der Klassenentwicker nicht um eine explizite Formulierung von Zuweisungen zu kümmern. Erst bei komplexeren Strukturen mit Verweisen auf andere Objekte erfordert das Kopierverhalten genauere Überlegungen; das gesamte Verhalten bei Zuweisungen und Parameter-Übergaben wird dann als **Copy-Semantik** bezeichnet. Bei allen Arten von Zuweisungen zwischen Objekten ist diese aber immer so zu verstehen, daß ein bestehendes Objekt (etwa `einAuto` im obigen Beispiel) den (vollständigen oder alle gemeinsamen Anteile) Zustand des zu kopierenden Objekts (etwa `Benziner` im obigen Beispiel) übernimmt. Beide Objekte bleiben aber hinsichtlich ihrer Objektidentität unverändert. Daher wird man später, besonders bei komplexen Objekten, oft lieber Referenzen auf Objekte kopieren als (scheinbar) das ganze Objekt.

Die Situation der Kompatibilität ist dagegen anders, wenn eine Klasse **`private`** vererbt wird, wie im folgenden Beispiel:

```
class CNetzteil
{
  public:       void SicherungWechseln();
};

class CComputer : private CNetzteil
{
  public:       void DisketteLaden();
};

int main()
{
  CNetzteil   ErsatzNetzteil;
  CComputer   mein_PC;

  mein_PC.SicherungWechseln(); // *** Fehler: Geht aus gutem Grund nicht so einfach
  ErsatzNetzteil = mein_PC;    // *** Fehler: Auch das geht nicht
  return 0;
}
```

Hier kann nicht mehr öffentlich auf `mein_PC.SicherungWechseln()` zugegriffen werden (etwa weil dazu vernünftigerweise erst einmal der Computer abgeschaltet werden sollte). Wäre eine Zuweisung `ErsatzNetzteil=mein_PC` erlaubt (die an sich nicht so sonderlich sinnvoll ist), so könnte nun über den Umweg `ErsatzNetzteil.SicherungWechseln` trotz **`private`** Ableitung auf die Methode `mein_PC.SicherungWechseln` zugegriffen werden, was eine Schutzverletzung wäre. Besonders gravierend wäre dies, wenn Zeiger auf bzw. Referenzen von Objekten in dieser Form zuweisbar wären, weil damit nicht nur Kopien, sondern die Objekte selbst zugreifbar sind (Zeiger und Referenzen werden im Kapitel 14. „Referenzen und Beziehungen" beschrieben).

10.2.4 Zugriffsrechte, Vererbung und Überladung

Mitunter gibt es bei gleichzeitiger Anwendung von Vererbung und Überladung unerwartete Ergebnisse. So hatten wir bei den speziellen `CAuto`-Klassen `CDiesel` und `CBenziner` die Methoden `Tanke` jeweils spezialisiert, etwa in der Art:

```
class CAuto
{
  public:
      void Tanke( double Liter );
};

class CBenziner : public CAuto
{
  public:
      void Tanke( double Liter, const CSprit& Sprit );
};

int main()
{
  CBenziner Benziner;

  Benziner.Tanke( 12.5, CSprit() );  //  ok, nimmt CBenziner::Tanke
  Benziner.Tanke( 12.5 );            //  FEHLER da Tanke überschrieben wurde
  Benziner.CAuto::Tanke( 12.5 );     //  so gehts dagegen
  return 0;
}
```

Hier wurde zwar, aufgrund der Ableitung das Symbol `Tanke` von `CAuto` an `CBenziner` vererbt, dort wurde aber das ererbte `Tanke` durch Überladung verdeckt. Überladung ererbter Methoden macht diese damit nicht mehr direkt zugreifbar, so daß hier `CAuto::Tanke` explizit bezeichnet werden mußte. Möchte man Überladung auf ererbte Methoden anwenden (und so deren Einsatzmöglichkeiten verbreitern), dann muß entweder eine „Durchreiche-Methode" eingeführt werden:

```
class CBenziner : public CAuto
{
  public:
    void Tanke( double Liter, const CSprit& Sprit );
    void Tanke( double Liter ) { CAuto::Tanke( Liter ); }
};
```

In ANSI C++ gibt es darüber hinaus auch die Möglichkeit, Namen explizit in eine abgeleitete Klasse zu importieren, womit man sich die Formulierung mehrerer „Durchreiche-Methoden" mit allen gewünschten Signaturen ersparen kann:

```
class CBenziner : public CAuto
{
  public:
    void Tanke( double Liter, const CSprit& Sprit );
    using CAuto::Tanke;
};
```

Dieses **`using`** ist ein Spezialfall für den Import von Namen aus einem Namensbereich (**`namespace`**) in einen zweiten. Eine Klasse ist in diesem Sinne auch ein Namensbereich. Weitere Details zu **namespace** werden in Kapitel 12. „Modularisierung und Projektorganisation" beschrieben.

Ebenfalls in den Grundlagen haben wir gesehen, daß wir durch Zugriffsspezifikationen bei der Ableitung einer Klasse die Rechte an den Objekten der Basisklasse für die Ableitung freigeben oder einschränken können. Dies wirkt dann aber gleichzeitig auf alle Objekte der Basisklasse. Will man nun aber individuell den Zugriff auf einzelne Objekte der Basisklasse freigeben, so gibt es dazu das Instrument der **Zugriffsdeklaration**. Hier darf ein Objekt der Basisklasse vollständig qualifiziert in demselben Bereich stehen (**public**, **protected**), in dem es in der Basisklasse steht, d. h. die Zugriffsrechte für das deklarierte Objekt in der abgeleiteten Klasse sind dieselben wie in der Basisklasse.

```
class B
{
   public:
          int  i;
          void f();

   protected:
          int  j;
          void g();
};

class Ableitung : private B
{
   public:
     B::i;    //Zugriffsdeklaration für Variable i ist zulässig, weil i public ist
     B::j;    //***Fehler*** Zugriffsrecht von j kann nicht erweitert werden,
              //             weil j bereits nur protected in Basis ist.

   protected:
     B::g;    //Zugriffsdeklaration für Methode g
     B::f;    //***Fehler*** Zugriffsrecht kann nicht eingeschränkt werden!
};
```

Die Zugriffsdeklaration `B::i` stellt den Instanzen der Ableitung die Variable `i` der Klasse `B` zur Verfügung, die sonst nur der Klasse `Ableitung` privat zur Verfügung stände. Die Zugriffsdeklaration `B::g` stellt die Methode `g` jeder Instanz von `Ableitung` **protected** zur Verfügung (also nur in weiteren Ableitungen). Dagegen kann `j` nicht **public** gemacht werden, weil die Klasse `B` für `j` nur maximal **protected** erlaubt hat. Eher kurios ist die Tatsache, daß für `f` das Zugriffsrecht auf diese Art nicht eingeschränkt werden kann. Zulässig dagegen wäre, `f` **public** zu machen. In solchen Fällen hilft wiederum nur eine „Durchreiche-Methode" der Art:

```
class Ableitung : private B
{
  protected:
  void f() { B::f(); }
}
```

10.2.5 Aufgaben

Aufgabe 54 Debugging-Klasse

Für Debugging-Zwecke, also zur Suche von Programmierfehlern, habe jede Klasse, die wir verwenden, eine private Stringkonstante `KlassenName`, die den Namen der Klasse (voll qualifiziert) enthält. Wir definieren nun eine Klasse `Debug` wie folgt:

```
class Debug
{
  public:
    Debug(){ cout << "Konstruktor von  " << KlassenName() << endl;}
    ~Debug(){ cout << "Destruktor von "   << KlassenName() << endl;}
}; // Klasse Debug
```

Was geschieht, wenn man nun alle vorhandenen Klassen noch zusätzlich von `Debug` ableitet und in diesen Klassen eine `string`-wertige Methode `KlassenName` einfügt? Welche Eigenschaft sollte `KlassenName` sinnvollerweise haben?

11. Streams

11.1 Grundlagen

In der Sprachspezifikation der Programmiersprache C++ sind keine Befehle für die Ein- und Ausgabe von Daten vorgesehen. Das mag zunächst verwundern. C++ bietet aber interessante Möglichkeiten für die Implementierung einer komfortablen und effizienten Ein- und Ausgabeschnittstelle in der Sprache selbst. Mit dem im folgenden Kapitel vorgestellten Konzept der **IOStreams** stellt die Standard-C++-Bibliothek eine umfangreiche geräte- und typunabhängige Ein- und Ausgabeschnittstelle zur Verfügung. Falls erforderlich, bieten die IOStreams auch komplexe Möglichkeiten zur Formatierung und Manipulation von Daten.

11.1.1 Einleitung

Es ist die Aufgabe einer Ein-/Ausgabeschnittstelle, Beziehungen zwischen dem internen Zustand eines Objekts und dessen externer Repräsentation festzulegen und entsprechende Umwandlungen in beide Richtungen durchzuführen. Für ein Objekt können dabei verschiedene externe Darstellungen existieren. Die Entscheidung, welche davon die bessere ist, hängt maßgeblich vom Verwendungszweck ab. Zum Beispiel ist bei der Ausgabe der Zahl 1996 auf dem Bildschirm deren natürliche Darstellung als `1996` wünschenswert. Es wird hier also eine Repräsentation einer Ganzzahl als Zeichenkette gefordert. Wie diese Zahl intern im Speicher abgelegt ist, ist für den Benutzer prinzipiell nicht von Interesse. Das gilt auch für die eigentliche Konvertierung der Zahl in eine Zeichenkette, was die Aufgabe der Ein-/Ausgabeschnittstelle ist. Jedoch muß eine Ein-/Ausgabeschnittstelle hier dem Benutzer auch Möglichkeiten bieten, die Konvertierung gezielt zu beeinflussen, zum Beispiel, um bestimmte Formatierungen vorzunehmen.

An eine Ein-/Ausgabeschnittstelle werden aber noch weitere Anforderungen gestellt. Da sich Dateneingabe und Ausgabe generell nicht auf den Bildschirm beschränkt, müssen auch Möglichkeiten existieren, auf Dateien zugreifen zu können und mit anderen Geräten zu kommunizieren. Ferner sollten auch Möglichkeiten zur Fehlererkennung und -behebung bereitgestellt werden.

Beim Design der IOStream-Bibliothek wurde versucht, mindestens die genannten Forderungen zu erfüllen. Entstanden ist eine umfangreiche Sammlung von Klassen und Funktionen. Das grundlegende Prinzip auf dem die IOStreams aufbauen sind **Ströme**. Als Strom (engl. stream) wird hier eine Folge von Zeichen bezeichnet, die ein Anfang und ein Ende besitzt. Ziel der IOStreams ist es, alle Ein- und Ausgaben so zu realisieren, daß sie auf eine Manipulation von Strömen und deren Zeichen zurückgeführt werden können. Die folgenden Ausführungen beziehen sich auf die bereits behandelte Ein- und Ausgabe von Objekten in Zeichenketten-Darstellung, welche durch die IOStreams besonders unterstützt wird. In diesem Zusammenhang wird auch die Bezeichnung **Stream-Format** verwendet, womit hier eine bestimmte Zeichenketten-Darstellung eines Objekts gemeint ist. Auf weitere externe Repräsentationen von Objekten, z. B. spezielle binäre Darstellungsformen, wird in diesem Kapitel noch nicht näher eingegangen.

Die IOStreams sind – im Verhältnis zu ihrem Umfang – unkompliziert in ihrer Anwendung. Die Ein- und Ausgabe der Standard-Typen wie z. B. **`char`** oder **`int`** ist fester Bestandteil der IOStream-Bibliothek. Das dabei verwendete Prinzip der Ein- und Ausgabe läßt sich auch auf Klassen übertragen, wodurch die IOStream-Bibliothek nahtlos erweitert werden kann. Ferner sind die IOStreams so konzipiert, daß deren Benutzung weitgehend unabhängig von einem bestimmten Ein-/Ausgabegerät bleibt. Dadurch können zum Beispiel Ausgaben auf den Bildschirm, auf einen Drucker, in einen Speicherbereich oder Ausgaben in eine Datei mit identischer Befehlssyntax erfolgen.

Die Beschreibung IOStreams konzentriert sich zunächst auf die Behandlung der Ein- und Ausgabe auf den Bildschirm. Das Einbinden der Headerdatei `<iostream.h>` stellt sicher, daß alle dazu benötigten Klassen und Funktionen bekannt sind.

11.1.2 Die IOStream-Klassen

Die Funktionalität der IOStreams verteilt sich auf mehrere Klassen. Als grundlegende Schnittstelle für alle Ein- bzw. Ausgaben stellt die IOStream-Bibliothek die zwei Klassen `istream` und `ostream` zur Verfügung. `istream` ist dabei die Basisklasse für alle Eingabeströme und `ostream` entsprechend die Basisklasse für alle Ausgabeströme. Sowohl `istream` als auch `ostream` sind (virtuell) von der Klasse `ios` abgeleitet, die deren Gemeinsamkeiten zusammenfaßt. Der Klasse `ios` kommen dabei hauptsächlich Verwaltungsaufgaben zu, etwa das Speichern von Formatierungseinstellungen und Zustandsinformationen, auf welche dann bei der Ein- und Ausgabe zurückgegriffen wird.

Eine weitere bedeutende IOStream-Klasse ist `streambuf`. Diese Klasse stellt eine abstrakte Basisklasse für die konkreten Schnittstellen zu den verschieden Ein- und Ausgabegeräten dar. Die Geräteunabhängigkeit der IOStreams wird genau dadurch erreicht, daß jedes Gerät, welches mittels IOStreams angesprochen werden soll, durch eine Klasse repräsentiert wird, die direkt oder indirekt von `streambuf` abgeleitet ist. Es handelt sich bei diesen Klassen also um spezialisierte `streambufs`, die das entsprechende Ein- bzw. Ausgabegerät direkt ansprechen können. Tatsächlich benutzen die Klassen `istream` und `ostream` auch Instanzen von `streambuf`-Unterklassen, um die eigentliche Dateneingabe und Datenausgabe zu realisieren.

Wie die Bezeichnung `streambuf` schon andeutet, spielt hier auch die **Pufferung** von Daten eine Rolle. Diese Pufferung wird einerseits dazu benötigt, um verschiedene Pufferstrategien für verschiedene Ein- und Ausgabegeräte zu ermöglichen, und andererseits verwendet, um die Effizienz der Ein- und Ausgabe zu steigern. So wird zum Beispiel bei der Ausgabe in eine Datei nicht jedes Zeichen einzeln ausgegeben, sondern es werden erst einmal eine gewisse Anzahl von Zeichen gesammelt und diese dann „in einem Rutsch" ausgegeben.

11.1.3 Ausgabe

In früheren Beispielen wurden schon mehrfach Daten unter Verwendung von `cout` ausgegeben. Doch was ist `cout` eigentlich? `cout` ist eine Instanz der Klasse `ostream`, die bereits in der IOStream-Bibliothek definiert wurde, um sofort nach Programmstart eine Möglichkeit zur Datenausgabe verfügbar zu haben. Die Instanz `cout` wird dabei so initialisiert, daß sie mit der Standard-Ausgabe des Betriebssystems verbunden ist, welche gewöhnlich die Ausgabe auf den Bildschirm weiterleitet.

In Zusammenhang mit den IOStreams wird der Operator `<<` oft als **Ausgabeoperator** (engl. **inserter**) bezeichnet. Diese Bezeichnung ist darauf zurückzuführen, daß er in bestimmter Weise für die formatierte Datenausgabe verwendet wird. In der IOStream-Bibliothek kommt dem Ausgabeoperator die Rolle der oben angesprochenen Konvertierungsfunktion zu. Der Ausgabeoperator erzeugt dabei gewöhnlich eine Zeichenketten-Darstellung eines Objekts.

Der folgende Auszug aus der Klasse `ostream` zeigt, daß für einige Standard-Typen bereits ein Ausgabeoperator vorhanden ist:

```
class ostream : virtual public ios
{
 public:
  //...
  // Zeichenausgabe: 'A' erscheint als Buchstabe A
  ostream& operator<<( char );

  // ab ANSI C++ verfügbar
  ostream& operator<<( bool );

  // Ausgabe von Zahlenwerten
  ostream& operator<<( short );
  ostream& operator<<( unsigned short );
  ostream& operator<<( int );
  ostream& operator<<( unsigned int );
  ostream& operator<<( long );
  ostream& operator<<( unsigned long );
  ostream& operator<<( float );
  ostream& operator<<( double );
  ostream& operator<<( long double );
};
```

Der Rückgabewert eines Ausgabeoperators, also einer Methode der Art `ostream::`**`operator`**`<<`, ist gewöhnlich eine Referenz auf den `ostream`, für den der Ausgabeoperator aufgerufen wurde. Das ermöglicht einerseits die elegante Hintereinanderausführung mehrerer Ausgabeoperationen, und andererseits, daß diese effizient erfolgt. Durch die Referenzrückgabe wird bekanntlich vermieden, daß der komplette `ostream` kopiert wird.

Im folgenden Beispiel wird zuerst die Methode `ostream::`**`operator`**`<<(`**`int`**`)` der Instanz `cout` aufgerufen. Diese Methode konvertiert das **`int`**-Argument `5` in eine Zeichenkette, gibt diese aus und liefert dann `cout` zurück.

```
  cout.operator<<(5).operator<<('\n');
```

Danach wird für `cout` die Methode `ostream::operator<<(char)` mit dem **`char`**-Argument `'\n'` aufgerufen. Die Ausgabe des Zeichens `'\n'` äußert sich in einem Zeilenwechsel.

```
5
```

Das explizite Ausschreiben der Methoden ist allerdings recht umständlich. Die folgende äquivalente Schreibweise ist intuitiver und bereits bekannt:

```
cout << 5 << '\n';
```

Diese Art der Benutzung verdeutlicht eigentlich erst den Grund, weshalb der Operator << als Ausgabeoperator gewählt wurde. Dem Ausgabeoperator kommt hier etwa die Bedeutung „schreibe auf" zu.

Bei der Verwendung des Ausgabeoperators ist seine Priorität im Bezug zu den übrigen Operatoren zu beachten. In den meisten Fällen sie ausreichend niedrig, um auf eine Klammerung verzichten zu können. Im folgenden Beispiel ist zur korrekten Arbeitsweise (und Kompilierung) allerdings die Klammerung des Ausdrucks `3&6` nötig, da der Operator `<<` stärker bindet als `&` (bitweise UND).

```
cout << (3&6) << '\n';          // ergibt 2
```

Neben `cout` existieren in der IOStream-Bibliothek noch zwei weitere vordefinierte Ausgabeströme, `cerr` und `clog`. Beide dienen zur Ausgabe von Debug-Informationen und Fehlermeldungen auf den Standard-Fehlerstrom, welcher die Daten abhängig vom Betriebssystem weiterleitet. Es kann davon ausgegangen werden, daß `cerr` nicht gepuffert wird und deshalb alle Ausgaben mittels `cerr` sofort erscheinen.

11.1.4 Eingabe

Zur Dateneingabe ist die Klasse `istream` vorgesehen. Das Klassendesign von `istream` unterscheidet sich nur geringfügig von dem der Klasse `ostream`. Zuerst folgt ein kurzer Überblick über die Klasse `istream`:

```
class istream : virtual public ios
{
 public:
  //...
  // Zeicheneingabe
  istream& operator>>( char& );

  // ab ANSI C++ verfügbar
  istream& operator>>( bool& );
```

```
  // Eingabe von Zahlenwerten
  istream& operator>>( short& );
  istream& operator>>( unsigned short& );
  istream& operator>>( int& );
  istream& operator>>( unsigned int& );
  istream& operator>>( long& );
  istream& operator>>( unsigned long& );
  istream& operator>>( float& );
  istream& operator>>( double& );
  istream& operator>>( long double& );
};
```

Analog zu `cout` steht in der IOStream-Bibliothek auch ein vordefinierter Eingabestrom zur Verfügung. Hierbei handelt es sich um `cin`, eine Instanz der Klasse `istream`. `cin` wird bei seiner Initialisierung mit der Standard-Eingabe des Betriebssystems verbunden.

Für die formatierte Dateneingabe wird der Operator `>>` als **Eingabeoperator** (engl. **extractor**) verwendet. Wie dem Listing zu entnehmen ist, definiert die Klasse `istream` bereits für einige Standard-Typen einen Eingabeoperator. Hierbei fällt auf, daß die Variable als Referenz übergeben wird. Das ist für einen Eingabeoperator auch unbedingt notwendig, denn der Wert der Variablen soll ja entsprechend der Eingabe geändert werden. Durch die Rückgabe des entsprechenden Streams als Referenz ist wieder eine Hintereinanderausführung möglich.

Ähnlich dem Ausgabeoperator kommt dem Eingabeoperator in der IOStream-Bibliothek ebenfalls die Bedeutung einer Konvertierungsfunktion zu. Von einem Eingabeoperator wird gewöhnlich verlangt, daß er das gleiche Stream-Format verwendet wie der Ausgabeoperator. Dadurch soll der Eingabeoperator in der Lage sein, den Zustand eines Objekts anhand der vom Ausgabeoperator erzeugten Zeichenketten-Darstellung wiederherzustellen.[1] Ein Eingabeoperator versucht deshalb, die im Eingabestrom vorhandenen Zeichen entsprechend dem Stream-Format des erwarteten Typs zu interpretieren. Eine grundsätzliche Eigenschaft eines Eingabeoperators ist, nur die Zeichen aus dem Eingabestrom zu entfernen, die für die entsprechende Eingabe benötigt werden. Decken sich andererseits die im Eingabestrom vorhandenen Zeichen nicht mit dem Stream-Format des einzulesenden Typs, liegt also ein Formatfehler im Eingabestrom vor, wird die Eingabe vorzeitig beendet und dem Eingabestrom mitgeteilt, daß ein Fehler aufgetreten ist.

Bevor die eigentliche Interpretation der Eingabezeichen stattfindet, entfernt der Eingabeoperator gewöhnlich alle Whitespaces[2] am Anfang des Eingabestroms. So stellen in diesem Fall redundante Leerzeichen für einen Eingabeoperator kein Problem dar. Whitespaces werden aus diesem Grund meistens als Trennzeichen zwischen einzelnen Objekten verwendet:

---

[1] ....Ziel dieser Forderungen ist es, die Serialisierung von Objekten zu ermöglichen.

[2] ....Leerzeichen, Tabulatorzeichen, CR-Zeichen.

```
string s;           // für string existiert ein Eingabeoperator
int i = 0;
cin >> s >> i;
cout << s << ' ' << i << endl;
```

```
  TelNr:     911
TelNr: 911
```

Im folgenden Beispiel ist diese Eigenschaft eher unerwünscht:

```
char ch = 0;
int  count = 0;
do {                        // kopiere alle Zeichen bis zum Zeilenende
  cin >> ch;
  cout << ch;
  count++;
} while( ch != '\n' );      // Test auf Zeilenende-Zeichen
cout << endl << count << " Zeichen kopiert.";
```

```
Das ist ein Satz.
DasisteinSatz.
```

Die **while**-Schleife wird trotz Eingabe eines Zeilenabschluß-Zeichens nicht verlassen (es werden weiterhin Eingaben erwartet!), die Anzahl der kopierten Zeichen wird folglich auch nicht ausgegeben. Der Grund: `'\n'` ist ein Whitespace-Zeichen und wird vom Eingabeoperator ignoriert. Das gilt ebenso für die eingegebenen Leerzeichen. Eine Lösung bieten hier Methoden zur unformatierten Eingabe, welche alle Zeichen gleich behandeln, auch Whitespace-Zeichen. Eine mögliche Methode ist `istream::get(char& c)`; sie entfernt das nächste im Eingabestrom verfügbare Zeichen und speichert es in `c`. Analog dazu arbeitet die Methode `istream::get()`. Sie liefert das Zeichen als Funktionswert zurück, anstatt es in einem Referenzargument zu speichern. Beide Methoden dienen somit zur unformatierten Eingabe. Das folgende geänderte Programm arbeitet dann korrekt.

```
char ch = 0;
int  count = 0;
do {                // kopiere alle Zeichen bis zum Zeilenende
  cin.get( ch );    // Änderung; oder auch ch = cin.get();
  cout << ch;
  count++;
} while( ch != '\n' );
cout << endl << count << " Zeichen kopiert.";
```

Eine weitere Möglichkeit zur unformatierten Dateneingabe bietet sich bei Verwendung der Klasse `string`. Die Funktion

```
getline( istream& is, string& str, char end = '\n' );
```

kopiert solange alle Zeichen aus dem Eingabestrom `is` in den String `str`, bis das Zeichen `end` vorgefunden wird (oder das Ende des Eingabestroms erreicht ist):

```
string s;
getline( cin, s );  // ganze Zeile nach s einlesen, Default-Wert für end ist '\n'
```

Weitere Methoden zum unformatierten Zugriff auf Streams werden später vorgestellt.

Eine weitere Eigenschaft eines Eingabeoperators ist, die Zielvariable unverändert zu lassen, falls die Eingabe fehlerhaft war:

```
int j = 666;
cout << "Bitte Zahl eingeben ";
cin >> j;
cout << j << endl;
```

```
Bitte Zahl eingeben :Zahl
666
```

Der Wert von `j` wird in dieser Situation nicht verändert, denn `Zahl` ist keine numerische Eingabe und in diesem Fall ein Fehler.

Leider gibt es keine Möglichkeit festzustellen, ob bei der Eingabe eines ganzzahligen Typs eine Bereichsüberschreitung stattgefunden hat. Die folgende Eingabe wird offensichtlich akzeptiert:

```
unsigned short k=0; // eine 16-bit Zahl (0..65535)
cin >> k;
cout << k << endl;
```

```
119092
53556
```

Sogar die Eingabe eines negativen Wertes für einen **`unsigned`**-Typ wird akzeptiert (der Wert von `k` wird im folgenden Dialog ja verändert):

```
-1
65535
```

Hier verbergen sich folglich potentielle Fehlerquellen. Viele andere Fehler lassen sich aber feststellen und oft beheben.

11.1.5 Fehlerbehandlung in Strömen

Fehler können sowohl in Eingabeströmen als auch in Ausgabeströmen auftreten, wobei diese im letzten Fall seltener sind. Typische Fehler in Eingabeströmen sind **Formatfehler,** zum Beispiel, wenn bei einer erwarteten Zahleneingabe keine Zahlen sondern Buchstaben eingegeben wurden. Ein weiterer häufig auftretender Fehler ist der Versuch, Daten von einem Eingabestrom zu lesen, obwohl dieser keine mehr enthält, etwa am Dateiende. Weitere Arten von Fehlern lassen sich in die Kategorie **Gerätefehler** einordnen, etwa falls eine Datei nicht zur Ausgabe geöffnet werden konnte.

Die IOStream-Bibliothek stellt dem Benutzer Mittel zur Verfügung, diese und andere Fehler zu erkennen. Zu diesem Zweck besitzt jeder Stream einen **Stream-Status** (engl. stream-state). Der Stream-Status enthält Informationen über den aktuellen Zustand eines Streams. Die Verwaltung des Stream-Status findet in der Klasse `ios` statt; das folgende Listing enthält die dafür relevanten Teile:[1]

```
class ios
{
  public:
  // ...
    enum io_state {
      goodbit  = 0,          // kein Bit gesetzt: keine Fehler
      eofbit   = 1,          // Fehler: Dateiende bei Eingabeoperation
      failbit  = 2,          // Fehler: E/A Operation fehlerhaft, Formatfehler
      badbit   = 4,          // Gerätefehler, Formatfehler
    };

    bool     good() const;   // liefert true, falls kein Statusbit gesetzt ist
    bool     eof() const;    // liefter true, falls eofbit gesetzt
    bool     fail() const;   // liefert true, falls failbit oder badbit gesetzt
    bool     bad() const;    // liefert true, falls badbit gesetzt

    int      rdstate() const;             // Stream-Status lesen
    void     clear( int state = 0 );      // Stream-Status setzen
  // ...
};
```

Der Stream-Status kann verschiedene Zustände annehmen, auch mehrere zugleich. Die möglichen Zustände sind durch die Statusbits `ios::goodbit`, `ios::eofbit`, `ios::failbit` und `ios::badbit` definiert. Abgesehen vom definierten Wert 0 für `ios::goodbit` sind deren tatsächlichen Werte implementationsabhängig.

Die Methoden `good()`, `eof()`, `fail()` und `bad()` der Klasse `ios` gestatten es, den Zustand eines Streams auf einfache Weise zu prüfen. Befindet sich der Stream im Zustand `good()` oder `eof()`, war die letzte Ein- bzw. Ausgabeoperation erfolgreich. Allerdings ist im Zustand `eof()` das Ende des Eingabestroms erreicht, und der nächste Versuch, Daten einzulesen, wird vermutlich fehlschlagen. Der Zustand `fail()` zeigt an, daß eine Ein- bzw. Ausgabeoperation fehlgeschlagen ist. Bei einem Eingabestrom deutet der Zustand `fail()` meistens auf Formatfehler hin. Ähnliches gilt für `bad()`, wobei hier wahrscheinlich schon Zeichen verlorengegangen sind und die Integrität des Streams nicht mehr gewährleistet ist.

Der Zustand eines Streams kann zum Beispiel auf folgende Weise getestet werden:

---

[1] In ANSI C++ hat der Stream-Status den Typ `iostate`; dieser ist auch nicht mehr zwingend ein **enum**-Typ. `rdstate()` und `clear()` benutzen dann `iostate`. Die Methoden `good()`, `eof()`, `fail()` und `bad()` sind hier bereits im neuen ANSI C++ Stil aufgeführt. Der Unterschied zur alten IOStream-Bibliothek besteht lediglich im Rückgabetyp.

```
  if( cin.good() )
     // ... keine Fehler in cin

  int state = cin.rdstate();       // Stream-Status lesen
  if( state & ios::failbit )
  {
     // ... failbit im Stream cin gesetzt
  }
```

Befindet sich der Stream in einem Fehlerzustand, läßt er keine weiteren Ein- bzw. Ausgaben zu und alle nachfolgenden Versuche schlagen fehl. Dieses Verhalten soll im nächsten Beispiel untersucht werden:

```
// Wie geht's dem Stream?
void printState( string name, const ios& stream )
{
  cout << name << ": ";
  if( stream.good() )
      cout << "good";
  else if( stream.bad() )
      cout << "bad";
  else if( stream.fail() )
      cout << "fail";
  cout << endl;
}

void exam1()
{
  int i = 0, j = 0;
  cin >> i;  printState( "cin", cin );
  cin >> j;  printState( "cin", cin );
  cout << i << ", " << j << endl;
}
```

Die folgenden Dialoge demonstrieren das Verhalten des Streams anhand von verschiedenen Eingaben:

```
100
cin: good
200
cin: good
100, 200
```

Beide Eingaben waren korrekt.

```
???
cin: fail
cin: fail
0, 0
```

In diesem Fall war die erste Eingabe fehlerhaft. Der Eingabeoperator hat daraufhin den Stream-Status entsprechend gesetzt. Bei der zweiten Eingabe findet der Eingabeoperator den Stream bereits als „fail" vor und bricht deshalb den Eingabeversuch ab.

```
3.14
cin: good
cin: fail
3, 0
```

Dieser Fall ist etwas komplizierter. Beim ersten Aufruf entfernt der Eingabeoperator lediglich die 3 aus dem Eingabestrom. Der Dezimalpunkt (.) ist nicht Bestandteil des Stream-Formats eines **int** und markiert für den Eingabeoperator hier das Ende der **int**-Eingabe. Soweit war die Eingabe erfolgreich. Da noch Zeichen im Eingabepuffer von `cin` verblieben sind, wartet der nächste Eingabeoperator jetzt nicht auf eine Benutzereingabe, sondern versucht die vorhandenen Zeichen `.14` als **int**-Eingabe zu verarbeiten, was natürlich fehlschlägt.

Mit der Methode `ios::clear(int)` kann der Stream-Status explizit gesetzt werden. Wird sie ohne Argument verwendet, werden alle Statusbits im Stream-Status gelöscht und somit der Stream-Status auf „good" gesetzt. Auf diese Weise kann ein Stream nach einer fehlerhaften Operation meistens wieder verwendbar gemacht werden, wie im folgenden Beispiel demonstriert wird:

```
int i = 0;
cin >> i;
if( cin.fail() ) {
    cout << "kein int vorhanden, vielleicht string-Eingabe.\n";
    cin.clear();            // Stream als 'good' markieren
    string s;
    cin >> s;               // neuer Eingabeversuch
    if( cin.good() )
        cout <<  "string: " << s << endl;
    else
        cout << "error\n";  // alles gescheitert
}
else
    cout << "int: " << i << endl;
```

```
eintausend
kein int vorhanden, vielleicht string-Eingabe.
string: eintausend
```

Neben den schon beschrieben Methoden bieten die IOStreams noch eine elegante Möglichkeit, den Zustand eines Streams zu testen. Der Bezeichner des Streams kann dazu an allen Stellen verwendet werden, wo normalerweise ein **bool** erwartet wird (zum Beispiel bei **if**, **while** und **for**):

```
if( cin )                       // entspricht: if( !cin.fail() )
    cout << "cin ist ok." << endl;
// oder umgekehrt
if( !cin )                      // entspricht: if( cin.fail() )
    cout << "cin ist fehlerhaft." << endl;
```

Diese Schreibweise ermöglicht es, Eingabe und Statustest in einer kompakten Anweisung zu formulieren:

```
int i = 0, sum = 0;
```

```
while( cin >> i ) { // solange, wie erfolgreich Zahlen gelesen wurden ...
    sum += i;
    // ...
}
```

Natürlich kann anstelle von `cin` jeder beliebige Stream derart auf Fehler getestet werden.

11.1.6 Anwendung von Manipulatoren

Eine einfache Möglichkeit, um bestimmte Formatierungen für die Ein- und Ausgabe vorzunehmen, bieten **Manipulatoren**. Ein Manipulator ist eine Funktion, die in einem Stream bestimmte Aktionen durchführt. Die Manipulatoren sind so implementiert, daß sie in eine Folge von Ein- und Ausgabeoperationen eingefügt werden können, und zwar auf die folgende Weise:

```
einStream << einManipulator;
// oder
einStream >> einManipulator;
```

In vielen Beispielen wurde schon ein spezieller Manipulator verwendet, ohne ihn explizit als solchen hervorzuheben, der Manipulator `endl`. Seine Wirkung ist bereits bekannt. Er führt einen Zeilenumbruch im Ausgabestrom durch und schreibt alle noch im Ausgabepuffer befindlichen Zeichen an das Ausgabegerät; es findet dabei also eine Leerung (engl. **flush**) des Ausgabepuffers statt.

Im folgenden wird lediglich die Anwendung einiger Manipulatoren beschrieben. Details zur Implementierung werden in diesem Kapitel nicht behandelt. Einige Manipulatoren sind bereits in der Headerdatei `<iostream.h>` deklariert:

`endl`	Führt einen Zeilenumbruch bei der Ausgabe durch und leert den Ausgabepuffer.
`flush`	Leert den Ausgabepuffer.
`dec`	Versetzt den Stream in den Dezimalmodus. Alle Ganzzahlen werden als Dezimalzahlen ausgegeben. Alle Ganzzahl-Eingaben werden als Dezimalzahlen interpretiert.
`oct`	wie `dec`, aber Oktalmodus
`hex`	wie `dec`, aber Hexadezimalmodus

Das folgende Beispiel demonstriert kurz die Verwendung einiger dieser Manipulatoren:

```
int d=0, o=0, h=0, s=0;
cout << "Bitte Dezimalzahl eingeben :";

cin  >> dec >> d;
cout << "Bitte Oktalzahl eingeben   :";

cin  >> oct >> o;
cout << "Bitte Hexzahl eingeben     :";
```

```
cin  >> hex >> h;
s = d+o+h;
cout << "Summe dezimal :" << dec << s << endl;
cout << "Summe oktal   :" << oct << s << endl;
cout << "Summe hexadez.:" << hex << s << endl;
```

```
Bitte Dezimalzahl eingeben :100
Bitte Oktalzahl eingeben   :100
Bitte Hexzahl eingeben     :100
Summe dezimal :420
Summe oktal   :644
Summe hexadez.:1a4
```

Weitere Manipulatoren befinden sich in der Headerdatei `<iomanip.h>`:

`setw(int w)`	Setzt die minimale Länge des Ausgabefeldes auf den Wert w. Wirkt sich nur auf die unmittelbar folgende Ausgabe aus.
`setfill(int c)`	Legt das Füllzeichen für freie Stellen im Ausgabefeld fest.
`setprecision(int p)`	Bestimmt die Anzahl der Stellen bei der Ausgabe von Gleitkommazahlen.

Auch zu diesen Manipulatoren gibt es je ein Beispiel:

```
cout << setw(5) << 10 << endl;                     // mindestens 5 Ausgabestellen

cout << setfill('*') << setw(5) << 10 << endl; // leere Plätze mit * füllen

cout << setprecision(4) << 12.345678 << endl;  // insgesamt nur 4 Stellen ausgeben
```

Liefert die folgende Ausgabe:

```
   10
***10
12.35
```

Wie die dritte Ausgabe dieses Beispiels zeigt, wird bei Gleitkommazahlen die letzte Nachkommastelle gerundet.

Mit diesen Manipulatoren lassen sich bereits etliche Formatierungen realisieren. Im Vertiefungsabschnitt zu diesem Kapitel werden weitere Möglichkeiten ausführlich behandelt.

11.1.7 Ein- und Ausgabeoperationen auf Dateien

Es wurde immer wieder betont, daß die IOStreams eine geräteunabhängige Ein- und Ausgabeschnittstelle bieten. Das soll jetzt anhand der **File-Streams** demonstriert werden. Mit deren Hilfe lassen sich Ein- und Ausgabeoperationen auf Dateien durchführen, und zwar in gleicher Art und Weise wie bisher.

Unter dem Begriff File-Streams werden grundsätzlich die beiden Klassen `ofstream` und `ifstream` zusammengefaßt. `ofstream` ist von der Klasse `ostream` abgeleitet und stellt die Basisklasse für die Ausgabedateiströme dar. Entsprechendes gilt für die Klasse `ifstream`. `ofstream` und `ifstream` erben alle öffentlichen Methoden und Operatoren ihrer Basisklassen und definieren einige zusätzliche Methoden, welche speziell die Verbindung zwischen Streams und externen Dateien steuern, zum Beispiel das Öffnen und Schließen von Dateien. Für die Klassen `ofstream` und `ifstream` stehen deshalb auch die Ein- und Ausgabeoperatoren zur Verfügung. Die eigentliche Kommunikation zwischen Streams und Dateien erfolgt innerhalb der File-Streams mittels einer Instanz der Klasse `filebuf`. `filebuf` ist eine von `streambuf` abgeleitete Klasse und spezialisiert auf Dateioperationen. Für die bloße Anwendung der File-Streams ist dies aber nicht weiter von Bedeutung.

Die Headerdatei `<fstream.h>` enthält alle Klassen und Funktionen, die für die Benutzung der File-Streams benötigt werden. Einen ersten Eindruck über die Verwendung der File-Streams vermittelt das folgende Beispiel:

```
#include <fstream.h>

int main()
{
  ifstream eingabe( "input.dat" );      // Eingabe-File-Stream
  if( !eingabe )
  {
    cout << "Die Datei 'input.dat' kann nicht zur Eingabe geöffnet werden!\n";
    return 0;
  }

  double summe=0.0, z=0.0, anzahl=0.0;
  while( eingabe >> z )         // Solange, wie der Stream 'eingabe' fehlerfrei ist.
  {                             // Am Dateiende wird der Stream nämlich fehlerhaft.
    summe += z;
    anzahl++;
  }

  if( anzahl>0 )
  {
    ofstream ausgabe( "output.dat" ); // Ausgabe-File-Stream
    if( ausgabe )
      ausgabe << "Mittelwert der Eingabedaten :" << (summe/anzahl) << endl;
    else
      cout << "Die Datei 'output.dat' kann nicht zur Ausgabe geöffnet werden!\n";
  }
  return 0;
}
```

Dieses Programm liest nacheinander Zahlen aus einer Eingabedatei, hier `"input.dat"`, und gibt den berechneten arithmetischen Mittelwert in die Datei `"output.dat"` wieder aus. Zum Testlauf wird eine Eingabedatei namens `"input.dat"` im aktuellen Verzeichnis benötigt. Ist diese nicht vorhanden, wird eine Fehlermeldung ausgegeben. Eine bereits bestehende Datei `"input.dat"` möge den folgenden Inhalt haben:

```
1.2 5 -7
-0.4 12.1 3
```

Das Programm erzeugt die Ausgabedatei `"output.dat"`. Existiert diese bereits, wird sie überschrieben. In diesem Beispiel hat die Ausgabedatei folgendem Inhalt:

```
Mittelwert der Eingabedaten :2.31667
```

Dateneingabe und Datenausgabe erfolgen offenbar auf die gleiche Art, wie bei `cin` und `cout`, nur daß im obigen Beispiel an deren Stelle jetzt die File-Streams `eingabe` und `ausgabe` benutzt werden. Die Instanzen `eingabe` und `ausgabe` werden bereits bei ihrer Definition mit den entsprechenden Dateien verbunden. Aus diesem Grund besitzen die File-Streams einen Konstruktor, der einen Dateinamen im Argument erwartet.

```
// Konstruktor von ifstream
ifstream::ifstream( const char* filename, int mode=ios::in );

// Konstruktor von ofstream
ofstream::ofstream( const char* filename, int mode=ios::out );
```

Der zweite Parameter im Konstruktor legt den Modus fest, mit welchem die Datei geöffnet werden soll. Die möglichen Werte für den Dateimodus sind in einem Aufzählungstyp in der Klasse `ios` definiert:[1]

```
class ios
{
  public:
    enum open_mode
    {
      in     = 0x01,    // lesen (Voreinstellung für ifstream)
      out    = 0x02,    // schreiben (Voreinstellung für ofstream)
      ate    = 0x04,    // nach dem Öffnen der Datei ans Dateiende gehen
      app    = 0x08,    // anhängen: alle Ausgaben am Dateiende
      trunc  = 0x10,    // Dateigröße auf 0 setzen, falls sie bereits existiert
      binary = 0x80     // Binärdatei
    };
    // ...
};
```

Auch mehrere Dateimodi können durch bitweise ODER-Verknüpfung gleichzeitig aktiviert sein.

Auch die bereits vorgestellten Methoden zur Fehlerabfrage können hier angewendet werden. Kann eine Datei nicht geöffnet werden oder ist das Ende einer Eingabedatei erreicht, wird der Stream als fehlerhaft markiert. Ab ANSI C++ ergibt sich hier allerdings eine wichtige Änderung. Der Test, ob eine Datei ordnungsgemäß geöffnet werden konnte, erfolgt dann mit Hilfe der Methode `ifstream::is_open()` bzw. `ofstream::is_open()`.

---

[1] .... Ab ANSI C++ wird statt der Enumeration `open_mode` der Bitmasken-Typ `openmode` verwendet. Die angegebenen Werte dienen wieder nur dem besseren Verständnis und sind nicht bindend.

```
  // erst ab ANSI C++ gibt es die Methode is_open()
  ifstream eingabe("input.dat");
  if( ! eingabe.is_open() )
  {
       // Datei nicht ordnungsgemäß geöffnet, Fehler
       // ...
  }
```

Falls der Dateiname beim Instantiieren eines File-Streams noch nicht bekannt ist, kann der File-Stream später unter Verwendung der `open`-Methode explizit mit einer Datei verbunden werden. Die Methode `open` besitzt die gleichen Parameter wie der Konstruktor. Das Gegenstück zu `open` ist die Methode `close()`. Sie schreibt zunächst noch eventuell gepufferte Daten in die Datei, schließt diese danach und trennt die Verbindung mit dem File-Stream. Nach dem Aufruf von `close` ist es auch möglich, den File-Stream mit einer anderen Datei zu verbinden. Wird diese Möglichkeit nicht benötigt, muß `close` nicht unbedingt aufgerufen werden, denn das erledigt der Destruktor automatisch. Das folgende Beispiel verwendet diese beiden Methoden, um mit einem File-Stream nacheinander mehrere Dateien zu bearbeiten.

```
// Schreibt einen Text in einen beliebigen ostream (os).
// Liefert true, falls das Schreiben erfolgreich war.
bool schreibWas( ostream& os )
{
    if( os.good() )
      os << ".mortS ned negeG" << endl;
    return os.good();
}

int main()
{
  string   wohin;
  ofstream ausgabe;          // noch nicht mit einer Datei verbinden

  while( cin )
  {
     cout << "Wohin Schreiben ?";
     if( cin >> wohin )
     {
        if( wohin == "ende" )
            break;
        else if( wohin == "cout" )
            schreibWas( cout );
        else
        {
           ausgabe.open( wohin.c_str() );    // verbinden mit Datei

           if( schreibWas( ausgabe ) )
              cout << "Nach Datei '" << wohin << "' geschrieben." << endl;
           else
              cout << "Fehler beim Schreiben auf '" << wohin << "'" << endl;

           ausgabe.close();                  // Datei schließen
        }
     }
  }
  return 0;
}
```

Ein möglicher Testlauf könnte folgendermaßen aussehen:

```
Wohin Schreiben ?ausgabe.txt
Nach Datei 'ausgabe.txt' geschrieben.
Wohin Schreiben ?cout
.mortS ned negeG
Wohin Schreiben ?ende
```

Nach der ersten Eingabe wird die Datei `"ausgabe.txt"` im aktuellen Verzeichnis erzeugt (hier nicht zu sehen).

Für die Funktion `schreibWas(ostream&)` im obigen Beispiel spielt es offenbar keine Rolle, wohin die Daten ausgegeben werden. Einzige Bedingung ist, daß es sich um eine Instanz der Klasse `ostream` oder einer davon abgeleiteten Klasse handelt. So können auf einfachste Weise geräteunabhängige Ein-/Ausgabeoperationen definiert werden.

11.1.8 Aufgaben

Aufgabe 55 Eingabeformate

Schreiben Sie ein Programm, in dem für jeden Standard-Typ (**`char`**, **`short`**, **`int`**, **`long`**, **`float`**, **`double`**) mindestens eine Eingabe und eine Ausgabe erfolgt. Was passiert bei Bereichsüberschreitung? Welche Formate von Gleitkommazahlen werden unterstützt?

Aufgabe 56 Kurzes Programm

Was bewirken die folgenden Anweisungen?

```
int  i = 24*2;
char j = char(i);
cout << j << endl;
```

Aufgabe 57 Geprüfte Eingabe

Überladen Sie eine Funktion, die alle möglichen Standardtypen (**`unsigned int`**, **`signed int`**) einliest, alle möglichen Fehler erkennt (Überlauf, negativer Wert bei **`unsigned`**) und entsprechende Fehlerbits setzt.

Aufgabe 58 ASCII Tabelle

Es soll ein Programm erstellt werden, das einen Teil der ASCII-Tabelle am Bildschirm ausgibt. Dazu sollen Unter- und Obergrenze der Zeichentabelle als dezimale Ganzzahlen eingelesen werden. Die Tabelle besteht aus zwei Spalten, links werden die Zeichen und rechts die entsprechenden ASCII-Werte in hexadezimaler Schreibweise ausgegeben. Beispiel:

```
Start :41
Ende  :43
 ) -> 29
 * -> 2a
 + -> 2b
Weiter(j/n)?n
```

Aufgabe 59 Benutzung von Manipulatoren

Nach der Eingabe eines Zeichens und einer Integerzahl `Breite` soll ein Dreieck der Basisbreite `Breite` am Bildschirm ausgegeben werden. Beispiel:

```
Zeichen ?#
Breite  ?5
  #
 ###
#####
```

Das Programm soll zur Ausgabe nur die Manipulatoren `setw(int)` und `setfill(int)` verwenden. Hinweis: Um nichts auszugeben, benutzt man Anweisung `cout << "";`.

Aufgabe 60 Anwendung von File-Streams

Erstellen Sie ein kurzes Programm (max. 20 Zeilen), das Textdateien kopiert. Benutze dafür die File-Streams. Eine Erweiterung dieses Programms sollte auch einfache Textersetzungen durchführen können.

Aufgabe 61 Systemspezifische Ausgabe

Aufgrund ihres Designs besitzen die IOStreams keine Funktionen, die direkt den Bildschirm ansteuern, zum Beispiel um den Bildschirm zu löschen. Informieren Sie sich in den Handbüchern Ihres Systems über mögliche Alternativen. Hinweis: Siehe `<conio.h>` unter DOS, `<curses.h>` unter UNIX.

Unter DOS ist die Ausgabe auf einen Drucker einfach zu realisieren. Erzeugen Sie dazu eine `ofstream`-Instanz mit dem Dateinamen "PRN".

11.2 Vertiefung

11.2.1 Ein- und Ausgabe von benutzerdefinierten Typen

Wie schon eingangs erwähnt, lassen sich Streams so erweitern, daß auch die Ein- und Ausgabe von Objekten benutzerdefinierter Klassen möglich sind. Dies wird durch

Überladen der Ein- und Ausgabeoperatoren für die entsprechenden Klassen erreicht. Meistens geschieht das nach folgendem Muster:

```
// Ausgabeoperator für Typ
ostream& operator << ( ostream& os, Typ t )
{
  // gebe irgendwie Typ aus
  return os;
}

// Eingabeoperator für Typ
istream& operator >> ( istream& is, Typ& t )
{
    // lese irgendwie Typ ein
    return is;
}
```

Bei der späteren Verwendung kann dabei die gleiche Syntax verwendet werden wie bei den Standard-Typen. Die folgenden Beispiele werden dies illustrieren.

Als erstes einfaches Beispiel für die Ein- und Ausgabe von Klassen soll die Datenstruktur `CPaar` dienen. Sie ist in folgender Weise definiert:

```
class CPaar
{
   double x, y;
 public:
           CPaar( double _x=0.0, double _y=0.0 ) : x(_x), y(_y) {}
   double  getx() const      { return x; }
   double  gety() const      { return y; }
   void    setx( double _x ) { x=_x; }
   void    sety( double _y ) { y=_y; }
};
```

`CPaar` soll nun um einen Ausgabeoperator erweitert werden. Zuerst ist festzulegen, wie ein Zahlenpaar `CPaar` bei der Ausgabe dargestellt werden soll, was also die externe Repräsentation eines Objektes der Klasse `CPaar` ist. Um es nicht zu kompliziert zu machen, wird hier die Darstellung (x y) gewählt.

Die folgende Definition erzeugt einen Ausgabeoperator für eine Instanz der Klasse `CPaar`:

```
ostream& operator<<( ostream& os, const CPaar& p )
{
  os << '(' << p.getx() << ' ' << p.gety() << ')';
  return os;
}
```

Die Ausgabe von Instanzen der Klasse `CPaar` erfolgt nun auf gleiche Art und Weise wie für die Standard-Typen:

```
  CPaar p(1,4);
  cout << "p = " << p << endl;  // hier wirkt der Ausgabeoperator von CPaar
```

liefert

```
p = (1 4)
```

Das Beispiel verdeutlicht, wie einfach sich die Ausgabe von benutzerdefinierten Klassen in das Konzept der IOStreams integrieren läßt. Offenbar ist auch keine Modifikation der Klasse `ostream` notwendig.[1] Dadurch ist die Definition von Ausgabeoperatoren für benutzerdefinierte Typen unabhängig von einer konkreten Implementierung der Klasse `ostream` und macht keine besonderen Voraussetzungen über interne Strukturen der IOStreams.

Ein Eingabeoperator kann für einen benutzerdefinierten Typ auf genau dieselbe Weise definiert werden, wie ein Ausgabeoperator. In diesem Beispiel soll ein `CPaar` auch in der Form `(x y)` eingelesen werden. Die folgende Funktion definiert den entsprechenden Eingabeoperator für die Klasse `CPaar`:

```
istream& operator>>( istream& is, CPaar& p )
{
  char ch = 0;
  is >> ch;
  if( is && ch == '(' )         // Stream ok und Klammer auf?
  {
    double x=0, y=0;
    is >> x >> y >> ch;
    if( is && ch == ')' )       // Stream ok und Klammer zu?
    {
        p.setx( x );            // alles in Ordnung, p wird verändernt
        p.sety( y );
        return is;
    }
  }                             // Formatfehler
  is.clear( is.rdstate() | ios::badbit );
  return is;
}
```

Der Eingabeoperator achtet strikt auf die Einhaltung des vereinbarten Formats. Der Wert von `p` wird nur verändert, wenn das Format der Eingabe korrekt war. Falls nicht, wird das Fehlerbit `ios::badbit` im Streamstatus gesetzt und dadurch ein Fehler angezeigt. Die Wahl fiel deswegen auf `ios::badbit`, weil unter Umständen schon Zeichen aus dem Eingabestrom entfernt wurden.

Leider sind die Entwickler der IOStreams in einem Fall nachlässig gewesen, denn es existiert zum Beispiel keine Methode `ios::setbad()`. Diese Methode sollte explizit das Statusbit `ios::badbit` im Stream-Status setzen, um einen Fehler zu signalisieren. Eine vollständig abgekapselte Schnittstelle müßte diese Methode bieten! Zur Umgehung dieses Mankos bietet sich folgende Möglichkeit an:

```
cin.clear( cin.rdstate() | ios::badbit );  // übrige Statusbits unverändert lassen!
```

Zumindest existiert in ANSI C++ eine Methode `ios::setstate(iostate)`, mit der ein Statusbit explizit gesetzt werden kann:

[1] ....Eine Modifikation der Klasse `ostream` wäre ja auch gar nicht zulässig.

```
cin.setstate( ios::badbit );                      // leider erst ab ANSI C++ verfügbar
```

Die Anwendung des neuen Eingabeoperators ist ebenso einfach, wie die des Ausgabeoperators:

```
CPaar p1, p2;
cin >> p1 >> p2;
if( cin )
{
  Paar p3(p1.getx()+p2.getx(), p1.gety()+p2.gety());
  cout << "p1+p2 = " << p3 << endl;
}
else
  cout << "Eingabefehler" << endl;
```

```
( 2.3   -0.2 )
  ( 1.7   3.14 )
p1+p2 = (4 2.94)
( 1, 2 )
Eingabefehler
```

Hervorzuheben ist noch, daß die Ein- und Ausgabeoperatoren der obigen Art nicht als Methoden der Klasse `CPaar` sein können. Falls die Ein- und Ausgabeoperatoren Zugriff auf geschützte Bereiche einer Klasse benötigen, bietet sich eine entsprechende **`friend`**-Deklaration dieser Funktionen an.

Dieses Beispiel war recht einfach. Das nächste Beispiel ist ein wirkliches Alltagsproblem. Es geht von einer vorhanden Klasse `CPerlenkette` aus, die folgende Struktur hat:

```
enum PT { PT_duenn, PT_mittel, PT_dick };          // Perlentyp
class CPerlenkette
{
 public:
             CPerlenkette();                        // leere Kette
   void      operator=( const CPerlenkette& );     // Zuweisung
   unsigned  perlen() const;                        // Anzahl der Perlen
   void      faedel( PT );                          // fädelt neue Perle auf
   PT        operator()( unsigned nr ) const;       // Zugriff auf einzelne Perlen
 //...
};
```

Eine „Perlenkette“ besteht aus mehreren Perlen mit den möglichen Durchmessern `PT_duenn`, `PT_mittel` und `PT_dick` und soll folgende Stream-Darstellung besitzen: Das erste Zeichen ist ein kleines `o` und stellt einen Teil des Kettenverschlusses dar. Dann kommen nacheinander die einzelnen Perlen, dargestellt durch ein `-` (Minus) für die dünne Perle, ein `*` (Stern) für eine mitteldicke Perle und schließlich eine `0` (Null) für die dicke Perle. Das Ende der Perlenkette bildet das Symbol `c`. Das Ziel ist es, folgenden Dialog zu realisieren:

```
Eingabe :      o------***0***------c
Ausgabe :o------***0***------c
Eingabe :o--*-*-*-*-*000*-*-*-*-*--c
Ausgabe :o--*-*-*-*-*000*-*-*-*-*--c
Eingabe :-co
Eingabefehler
```

Ein Ausgabeoperator für die Klasse `CPerlenkette` ist leicht formuliert:

```
// Ausgabeoperator für CPerlenkette
ostream& operator<<( ostream& os, const CPerlenkette& pk )
{
  os << 'o';
  for( int i=0; i<pk.perlen(); i++ )
    switch( pk(i) )
    {
      case PT_duenn : os << '-'; break;
      case PT_mittel: os << '*'; break;
      case PT_dick  : os << '0'; break;
    }
  os << 'c';
  return os;
}
```

Der Eingabeoperator ist nicht ganz so einfach. Selbstverständlich sollen wieder Formatfehler erkannt und gemeldet werden. Die folgende Implementation benutzt zwei bisher noch nicht behandelte Funktionen. Der Manipulator `ws` entfernt explizit alle Whitespace-Zeichen am Anfang des Eingabestroms, und die Methode `ios::peek()` ermöglicht ein vorausschauendes Lesen des nächsten Zeichens im Eingabestrom, ohne es zu entfernen.

```
// Eingabeoperator für CPerlenkette
istream& operator>>( istream& is, CPerlenkette& pk )
{
  is >> ws;                        // Whitespaces entfernen
  if( !is )
      return is;

  if( is.peek() != 'o' )           // ist 'o' vorhanden ?
  {
      // Fehler, aber noch keine wichtgen Zeichen entfernt,
      // deshalb failbit
      is.clear( is.rdstate() | ios::failbit );
      return is;
  }
  else is.get();                   // das 'o' entfernen

  CPerlenkette tmpp;
  char ch=0;
```

```
while( is.get(ch) )                     // versuche Perlen einzulesen
{
    switch( ch )
    {
      case 'c': pk=tmpp;                // alles ok, Zuweisung und return
                return is;
      case '-': tmpp.faedel( PT_duenn );
                break;
      case '*': tmpp.faedel( PT_mittel );
                break;
      case '0': tmpp.faedel( PT_dick );
                break;
                                        // falsches Zeichen
      default : is.clear( is.rdstate() | ios::badbit );
    }
}

return is;
}
```

Mit diesen Ein- und Ausgabeoperatoren in der Hand fällt es nicht mehr schwer, die obigen Forderungen zu erfüllen. Das nächste Beispiel realisiert den Dialog.

```
CPerlenkette pk;
cout << "Eingabe :";
cin >> pk;
if( cin )
  cout << "Ausgabe :" << pk << endl;
else
  cout << "Eingabefehler" << endl;
```

Verschiedene Eingaben zeigen die gewünschten Ergebnisse:

```
Eingabe :   o-*0*-c
Ausgabe :o-*0*-c
Eingabe :o -c
Eingabefehler
```

11.2.2 Ein- und Ausgabeformatierung

Grundlage für die Ein- und Ausgabeformatierung bildet die Klasse `ios`, die ja die Basisklasse für `ostream` und `istream` ist. Die Formatierung selbst wird nicht von der Klasse `ios` durchgeführt, aber sie verwaltet alle Informationen darüber, wie die Daten formatiert werden sollen. Die Klassen `ostream` und `istream` greifen dann auf diese Informationen zurück und formatieren die Daten entsprechend. Eine Formatierung wirkt sich dabei immer auf den ganzen Stream aus. Wird beispielsweise das hexadezimale Ausgabeformat einer `ostream`-Instanz aktiviert, so werden alle folgenden Zahlenausgaben an diese Instanz in hexadezimalen Format erfolgen, und zwar solange, bis ein anderes Format aktiviert wird. Fast alle Formatierungen verhalten sich nach diesem Prinzip: Format setzen und die entsprechende Formatierung wird bei allen Ein- und Ausgaben durchgeführt (soweit diese sinnvoll ist). Allerdings gibt es eine Ausnahme: die Methode `ios::width(int)`. Diese Formatierung wirkt sich nur auf die unmittelbar folgende Ein- bzw. Ausgabe aus, aber dazu später mehr.

Es folgt zunächst ein Auszug der Klasse `ios`, der die zur Formatierung relevanten Teile enthält:[1]

```
class ios
{
  public:
  //...
  enum {                        // Formatflags
    skipws     = 0x0001, // Ignoriert Whitespaces bei Eingabe
    left       = 0x0002, // linksbündige Ausgabe
    right      = 0x0004, // rechtsbündige Ausgabe
    internal   = 0x0008, // Füllzeichen nach Vorzeichen oder Zahlenbasis
    dec        = 0x0010, // dezimal
    oct        = 0x0020, // oktal
    hex        = 0x0040, // hexadezimal
    showbase   = 0x0080, // zusätzl. Ausgabe der Zahlenbasis
                         // 0 fuer oktal, 0x, 0X für hexadez.
    showpoint  = 0x0100, // immer Dezimalpunkt bei Gleitkommazahlen (z. B. 123.000)
    uppercase  = 0x0200, // Großbuchstaben bei hex (0XAB) und scientific (1E+3)
    showpos    = 0x0400, // '+' bei positiven Ganzzahlen
    scientific= 0x0800, // 1.2345e+2 Notation
    fixed      = 0x1000, // 123.45 Notation
    unitbuf    = 0x2000  // Puffer nach jeder Ausgabe leeren
  };

  // Konstanten für den zweiten Parameter von setf()
  static const long basefield;      // dec | oct | hex
  static const long adjustfield;    // left | right | internal
  static const long floatfield;     // scientific | fixed

  // lesen/setzen des Formatfeldes
  long flags( ) const;
  long flags( long );

  // setzen/löschen von Formatflags
  long setf( long f, long group );
  long setf( long f );
  long unsetf( long f );

  // lesen/setzen des Längen-Feldes
  int  width( ) const;
  int  width( int );

  // lesen/setzen des Füllzeichens
  char fill( ) const;
  char fill( char );

  // lesen/setzen der Nachkommastellen bei Gleitkommadarstellung
  int  precision( ) const;
  int  precision( int );
  // ...
};
```

[1] .... Ab ANSI C++ wird für die Formatbits der Typ `fmtflags` eingeführt. Betroffene Funktionen werden entsprechend angepaßt. Zusätzlich wird noch das Formatbit `ios::boolalpha` eingeführt, welches die Ein- und Ausgabe von **`bool`**-Werten steuert.

Die hier aufgeführten Werte für die Konstanten sind implementationsabhängig und daher nicht bindend. Sie sollen lediglich zum besseren Verständnis der nachfolgenden Ausführungen dienen.

Die Klasse `ios` besitzt ein Formatfeld, in dem alle aktuellen Formatierungseinstellungen des Streams gespeichert werden. Das Formatfeld ist ein **Bitfeld**, das heißt, jedes mögliche Format wird durch genau ein Bit (Formatflag) im Formatfeld repräsentiert. Ist ein bestimmtes Formatflag gesetzt, ist die entsprechende Formatierung aktiviert, sonst nicht. Alle Kombinationen sind erlaubt, jedoch nicht alle sind sinnvoll. Wie sollte zum Beispiel die Ausgabe formatiert werden, wenn die Formate linksbündig und rechtsbündig gleichzeitig aktiviert sind? Derartig mehrdeutige Zustände sollten vermieden werden.

Mit der Methode `ios::setf(long f)` können die gewünschten Formatflags einzeln gesetzt werden, wobei bereits gesetzte Formatflags dadurch nicht beeinflußt werden. Da die Definition der Formatflags innerhalb der Klasse `ios` erfolgt, muß der Bereich `ios::` explizit angegeben werden! Es können auch mehrere Formatflags mit einem Aufruf aktiviert werden, die dazu mittels ODER bitweise verknüpft werden müssen:

```
// alle folgenden Ausgaben hexadezimal mit Großbuchstaben
cout.setf( ios::uppercase | ios::hex );
```

Zum Löschen von Formatflags kann die Methode `ios::unsetf(long unsetbits)` in ähnlicher Weise verwendet werden:

```
cout.setf(ios::hex);        // hex einschalten
cout << 255 << endl;        // Ausgabe :ff
cout.unsetf(ios::hex);      // hex ausschalten!!!
cout.setf(ios::oct);        // oktal einschalten
cout << 255 << endl;        // Ausgabe :377
```

liefert:

```
ff
377
```

Bestimmte Formatflags werden in **Formatgruppen** zusammengefaßt. Dabei handelt es sich um Formatflags, die alle den gleichen Aspekt der Formatierung betreffen und sich gegenseitig ausschließen. So bilden z. B. die Formatflags `dec`, `oct` und `hex` eine Gruppe, da sie das gleiche Anliegen haben, nämlich die aktuell verwendete Zahlenbasis im Stream festzulegen. Folgende Formatgruppen sind in `ios` definiert:

```
ios::basefield   = ios::hex | ios::oct | ios::dec;          // Zahlenbasis
ios::adjustfield = ios::right | ios::left | ios::internal;  // Ausrichtung
ios::floatfield  = ios::scientific | ios::fixed;            // Gleitkommazahl-
Format
```

Mit Hilfe von Formatgruppen läßt sich jetzt das obige Beispiel eleganter formulieren. Zu diesem Zweck wird die Methode `ios::setf(long f, long group)` eingesetzt. Analog zu `setf(long)` wird im Formatfeld des Streams das Formatflag `f` gesetzt. Zusätzlich werden aber noch die anderen, eventuell gesetzten, Formatflags der Gruppe `group` gelöscht. Nach der Anweisung

```
cout.setf( ios::hex, ios::basefield );
```

sind im Formatfeld die Formatflags `ios::dec` und `ios::oct` garantiert gelöscht und `ios::hex` gesetzt. Die bereits vorgestellten Manipulatoren `dec`, `hex` und `oct` arbeiten nach diesem Prinzip und sind dazu äquivalent.

Das letzte Beispiel nimmt jetzt folgende Form an:

```
cout.setf( ios::hex, ios::basefield ); // nur hex ein.
cout << 255 << endl;                   // Ausgabe :ff
cout.setf( ios::oct, ios::basefield ); // nur oktal ein.
cout << 255 << endl;                   // Ausgabe :377
```

Die Methoden `ios::flags()` und `ios::flags(`**`long`**`)` ermöglichen den direkten Zugriff auf das gesamte Formatfeld des Streams. Häufig werden sie dazu verwendet, das Formatfeld zu sichern, um dessen originalen Zustand nach Formatänderungen wiederherstellen zu können. Die Funktion `printHGB` verwendet diese Strategie, um unerwünschte Seiteneffekte zu vermeiden. `printHGB` gibt eine Zahl im Format hexadezimal, Großbuchstaben und Basispräfix 0X aus:

```
void printHGB( unsigned long adresse, ostream& os = cout )
{
  long oldflags = os.flags();                    // Flags sichern
  os.setf( ios::showbase | ios::uppercase ); // Flags ändern
  os << hex << adresse;
  os.flags( oldflags );                          // Flags wiederherstellen
}
```

Die Verwendung demonstriert das nächste Beispiel:

```
cout << endl << 255 << endl;  // Annahme, Dezimal-Modus
printHGB( 3735928559L );
cout << endl << 255 << endl;  // wieder Dezimal-Modus
```

```
255
0XDEADBEEF
255
```

Alle vorgestellten Methoden liefern als Rückgabewert den originalen Zustand des Formatfelds.

11.2.2.1 Ganzzahlige Werte und Zahlenbasen

Alle Formatflags die in diesem Abschnitt behandelt werden, sind nur für die ganzzahligen Typen wie **`short`**, **`int`** und **`long`** definiert und zeigen bei anderen Typen wie z. B. **`char`** oder **`double`** keine Wirkung.

Im letzten Abschnitt wurden schon die drei bereits implementierten Formatflags `ios::dec`, `ios::oct` und `ios::hex` für Zahlenbasen vorgestellt. In der Voreinstellung ist keines der drei Formatflags gesetzt.[1] Bei der Ausgabe wird in diesem Fall das dezimale Format gewählt. Die formatierte Eingabe verhält sich etwas anders, falls keines der drei Formatflags gesetzt ist. Hier gelten jetzt die Regeln, die auch der C++-Compiler bei der lexikalischen Analyse anwendet. Steht am Anfang die Zeichenfolge 0x oder 0X, wird eine hexadezimale Zahl (Zeichen 0-F, 0-f) eingelesen. Ist andererseits das erste Zeichen eine 0, wird eine oktale Zahl (Zeichen 0-7) eingelesen. In allen anderen Fällen wird versucht, eine Dezimalzahl einzulesen. Unter diesen Umständen z. B. liefert 0815 bei einer Zahl-Eingabe ein anderes Ergebnis als das vielleicht erwartete. Die führende 0 in der Eingabe signalisiert eine Oktalzahl. Da die folgende 8 aber keine Oktalzahl ist, wird die Eingabe beendet und 0 als Ergebnis geliefert.

Ist allerdings ein Formatflag für die Zahlenbasen gesetzt, so erwartet die Eingabe immer eine Zahl in der vorgegebenen Zahlenbasis und interpretiert diese auch so. Dabei darf aber jetzt kein Zahlenbasis-Präfix mehr im Eingabestrom auftreten. Bei gesetztem Formatflag `ios::dec` wäre die Eingabe 0815 natürlich fehlerlos als 815 akzeptiert wurden.[2] Das nächste Beispiel erwartet als Eingabe eine Hexadezimalzahl.

```
unsigned i=0;
cin.setf( ios::hex, ios::basefield );  // hexadezimale Ganzzahl-Eingabe
cin  >> i;
cout << i << endl;
```

```
aBc
2748
```

In diesen Abschnitt gehört auch noch die Behandlung der Formatflags `ios::uppercase`, `ios::showbase` und `ios::showpos`. Um es vorwegzunehmen: Sie haben keine Wirkung auf die formatierte Eingabe.

Der Zustand des Formatflags `ios::uppercase` entscheidet bei der Ausgabe von hexadezimalen Zahlen darüber, ob kleine ('a' bis 'f') oder große Buchstaben ('A' bis 'F') verwendet werden. Ist das Formatflag `ios::showbase` gesetzt, werden die Ganzzahl-Ausgaben mit den entsprechenden Präfixen für die Zahlenbasen versehen. Wie die Ausgabe auf die Formatflags `ios::uppercase` und `ios::showbase` reagiert, war im Beispiel `printHGB` zu sehen.

Das Formatflag `ios::showpos` bietet die Möglichkeit, auch positive Ganzzahlen mit dem Vorzeichen `'+'` auszugeben:

```
cout.setf( ios::showpos );
cout << 1000 << endl;        // Ausgabe :+1000
```

Bei hexadezimaler und oktaler Ausgabeformatierung werden keine Vorzeichen ausgegeben.

---

[1] ....ANSI C++ definiert, daß `ios::dec` die Standardeinstellung ist.

[2] ....Bei älteren C++ Versionen empfiehlt es sich daher, das Formatflag `ios::dec` beim Programmstart zu setzen, wenn im Programm nur dezimale Engaben erwartet werden.

11.2.2.2 Längenspezifikation und Füllzeichen

Die minimale Länge eines Ausgabefeldes bzw. die minimale Anzahl der Zeichen, die für die Ausgabe verwendet werden, kann mit der Methode `ios::width(int w)` festgelegt werden. Ist die Länge der eigentlichen Ausgabe kürzer als die Länge des Ausgabefeldes, werden die verbleibenden Stellen mit sogenannten **Füllzeichen** aufgefüllt. Als Voreinstellung für das Füllzeichen ist das Leerzeichen `' '` in der IOStream-Bibliothek festgelegt. Sind mehr Zeichen für die Ausgabe notwendig, so wird die Ausgabe nicht einfach abgeschnitten, sondern die Länge des Ausgabefeldes einfach erweitert.

```
cout.width( 10 );
cout << 255 << endl;
cout.width( 4 );
cout << "8Zeichen" << endl;
```

```
       255
8Zeichen
```

Es wurde bereits erwähnt, daß sich das Setzen der Länge des Ausgabefeldes nur auf die unmittelbar folgende Ausgabe auswirkt. Nach erfolgter Ausgabe wird die Länge des Ausgabefeldes nämlich wieder auf ihren Ursprungswert zurückgesetzt. Dieser ist nach Voreinstellung 0, was bedeutet, daß normalerweise soviel Zeichen ausgegeben werden, wie nötig sind.

```
cout.width( 5 );
cout << 10 << endl;  // Ausgabe:   10
cout << 20 << endl;  // Ausgabe:20
```

Weitere interessante Möglichkeiten zur Formatierung sind durch die Festlegung des Füllzeichens gegeben. Dafür bietet die Klasse `ios` die Methode `ios::fill(char ch)` an. Diese Methode legt das neue Füllzeichen `ch` für die folgenden Ausgaben fest und gibt das aktuelle Füllzeichen zurück. Ferner existiert noch die Methode `ios::fill()`, die lediglich das aktuelle Füllzeichen zurückliefert. Eine mögliche Verwendung dieser Methoden zeigt das nächste Beispiel:

```
char oldFill = cout.fill();        // aktuelles Füllzeichen merken
cout.fill( '*' );
cout.width( 5 );
cout << 20 << endl;
cout.fill( oldFill );
cout.width( 5 );
cout << 20 << endl;
```

```
***20
   20
```

11.2.2.3 Ausrichtung des Ausgabefeldes

Wenn die Länge des Ausgabefeldes größer als die Länge der eigentlichen Ausgabe ist, gibt es die Möglichkeit, die Ausgabe linksbündig oder rechtsbündig im Ausgabefeld vorzunehmen. Diese Ausrichtungen lassen sich mit den Formatflags `ios::right` und `ios::left` festlegen. Ist, wie in der Voreinstellung, keines der beiden Bits gesetzt, wird die rechtsbündige Ausgabe gewählt. Das folgende Beispiel zeigt die Verwendung dieser Formatflags.

```
cout.width( 5 );
cout.setf( ios::left, ios::adjustfield );
cout.fill( '*' );
cout << 10 << endl;  // Ausgabe :10***
cout.width( 5 );
cout.setf( ios::right, ios::adjustfield );
cout.fill( '#' );
cout << 10 << endl;  // Ausgabe :###10
```

```
10***
###10
```

Ferner gibt es noch das Formatflag `ios::internal`. Ist dieses gesetzt, werden eventuelle Füllzeichen zwischen dem Vorzeichen bzw. dem Zahlenbasis-Präfix des Wertes und dem eigentlichen Wert eingefügt:

```
cout.setf( ios::internal, ios::adjustfield );
cout.fill( '*' );
cout.width( 6 );
cout << -65 << endl;  // Ausgabe :-***65
```

```
-***65
```

11.2.2.4 Ausgabe von Gleitkommazahlen

Zur Ausgabeformatierung von Gleitkommazahlen stehen zusätzlich die drei Formatflags `ios::scientific`, `ios::fixed` und `ios::showpoint` zur Verfügung. Alle drei Formatflags sind standardmäßig nicht gesetzt. Ist das Formatflag `ios::showpoint` gesetzt, wird immer ein Dezimalpunkt ausgegeben, auch bei Zahlen wo dies nicht erforderlich wäre. Ist das Formatflag `ios::scientific` gesetzt, wird für die Gleitkommazahl-Ausgabe die wissenschaftliche Notation gewählt. Die Ausgabe erfolgt dann in Exponentialschreibweise, und es wird genau eine Zahl (eventuell mit Vorzeichen) vor dem Dezimalpunkt angezeigt. Ist dabei das Formatflag `ios::uppercase` gesetzt, wird als Exponent ein `'E'` statt einem `'e'` ausgegeben. Bei gesetztem Formatflag `ios::fixed` erfolgt keine Ausgabe in Exponentialschreibweise.

Die Anzahl der Stellen bei der Gleitkommazahl-Ausgabe wird mit der Methode `ios::precision(`**`int`**`)` festgelegt. Die Wirkung ist abhängig vom Zustand der Formatflags `ios::scientific` und `ios::fixed`. Ist eines der beiden Formate eingestellt, legt *precision* die Anzahl Nachkommastellen fest. Andernfalls ist das Ausgabeformat abhängig vom Wert der auszugebenden Zahl und *precision* bestimmt die Anzahl aller numerischen Ausgabestellen. Der Standardwert für *precision* ist 6.

```
double d = -123456789;
cout << d << endl;
cout.setf( ios::scientific, ios::floatfield );
cout << d << endl;
cout.setf( ios::fixed, ios::floatfield );
cout << d << endl;
```

```
-1.23457e+008
-1.234568e+008
-123456789.000000
```

11.2.3 Aufgaben

Aufgabe 62 Anwendung von CPaar

Erstellen Sie ein Programm das nacheinander Zahlen einliest, die durch Leerzeichen getrennt sind. Erzeugen Sie dabei für je zwei gelesene Zahlen eine Instanz von `CPaar` und geben Sie die so erhaltenen Zahlenpaare mittels Ausgabeoperator wieder aus.

Zusätzlich soll Eingabeoperator von `CPaar` so modifiziert werden, daß er auch die Formate `{x; y}` und `{x , y}` fehlerfrei akzeptiert.

Aufgabe 63 Erweiterung von CVektor

Überlade den Ausgabeoperator << und den Eingabeoperator >> für `CVektor`. Teste die Implementierung auch durch Speichern einiger Vektoren in file streams und erneutes Einlesen aus diesen Dateien.

Aufgabe 64 Benutzerdefinierte E/A-Operatoren

Entwerfen Sie eine Klasse `Adresse`, die Informationen über Name, Vorname, Straße, Hausnummer, Wohnort und Postcode einer Person beinhaltet. Denken Sie sich eine erweiterbare Stream-Darstellung für `Adresse`-Objekte aus, um auch `Adresse`-Objekte lesen zu können, die eventuell um zusätzliche Felder ergänzt wurden (z. B. in einer abgeleiteten Klasse). Implementieren Sie auch die entsprechenden E/A-Operatoren. Entwerfen Sie auch eine verschlüsselte Stream-Darstellung für die Klasse `Adresse`.

Aufgabe 65 Formatflags

Schreiben Sie eine Funktion `Formatbits(ios& s)`, welche die aktuell aktivierten Formatierungen des Streams `s` im Klartext ausgibt. Beispiel:

```
Folgende Formatbits sind gesetzt:
skipws
hex
showbase
uppercase
unitbuf
```

Welche Formatflags sind im Grundzustand von `cin` und `cout` gesetzt?

12. Modularisierung und Projektorganisation

12.1 Grundlagen

12.1.1 Compiler und Linker

Grundsätzlich arbeiten C++ Compiler immer nur mit einem Quelltext auf einmal, aus diesem wird ein **Objektmodul**[1] compiliert. Erst in Verbindung mit einem **Linker** werden die einzelnen Objektmodule zusammen mit ganzen Bibliotheken solcher Objektmodule zu einem ablauffähigen Programm zusammengestellt.

In den einzelnen Objektmodulen ist außer den tatsächlich compilierten Funktionen und Daten noch vermerkt, welche Funktions- und Variablennamen aus dem Modul exportiert und welche von dem Modul gebraucht werden.

Für den Linker stellt sich nun die Aufgabe zu überprüfen, ob alle von den einzelnen Modulen benötigten Namen auch von den übrigen Modulen oder den Modulen aus den Bibliotheken geliefert werden.

Das Fehlen eines solchen **Symbols** resultiert auf jeden Fall in einer Fehlermeldung des Linkers, etwa der Art „`Unresolved External TESTFALL in Module TEST.OBJ`“. Dies weist darauf hin, daß im Modul `TEST.OBJ` die Funktion oder Variable `TESTFALL` verwendet wird, sie aber nirgendwo definiert wurde.

Speziell im Fall von C++ gestaltet sich die Aufgabe des Linkers als relativ komplex, weswegen in der Regel zwei Link-Läufe benötigt werden (wovon aber der Anwender oft nichts erfährt). Ein Grund für diese Komplexität ist die Nichteindeutigkeit von Namen in C++, die aufgrund der geforderten Polymorphie entsteht. Da aber die externen Namenskonventionen der gängigen Bibliotheken dieses Konzept nicht unterstützen, werden alle externen Namen einem Prozeß namens **Name-Mangeling** unterzogen, bei dem aus den ursprünglich einfachen, mehrdeutigen Bezeichnern mit Hilfe zusätzlicher Zeichen eindeutige, externe Namen erzeugt werden, die dann der Linker in Objektmodulen und Bibliotheken verwenden kann. Dieser Vorgang spielt sich normalerweise „hinter den Kulissen“ ab, mitunter wird man aber bei Fehlermeldungen, wie sie eben vorgestellt wurden, mit derart modifizierten Namen konfrontiert, was nun keine Verwunderung mehr beim Programmierer verursachen sollte. Als Hinweis sollte man sich merken, daß infolge des Name-Mangeling bei der gemischten Programmierung

[1] ....Hier hat Objekt nichts mit der objektorientierten Programmierung zu tun! Objektmodul ist ein fester Terminus Technicus für ein Folge von Maschinen-Anweisungen, die aber noch mit anderen Modulen verbunden werden müssen, um ein lauffähiges Programm zu erhalten. Ein spezielles deutsches Synonym für Objektmodul ist **Montageobjekt**.

(C++ und Module anderer Sprachen bilden ein gemeinsames Programm) besondere Richtlinien beachtet werden müssen, auf die wir hier aber nicht eingehen. Diese Sonderregelungen gelten auch für C-Module - die Verwandtschaft zwischen C und C++ auf der Basis der Objektmodule ist nicht sehr groß!

Leider verfügte C++ vor Einführung des ANSI C++ Standards auf der Sprachebene ebensowenig über ein echtes Modulkonzept wie C, so daß auch hier nur eine gewisse selbst-auferlegte Reglementierung bei der Formulierung für Ordnung sorgen kann. Aufgrund der Objektorientierung gibt C++ aber sehr gute Leitlinien vor, die für eine saubere Modularisierung sorgen, wenn man sie befolgt. Leider wird man dazu in C++ nicht gezwungen.

Ein Hauptproblem durch die Abwesenheit eines echten Modulkonzeptes ist der global unstrukturierte Sichtbarkeitsbereich für Bezeichner. Diesem Problem wird auf der Seite der nicht-objektorientierten Systemroutinen dadurch begegnet, daß eine spezielle Namenskonvention eingehalten wird. Diese Funktionen werden alle klein geschrieben und beginnen mit (mindestens) einem _-Zeichen. Daher sollten eigene Bezeichner möglichst nicht mit einem Unterstrich beginnen.

Bevor wir auf einige pragmatische Regeln zum Umgang mit Modulen im Zusammenhang mit Klassen eingehen, sollen zunächst die wenigen technischen Grundregeln zur Modularisierung in C++ vorgestellt werden.

In C++ muß jede Funktion und jede Variable vor ihrer Verwendung deklariert werden. Die tatsächliche **Definition** kann getrennt von dieser **Deklaration** erfolgen. Eine Funktionsdeklaration (=**Prototyp**) gibt nur den Rückgabewert der Funktion und die Typen ihrer Parameter an. Eine Klassenbeschreibung ist in diesem Sinn auch eine Deklaration, weil damit ja noch keine Instanz dieser Klasse definiert wird. Ebenso werden die Methoden in der Regel an einer anderen Stelle später definiert.

Neben den lokalen Variablen durch das Blockkonzept bietet C++ auch die Möglichkeit, globale Variablen zu vereinbaren, auf die dann alle Funktionen innerhalb eines Moduls zugreifen können. Ein Modul in C++ wird einfach durch eine Quelltextdatei definiert. Ein C++ (Haupt-)Programm ist daher einfach das Modul, das die `main`-Funktion enthält. Da C++ sonst keine formalen Definitionen für Module gebraucht, sind alle weiteren Details von Modulen streng genommen nur Konventionen, an die man sich aber möglichst halten sollte.

Globale Variablen werden einfach außerhalb aller Funktionen vereinbart. Eine spezielle Position innerhalb der Datei oder spezielle Schlüsselworte werden nicht benötigt. Daher sollte der Programmierer selbst für eine sinnvolle Anordnung der Definitionen innerhalb eines Moduls sorgen. Die nachfolgenden Vorschläge zur Modularisierung können hierfür als Anhaltspunkt dienen.

```
// globale Variablen
// -----------------
const unsigned PufferGroesse = 256;
```

```
char            Puffer[PufferGroesse];
int             Zeile = 0;

// globale Funktionen
// ------------------
void Eingabe( )
{
  Zeile++;  /* ... */
}

int Auswahl( )
{
  cout << "Zeile " << Zeile;  /* ... */
}

int main( )
{
  Auswahl();  Eingabe();
  return 0;
}
```

Hier wurden zwei globale Variablen `Puffer` und `Zeile` sowie eine Konstante `PufferGroesse` definiert, die von allen Funktionen (`Eingabe`, `Auswahl` und `main`) benutzt werden können. Es gibt keine Einschränkungen bei den Datenstrukturen, die als globale Variablen definiert werden können. Auch Initialisierungen sind möglich. Die Benutzung solcher freier globaler Variablen sollte innerhalb von C++ allerdings möglichst durch Klassenvariablen ersetzt werden.

Neben solchen globalen Variablen mit der gleichen Lebensdauer wie das Programm, in dem sie definiert wurden, gibt es die lokalen **`static`**-Variablen, die bereits vorgestellt worden sind. Diese **`static`**-Variablen sind technisch äquivalent zu globalen Variablen, nur eben mit einem eingeschränkten Sichtbarkeitsbereich.

Die oben vorgestellten globalen Variablen sind nun nicht nur innerhalb dieses Moduls, sondern prinzipiell für alle weiteren Module zugreifbar. Betrachten wir dazu die beiden nachfolgenden Module:

```
// Modul A
// -------
int       FehlerStatus     = 0;    // ein möglicher Fehlercode
string    FehlerMeldung;           // die Klartext-Meldung dazu
int       AbbruchBeiFehler = 0;    // regelt das Fehler-Verhalten

// Funktionen
// ----------
int Eroeffnen( const string& Titel )
{ /* ... */
}

void Schliessen( )
{ /* ... */
}
```

In einer getrennten Quelltextdatei befindet sich das zweite Modul:

```
// Modul B
// -------
extern int      FehlerStatus;          // Deklaration externer Veriablen,
extern string   FehlerMeldung;         // die in einem anderen Modul definiert wurden

int Eroeffnen( const string& Titel );        // Prototyp einer externen Funktion

int TuWas( )
{
  Eroeffnen( "Hallo" );

  if ( FehlerStatus != 0 )
    cout << "+++ Fehler: " << FehlerMeldung << endl;
}
```

Das Modul A definiert die globalen Variablen `FehlerStatus`, `FehlerMeldung` und `AbbruchBeiFehler`. Sie stehen damit allen Funktionen im Modul A und darüber hinaus zur Verfügung. Im Modul B werden die externen Variablen `FehlerStatus` und `FehlerMeldung` deklariert. Solche externen Variablendeklarationen werden durch das Schlüsselwort **`extern`** eingeleitet. Eine Variable kann also nur in einem Modul definiert werden, aber in beliebig vielen Modulen **`extern`** deklariert und damit importiert werden. Nur bei der Definition einer Variable wird der Speicherplatz bereitgestellt[1] und nur dort ist daher eine Initialisierung möglich. Das Modul B gibt dabei nicht an, daß `AbbruchBeiFehler` aus dem Modul A importiert wird. Erst durch eine organisatorische Maßnahme, nämlich die Bildung von Header-Dateien läßt sich der Import-Export-Zusammenhang besser beschreiben.

Aus diesem Beispiel wird ebenso klar, daß Modul B (oder jedes andere Modul) auch die Variable `AbbruchBeiFehler` importieren könnte. Alle globalen Variablen eines Moduls sind öffentlich, sie können also von anderen Modulen extern eingebunden werden, wenn diese den Namen und Datentyp kennen.

Gleiches gilt auch für die Funktionen. So benutzt Modul B direkt die Funktion `Eroeffnen`. Damit der Compiler Prüfungen bezüglich Rückgabetyp und Parametern durchführen kann, müssen solche externen Funktionen durch Angabe eines Prototyps im Modul B, ähnlich wie externe Variablen, deklariert werden. Eine versuchte Benutzung von `Schliessen` in Modul B würde aber zu einem Fehler beim Übersetzen führen, weil eine solche Funktion nicht deklariert ist.

An dieser Stelle unterscheidet sich C++ deutlich von C. In C benutzt der C Compiler den ersten Aufruf einer bis dahin unbekannten Funktion nötigenfalls als Prototyp und produziert ggf. Warnungen, wenn nachfolgende Aufrufe nicht in dieses Schema passen. Dabei macht er bestimmte Standardannahmen über Rückgabetyp und Parameter, die aber durchaus falsch sein können. Daher wurde dieses sehr zweifelhafte Verfahren bei C++ einfach verboten.

---

[1] .... Wir vernachlässigen hier technische Details, wie den Unterschied zwischen globalen Variablen mit Initialisierung, deren Speicherplatz bereits vom Compiler angelegt, und globalen Variablen ohne Initialisierung, für die der Speicherplatz erst vom Linker wirklich angelegt wird.

Da Module aber auch echte private Daten und Funktionen beinhalten können, bietet C++ auch eine Möglichkeit, den sonst üblichen Zwangsexport zu unterbinden. Dazu dient das bereits bekannte und in zwei anderen Zusammenhängen[1] eingesetzte Schlüsselwort **static** sowohl für Variablen als auch für Funktionen:

```
// Modul A
// -------
int      FehlerStatus     = 0;    // ein möglicher Fehlercode
string   FehlerMeldung;           // die Klartext-Meldung dazu
int      AbbruchBeiFehler = 0;    // regelt das Fehler-Verhalten

// Privat-Sachen
// -------------
static const unsigned BufferSize = 256;
static       char     Buffer[BufferSize];

static int ReadBuffer( )
{
  // . . .
}

// öffentliche Funktionen
// ----------------------
int Eroeffnen( const string& Titel )
{ /* . . . */
}

void Schliessen( )
{ /* . . . */
}
```

Hier können die globalen Variablen `FehlerStatus`, `FehlerMeldung` und `AbbruchBeiFehler` von anderen Modulen durch **extern** importiert werden, während `Buffer` und `BufferSize` zwar global für das ganze Modul A zugreifbar sind, andere Module auf diese Variablen aber nicht zugreifen können. Ähnlich kann die Funktion `Eroeffnen` in anderen Modulen durch einen entsprechenden Prototyp benutzt werden, wogegen `ReadBuffer` ausschließlich im Modul A benutzt werden kann.

Konstruktoren und Destruktoren globaler Objekte oder lokaler **static** Objekte spielen eine besondere Rolle, weil diese Objekte eine Lebensdauer während des gesamten Programms haben. Diese Konstruktoren werden aufgerufen, bevor die erste Anweisung von `main` ausgeführt wird, weil diese dauerhaften Objekte ja schon wohldefiniert existieren müssen, wenn die erste Anweisung beginnt. Umgekehrt müssen diese Objekte bis zum Schluß des Programms definiert bleiben was bedeutet, daß deren Destruktoren erst nach dem Ende des Programms aufgerufen werden. Dieses besondere Verhalten ist ein weiterer Grund für eine spezielle Linker-Behandlung von C++ Programmen.

[1] ....Dies gilt bei lokalen Variablen mit permanenter Lebensdauer sowie bei Klassenvariablen bzw. Klassenmethoden.

So praktisch dies in einigen Fällen sein kann, um so gefährlicher ist die Tatsache, daß die genaue Reihenfolge der Konstruktor- bzw. Destruktor-Aufrufe nicht definiert ist, wenn mehrere globale Objekte existieren. Sichergestellt ist nur, daß alle Konstruktoren vor `main` und alle Destruktoren nach `main` aufgerufen werden.[1] Besonders wenn die Objekte komplexe, dynamische innere Strukturen haben (vgl. Kapitel 14. „Referenzen und Beziehungen" und 15. „Dynamische Objekte"), kann hier eine ungeschickte Reihenfolge der Konstruktor-Aufrufe Probleme bereiten, etwa dann, wenn sich diese Reihenfolge beim Wechsel zwischen zwei Compilern ändert und so ein bis dahin korrektes Programm plötzlich nicht mehr korrekt arbeitet. Dieses Problem sollte bekannt sein, auch wenn es in den weitaus meisten Programmen keine Rolle spielt.

12.1.2 Hinweise zur Modularisierung

Wer nun eigene Programme aus mehreren Quelltexten zusammenstellen will, sollte für jede Datei eine eigene **Header-Datei** anlegen. Dazu werden aus den Quelltexten nur die Funktions- und Variablendeklarationen, Typen und Konstanten sowie die Klassendeklarationen verwendet. Auch wenn es nicht immer zwingend notwendig ist, sollte man diese Header-Datei auch in den Quelltext selbst, noch vor allen Deklarationen, einbinden. Diese Vorgehensweise hat zwei Vorteile:

Zum einem können inkrementelle Compiler bereits bekannte (definierte) Funktionen schneller compilieren. Zum anderen hat man so immer eine Kontrolle, ob sich nicht Differenzen zwischen der Header-Datei (Deklaration) und dem Quelltext (Definition) im Laufe der Programmentwicklung ergeben haben. Diese Kontrolle ist deshalb so wichtig, da andere Module sich auf die Angaben in der Header-Datei verlassen müssen.

Grundsätzlich sollte man seine Funktionen immer nach ihrer Aufgabe zusammenstellen. So sollte eine einzelne Quelltextdatei nicht mehr als einige Seiten (<10) umfassen, und man sollte jede einzelne Funktion zusammen mit ihren Unterstützungsroutinen in einer Datei zusammenfassen. In „echtem" C++ ist, aufgrund der Objektorientierung, bereits eine gute logische Struktur für eine Modularisierung gegeben. Der nachfolgende Vorschlag versucht nur, eine konsistente Umsetzung dieser Ideen zu gewährleisten.

```
#ifndef CONSTIT_HXX
#define CONSTIT_HXX
/* -----------------------------------------------------------------------
  DEFINITION MODULE:  CONSTIT.HXX
  -----------------
  AUTHOR:  Kirk  (JTK)
  -------
  PURPOSE:
  --------
  * class CConstitution
      A simulation class for the famous constitution class
  * StarDate
      the current universal stardate (non-relativistic)
```

[1] ....Dies ist ein typisches Beispiel für eine „echte" Halbordnung in der Informatik.

```
 -------------------------------------------------------------------------- */

// COMPILER-SWITCHES
// -----------------

// PUBLIC IMPORTS
// --------------
#include <starships.hxx>     // class CStarShip
#include <iostream.h>        // class ostream, istream
#include <string.hxx>        // class string

// ==========================================================================
// ========== P U B L I C   G L O B A L   D E F I N I T I O N S ===========
// ==========================================================================

extern const volatile unsigned long StarDate;

/* -------------------------------------------------------------------------
 * StarDate
   The current stardate, use StarDate2String for converting
   ------------------------------------------------------------------------ */

// ==========================================================================
// ============ P U B L I C   G L O B A L   F U N C T I O N S =============
// ==========================================================================

string StarDate2String( unsigned long SD );

/* -------------------------------------------------------------------------
 * StarDate2String
   converts a given StarDate value into a readable form
   ------------------------------------------------------------------------ */

// ==========================================================================
// ================== P U B L I C   C L A S S E S =======================
// ==========================================================================

class CConstitution : public CStarShip
{
  private:
//--------
  string Name;
  // ......................

  protected:
//----------
  double     Warp;
  CPosition  Heading;
  // ......................
  void    ChangeSpeed(   double     NewWarp );
  void    ChangeHeading( CPosition  NewDest );

  public:
//-------

  // ......................
  CConstitution ( string ShipName = "Enterprise" );
  ~CConstitution( );
```

```
  string    GetName();
  double    GetSpeed();
  CPosition GetHeading();

// friends
// -------
  friend istream& operator >> ( istream& is, CConstitution& aConstitution );

}; // class CConstitution

// Global functions and operators related with CConstitution
// --------------------------------------------------------
  ostream& operator << ( ostream& os, const CConstitution& aConstitution );

/* ---------------------------------------------------------------------------
 * constructor
   The construction is the only way to give a name to a vessel

 * GetName, GetSpeed, GetHeading
   returns the name, speed or heading in form of the current destination

 * operator <<, >>
   is a simple, character-based output/input of the current ship status
   ---------------------------------------------------------------------- */

// ########################################################################

#endif // CONSTIT_HXX
```

Diese Definition faßt die Klasse `CConstitution` sowie eine globale Simulationszeit mit einigen Hilfsroutinen zusammen.[1] Wir verschaffen uns jetzt abschnittsweise einen Überblick über die benutzten Formulierungen.

Zunächst sollte jede Header-Datei in C++ **reentrant** sein, das heißt, man kann die Header-Datei beliebig oft über `#include` innerhalb eines Projektes einbinden, ohne daß dadurch Compilerfehler entstehen würden. Das ist besonders dann wichtig, wenn Module mehrfach benötigt werden, wie etwa Standardmodule wie `string.hxx`. Ein Programm, das mit der Klasse `CConstitution` arbeitet, wird sehr wahrscheinlich auch `string`-Instanzen anwenden, so daß auch dort `string.hxx` eingebunden wird. Eine zweite Einbindung von `string.hxx` auf dem Umweg über die Header-Datei `constit.hxx` darf also nicht zu Fehlern in `string.hxx` führen. Neben der Fehlerfreiheit werden so auch überflüssige Übersetzungen vermieden. Man kann diese reentrant-Fähigkeit dadurch erreichen, daß die Header-Datei nur dann übersetzt wird, wenn ein spezielles Symbol (hier `CONSTIT_HXX`) nicht definiert ist, was beim ersten Einbinden der Fall ist. Dann wird eben dieses Symbol definiert (der Wert spielt keine Rolle, wichtig ist nur, daß das Symbol jetzt definiert ist), so daß beim nächsten versuchten Einbinden die gesamte Header-Datei nicht mehr neu übersetzt wird. Als Name für dieses spezielle Symbol bietet sich üblicherweise der Dateiname an, ggf.

[1] ....Speziell bei der Formulierung von `StarDate` wäre natürlich ein rein objektorientierter Ansatz besser, um hier aber einige „klassische" globale Strukturen zu erhalten, wurde dieser Weg gewählt.

ergänzt um einige zusätzliche Zeichen, um Probleme mit Namenskonflikten zu umgehen.

Es folgt ein kurzer Modulkopf, der den Namen der Datei (wichtig beim Ausdrucken!), den Namen des/der Autors/Autoren (ggf. mit ihren Korrekturzeichen) sowie eine kurze Inhaltsübersicht gibt. In der Regel wird man jeweils eine Klasse in einem Modul definieren (und später auch implementieren), mitunter kommen aber noch einige Hilfsvariablen oder -Routinen hinzu. Eine spezielle History könnte hier stehen; aufgrund der Überlegung, daß diese Information eher für die Implementierung relevant ist, haben wir die History[1] in die Implementierung des Moduls verlagert. Neben der Möglichkeit einer manuellen Versionskontrolle, bietet sich natürlich auch der Einsatz einer automatischen Versionskontrolle durch Systeme wie RCS[2] oder SCCS[3] an, die eine entsprechende History automatisch fortschreiben. Ähnliche formalisierte Dokumentationen bieten auch spezielle objektorientierte Software-Engineering Tools.

Im nächsten Schritt werden mögliche Compilervariablen beschrieben, die über bedingte Compilierung unterschiedliche Versionen erzielen können. Diese Einstellungen sind ausschließlich für Änderungen an der Header-Datei zuständig und sollen nicht mit Einstellungen für den Implementierungsteil verwechselt werden. Diese Variablen sollten deutlich beschrieben werden, damit der Modulanwender selbst diese Einstellungen (natürlich nicht in der Header-Datei selbst) vornehmen kann. Solche Steuerungen werden häufig dafür eingesetzt, speziellen Schutzcode oder Funktionen zu (de-)aktivieren, wie im folgenden Beispiel:

```
#define   RANGE_CHECK        // Kontrolle für Personal-Zugriffe aktiviert
#include "personal.hxx"
#undefine RANGE_CHECK        // und wieder abgeschaltet

// . . .
int main( )
{
  CPersonalListe  Liste;
  unsigned long   PNr    = 32442;

  cout << "#" << PNr
       << Liste.GetPerson( PNr )   // wird geprüft, wenn RANGE_CHECK definiert war
       << endl;
```

In der entsprechenden Header-Datei könnte dann bei der Methode `GetPerson` etwa folgender Code stehen:

1 ....In der History werden die einzelnen Teiländerungen mit Datum und Bearbeiter notiert. So behält man die Übersicht, wann, und wo von wem was getan wurde. Das ist besonders hilfreich, wenn eine neue Version plötzlich neue Fehler aufweist. Durch die History kann man leicht feststellen, welche Änderungen (und ggf. welcher Entwickler) für den neuen Fehler verantwortlich sein können.

2 ....Revision Control System

3 ....Source Code Control System

```
class CPersonalListe
{
  private:
//--------
  unsigned long    MaxPNr;
  void             FehlerAbbruch( const string& FehlerMeldung );

  public:
//-------
  CPerson          GetPerson( unsigned long PNr )
                   {
#ifdef RANGE_CHECK
                      if ( PNr > MaxPNr ) FehlerAbbruch( "illegale PNr" );
#endif
                      // . . .
```

Wenn die Variable `RANGE_CHECK` definiert ist, wird in die Zugriffsfunktion `GetPerson` eine Sicherheitsabfrage eingebunden, was aber nur im Fall von **`inline`**-Anweisungen (vgl. Vertiefung dieses Kapitels) so realisierbar ist.

Kehren wir jetzt wieder zum Beispiel des Moduls `constit.hxx` zurück. Der nächste Abschnitt beschreibt alle notwendigen öffentlichen Importe, also alle Definitionen, die benötigt werden, um die nachfolgenden eigenen Definitionen zu formulieren. In unserem Fall werden die Klassen `CStarShip` und `string` benötigt, um die Klasse `CConstitution` zu formulieren, also werden die Header-Dateien, die die benötigten Klassen beschreiben, hier importiert.

Die weiteren Abschnitte gliedern sich in die Bereiche „Public Global Definitions", „Public Global Functions" sowie „Public Classes", wobei keiner dieser Bereiche ausgefüllt sein muß (hier haben wird dies aus Demonstrationsgründen getan). Tatsächlich ist es besser, solche Organisationsrahmen leer in einem Modul zu belassen, weil dann Klarheit darüber herrscht, wo neue Teile eingefügt werden (üblicherweise entsteht ja auch eine Moduldefinition nicht in einem Schritt). Schon aus praktischen Gründen wird man eine solche Organisationsstruktur nicht bei jedem neuen Modul komplett wieder eingeben, sondern sie (in guter alter OO-Manier) durch das „Klonen" eines Prototypen erhalten.[1]

Im Teil „Public Global Definitions" finden wir als ein Beispiel die Deklaration einer **`unsigned long`** Variable. Diese wurde im Beispiel als **`const`** und **`volatile`** definiert (sie repräsentiert eine read-only Variable (**`const`**), die sich durch eine imaginäre Uhr ständig verändert, daher **`volatile`**). Andere Variablendeklarationen beliebiger Typen oder Klassen können auf die gleiche Art deklariert werden. Wichtig ist nur, daß diese Variablen oder Objekte in dem zugehörigen Implementierungsmodul auch definiert werden (siehe unten).

Ähnlich finden wir im Teil „Public Global Functions" Funktionen, Prozeduren oder Operatoren, die nicht einer Klasse zugeordnet sind. Obwohl etwa überladene Operato-

[1] ....Man kopiert ein vorhandenes, möglichst leeres Muster in eine neue Datei und modifiziert diese.

ren häufig formal syntaktisch nicht Methoden einer Klasse sind, sind sie doch logisch mit der entsprechenden Klasse verbunden, so daß wir vorschlagen, solche „logisch zugeordneten" Operatoren und Funktionen bei der zugehörigen Klassendefinition zu beschreiben (vgl. Ausgabeoperator für die Klasse `CConstitution`). Unabhängig von Klassen ist nur die Funktion `StarDate2String`, deren Prototyp daher hier deklariert ist. Die Implementierung erfolgt getrennt im Implementierungsmodul.

Das Hauptvolumen (jedenfalls bei intensiver objektorientierter Programmierung) nehmen die „Public Classes" ein. Hier befindet in unserem Beispiel nur die Klasse `CConstitution`. Wenn es sich nicht gerade um völlig triviale „Miniklassen" handelt, oder um sehr eng verwandte Klassen (wie bei `istream` und `ostream`), sollte eigentlich jede Klasse in einem eigenen Modul implementiert werden. Innerhalb der Klassenbeschreibung sollten für alle drei Zugriffsberechtigungen (**`private`**, **`protected`** und **`public`**) eine deutliche Gliederung vorhanden sein, auch wenn nicht alle Berechtigungsebenen auch wirklich zum Einsatz kommen. In diesem Vorschlag benutzen wir weiter Trennlinien, um zwischen Instanz-Variablen und Methoden zu trennen.

Spezielle Methoden, wie etwa Konstruktoren und Destruktoren sowie Zuweisungsoperatoren für die Copy-Semantik[1] sollten ebenso hervorgehoben werden, wie etwa Klassenvariablen oder Klassenmethoden (auf letztere haben wir im obigen Beispiel verzichtet). Ähnlich werden **`friend`** Funktionen oder Operatoren gesondert aufgeführt, wie hier am Beispiel des Eingabeoperators. Dieser muß bei dem obigen Design als **`friend`** ausgelegt werden, weil er sonst keine Möglichkeit hätte, die Werte der geschützten Instanzvariablen `Warp` und `Heading` zu verändern (bei einem Re-Design sollte diese Schwäche der Klasse `CConstitution` verbessert werden; hier wurde allerdings die **`friend`** Variante aus Demonstrationsgründen gewählt). Der Ausgabeoperator braucht diese Sonderbehandlung nicht, weil er mit den vorhandenen Zugriffsfunktionen an die gewünschten Werte gelangen kann. Einige Erweiterungen dieses Schemas werden aufgrund zusätzlicher Features von C++ nötig werden, wie etwa eine einheitliche Behandlung von **`inline`**-Funktionen und Methoden (vgl. nachfolgende Vertiefung) sowie **`template`**-Implementierungen (vgl. Kapitel 16).

Auf eine ähnlich übersichtliche Art und Weise sollte auch die Implementierung eines Moduls organisiert werden. Wir betrachten, wieder als Vorschlag, auszugsweise die Implementierung des obigen Moduls:

```
/* -------------------------------------------------------------------------
IMPLEMENTATION MODULE:  CONSTIT.CXX
----------------------
AUTHOR: Kirk (JTK)
-------
```

[1] ....Copy-Semantik, überladene Zuweisungsoperatoren und Copy-Konstruktoren wurden in Kapitel 8. „Klassen" bereits eingeführt und werden in 14. „Referenzen und Beziehungen" und „15. Dynamische Objekte" noch weiterführend behandelt.

```
DESCRIPTION:
------------
This is the primary implementation of the Federation star ship class
Constitution. For a detailed description of the behaviour see
starfleet technical handbook, rev. 4.27, Stardate 25763.38

HISTORY:
--------
25789.38:  First interface definition and dummy implementation
25789.43:  Implementation of partial functional impulse engine
--------------------------------------------------------------------------- */

// COMPILER SWITCHES
// -----------------
// #define DEBUG                  // enters the debugging mode

// OWN HEADER
// ----------
#include "constit.hxx"

// PRIVATE IMPORTS
// ---------------
#include "warpdrive.hxx"       // class CWarpDrive
#include "transport.hxx"       // class CPersonalTransporter
#include <math.h>              // sqrt()
#include <sdlib.h>             // ultoa()

// ==========================================================================
// ========== P R I V A T E   G L O B A L   D E F I N I T I O N S ===========
// ==========================================================================

static const double HullIntegrityIndex = 47.11;
static CWarpDrive   ReferenceWarpDrive;

/* -------------------------------------------------------------------------
   * HullIntegrityIndex
     Meaning: everything you may imagine
   ------------------------------------------------------------------------ */

// ==========================================================================
// ============ P R I V A T E   G L O B A L   F U N C T I O N S =============
// ==========================================================================

static double WarpCalibration( double x )
{
  return sqrt( x * x * HullIntegrityIndex );

} // WarpCalibration

/* -------------------------------------------------------------------------
  * WarpCalibration
    calculates the simplified nonsense/fun ratio...
  ------------------------------------------------------------------------- */

// ==========================================================================
// ================== P R I V A T E   C L A S S E S =========================
// ==========================================================================

// --------------           N O T H I N G                       -------------
```

```
// ########################################################################

// ========================================================================
// =========== P U B L I C  G L O B A L  D E F I N I T I O N S ============
// ========================================================================

const volatile unsigned long StarDate = 579000L;

// ========================================================================
// ============= P U B L I C  G L O B A L  F U N C T I O N S ==============
// ========================================================================

string StarDate2String( unsigend long SD )
{
  static char TempBuffer[20];
  ultoa( SD, TempBuffer, 10 );
  return TempBuffer;

} // StarDate2String

// ========================================================================
// =================== P U B L I C  C L A S S E S ======================
// ========================================================================

// -----------------------------------
// PRIVATE METHODS CConstitution
// -----------------------------------

// --------------              N O N E                   ---------------

// ========================================================================

// -----------------------------------
// PROTECTED METHODS CConstitution
// -----------------------------------

void CConstitution::ChangeSpeed( double NewWarp )
{
  Warp = NewWarp;     // may be something else here...

} // CConstitution::ChangeSpeed

// ---------------------------------------------------------------------

void CConstitution::ChangeHeading( CPosition NewDest )
{
  // . . .

} //  CConstitution::ChangeHeading

// ========================================================================

// -----------------------------------
// PUBLIC METHODS CConstitution
// -----------------------------------
```

```
CConstitution :: CConstitution( string ShipName )
             : CStarShip( ShipName )
{
  // ...

} // CConstitution :: CConstitution

// -----------------------------------------------------------------------

CConstitution :: ~CConstitution( )
{
  // ...

} // CConstitution :: ~CConstitution

// -----------------------------------------------------------------------

string CConstitution :: Getname()
{
  return Name;
}

// -----------------------------------------------------------------------

ostream& operator << ( ostream& os, const CConstitution& aConstitution )
{
  // . . .

} // operator <<

// . . .
```

Auch in der Implementierung wird zunächst ein allgemeiner Kopfteil vorgeschlagen, in dem Modulname, Name des/der Programmierer(s), eine kurze Beschreibung aus der Sicht der Implementierung sowie eine History-Liste aufgeführt werden. Bei komplexen Klassen kann es sein, daß die tatsächliche Beschreibung der Datenstrukturen oder Algorithmen den Rahmen einer einfachen Übersicht sprengt. In diesem Fall sollte mindestens ein Verweis auf entsprechende Literatur vorhanden sein.

Wie bereits beim Definitionsteil können auch hier Compilervariablen benutzt werden, speziell dann, wenn sie nur die Implementierung betreffen. Sehr wichtig für den Compiler-unterstützten Vergleich zwischen Definitionen und Implementierungen ist der Import des eigenen Modul-Headers. Dadurch kann der Compiler vergleichen, ob die Deklarationen in der Header-Datei formal mit den benutzten Implementierungen übereinstimmen. Dieser Import gestattet es dann auch, eine beliebige Reihenfolge in den nachfolgenden Implementierungen der öffentlichen Strukturen zu wählen.

Neben den öffentlichen Importen, die wir ja über die eigene Header-Datei bereits erhalten haben, kann jedes Modul auch weitere Module, die es nur für seine technische Realisierung benötigt, importieren. Auch in diesem Fall ist eine kurze Anmerkung, was aus dem Modul eigentlich benutzt wird, hilfreich.

In diesem Vorschlag werden zunächst alle privaten Strukturen des Moduls definiert, damit sie in den folgenden Implementierungen der öffentlichen Strukturen benutzt werden können. Diese privaten Strukturen können Variablen, Funktionen, Klassen oder Objekte sein. Bei Variablen und Funktionen sollte beachtet werden, diese durch **static** auch technisch vor versuchten Zugriffen von außerhalb des Moduls zu schützen. Klassendeklarationen brauchen nicht mit **static** geschützt zu werden, weil diese keine konkreten (Speicher)-Objekte erzeugen, auf die man Zugriff nehmen könnte. Private Objekte sind dagegen möglich und sollten entsprechend durch **static** geschützt werden. Private Klassen sollten nur dann innerhalb eines Moduls definiert werden, wenn sie „relativ einfach" sind.[1] Komplexe oder einfach nur umfangreiche Klassen sollten dagegen, auch wenn sie nur zu dem Zweck der Unterstützung der Implementierung eines Moduls dienen, in ein eigenes Modul verlagert werden.

Im Implementierungsteil der „Public Classes" sollten die Methoden wiederum in der gleichen Art nach den Zugriffsrechten geordnet werden, wie dies auch in der Klassendefinition der Fall ist. Besonders im (üblicherweise) umfangreichen Implementierungsteil ist Übersichtlichkeit wichtig. Analog zu den Überlegungen beim Definitionsmodul, die bereits bei globalen Funktionen und Operatoren mit direktem Bezug auf eine Klasse angestellt worden sind, ordnen wir auch in der Implementierung derartige Funktionen und Operatoren den öffentlichen Methoden einer Klasse zu. Besonders dann, wenn es sich um **friend**-Funktionen oder -Operatoren handelt, sind diese ja in ihren Zugriffsrechten mit regulären Methoden gleichgestellt. In unserem Beispiel betrifft dies wieder die Ein- und Ausgabeoperatoren.

Schließlich sollte für jedes Modul möglichst ein Testprogramm vorhanden sein, das die definierte Funktionalität des Moduls möglichst ausführlich testet und damit auch die Anwendungsperspektiven demonstriert. Ein solches Testprogramm erfüllt dabei zugleich mehrere Zwecke. Einmal kann es die Funktionsfähigkeit, möglichst anhand aussagekräftiger Beispiele prüfen und somit eine (unvollständige) Plausibilitätskontrolle für das Modul darstellen. Solche Tests sind besonders bei Projekten mit größerer Laufzeit und demzufolge häufigeren Änderungen an Quelltexten sinnvoll, weil dadurch Fehler, die infolge von Implementierungsänderungen entstanden sind, schnell aufgedeckt werden können. Auch bei Projekten, die mit unterschiedlichen Compilern laufen sollen, können diese Testprogramme einen ersten Prüfpunkt sowohl für das Modul, wie auch den Compiler darstellen. Weiter können diese Programme auch als Beispiele für die Nutzung des Moduls verstanden werden, weswegen (auch) diese Teile möglichst gut dokumentiert werden sollten. Die Dokumentation soll sich dabei bewußt an den Modulanwender richten. In diesem Fall können diese Testbeispiele unmittelbar in die Dokumentation des Moduls mit aufgenommen werden.

Der Hauptzweck all dieser selbst-auferlegten Reglementierungen besteht darin, eine einheitliche Ordnung für alle Definitions- und Implementierungsmodule zu haben, anhand derer man leicht die aktuell gesuchten Strukturen finden kann. Wenn etwa Konstruktoren innerhalb einer Klassenbeschreibung immer an der gleichen Stelle stehen, wird man (besonders bei der Teamprogrammierung) auch in einem neuen Quelltext Klarheit über die Anwendungsmöglichkeiten beim Anlegen einer Instanz dieser

[1] .... Dies ist natürlich nur eine vage Größenangabe, es gilt hier vorwiegend die Erfahrung und persönliche Einschätzung des Projektleiters oder Einzel-Programmierers.

Klasse bekommen. In diesem Zusammenhang gilt eigentlich nur, daß man diese Regeln auch konsequent nutzt. Es klingt zwar banal, aber die besten Organisationsregeln nützen nichts, wenn man sie nicht anwendet.

Mittlerweile unterstützen Entwicklungswerkzeuge wie etwa integrierte Entwicklungsumgebungen das Auffinden und Strukturieren komplexer Quelltexte durch OO-spezifische Tools, wie etwa **Klassen-Browser**[1] oder auch konventionelle **Data-Dictionaries**. Leistungsfähige Werkzeuge allein sind aber kein Patentrezept. Mit ihrer Hilfe wird ein disziplinierter Entwickler bequemer, effektiver und vielleicht auch besser arbeiten, ein „unstrukturierter Chaot" wird damit aber nicht gezähmt. Das Verhältnis ist hier ähnlich wie bei den Programmiersprachen: Nicht jeder, der mit C++ arbeitet ist ein guter Programmierer, aber ein guter und objektorientiert geschulter Programmierer arbeitet mit C++ besser.

12.1.3 Das `namespace`-Konzept

Im wesentlichen bleiben auch bei ANSI C++ alle bereits vorgestellten Möglichkeiten zur Modularisierung erhalten. Diese werden aber durch das **`namespace`**-Konzept ergänzt. Es ist von vornherein nicht vollständig vergleichbar mit einem Modulkonzept, wie es etwa in MODULA-2 realisiert wird. Die Hauptproblematik der bisherigen Modularisierung von C++, nämlich die Kontrolle von Namenskonflikten im globalen Namensraum kann damit aber wirksam durchgeführt werden. Dies betrifft vor allem häufige Namen in der objektorientierte Programmierung wie etwa „Window", „String", „Object" oder „Set". Zur Vermeidung solcher Probleme wird in der Praxis ein Modulspezifischen Präfix vor die Symbolnamen gestellt, etwa `RWDate`[2], `PtString`[3] ... Eine besonders elegante und vor allem sichere Methode ist dies aber nicht.

Ein **`namespace`** ist nichts anderes als ein Sichtbarkeitsbereich für alle darin enthaltenen Namen. Dies betrifft Klassennamen, Typnamen, globale Variablen und Funktionen, die einem gemeinsamen Anwendungsbereich zugeordnet sind.

```
// FILE:  graphic.hxx
// ------------------
namespace Graphic
{
  class LogicalPoint  { /* ... */ public: LogicalPoint(    double,   double ); };
  class PhysicalPoint { /* ... */ public: PhysicalPoint( unsigned, unsigned ); };
  class Window
  {
    public:
      Window();           // default Konstruktor
      Window( LogicalPoint, LogicalPoint, PhysicalPoint, PhysicalPoint );
  };
  class Color { public: unsigned char r, g, b; };
  class GeoObject { /* ... */ };
```

[1] ....Als Beispiel kann die *Object Engineering Workbench* von *Innovative Software* dienen.

[2] ....Präfix RW wird von der *Rogue Wave* Bibliothek benutzt.

[3] ....Präfix Pt wird von der objektorientierten Datenbank *POET* benutzt.

```
  void Protokoll( string Meldung );
  void Protokoll( const PhysicalPoint& PP );
  void Protokoll( const LogicalPoint&  LP );
  void Protokoll( const Window& W );
} // namespace Graphic
```

Alle Symbole innerhalb eines **namespace** sind von außen ohne weitere Qualifikation nicht direkt zugreifbar, genauso wie die Namen innerhalb einer Klasse von außen ohne Qualifikation mit dem Klassennamen und dem Operator **::** nicht direkt zugreifbar sind. Ein Zugriff auf eine Farbe kann daher nur explizit erfolgen:

```
int main()
{
  Graphic::Color Hintergrund;
  // . . .
  return 0;
}
```

Auf diese Art kann ein Namenskonflikt etwa mit der folgenden Bibliothek vermieden werden:

```
// FILE: gui.hxx
// -------------
namespace GraphicUserInterface
{
  typedef Color int;
  class Window
  {
     // . . .
     public:
       Window();                         // default Konstruktor
       Window( const char* Name );       // Konstruktor mit Fenstername
  }
  void Protokoll( string  Meldung );
  void Protokoll( const Window& W );

} // namespace GraphicUserInterface
```

Konflikte wie zwischen `Window` und `Protokoll` können damit nicht mehr auftreten,:

```
int main()
{
  GraphicUserInterface::Window Fenster( "Titel" );
  Graphic::Window              Zeichnung( Graphic::LogicalPoint(  0.0, -1.1 ),
                                          Graphic::LogicalPoint( 3.14, +1.1 ),
                                          Graphic::PhysicalPoint(  20,   0 ),
                                          Graphic::PhysicalPoint( 180,  90 )   );
  // . . .
  return 0;
} // main
```

Ein solcher **namespace** kann, einmal an einer Stelle begonnen, später an einer anderen Stelle (etwa in einer anderen Header-Datei) fortgesetzt werden, wie dies etwa beim Ausbau einer geometrischen Klassenhierarchie nötig ist:

```
// FILE: GeoObj.hxx
// ----------------
namespace Graphic          // Fortsetzung
{
  class BorderObject : virtual public GeoObject { /* ... */ };
  class FilledObject : virtual public GeoObject { /* ... */ };
}
```

Dabei dürfen einmal definierte Namen nicht überschrieben werden; eine neue oder andere Klasse `Color` wäre innerhalb des **`namespace`** `Graphic` nicht zulässig.

Soll jeder Name aus einem **`namespace`** immer voll qualifiziert werden, würde sich allerdings ein nicht unerheblicher Schreibaufwand ergeben. Daher kann man für solche unhandlichen **`namespace`** Namen Abkürzungen einführen mit:

```
namespace GUI = GraphicUserInterface;
namespace Gr  = Graphic;

int main()
{
  GUI::Window Fenster( "Titel" );
  Gr::Window  Zeichnung( Gr::LogicalPoint(  0.0, -1.1 ),
                         Gr::LogicalPoint( 3.14, +1.1 ),
                         Gr::PhysicalPoint(  20,   0 ),
                         Gr::PhysicalPoint( 180,  90 )   );
  // . . .
  return 0;
} // main
```

Anders als bei der einfachen Konkatenation mit einem Namenskürzel kann hier der Kurzname frei gewählt werden.

Häufig benutzte Namen können aber auch durch eine **`using`-Deklaration** über ihren unqualifizierten Namen bekannt gemacht werden. Wichtig ist, daß hier immer komplette Namen (die ja aufgrund von Überladung mehrfach auftreten können) und nicht nur einzelne Methoden oder Funktionen deklariert werden. Die Überladung zwischen gleichen Namen mit unterschiedlicher Signatur ist damit möglich, solange eine eindeutige Auflösung möglich ist. Damit kann der Namenskonflikt bei dem Bezeichner `Window` weiter aufgelöst werden:

```
int main()
{
  namespace GUI = GraphicUserInterface;
  namespace Gr  = Graphic;
  using     GUI::Protokoll;     // importiere Name Protokoll von GUI
  using     Gr ::Protokoll;     // und von Gr
  using     GUI::Window;        // importiere Name Window von GUI

  Window Fenster( "Titel" );    // nutzt GUI::Window
  Gr::Window  Zeichnung( Gr::LogicalPoint(  0.0, -1.1 ),
                         Gr::LogicalPoint( 3.14, +1.1 ),
                         Gr::PhysicalPoint(  20,   0 ),
                         Gr::PhysicalPoint( 180,  90 ) );

  Protokoll( Fenster );          // eindeutig auflösbar: GUI::Protokoll
```

```
  Protokoll( Zeichnung );        // eindeutig auflösbat: Gr ::Protokoll

  Protokoll( "Hallo" );          // *** Fehler: nicht eindeutig, entweder
  GUI::Protokoll( "Hallo" );     // dies oder
  Gr ::Protokoll( "Hallo" );     // das
```

Eine **using**-Deklaration verhält sich genau wie eine reguläre Deklaration. Damit kann wie im obigen Beispiel zwar der Name der Funktionen `Protokoll` aus beiden Namensbereichen importiert werden (mögliche Mehrdeutigkeiten wie bei `Protokoll(string)` werden erst beim beabsichtigten Einsatz aufgelöst). Andererseits kann nur eine Klasse `Window` unqualifiziert importiert werden, wie im obigen Beispiel zu Gunsten des **namespace** `GUI`. Anderenfalls wäre der Klassenname `Window` nicht mehr eindeutig auflösbar. Wie das obige Beispiel zeigt, kann der Zugriff über **using**-Deklarationen, ebenso wie **namespace** Abkürzungen lokal innerhalb von Blöcken oder Klassen erfolgen, wodurch der verkürzte Zugriff genau auf die gewünschten Bereiche eingeschränkt werden kann.

Falls zahlreichen Namen aus möglicherweise mehreren Bereichen genutzt werden sollen, ohne diese Bereiche auch fortzusetzen (wie etwa bei der Bildung von Unterklassen oder der Implementierung), wäre die vollständige aber auch eine verkürzte Qualifikation über die **using**-Deklaration, sicherlich ziemlich hinderlich. Derart hinderliche Formulierungen führen, wenn es „leichte, aber zweifelhafte Auswege" gibt, oft dazu, daß dann eben nicht so gearbeitet wird, wie man sollte, sondern so, wie es am bequemsten ist. Um derartige Versuchungen sicher zu umgehen kann man alle Symbole innerhalb eines **namespace** pauschal importieren, ähnlich wie dies innerhalb einer Klasse mit deren lokalen Symbolen der Fall ist.

```
using namespace Graphic;  // Importiere alle Symbole aus namespace Graphic

LogicalPoint::LogicalPoint( double x, double y )
{
  X = x;  Y = y;
}
```

Ab dem Zeitpunkt dieser (hier globalen) **using-Direktive** bis zum Ende des Quelltextes sind alle Symbole im **namespace** `Graphic` bekannt und können ohne Qualifikation benutzt werden, sofern dadurch keine Mehrdeutigkeiten entstehen. Derartige **namespace** Nutzungen können aber wiederum auch auf lokale Sichtbarkeitsbereiche, wie etwa innerhalb einer Methode oder Funktion eingeschränkt werden.

Dies kann auch bei der Anwendung einer Bibliothek benutzt werden, wobei auch mehrere **using**-Direktiven eingesetzt werden können. Alle Symbole werden damit gleichzeitig unqualifiziert zugreifbar, solange diese dabei eindeutig bleiben. Im obigen Beispiel müssen nur die Klassennamen `Window` (wie schon bei der **using**-Deklaration beschrieben) und `Protokoll(string)` explizit qualifiziert werden.

```
int main()
{
  using namespace GraphicUserInterface;
  using namespace Graphic;
```

```
GraphicUserInterface::Window Fenster( "Titel" );
Graphic::Window Zeichnung( LogicalPoint(  0.0, -1.1 ),
                           LogicalPoint( 3.14, +1.1 ),
                           PhysicalPoint(  20,  0 ),
                           PhysicalPoint( 180, 90 )   );

Protokoll( Fenster );
Protokoll( Zeichnung );
Graphic::Protokoll("Hallo" );
GraphicUserInterface::Protokoll("Titel");
```

Dieser Universalimport sollte auf sehr häufig benutzte Bibliotheken mit vielen Symbolen eingeschränkt werden, weil dabei die Herkunft der einzelnen Symbole nicht mehr im Quelltext sofort nachvollziehbar ist. Dazu sollten **using** Direktiven möglichst nicht global, sondern lokal in einem Block oder Klasse eingesetzt werden. Besonders bei selten benutzten Symbolen sollte zugunsten einer besseren Nachvollziehbarkeit nur qualifizierter Zugriff oder zumindest eine **using** Deklaration benutzt werden, der dadurch zugleich eine wirksame formale Dokumentation darstellt.

Ähnlich wie bei der Überdeckung von globalen Variablen durch lokale Variablen können auch Namen aus globalen oder einem umgebenden **namespace** innerhalb eines lokalen **namespace** durch ein vorangestelltes **::** zugegriffen werden:

```
int AnzahlEingaben = 15;       // außen

namespace Innen
{
  int AnzahlEingaben = 12;  // innen

  void Test()
  {
    cout << "innen " << AnzahlEingaben   << endl;    // Zugriff innen
    cout << "außen " << ::AnzahlEingaben << endl;    // Zugriff außen
  }

} // namespace Innen
```

Schließlich kann auch ein **anonymer namespace** benutzt werden und zwar als Ersatz für den Einsatz von **static** in Implementierungsteilen von Modulen. Wie im obigen Vorschlag beschrieben, sollte der inoffizielle Zwangsexport aller globalen Variablen und Funktionen durch **static** verhindert werden. Dieser Einsatz von **static** ist nicht nur aufwendig, weil er bei jedem Symbol erfolgen muß, er ist daher auch gefährlich, weil leicht eine globale Variable oder Funktion vergessen werden könnte. In solche Fällen kann ein anonymer **namespace** helfen und gleichzeitig die Formulierungen vereinfachen:

```
namespace   // ohne Namen
{
long int Aufrufe = 0L;
void Hilfe( string, double );

} // anonymer namespace
```

Ein anonymer **namespace** ist für das jeweilige Quelltextmodul eindeutig und kann nicht von außen erreicht werden (weil er ja keinen Namen hat). Damit sind in diesem

Beispiel `Aufrufe` und `Hilfe` innerhalb dieses anonymen **namespace** bekannt sowie bis zum Ende des Quelltextmoduls; der Einsatz von **static** zum Zweck der „Geheimhaltung" von Namen kann also entfallen. Wichtig ist dabei, daß ein solcher anonymer **namespace** nicht einen weiteren benannten **namespace** umfassen soll, in dem ja gerade veröffentlichte Funktionen oder Methoden implementiert werden sollen:

```
namespace   // ohne Namen
{
long int Aufrufe = 0L;
void Hilfe( string, double );

} // anonymer namespace

namespace Graphic         // Fortsetzung des namespace Graphic
{
  void Protokoll( string Text )   // RICHITG: dies ist Graphic::Protokoll
  {
    Aufrufe++;       // aus dem anonymen namespace
    // . . .
  }
} // namespace Graphic
```

Bei einer Schachtelung würde ein zusätzlicher, lokaler **namespace** `Graphic` innerhalb des anonymen **namespace** entstehen, der nichts mit dem globalen **namespace** `Graphic` zu tun hat:

```
namespace   // ohne Namen
{
  long int Aufrufe = 0L;
  void Hilfe( string, double );

  namespace Graphic         // neuer, lokaler namespace Graphic innerhalb anonymous
  {
    void Protokoll( string Text ) // FALSCH: dies ist anonymous::Graphic::Protokoll
    {
      Aufrufe++;       // aus dem anonymen namespace
      // . . .
    }
  } // lokaler namespace Graphic
} // anonymer namespace
```

Generell können alle **namespace**s, genau wie Klassen, ineinander geschachtelt werden. Auch eine wechselseitige Schachtelung von **namespace** und **class** ist möglich (wie in den obigen Beispielen schon gezeigt), wobei aber auch eine Klasse einen eigenen, lokalen **namespace** enthalten kann. Dabei ist nur zu beachten, daß diese Schachtelungen unmittelbar erfolgen müssen. So ist es nicht möglich, einen **namespace** lokal innerhalb einer Methode zu definieren, genauso wie es nicht möglich ist, lokal in einer Methode eine Klasse zu definieren. Aufgrund dieser Ähnlichkeit der Namensverwaltung von Klassen und **namespace**s kann **using** auch zum Import von Namen einer Klasse in eine andere benutzt werden, wie dies zum Re-Import verdeckter Methoden beschrieben wurde (vgl. Kapitel 8. „Klassen").

Sinnvollerweise bildet der Interface-Teil eines Moduls in der Art, wie im vorigen Kapitel beschrieben, einen **namespace**. Damit ändert sich dann unser Designvorschlag für Module mit **namespace** wie folgt:

```
#ifndef CONSTIT_HXX
#define CONSTIT_HXX
/* ------------------------------------------------------------------------
  DEFINITION MODULE:  CONSTIT.HXX
  ------------------
  AUTHOR:  ...
  ------------------------------------------------------------------------ */
// COMPILER-SWITCHES
// -----------------

// PUBLIC INCLUDES
// ---------------
#include <starships.hxx>     // namespace StarTrek class CStarShip
#include <iostream.h>        // class ostream, istream
#include <string.hxx>        // class string
#include <warp.hxx>          // namespace Warp for physics classes and types

// PUBLIC IMPORTS
// --------------
using Warp::Field;           // a Field means a Warp::Field

namespace StarTrek           // continued from starships.hxx
{
```

Um keine Konflikte durch ungewollte geschachtelte Namespaces zu bekommen, wird der hier definierte **namespace** erst nach den `include`-Anweisungen begonnen. Weiter sollte immer angegeben werden, ob ein **namespace**, wie hier, erweitert wird. An der weiteren Formulierung der Header-Datei ändert sich nichts, nur muß der geöffnete **namespace** `StarTrek` auch geschlossen werden:

```
} // namespace StarTrek

// ########################################################################

#endif // CONSTIT_HXX
```

Bei der Implementierung benutzen wir einen anonymen **namespace** für alle nichtöffentlichen Namen und vereinfachen den Zugriff auf alle eigenen Symbole durch eine **using**-Direktive. Zusätzliche **using**-Direktiven und -Deklarationen interner Importe können ebenfalls eingesetzt werden:

```
/* ------------------------------------------------------------------------
 IMPLEMENTATION MODULE:  CONSTIT.CXX
 ----------------------
           . . .
------------------------------------------------------------------------ */

// COMILER SWITCHES
// ----------------


// OWN HEADER
// ----------
#include "constit.hxx"
```

```
// PRIVATE INCLUDES
// ----------------
#include "warpdrive.cxx"       // namespace WarpDrive
#include "transport.cxx"       // namespace PersonalTransporter
#include <math.h>              // sqrt()

// OWN NAMESPACE
// -------------
namespace StarTrek;

// PRIVATE IMPORTS
// ---------------
using namespace WarpDrive;               // all about Warp-Drives
namespace PT = PersonalTransporter;      // short-cut

// ========================================================================
// ========== P R I V A T E   G L O B A L   D E F I N I T I O N S ===========
// ========================================================================

namespace   // annonymous namespace
{
  const double HullIntegrityIndex = 47.11;
  CWarpDrive   ReferenceWarpDrive;

} // anonymous namespace

// ========================================================================
// ============ P R I V A T E   G L O B A L   F U N C T I O N S =============
// ========================================================================

double WarpCalibration( double x )
{
  return sqrt( x * x * HullIntegrityIndex );

} // WarpCalibration
```

12.1.4 Aufgaben

Aufgabe 66 Modularisierung

a) Entwerfe und realisiere eine geeignete Modularisierung für `CVektor`.

b) Entwerfe und realisiere eine geeignete Modularisierung des Auto-Beispiels.

c) Entwerfe und realisiere eine geeignete Modularisierung des Konto-Beispiels.

Aufgabe 67 Verbale Beschreibungen

Was bezeichnen die nachfolgenden C++ Fragmente? Gesucht ist eine genaue verbale Beschreibung, insbesondere eine Unterscheidung zwischen Definitionen und Deklarationen. Achte auch auf notwendige Voraussetzungen, damit die Formulierungen korrekt sind und rechne mit Fehlern!

```
class CAuto
{
  public:
    CAuto();                              // ein allgemeines Auto
    CAuto( const string& Kennzeichen );   // Auto mit diesem Kennzeichen
    // weitere Methoden und Variablen nach belieben
};

void Schredder( CAuto& );                // für die Entsorgung...
extern double Benzinpreis;               // in DM/Liter
double        Gesamtverbrauch = 0.0;     // bis jetzt noch nichts verbraucht
static double Benzinrechnung;            // gesamte Benzinkosten bisher

int main()
{
  CAuto  MeinAuto( "KS-XY 123" );        // das ist mein Auto
  CAuto  DeinAuto();                     // Ein allgemeines Auto

  Schredder( MeinAuto );                 // das Ende!
  return 0;
}
```

12.2 Vertiefung

12.2.1 Performance-Aspekte

Ein häufig zitiertes Argument „Programme können entweder gut strukturiert oder effektiv sein, nicht beides“ wird durch moderne Programmiersprachen wie C++ deutlich entkräftet. Eine wichtige Rolle dabei spielt die Möglichkeit, häufig benutzte kleinere Methoden durch sogenanntes **Inlining** sehr effektiv zu gestalten. Normalerweise werden Methoden- und Funktionsaufrufe technisch durch einen Sprung (CALL) zu der betreffenden Folge von Maschinenanweisungen der Methode oder Funktion realisiert. Nach Beendigung dieser Folge wird durch einen Rücksprung (RETURN) wieder an die Stelle des Aufrufs gesprungen, und die Ausführung wird dort fortgesetzt. Diese Durchführung ist insofern effektiv, als daß der benötigte Code nur einmal im Programm vorhanden ist, er kann aber an beliebig vielen Stellen benutzt werden. Nachteilig wirkt sich dagegen aus, daß dieses „Hin- und Herspringen“ zusätzlichen Verwaltungsaufwand nach sich zieht (tatsächlich müssen, je nach der Implementierung, noch einige zusätzliche Anweisungen vor und nach den Anweisungen vom Compiler generiert werden). Daher stehen typische Zugriffsmethoden wie

```
class CConstitution : public CStarShip
{
  protected:
//---------
  double Warp;

  public:
//-------
  void    ChangeSpeed( double NewWarp );
  double  GetSpeed();

  // . . .
};
```

in dem Ruf, neben der strukturellen Klarheit und Zugriffssicherheit auch eine erhebliche Verminderung der Laufzeit zu erbringen. Die tatsächlich hierbei durchgeführte Aktion ist ja sehr einfach (selbst wenn man in Betracht zieht, daß `ChangeSpeed` noch eine Plausibilitätskontrolle durchführen soll). Für Methoden, die nur selten gebraucht werden, stellt dies kein Problem dar. Vor die Wahl gestellt, Klarheit und Sicherheit gegen Effektivität abwägen zu müssen, können **inline**-Methoden hier den Ausweg bilden. Dabei wird einfach der komplette Code, der für jeden Methodenaufruf benötigt wird, komplett kopiert anstelle ihn wie beschrieben anzuspringen. Damit entfällt der Overhead der „hin- und herspringerei" mit den versteckten, zusätzlichen Anweisungen.[1] Die wird allerdings durch eine entsprechende Vergrößerung des Codes erkauft, weswegen man diese Technik nur bei sehr kleinen Methoden anwendet.

In einigen Fällen haben wir **inline**-Methoden bereits benutzt, ohne dabei explizit das Schlüsselwort **inline** zu gebrauchen. In einer Formulierung

```
class CConstitution : public CStarShip
{
  protected:
//---------
  double  Warp;

  public:
//-------
  double  GetSpeed() { return Warp; }

  // . . .
};
```

wird die Methode `CConstitution::GetSpeed` als **inline**-Methode interpretiert, weil hier innerhalb der Klassenbeschreibung nicht nur eine Deklaration der Methode (der Prototyp), sondern ihre vollständige Definition (mit dem Anweisungsteil) beschrieben wird. Mitunter ist eine solche Art der Formulierung aber unerwünscht (die Klassenbeschreibung wird durch viele **inline**-Methoden einfach unübersichtlich) oder auch nicht möglich (wenn die Anweisungen der **inline**-Methode sich auf Methoden oder Variablen beziehen, die erst hinter der aktuell beschriebenen Methode stehen). Dann kann man die Methode wie üblich durch ihren Prototyp beschreiben, setzt aber das Schlüsselwort **inline** davor:

```
class CConstitution : public CStarShip
{
  protected:
//---------
  double  Warp;

  inline void ChangeSpeed( double NewWarp );
```

[1] ....Besonders die modernen RISC-Systeme mögen Unterbrechungen des linearen Programmablaufs nicht besonders, weil dies zu Unterbrechungen ihres internen, zeitlich teilweise parallelen Ausführungsstromes führt (Pipeline-Architekturen).

```
  public:
//-------
  bool HasEnoughEnergy( double Speed );

  // . . .
};
```

Damit diese Methode tatsächlich auch **inline** realisiert wird, muß sie zum Zeitpunkt der Übersetzung beim Anwender als Quelltext vorliegen. Wenn etwa ein Anwendungsprogramm später die Nachricht `ChangeSpeed` in

```
  CConstitution Intrepid;

//. . .

  Intrepid.ChangeSpeed( 7.5 );            // hier kommt inline-Code rein!

  cout << "Our speed is now warp "
       << Intrepid.GetSpeed() << endl;    // auch hier inline-Code
```

versendet, dann muß der Inline-Code vom Compiler dort direkt eingetragen werden, weshalb der Code dem Compiler als Quelltext zu diesem Zeitpunkt zur Verfügung stehen muß. Wurde der Inline-Code durch direktes Einfügen in der Klassenbeschreibung realisiert (wie bei `GetSpeed`), dann ist dies gewährleistet. Im Fall von expliziter **inline** Deklaration, muß der Programmierer dafür sorgen (anderenfalls wird der Compiler an dieser Stelle nur einen normalen Methodenaufruf verwenden), daß der Compiler den benötigten Code als Quelltext vorliegen hat. Die einfachste Möglichkeit dazu ist es, alle Implementierungen von **inline** Methoden ebenfalls in die Header-Datei zu schreiben, am besten in einem gesonderten Abschnitt am Ende der Datei. Dieser Teil enthält nur aus rein technischen Gründen bereits die Implementierung, hat aber nichts mehr mit der reinen Definition des Moduls zu tun:

```
// vgl. Anfang des Definitionsmoduls im Beispiel weiter oben
// -------------------------------------------------------
//   . . .
class CConstitution : public CStarShip
{
  protected:
//---------
  double Warp;

  inline void ChangeSpeed( double NewWarp );

  public:
//-------
  bool HasEnoughEnergy( double Speed );

  // . . .
}; // class CConstitution

// ######################################################################

// ======================================================================
// ===== I N L I N E / T E M P L A T E   I M P L E M E N T A T I O N =======
// ======================================================================
```

```
void CConstitution :: ChangeSpeed( double NewWarp )
{
  if ( NewWarp >= 0 && NewWarp <= MaxWarpSpeed && HasEnoughEnergy( NewWarp )
    Warp = NewWarp;

} // CConstitution :: ChangeSpeed

#endif  //  CONSTIT_HXX
```

Alternativ dazu kann an dieser Stelle durch `#include` eine weitere Datei eingebunden werden, die diese **`inline`**-Implemetierungen enthält. Damit wäre wieder die einfache Regel in Kraft, daß in der Header-Datei nur die Schnittstelle eines Moduls beschrieben wird, aber nichts über die Implementierung. Für den Fall, daß es sich bei den **`inline`**-Implemetierungen tatsächlich nur um einige wenige Methoden oder Funktionen (**`inline`** funktioniert auch außerhalb von Klassen) handelt, wird eine zusätzliche Datei sicher nicht nötig sein. Wie aber der Abschnittsüberschrift zu entnehmen ist, können solche technisch bedingten Formulierungen auch noch in anderen Zusammenhängen auftreten, namentlich bei parametrisierten Klassen oder Funktionen (Templates). In diesem Fall können durchaus erhebliche Anteile an dieser Stelle auftreten, so daß sich dann eine entsprechende Aufteilung in eine weitere Datei anbietet. Wenn der Compiler es zuläßt,[1] sollte man dafür einen speziellen Datei-Suffix, etwa `txx` (für **`template`**) benutzten.

12.2.2 Linken mit anderen Programmiersprachen

Die Möglichkeit der Verbindung unterschiedlicher Programmteile zu einem gesamten Programm ist generell nicht auf eine Programmiersprache beschränkt. Tatsächlich bestehen einige kleinere Teile der ständig benutzten Standard-Bibliotheken sogar aus Assembler-Code, besonders die jeweils Betriebssystem- oder Hardware-spezifischen Anteile. Insgesamt ist die Verbindung über Sprachen-Grenzen hinweg oft nicht ganz unproblematisch aufgrund des doch stark abweichenden internen Aufbaus unterschiedlicher Programmiersprachen. In diesen Fälle wird man um einen Einblick in das jeweiliger Compiler-Manual nicht umhin kommen. Dennoch soll hier zumindest kurz auf die Möglichkeiten eingegangen werden, die C++ zur Unterstützung der gemischten Programmierung anbietet.

Eine externe Routine muß, ebenso wie eine C++ Funktion, dem Compiler durch eine entsprechende Deklaration bekannt gemacht werden. Damit die Verbindung, speziell bei der Art der Parameterübergabe,[2] auch korrekt abläuft, muß hier dem C++ Compiler mitgeteilt werden, in welcher Sprache die externe Routine geschrieben wurde, etwa in der Art

[1] ....Leider gibt es C++ Compiler, die sehr strikt nur „ihre“ Dateisuffixe `cxx` und `hxx` oder `cpp` und `hpp` akzeptieren.

[2] ....Speziell bei der Parameterübergabe benutzen C und C++ genau die entgegengesetzte Reihenfolge wie etwa Pascal oder Modula. Dies ist darauf zurückzuführen, daß es in C die relativ unsichere Möglichkeit für variabel lange Parameterlisten gibt, die eine entsprechende Reihenfolge der Parameter auf dem Runtime-Stack benötigt.

```
extern "C" double Zufall();
extern "PASCAL" double f( double x, double y );
```

Dabei ist zu beachten, daß die Sprachbeschreibung in Anführungszeichen je nach Compiler unterschiedlich sein kann. So kennt etwa der *Borland* C++ Compiler nur **extern** "C", für Pascal-Programme wird ein zusätzliches Schlüsselwort **pascal** benutzt.

Bemerkenswert ist hier die Tatsache, daß die Sprache C explizit angegeben werden muß, weil C++ aufgrund des Name-Mangeling und des Typ-sicheren Linkens eine formal gleichlautende Funktion intern anders bezeichnen würde, mit dem Resultat, daß der Linker diese Funktion nicht finden würde. Um auf diese Art eine C-Bibliothek mit einer Vielzahl von Routinen in C++ nutzen zu können, kann man die Zuordnung zur Sprache C auch global vornehmen durch einen nachfolgenden Block. Damit kann dann der Original-C-Header der gewünschten Bibliothek eingebunden werden:

```
#include <iostream.h>     // das ist ein C++ Header
extern "C" {
#include <my_old_c.h>     // das ist eine alte C-Bibliothek
}
```

Die Header-Dateien aller Standard-Bibliotheken (auch der eigentlich reinen C-Bibliotheken), werden bei den heutigen C++ Compilern bereits intern so formuliert, daß sie unmittelbar eingesetzt werden können. Ein Blick in diese Header-Datei verrät dann auch, daß hier an den benötigten Stellen **extern** "C" zu finden ist.

12.2.3 Aufgaben

Aufgabe 68 Performance-Verbesserungen

Prüfe bei Aufgabe 66 in diesem Kapitel die Möglichkeiten, wo sich Performance-Verbesserungen durch **inline**-Operationen anbieten. Führe diese Änderungen unter Beachtung der notwendigen Verlagerungen in der Header-Datei durch.

13. Anwendung von Container-Klassen

13.1 Grundlagen

13.1.1 Einleitung

Ein **Container** ist eine dynamische Datenstruktur, die Objekte enthält und diese verwaltet. Grundoperationen, die Container normalerweise bereitstellen sind:

- Einfügen und Löschen von Objekten,
- Informationen, wieviel Objekte im Container enthalten sind oder ob er ein bestimmtes Objekt enthält,
- Kapazität (maximale Anzahl der Objekte) des Containers abfragen und verändern,
- den gesamten Container speichern und wiederherstellen, etwa mit Hilfe von Streams.

Die einfachsten Arten von Containern sind Felder (Arrays), Stapel (Stacks), Schlangen (Queues), Zeichenketten (Strings), Mengen (Sets), Listen (Lists) und Bäume (Trees). Es gibt Kriterien, nach denen verschiedene Container klassifiziert werden. So gibt es Container, die nur Objekte gleichen Typs beherbergen können, diese heißen **homogen**. Andere enthalten gleichzeitig Objekte verschiedener Typen. Dann werden sie **heterogen** genannt. In diesem Kapitel geht es aber nur um Container, die Objekte eines Typs (Instanzen einer Klasse) enthalten können. Container unterscheiden sich ferner in der Art, wie sie die Objekte verwalten. Es gibt Container, welche ihre Daten sortieren. Manche Container lassen keine doppelten Objekte zu, und andere bieten einen Zugriff auf die einzelnen Objekte mittels Index an. Je nach Anwendung ist also ein geeigneter Container zu suchen.

Im folgenden stellen wir einmal allgemeine Felder (Arrays) sowie eine Klassenhierarchie vor, die sich am Vorbild Smalltalk orientiert. Beide sind über das Internet verfügbar[1], und wir werden die dabei intern benutzten Techniken schrittweise in den folgenden Kapiteln kennenlernen. An dieser Stelle sind wir also nur reine Benutzer der Bibliotheken mit dem Ziel, entsprechend nützliche Werkzeuge zu erhalten und die damit verbundenen Ideen kennenzulernen.

Derartige Container-Klassen finden sich bei vielen kommerziell vertriebenen C++ Compilern. Leider gibt es bei Compilern vor ANSI C++ nicht einmal näherungsweise eine Standardisierung bei diesen High-Level-Datenstrukturen so wie sie etwa bei den Streams gilt. Erst mit ANSI C++ wurde mit der **Standard Template Library** (**STL**)

[1] ....Siehe die im Vorwort angegebene Adresse.

eine wirklich sehr umfassende Sammlung von Containern und unterstützenden allgemeinen Algorithmen bereitgestellt. Diese setzen aber an einigen Punkten noch deutlich weitergehende Kenntnisse von C++ voraus, indem dort Verallgemeinerungen von Zeigern eine wichtige Rolle spielen. Auf diese wird noch weiterführend im Kapitel über die STL in Band 2 eingegangen.

Darüber hinaus unterscheidet sich die Sichtweise der STL deutlich von den Containern nach dem Vorbild von Smalltalk. Während die STL ein Höchstmaß an Effektivität und Flexibilität für den fortgeschrittenen Benutzer und auch den Implementierer spezieller, anderer Containerklassen bietet, sind Smalltalk-Container besonders für den Einsteiger einfacher zu handhaben. Daher und aufgrund der Tatsache, daß Compiler nach ANSI C++ (noch) keineswegs überall verfügbar sein müssen, beziehen wir uns hier nicht auf die STL und benutzen hier einige „Eigenproduktionen", ähnlich wie bei den einfachsten Containern, den Strings, die wir bereits dauernd verwenden.

Ein weiterer Grund für uns, jetzt diese Klassen vorzustellen, ist unser Ziel, komplexe technische Konstruktionen, namentlich Zeiger und dynamische Speicherverwaltung, erst später und zunächst nicht unter rein technischen Gesichtspunkten vorzustellen. Diese Hilfsmittel sind einerseits sehr leistungsfähig (das zeigen auch die nachfolgenden Container-Klassen), der Umgang mit ihnen setzt aber eine programmiertechnische „Reife" und Disziplin voraus, speziell auch um fatale Fehler zu vermeiden, die beim Umgang mit Zeigern und dynamischer Speicherverwaltung beim Einsteiger durchaus wahrscheinlich sind. Dadurch stellen die hier vorgestellten Klassen eine Möglichkeit dar, sehr leistungsfähige gesicherte Datenstrukturen zu benutzen, speziell auch bei der Modellierung komplexer Beziehungen zwischen Objekten.

Aber auch der fortgeschrittene Programmierer braucht seine Qualifikation nicht permanent dadurch unter Beweis zu stellen, daß er „das Rad zum *n*-ten Mal neu erfindet". Die Arbeit mit leistungsfähigen Hilfsmitteln erlaubt ein effektives und sicheres Arbeiten, auch oder gerade dann, wenn man die internen Zusammenhänge der benutzten Hilfsmittel genau kennt.

Alle nachfolgenden Container-Klassen werden durch **parametrisierte Klassen** (Templates) realisiert, weil wir als Anwender erst festlegen wollen, welche Elemente der Container enthalten soll. Im folgenden wird hauptsächlich der kürzere (und gebräuchlichere) Begriff **Templates** benutzt. Die entsprechende Syntax von C++ ist möglicherweise etwas gewöhnungsbedürftig, sollte aber prinzipiell kein unüberwindliches Hindernis darstellen. Betrachten wir dazu ein einführendes Beispiel:

```
#include <array.hxx>      // TCArray template
#include <iostream.h>     // input/output streams cin, cout
#include <string.hxx>     // class string
```

```
int main()
{
  unsigned short Anzahl = 0;

  cout << "Anzahl der Namen: ";  cin >> Anzahl;

  TCArray<string> Name( Anzahl );      // Anlegen eines Arrays of string
                                       // mit "Anzahl" Plätzen
  return 0;
}
```

Zur besseren Unterscheidung bezeichnen wir **template**-Klassen immer mit dem Präfix `TC`, wie im obigen Beispiel `TCArray`. Um eine **template**-Klasse benutzen zu können, müssen wir **template**-Parameter angeben, die in spitze Klammern geschrieben werden. Der **template**-Parameter im obigen Beispiel ist `string` und er besagt, daß `Name` ein Feld (Array) bestehend aus `string` Instanzen ist. Die Bedeutung des/der **template**-Parameter hängt immer von der jeweiligen Datenstruktur ab, häufig bezeichnet er aber Klassen bzw. Datentypen, die als Elemente in homogenen Containern auftreten. Als Voraussetzungen an eine Klasse, damit sie in einem Container benutzt werden kann, gilt praktisch immer, daß eine korrekte **Copy-Semantik** erklärt ist und daß es einen Default-Konstruktor gibt. Der Aspekt der Copy-Semantik wurde bereits im Kapitel Klassen erläutert, und es wird in den nächsten Kapiteln noch stärker darauf eingegangen. Bei allen integralen Datentypen, sowie allen korrekt definierten komplexen Datenstrukturen[1] ist diese korrekt realisiert.

Aufgrund der technischen Unterschiede zwischen Templates und „normalen" Klassen vergeben wir bei einigen speziellen Dateien, die Templates unterstützen, als Datei-Suffix `.txx` anstelle von `.hxx` oder `.h` Weder die Namenskonvention noch die Suffix-Konvention sind vorgeschrieben, sondern nur durch häufigen Gebrauch eine Art Quasi-Standard geworden, so daß man trotzdem auch bei Namen ohne `TC` mit **template's** rechnen muß.[2]

13.1.2 Allgemeine Felder

Bevor wir das obige Beispiel aufgreifen ist hier noch eine Bemerkung nötig: Die folgende Array-Klasse entspricht im Design und geplantem Nutzen einer selbständigen Containerklasse, mit der Hauptanwendung, Felder mit expliziter Kontrolle durch das Anwendungsprogramm zu erstellen. Die Smalltalk-Container[3] im engeren Sinne im nächsten Abschnitt stellen einen zweiten, unabhängigen Ansatz für Container dar, der ebenfalls seine speziellen Vorzüge und Nachteile hat, so daß hier eine typische Aufgabe in der objektorientierten Programmierung auftritt, nämlich die Auswahl der am be-

---

1 .... Dies gilt auch für die Container-Klassen selbst!

2 .... Dies gilt besonders auch bei der STL, die weder spezielle Präfixe für template-Klassen, noch spezielle Dateinamenssuffixe für die beteiligten Header-Dateien benutzt.

3 .... In der vollständigen Container-Hierarchie von Smalltalk treten auch Felder auf, natürlich als Unterklassen allgemeiner Container.

sten geeigneten Klasse (die möglicherweise auch noch weiter an die konkrete Aufgabe angepaßt werden muß).

Im obigen Beispiel wurde ein Feld mit `Anzahl` Elementen, hier Instanzen von `string`, angelegt, wobei die Indizes tatsächlich bei `0` beginnen und bis `Anzahl-1` laufen. Dieser Start bei `0` (der vielleicht nicht immer angebracht ist), geht auf die übliche C- und C++ -Konvention von Zeigern und „low-level" Feldern zurück, die in den folgenden Kapiteln dargestellt werden. Anders als bei diesen „low-level" Feldern können wir bei `TCArray` auch andere Untergrenzen als `0` wählen, eine Änderung der Untergrenze ist sogar noch nach der Allokation möglich, weil der Indexbereich ja eigentlich keine wesentliche Rolle spielt. Das folgenden Beispiel zeigt die Festlegung mit Unter- und Obergrenze bei der Konstruktion sowie eine nachträgliche Änderung:

```
Name.SetBase( 1 );                    // wir zählen im Array Namen jetzt ab 1
// oder
TCArray<double> Umsatz( 1985, 1994 );
```

Um beim Zugriff auf Elemente eines Feldes immer mit der richtigen Unter- und Obergrenze zu arbeiten, gibt es in `TCArray` die Methoden `First` und `Last`, die den aktuellen ersten und letzten gültigen Index angeben. Damit kann dann auf die einzelnen Elemente zugegriffen werden, wobei hier zwei Operatoren erklärt sind, runde Klammern und eckige Klammern.

```
for ( TArrayIndex i=Name.First(); i <= Name.Last(); i++ )
{
    cout << "Name #" << i << ": ";  cin >> Name(i);
}
```

Mit den runden Klammern wird auf das *i*-te Element zugegriffen, wobei die Gültigkeit von `i` geprüft wird.[1] Für die Indizes ist ein eigener Typ `TArrayIndex` definiert, der unter 16-Bit-Implementierungen als **`signed short`** realisiert wird, sonst als **`signed long`**. Ist ein Index beim Zugriff oder den folgenden Verwaltungsoperationen nicht gültig, wird das Programm mit einer Fehlermeldung abgebrochen.[2] Diese Prüfung kostet natürlich etwas Rechenzeit so daß es zusätzlich noch die Möglichkeit gibt, auch ohne Kontrolle zuzugreifen und damit einfach zu behaupten, daß der übergebene Index korrekt ist.[3] Dieser Zugriff erfolgt mit den eckigen Klammern:

```
for ( TArrayIndex i=Name.First(); i <= Name.Last(); i++ )
{
    cout << "Name #" << i << ": ";  cin >> Name[i];
}
```

Wir fassen die einfachen Verwaltungsoperationen zusammen:

---

1 ....Eine vergleichbare Prüfung ist aufgrund des völlig abweichenden Designs in der STL dort so nicht möglich.

2 ....Tatsächlich wird eine Exception ausgelöst, die bei geeigneter Programmierung vom Programm abgefangen werden kann. Nähere Details dazu werden im Kapitel Exception Handling in Band 2 erläutert.

3 ....Der Prüfungsaufwand für den Index ist in der Regel vernachlässigbar klein, so daß man aus Sicherheitsgründen immer kontrolliert zugreifen sollte.

- `TArrayIndex Size() const`
  Liefert die aktuelle Anzahl der Elemente. Wenn `Size() > 0`, dann gilt `First() <= Last()`.
- `TArrayIndex Base() const`
  Liefert die "Basis", also den ersten zulässigen Index (wie `First`).
- `TArrayIndex SetBase( TArrayIndex NewBase );`
  Ändert die "Basis", also den ersten zulässigen Index, verändert aber nicht die Größe.
- `TArrayIndex First() const`
  Liefert den ersten zulässigen Index, falls `Size() > 0`.
- `TArrayIndex Last() const`
  Liefert den letzten zulässigen Index, falls `Size() > 0`.

Im Gegensatz zu einfachen Feldern, wie sie C und C++ als low-level Felder kennen, können `TCArray`-Instanzen dynamisch verändert werden. Am einfachsten kann dies durch Anhängen von neuen Elementen an ein vorhandenes Feld realisiert werden.

```
int main()
{
  TCArray<double> Umsatz;
  TArrayIndex Jahr;

  cout << "Erstes Jahr der Umsätze: ";  cin >> Jahr;
  Umsatz.SetBase( Jahr );

  while ( true )
  {
      double Eingabe = 0.0;
      cout << "Umsatz von " << Jahr << ": ";  cin >> Eingabe;

      // Abbruch der Schleife bei Fehler
      // ------------------------------
      if ( !cin )
      {
          cin.clear();
          string Dummy;
          cin >> Dummy;
          break;
      }

      Umsatz.Append( Eingabe );    // Element anhängen
      Jahr++;

  } // while

  return 0;
}
```

Das Feld `Umsatz`, das durch den Default-Konstruktor zunächst die Länge 0 hatte, wird hier einfach durch Anhängen von jeweils einem Element vergrößert.[1] Zusätzlich gibt es noch weitere Möglichkeiten zur Veränderung der Feldgröße:

- **`void`** `Resize( TArrayIndex )`
  Verändert die aktuelle Größe. Bei Verkleinerung wird hinten abgeschnitten, bei Vergrößerung wird hinten eine entsprechende Anzahl von leeren Elementen (so wie sie vom jeweiligen Default-Konstruktor geliefert werden) angehängt.
- `TCArray Cut( TArrayIndex n, TArrayIndex len )`
  Schneidet ein Feld mit `len` Elementen beginnend beim Index `n` aus, die restlichen Elemente rücken nach vorne auf (vgl. folgende Anmerkung).
- **`void`** `Delete( TArrayIndex n, TArrayIndex len )`
  Entfernt analog zu `Cut` ab dem Index `n` genau `len` Elemente, die restlichen Elemente rücken nach vorne auf (vgl. folgende Anmerkung).
- `TCArray Copy( TArrayIndex n, TArrayIndex len )` **`const`**
  Fertigt eine Kopie mit `len` Elementen beginnend ab dem Index `n` an.
- **`void`** `Insert( TArrayIndex n,` **`const`** `TCArray& A )`
  Fügt das Feld `A` vor das Element mit dem Index `n` ein; das Feld wird entsprechend vergrößert.
- **`void`** `Insert( TArrayIndex n,` **`const`** `Typ& E )`
  Fügt eine Kopie des Elements `E` vor das Element mit dem Index `n` ein; das Feld wird entsprechend vergrößert.
- **`void`** `InsertEmpty( TArrayIndex n, TArrayIndex len )`
  Fügt `len` leere Elemente (so wie sie vom Default-Konstruktor geliefert werden) vor das Element mit dem Index `n` ein; das Feld wird entsprechend vergrößert.
- **`void`** `Append(` **`const`** `Typ& E )`
  Fügt das Element `E` hinter dem letzten Element ein; das Feld wird entsprechend vergrößert.
- **`void`** `Append(` **`const`** `TCArray& A )`
  Fügt das Feld `A` hinter dem letzten Element ein; das Feld wird entsprechend vergrößert.

Bei den Operationen `Cut` und `Copy` ist nicht unbedingt klar, wie die Untergrenzen der dabei neu entstehenden Felder bestimmt werden. Daher kann über die Klassenvariable `ResetToDefaultBaseOnCopy` die Untergrenze der Resultate bei den entsprechenden Operationen festgelegt werden:

[1] Diese Art der Vergrößerung von Feldern ist natürlich ziemlich uneffektiv, soll hier aber als Beispiel für eine „naive" Anwendung ausreichen.

	`ResetToDefaultBaseOnCopy ==0`	`ResetToDefaultBaseOnCopy != 0` (Voreinstellung)
`C = A.Cut(n,len)`	`C.Base() == n`	`C.Base() == DefaultBase`
`C = A.Copy(n,len)`	`C.Base() == n`	`C.Base() == DefaultBase`

Dabei ist auch `DefaultBase` vom Typ `TArrayIndex` eine Klassenvariable die angibt, welche Untergrenze als Vorgabe benutzt wird (etwa bei der Erstellung eines Feldes ohne explizite Angabe der Untergrenze). Zu beachten ist dabei nur, daß diese Klassenvariablen für jeweils eine Klasse, nicht aber für alle `TCArray`-Klassen gleichzeitig gelten. Im folgenden Ausschnitt werden tatsächlich zwei verschiedene Klassenvariablen gesetzt:

```
TCArray<string>::DefaultBase = ErstePersonalnummer;
TCArray<double>::DefaultBase = 1;
```

Falls für die Feldelemente die Ein/Ausgabeoperatoren << und >> wie üblich erklärt sind, dann existieren auch die Operatoren << und >> für die entsprechende `TCArray`-Klasse.[1] Sind für die Elemente Gleichheit (==) und Ungleichheit (`!=`) erklärt, dann können auch ganze Felder auf (Un-)Gleichheit getestet werden. Sind zusätzlich auch noch die Vergleichsoperatoren <, <=, > und >= auf den Elementen erklärt, dann können auch die entsprechenden Felder damit verglichen werden, wobei hier die lexikographische Ordnung benutzt wird. Je nach Aufgabenstellung kann es dabei zulässig oder unzulässig sein, wenn Felder ungleicher Länge verglichen werden (bei Strings stört es beispielsweise nicht, bei einem Vergleich zweier mathematischer Vektoren kann dies ein echter logischer Fehler sein). Auch hier wird daher über die Klassenvariable `CompareType` festgelegt, welches Verhalten zulässig sein soll: Bei `CompareType = CompareOnlySameSize` (das ist die Vorgabe), müssen die Felder gleiche Größe haben (die Untergrenze braucht nicht gleich zu sein!); bei `CompareType = CompareAnySize` sind beliebige Vergleiche wie bei Strings zulässig.

Sicher sind noch weitere Operationen auf Feldern denkbar, die hier vorgestellte Klasse stellt vom Leistungsumfang einen Kompromiß dar, mit dem einerseits ein schneller Einstieg in die Arbeit mit professionellen Container-Klassen möglich ist. Andererseits enthält sie einige fortgeschrittene Speicher-Management-Techniken, die später noch im Kapitel „Fortgeschrittene Programmiertechniken" ausführlich beschrieben werden.[2]

1 ....Als alternative Schreibweise gibt es zusätzlich die Methoden **`int`** `Put( ostream& out )` **`const`** und **`int`** `Get( istream& in )`.

2 ....Insofern ist `TCArray` nicht nur pragmatisches Hilfsmittel sondern Anschauungsobjekt für einen Blick hinter die Kulissen.

13.1.3 Die Smalltalk-Container-Klassenbibliothek

Als zweites Beispiel für Container stellen wir hier eine Klassenhierarchie nach dem Muster der Smalltalk-Collections vor. Die dazu benötigte Header-Datei ist `collect.hxx`.[1] Anhand von Beispielen sollen nun die Einsatzmöglichkeiten der Klassen erläutert werden. Der folgende Klassenbaum zeigt den prinzipiellen Aufbau der Klassenbibliothek.

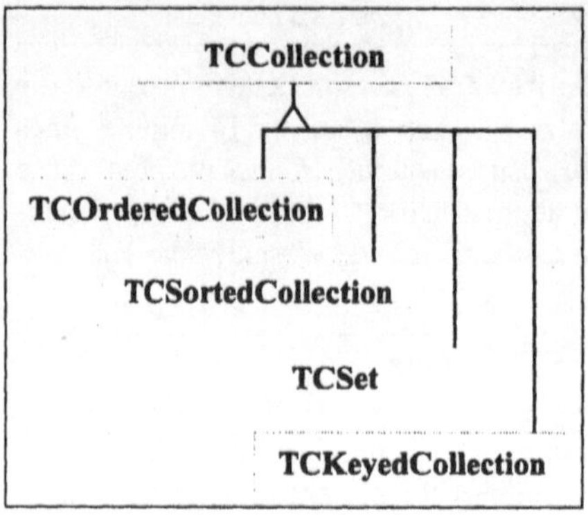

Abb. 13.1-1: Container á la Smalltalk

Die Basisklasse dieser Hierarchie bildet die Klasse `TCCollection`. Die Ableitung erfolgt jeweils **`public`**. Zwei eigenständige Klassen, die von den anderen Klassen verwendet werden, sind `TCCollectionIterator` und `TCAssociation`.

Alle hier benutzten Container sind, wie schon bei `TCArray` **Template-Klassen**. Im Container selbst gibt es wiederum nur Objekte eines Typs bzw. einer Klasse. Die folgenden Ausführungen beziehen sich immer auf einen solchen Datentyp bzw. Klasse, den wir `Typ` nennen.

Genau wie bei `TCArray` werden auch hier an den benutzerdefinierten Typ nur minimale Forderungen gestellt. Er muß erstens einen Default-Konstruktor und einen Zuweisungsoperator besitzen. Weiterhin müssen noch die Stream-Operatoren `<<` und `>>` und der Operator `==` definiert sein, der zwei Instanzen dieses Typs vergleicht. Sollen Objekte dieses Typs sortiert werden, muß zusätzlich der Operator `<` definiert sein. Diese Bedingungen werden von allen fundamentalen Typen bereits erfüllt.

13.1.3.1 Die Klasse `TCCollection`

Wie in der Einleitung bereits erwähnt wurde, müssen Container gewisse Grundoperationen ermöglichen. Diese werden als Methoden in der Klasse `TCCollection` definiert. Da alle anderen Container diese Klasse erben, stehen diese Methoden auch dort zur Verfügung.

`TCCollection` ist formal gesehen ein Container mit einer bestimmten <u>Größe</u> (Kapazität des Containers), der eine gewisse <u>Anzahl</u> von Objekten enthält. Es muß nicht immer der ganze Container ausgefüllt sein. Wird ein Objekt in einen vollen Container eingefügt, so vergrößert er sich automatisch. Für den Anwender ist deshalb eigentlich nur die Anzahl der Objekte im Container interessant.

Wichtig sind nun die verschiedenen Methoden:

---

[1] ....Zu der Collection-Hierarchie gehört auch die Datei `collect.txx`, die im gleichen Verzeichnis wie `collect.hxx` liegen muß.

- **virtual void** `add( `**const**` Typ& o )`
  Fügt das Objekt `o` in den Container ein; `o` darf beliebig oft im Container enthalten sein.
- **virtual void** `remove( `**const**` Typ& o )`
  Löscht ein Objekt aus dem Container, das identisch mit o ist. Die Identität wird mit dem == Operator festgestellt.
- **virtual bool** `includes( `**const**` Typ& o ) `**const**
  Liefert **true**, wenn das Objekt `o` im Container enthalten ist.
- **virtual unsigned** `occurrencesOf( `**const**` Typ& o ) `**const**
  Ermittelt, wie oft das Objekt `o` im Container enthalten ist.
- **virtual void** `removeAll()`
  Löscht alle Objekte aus dem Container.
- **unsigned** `size() `**const**
  Liefert die Anzahl der Objekte im Container.
- **virtual bool** `isEmpty() `**const**
  Liefert **true**, wenn kein Objekt im Container enthalten ist.

An dieser Stelle sind nicht alle Methoden aufgeführt. So gibt es zum Beispiel noch Stream-Operatoren, einen Zuweisungsoperator und einen Destruktor für die Klasse `TCCollection`. Die Stream-Operatoren der Container verwenden folgendes Format:

$$\{ \; objekt_1 \; , \; objekt_2 \; , \; \ldots \; , \; objekt_n \; \}$$

Es ist darauf zu achten, daß vor und nach jedem Objekt ein Whitespace steht. Ein leerer Container hat damit die Darstellung { }.[1]

Unter Verwendung der bekannten Template-Syntax erzeugen die Anweisungen

```
TCCollection<int>     ic;
TCCollection<string>  sc;
```

einmal eine Instanz `ic` von `TCCollection` für den Datentyp **int** und zum anderen einen Container `sc` für die Klasse `string`. Der Container `ic` verwaltet also Integer-Zahlen und `sc` dementsprechend Zeichenketten.

Es wird Zeit für ein Beispiel, an dem die Anwendung der grundlegenden Methoden ersichtlich wird. Im nächsten Beispiel gibt es zwei Container. `cQzahlen` enthält anfangs alle Quadratzahlen bis 100. Der andere (`cVersuche`) wird laufend mit den eingegebenen Werten „beladen“.

[1] ....Dies ist ein erstes Beispiel für die Serialisierung von Objekten; hier geschieht sie durch den Container ohne weiteres Zutun des Container-Anwenders.

```
#include "collect.hxx"  // Container-Klassen

void exam1()
{
  TCCollection<unsigned> cQzahlen, cVersuche;
  unsigned tip=0;

  for( int i=1; i<=10; i++ )
    cQzahlen.add( i*i );              // Container füllen

  cout << "Rate Quadratzahlen bis 100." << endl;
  do
  {
    cout << "Gib Zahl ein (0=exit) :";
    cin  >> tip;
    cVersuche.add(tip);               // Versuche merken
    if( cQzahlen.includes(tip) )      // Zahl im Container der Quadratzahlen?
    {
      cout << tip << " ist richtig." << endl;
      cQzahlen.remove(tip);           // Zahl richtig geraten; entfernen
      cout << cQzahlen.size() << " Zahlen sind noch zu finden." << endl;
    }
    else
      cout << tip << " ist falsch." << endl;
  } while( cin && tip>0 );

  cout << "Das waren die Eingaben :" << cVersuche << endl;
  cout << "Es fehlten noch :" << cQzahlen << endl;
}
```

Ein Testlauf könnte folgendermaßen aussehen:

```
Rate Quadratzahlen bis 100.
Gib Zahl ein (0=exit) :19
19 ist falsch.
Gib Zahl ein (0=exit) :64
64 ist richtig.
9 Zahlen sind noch zu finden.
Gib Zahl ein (0=exit) :99
99 ist falsch.
Gib Zahl ein (0=exit) :99
99 ist falsch.
Gib Zahl ein (0=exit) :0
0 ist falsch.
Das waren die Eingaben :{ 19 , 64 , 99 , 99 , 0 }
Es fehlten noch :{ 1 , 4 , 9 , 16 , 25 , 36 , 49 , 100 , 81 }
```

Auffällig ist, daß in der letzten Ausgabezeile die Zahl 100 vor der 81 erscheint. Der Container ordnet die Objekte beliebig um, was völlig korrekt ist, denn in diesem Beispiel kommt es nicht auf die Ordnung der Objekte an. Der Container `TCCollection` übernimmt keine Garantie für irgendeine Ordnung. Es ist gut möglich, daß später eingefügte Objekte, vor Objekten ausgegeben werden, die früher in den Container kamen. Ein Container der nicht einfach Objekte umordnet ist `TCOrderedCollection` und wird später vorgestellt.

Ein Problem gibt es, wenn auf die einzelnen Objekte im Container zugegriffen werden soll, ohne sie zu kennen. Die Methode `includes` entscheidet ja nur, ob ein bestimmtes Objekt in einem Container enthalten ist oder nicht. Sie eignet sich daher nur für bereits bekannte Objekte.

Für dieses Problem gibt es eine zu Containern in der Regel eine entsprechende Hilfsklasse, den **Iterator**. Ein Iterator ermöglicht den Zugriffe auf ein einzelnen Element in einem Container und über entsprechend Nachrichten eine systematische Aufzählung aller Objekte in einem Container. Der Iterator geht dabei Schritt für Schritt die einzelnen Objekte im Container durch und ermöglicht dabei einen Zugriff auf das Objekt an der aktuellen Position. Die hier benutze Art von Iteratoren beziehen sich bei der Aufzählung immer auf einen festen Container, an dem sie quasi fest montiert sind. Der Iterator hat dabei Zugriff auf die geschützten Komponenten des Containers, die hier benutzen Iteratoren verändern aber nicht den Inhalt des zugeordneten Containers, sind also read-only-Iteratoren.

Die Klasse `TCCollectionIterator` erfüllt diese Aufgabe in der hier vorgestellten Klassenbibliothek.

13.1.3.2 Die Klasse `TCCollectionIterator`

Hier nun die Schnittstellenbeschreibung der Klasse `TCCollectionIterator`:

- `TCCollectionIterator( `**`const`**` TCCollection& c )`
  Konstruktor, `c` ist der Container, dessen Objekte aufgezählt werden. Der Iterator steht am Anfang der Aufzählung.
- **`bool`**` running()`
  Liefert **`true`**, wenn die Aufzählung noch nicht am Ende angelangt ist.
- **`const`**` Typ& current()`
  Liefert (lesenden Zugriff auf) das Objekt an der aktuellen Position.
- **`const`**` Typ& `**`operator`**` ++ (`**`int`**`)`
  Liefert das Objekt an der aktuellen Position und geht um einen Schritt weiter.
- **`const`**` Typ& `**`operator`**` ++ ()`
  Geht zuerst zum nächsten Objekt in der Aufzählung und liefert es dann zurück.
- **`void`**` restart()`
  Geht zurück an den Anfang der Aufzählung.

Die Anwendung soll wieder anhand eines Beispiels gezeigt werden. Zunächst wird der Container `data` eingelesen, dessen Elemente Objekte der Klasse `string` sind. Ein weiterer Container enthält Buchstaben. Die Strings des Containers `data` werden in zwei Container sortiert, abhängig davon, ob ihre Anfangsbuchstaben im Buchstabencontainer aufgeführt sind oder nicht.

```
void exam2()
{
  TCCollection<string>  data, c1, c2;
  TCCollection<char>    buchst;
  string                akt;

  cout << "Stringcontainer eingeben :";
  cin  >> data;                              // Container einlesen
  cout << "Buchstabencontainer eingeben :";
  cin  >> buchst;                            // Buchstaben einlesen

  TCCollectionIterator<string> it(data);     // Iterator erzeugen, der die Strings
  while( it.running() )                      // im Container data durchläuft
  {
    akt = it++;                        // akt. Objekt lesen und weiter
    if( buchst.includes(akt[0]) )      // Anfangsbuchstabe im Buchstabencont.?
      c1.add(akt);
    else
      c2.add(akt);
  }
  cout << "c1 = " << c1 << endl;       // Strings mit Anfangsbuchst. im Buchst.Cont.
  cout << "c2 = " << c2 << endl;
}
```

Der Testlauf mit einer beliebigen Eingabe zeigt das gewünschte Ergebnis.

```
Stringcontainer eingeben :{ Essen , Bett , Ich , Computer , Hm.
}

Buchstabencontainer eingeben :{ H , I }
c1 = { Ich , Hm. }
c2 = { Essen , Bett , Computer }
```

Die **while**-Schleife im Beispiel könnte auch etwas umformuliert werden. Folgendes ist äquivalent:

```
  while( it.running() )
  {
    akt = it.current();
    // ...
    it++;
  }
```

Mit den Klassen `TCCollection` und `TCCollectionIterator` lassen sich bereits einige Aufgaben elegant lösen. Aber es gibt noch mehr Container. Die Klasse `TCCollectionIterator` kann aufgrund der Vererbung bei allen Containern dieser Klassenbibliothek verwendet werden, da sie ausschließlich mit Methoden des Containers `TCCollection` arbeitet.

13.1.3.3 Die Klasse `TCOrderedCollection`

Container der Klasse `TCOrderedCollection` sortieren keine Objekte, sondern verwalten sie entsprechend einer externen Reihenfolge. So ist ein Stapel Spielkarten in diesem Sinn eine `TCOrderedCollection`, weil die Reihenfolge der Karten so bleibt, wie sie explizit vom Anwender vorgegeben wird. Man kann Karten vor oder nach einer bestimmten Position einfügen oder entfernen, wobei die Position durch ein Element im Container definiert werden kann („füge die Pik-Dame vor dem Kreuz-Ass ein"). In der allgemeineren Collection werden die Karten völlig ungeordnet gehalten, quasi in einem Beutel[1] (gib die Pik-Dame in den „Beutel").

Sortieren dagegen bedeutet, daß es entscheidend ist, ob von je zwei Objekten eines kleiner oder größer ist als das andere. Dies setzt aber voraus, daß ein < überhaupt für diese Objekte erklärt ist. Ordnen kann man demnach alle Objekte (sofern sie die generellen Voraussetzungen für Objekte in Containern erfüllen), Sortieren setzt dagegen eine Ordnungsrelation voraus. Bei den Spielkarten könnte diese aus der Kombination von Kartenwert und Kartenfarbe definiert werden (alle Könige sind größer als Buben; Kreuz-König ist größer als Pik-König). Daraus erkennt man aber auch, daß solche Ordnungsrelationen oft Definitionssache sind, wie der obige Vorschlag nicht unbedingt die Ordnung im normalen Skatspiel widerspiegelt.

Um nun eine externe Ordnung auf einer `TCOrderedCollection` explizit herzustellen, bedarf es einiger Methoden, die ein Container zur Verfügung stellen muß:

- **virtual void** `addAfter(` **const** `Typ& a,` **const** `Typ& b )`
  Fügt das Objekt `a` unmittelbar nach `b` in den Container ein. Ist `b` nicht vorhanden, dann wird `a` nicht eingefügt.
- **virtual void** `addBefore(` **const** `Typ& a,` **const** `Typ& b )`
  Fügt das Objekt `a` unmittelbar vor `b` in den Container ein. Ist `b` nicht vorhanden, dann wird `a` nicht eingefügt.
- **virtual void** `addFirst(` **const** `Typ& o )`
  Fügt das Objekt `o` als erstes Objekt in den Container ein.
- **virtual void** `addLast(` **const** `Typ& o )`
  Fügt das Objekt `o` als letztes Objekt in den Container ein.
- **virtual** `Typ removeFirst()`
  Entfernt das erste Objekt im Container und liefert es zurück. Ist der Container leer, erfolgt eine Fehlermeldung.
- **virtual** `Typ removeLast()`
  Entfernt das letzte Objekt im Container und liefert es zurück. Ist der Container leer, erfolgt eine Fehlermeldung.
- **virtual void** `push(` **const** `Typ& o )`
  Fügt das Objekt `o` als letztes Objekt in den Container ein.
- **virtual** `Typ pop()`
  Entfernt das letzte Objekt im Container und liefert es zurück. Ist der Container leer, erfolgt eine Fehlermeldung.

[1] ....Tatsächlich wir die hier vorgestellte allgemeine Collection auch als „Bag" bezeichnet.

- **virtual const** `Typ& first()` **const**
  Liefert das erste Objekt im Container zurück. Ist der Container leer, erfolgt eine Fehlermeldung.
- **virtual const** `Typ& last()` **const**
  Liefert das letzte Objekt im Container zurück. Ist der Container leer, erfolgt eine Fehlermeldung.

Alle Methoden die etwas einfügen oder entfernen, erhalten die Ordnung der Objekte im Container. Wird ein Objekt eingefügt, so rücken alle anderen Objekte hinter der Einfügestelle einen Schritt weiter. Beim Löschen eines Objektes hingegen, wird die entstandene Lücke dadurch geschlossen, daß alle Objekte hinter der Lücke um einen Schritt zurück gehen.

Container mit der Klasse `TCOrderedCollection` eignen sich besonders gut für Anwendungen wie **Warteschlangen** und **Stacks**. Eine (Warte)-Schlange ist ein Container, der einen Anfang und ein Ende besitzt. Das Einfügen von Objekten erfolgt immer am Ende des Containers (Ende der Warteschlange). Entfernt wird immer das Objekt am Anfang (Kopf der Warteschlange). Eine Schlange arbeitet so nach dem Prinzip: „First In First Out" (FIFO). Um eine Schlange zu realisieren, genügen schon die zwei Methoden `addLast` und `removeFirst`. Die Methode `addLast` hängt ja immer ein Objekt an das Ende an. Die andere Methode entfernt das erste Objekt und gibt es zurück.

Ein Stapel ist dagegen ein Container, der nur ein Ende besitzt und nach dem Prinzip: „Last In First Out" (LIFO) arbeitet. Das Einfügen von Objekten erfolgt immer am Ende des Containers („push"). Ebenso das Entfernen („pop"), wodurch das Objekt entfernt wird, welches als letztes eingefügt wurde. Ein Stapel läßt sich mit Hilfe der Klasse `TCOrderedCollection` genau so leicht implementieren, wie eine Schlange. Hierzu werden lediglich die Methoden `push` und `pop` benötigt.

Schlangen finden bei alltäglichen Anwendungen häufig Anwendung etwa bei der Abarbeitung von Aufträgen in Reihenfolge des Eingangs oder auch im Wartezimmer:

```
void exam4()
{
  TCOrderedCollection<string> Wartezimmer;
  string                      wer;        // Besuchername
  char                        jne = 0;    // Benutzereingabe

  cout << "Beim Arzt..." << endl;
  do
  {
    cout << "Wer geht rein ?";   cin  >> wer;
    if ( wer != "keiner" )
      Wartezimmer.addLast( wer );         // bitte hinten anstellen

    cout << "Kam jemand raus (j/n/e) ?"; cin  >> jne;
    if( jne == 'j' )
      cout << Wartezimmer.removeFirst() << " kam raus." << endl;

  } while ( jne != 'e' );
```

```
  cout << "Im Wartezimmer sind noch " << Wartezimmer << endl;
}
```

Ein Protokoll könnte damit etwa diese Form haben:

```
Beim Arzt...
Wer geht rein ?Oma
Kam jemand raus (j/n/e) ?n
Wer geht rein ?Opa
Kam jemand raus (j/n/e) ?n
Wer geht rein ?Beate
Kam jemand raus (j/n/e) ?n
Wer geht rein ?Luzifer
Kam jemand raus (j/n/e) ?j
Oma kam raus.
Wer geht rein ?keiner
Kam jemand raus (j/n/e) ?j
Opa kam raus.
Wer geht rein ?Helmut
Kam jemand raus (j/n/e) ?j
Beate kam raus.
Wer geht rein ?keiner
Kam jemand raus (j/n/e) ?e
Im Wartezimmer sind noch { Luzifer , Helmut }
```

13.1.3.4 Die Klasse `TCSortedCollection`

Wie bereits bei der Unterscheidung zu geordneten Collections erwähnt, ist eine `TCSortedCollection` ein Container, der seine Objekte sortiert. Dazu wird hier die virtuelle Methode `TCSortedCollection::add(`**`const`**` Typ&)` so implementiert, daß sie die Objekte immer entsprechend der vorhandenen Ordnungsrelation < auf den Elementen in den Container einfügt.

- `TCSortedCollection( `**`const`**` TCCollection& c )`
  Kopiert den (unsortierten) Container `c` und sortiert ihn.
- `TCSortedCollection( `**`const`**` TCSortedCollection& sc )`
  Kopiert `sc` ohne nochmaliges Sortieren.
- `TCSortedCollection& `**`operator=`**`( `**`const`**` TCCollection& c )`
  Kopiert den (unsortierten) Container `c` und sortiert ihn.
- `TCSortedCollection&`
      `operator=``( `**`const`**` TCSortedCollection& sc )`
  Kopiert `sc` ohne nochmaliges Sortieren.
- **`virtual void`**` add( `**`const`**` Typ& o )`
  Fügt das Objekt `o` sortiert in den Container ein. Hierfür wird der **<** Operator auf dem Typ oder der Klasse `Typ` vorausgesetzt.

Es wurde schon erwähnt, daß für Objekte, die sortiert werden sollen, der Operator < definiert sein muß. Dieser Operator muß zwei Objekte gleicher Klasse (oder Werte gleichen Typs) miteinander vergleichen können und einen Wert **`true`** liefern, wenn der Vergleich erfolgreich war.

```
// so
bool operator<( const Typ& o1, const Typ& o2 );

// oder so
bool Typ::operator<( const Typ& o ) const;
```

Bei allen integralen Typen von C++ ist das der Fall, ebenso bei der schon oft verwendeten Klasse `string`. Ist ein derartiger Operator für einen Benutzertyp nicht definiert, erzeugt bereits der Compiler eine entsprechende Fehlermeldung.

Das nächste Beispiel zeigt, wie ein Container automatisch in einen „sortierten" Container umgewandelt wird, und wie dieser benutzt werden kann:

```
void exam5()
{
  TCCollection<string>        Norm;
  TCSortedCollection<string>  Sort;

  cout << "Stringcontainer eingeben :";  cin  >> Norm;
  Sort = Norm;                           // Hier arbeitet der Zuweisungsoperator
  cout << "sortiert :" << Sort << endl;

  cout << "weitere Strings aufladen..." << endl;
  Sort.add("Hm.");  Sort.add("Aha");  Sort.add("BlaBla");

  cout << "sortiert :" << Sort << endl;
}
```

```
Stringcontainer eingeben :{ Hallo , xxx , 134 , ..,- , $$$ ,
ende }
sortiert :{ $$$ , ..,- , 134 , Hallo , ende , xxx }
weitere Strings aufladen...
sortiert :{ $$$ , ..,- , 134 , Aha , BlaBla , Hallo , Hm. ,
ende , xxx }
```

13.1.3.5 Die Klasse `TCSet`

In die Beschreibung der einfachen Container gehört noch `TCSet`. Hierbei handelt es sich um einen direkten Nachkommen der Klasse `TCCollection`, was bedeutet, daß sie fast die gleichen Eigenschaften besitzt. Es gibt allerdings einen gravierenden Unterschied. Im Container `TCSet` kommen keine Objekte mehrfach vor.[1] Um das zu realisieren, wird die virtuelle Methode `TCSet::add(const Typ&)` einfach so

[1] ....Wie es der Name „Set" (engl.) für Menge im mathematischen Sinn bereits andeutet. Container, die gleiche Objekte mehrfach enthalten können werden dagegen häufig auch als „Bags" bezeichnet. „Gleich" bezieht sich dabei immer auf den **`operator==`** und darf nicht mit der Objektidentität verwechselt werden, wonach es nie dasselbe Objekt nochmals geben kann, wohl aber ein gleiches.

implementiert, daß nur Objekte in den Container eingefügt werden, die noch nicht enthalten sind.

13.1.3.6 Assoziative Container

Im folgenden wird nun eine ganz andere Art von Containern beschrieben. Ein **assoziativer Container** ist ein Container, der Paare von **Schlüsseln** und **Werten** verwaltet.[1] Solch ein Paar heißt auch **Assoziation**. Das eigentliche Objekt ist hier der Wert einer Assoziation. Dem Schlüssel kommt dabei die Rolle eines Indexes zu, über den ein bestimmtes Objekt angesprochen werden kann. Zu jedem Schlüssel gehört höchstens ein Objekt. Umgekehrt darf ein Objekt mehrere Schlüssel besitzen, aber mindestens einen. Unter diesen Voraussetzungen gibt es eine eindeutige Abbildung aus der Menge der Schlüssel auf die Menge der Objekte (Werte).

Die Klasse `TCKeyedCollection` erzeugt diese Abbildung, indem sie in einem „normalen" Container Paare von Schlüsseln und Werten, also Assoziationen, verwaltet. Damit die einzelnen Paare besser verwaltet werden können, wurden sie in einer separaten Klasse untergebracht.

13.1.3.6.1 Die Klasse `TCAssociation`

Um die Klasse `TCAssociation` möglichst allgemein zu halten, wurde sie wieder als Template entworfen. Da sie Schlüssel und Werte verwaltet und diese nicht unbedingt den selben Typ haben, gibt es einen Schlüsseltyp `KTyp` und einen Wertetyp `VTyp`. Folgende Methoden werden unterstützt:

- `TCAssociation()`
  Der Default-Konstruktor benutzt Defaultinstanzen für Schlüssel und Wert.
- `TCAssociation( const KTyp& aKey, const VTyp& aValue )`
  Dieser Konstruktor initialisiert Schlüssel mit `aKey` und Wert mit `aValue`.
- `bool operator == ( const TCAssociation& a ) const`
  Liefert **`true`**, wenn jeweils die Schlüssel und die Werte identisch sind.
- `bool operator != ( const TCAssociation& a ) const`
  das Gegenteil von `==`
- `bool operator < ( const TCAssociation& a ) const`
  Führt die Operation `<` auf den Schlüsseln aus, die Werte werden nicht beachtet.
- `bool operator > ( const TCAssociation& a ) const`
  Führt die Operation `>` auf den Schlüsseln aus, die Werte werden nicht beachtet.

[1] ....Dafür wird auch häufig der Begriff „dictionary" verwendet.

- `KTyp& key()`
  `const` `KTyp& key()` **`const`**
  `VTyp& value()`
  `const` `VTyp& value()` **`const`**
  Schreibender bzw. Lesender Zugriff die Schlüssel- bzw. Wert-Komponente der Assoziation.

Wiederum wurden hier die entsprechenden Stream-Operatoren nicht aufgeführt. Die Streamdarstellung einer Instanz von `TCAssociation` hat das Format:

```
Schlüssel -> Wert.
```

Ein kleines Beispiel möge das verdeutlichen:

```
void exam6()
{
  TCAssociation<string, double> asd( "Bier", 19.95 );
  cout << "Heute    :" << asd << endl;
  cout << "Eingabe :";
  cin  >> asd;
  cout << "Schlüssel :" << asd.key() << " hat den Wert :" << asd.value() << endl;
}
```

Das Beispiel erzeugt eine Instanz der Klasse `TCAssociation` mit dem Schlüsseltyp `string` und dem Wertetyp **`double`**.

```
Heute    :Bier -> 19.95
Eingabe :Promille -> 1.8
Schlüssel :Promille hat den Wert :1.8
```

Soweit zur Verwendung von `TCAssociation`. Die Klasse `TCKeyedCollection` ist nun nichts weiter als ein Container, der Objekte des Typs `TCAssociation` verwaltet.

13.1.3.6.2 Die Klasse `TCKeyedCollection`

Es folgt die Schnittstellenbeschreibung der Klasse `TCKeyedCollection`:

- **`virtual void`** `add(` **`const`** `KTyp& k )`
  Fügt den Schlüssel `k` ein, der Wert ist eine Defaultinstanz. Existiert der Schlüssel `k` bereits, passiert nichts.

- **`virtual void`** `addAt(` **`const`** `VTyp& v,` **`const`** `KTyp& k )`
  Fügt den Schlüssel `k` mit dem Wert `v` ein. Existiert der Schlüssel `k` bereits, wird sein Wert überschrieben.

- **`virtual void`** `addAssociation(` **`const`** `TCAssociation& a )`
  Fügt eine Instanz von `TCAssociation` ein. Existiert der Schlüssel `a.key()` bereits, wird sein Wert mit `a.value()` überschrieben.

- **virtual void** `removeAt(` **const** `KTyp& k )`
  Entfernt den Schlüssel `k` und den zugehörigen Wert. Existiert der Schlüssel `k` nicht, passiert nichts.

- **virtual bool** `includes(` **const** `KTyp& k )` **const**
  Liefert **true**, falls der Schlüssel `k` im Container enthalten ist.

- **virtual void** `putAt(` **const** `VTyp& v,` **const** `KTyp& k )`
  Überschreibt den Wert am Schlüssel `k` mit `v`. Ist der Schlüssel `k` noch nicht vergeben, wird er eingefügt.

- **virtual const** `VTyp& getAt(` **const** `KTyp& k )` **const**
  Liefert den Wert am Schlüssel `k`. Existiert der Schlüssel `k` nicht, erfolgt eine Fehlermeldung.

- **const** `VTyp&` **operator**`[] (` **const** `KTyp& k )` **const**
  wie `getAt`

- `VTyp&` **operator**`[] (` **const** `KTyp& k )`
  Liefert eine Referenz auf den Wert am Schlüssel `k` als L-Value zurück. Existiert der Schlüssel `k` noch nicht, wird er eingefügt.

- **virtual** `TCCollection keys()` **const**
  Liefert einen Container, der alle Schlüssel enthält.

Mit der Klasse `TCKeyedCollection` lassen sich elegant assoziative Speicher realisieren, zum Beispiel Wörterbücher:

```
void exam7()
{
  TCKeyedCollection<string, string> de;        // Deutsch-Englisches Wörterbuch
  TCSortedCollection<string>        unbekannt;
  string                            wort;

  de["Ich"]     = "I";                         // Wörterbuch füllen
  de["bin"]     = "am";
  de["muede"]   = "tired";
  de["und"]     = "and";
  de["hungrig"] = "hungry";
  de["."]       = ".";

  cout << "Satz eingeben :";

  do                                           // Text übersetzen
  {
    cin  >> wort;
    if( de.includes(wort) )
      cout << de[wort] << ' ';                 // Wort ist bekannt
    else
      unbekannt.add(wort);                     // Wort ist unbekannt
  } while( wort != "." );

  cout << endl;
  cout << "Bekannte Vokabeln   :" << de.keys() << endl;
  cout << "Unbekannte Vokabeln :" << unbekannt << endl;
}
```

Zwei Testläufe zeigen das Ergebnis:

```
Satz eingeben :Ich bin muede und hungrig .
I am tired and hungry .
Bekannte Vokabeln   :{ Ich , bin , muede , und , hungrig , . }
Unbekannte Vokabeln :{  }


Satz eingeben :Der Test war erfolgreich .
.
Bekannte Vokabeln   :{ Ich , bin , muede , und , hungrig , . }
Unbekannte Vokabeln :{ Der , Test , erfolgreich , war }
```

13.1.4 Aufgaben

Aufgabe 69 Textanalyse, Wörterbuch

Schreibe ein Programm, das Wörter aus einer Textdatei einlesen kann. Dabei soll für jedes Wort gezählt werden, wie oft es vorkommt. Anschließend sollen die Wörter einmal alphabetisch und einmal nach Häufigkeit sortiert ausgegeben werden.

Erweitere das Wörterbuchprogramm zu einem Vokabeltrainer. Das Programm soll die Eingabe von neuen Vokabeln ermöglichen und den gesamten Wortschatz auch in Dateien speichern und wieder laden können.

Aufgabe 70 Turtlegrafik, Container und benutzerdefinierte E/A-Operatoren

Schreibe ein Zeichenprogramm, das durch eine einfache Grafiksprache gesteuert wird. Die Grafik wird dabei durch einen Stift gezeichnet, der folgende Befehle verstehen soll:

- **Z** *b* — schaltet das Zeichnen ein (*b*=1) oder aus (*b*=0),
- **W** *Winkel* — bestimmt die aktuelle Bewegungsrichtung *Winkel* (in Grad) des Stiftes,
- **B** *n* — bewegt den Stift um *n* Punkte in die aktuelle Richtung,
- **E** 0 — Ende.

Die Befehle für eine Grafik sind als Objekte in einem Container abgelegt. Jedes Objekt repräsentiert genau einen Befehl. Der Container soll aus einer Datei eingelesen werden. Zum Beispiel erzeugen die folgenden Anweisungen unserer Grafiksprache ein Quadrat mit der Kantenlänge 20.

```
{Z1 , W0 , B20 , W90 , B20 , W180 , B20 , W270 , B20 , Z0 , E0}
```

Hinweis: Definiere eine Klasse mit Stream-Operatoren, welche vom Stream die einzelnen Befehle (Objekte) lesen können. Definiere ferner in dieser Klasse eine Methode, die einen Befehl ausführt. Benutze einen Iterator, um alle Befehle nacheinander auszuführen!

Informationen über die Verwendung von Grafik finden sich in den Handbüchern der Entwicklungsumgebung.

14. Lösungen

In diesem Kapitel befinden sich die Lösungen zu vielen Aufgaben, die in den Grundlagen- und Vertiefungsabschnitten der einzelnen Kapitel gestellt werden.

14.1 Lösungen zu Kapitel 1

Lösung zu Aufgabe 1 Informelle Objektorientierte Analyse

Schreibe zunächst im gewählten Beispiel die möglichen Objekte und Klassen auf. Charakterisiere sie durch ihre Zustände (Instanzvariablen) sowie ihr mögliches Verhalten (Methoden). Versuchen Sie dann, die Klassen auf Gemeinsamkeiten hin zu untersuchen und stellen Sie anhand derer eine Klassenhierarchie auf. Dabei sollte jeder Slot (Instanzvariable und Methode) genau einmal in der Hierarchie auftreten. Falls nötig, müssen zusätzliche Klassen (vgl. „Eierleger“ in diesem Kapitel) eingefügt werden.

14.2 Lösungen zu Kapitel 2

Lösung zu Aufgabe 2 Bezeichner

Ungültige Bezeichner sind:

`Wert-1:`	Eine Rechenoperation wie das Minuszeichen darf in Bezeichnern nicht vorkommen.
`1.Zahl:`	Auch der Punkt ist ein Operator, der nicht in Bezeichnern vorkommen darf.
`La Fontaine:`	Leerzeichen trennen Bezeichner.
`GO TO:`	Hier gilt das gleiche wie für „La Fontaine“.
`Quattro(4)Stagioni:`	Runde Klammern sind ebenfalls Operatoren.
`IchBinEinGültigerBezeichner:`	Auch Umlaute sind in Bezeichnern tabu.
`The{Das}End{e}:`	Geschweifte Klammern schließen in C++ Blöcke ein und dürfen daher ebenfalls nicht in Bezeichnern auftauchen.

Lösung zu Aufgabe 5 const und inline

```
const unsigned        TRUE    = 1;
const double          c       = 299792.4562;   // Lichtgeschwindigkeit in km/sec
const signed          eof     = -1;

inline double         Groesser(double X, double Y)     {return (X>Y) ? (X) : (Y);}
inline double         Kubik(double X)                  {return X*X*X;}
```

14.3 Lösungen zu Kapitel 3

Lösung zu Aufgabe 6 Einfache Ausgaben

Aufgrund impliziter Typumwandlung lautet die Ausgabe 65535. Der Compiler gibt bestenfalls eine Warnung aus.

Lösung zu Aufgabe 7 Personalverwaltung

```
enum eBV
{
  Arbeitnehmer, Angestellter
};

struct Personal
{
  string         Name;
  unsigned short Personalnummer;
  char           Abteilung;
  eBV            Beschäftigungsverhältnis;

  union          {
                   double       Stundenlohn;
                   char Lohngruppe;
                 } Verdienst;
};

Personal         einAngestellter;

einAngestellter.Name                        = "Fritz Müller";
einAngestellter.Personalnummer              = 4711;
einAngestellter.Abteilung                   = 'C';
einAngestellter.Beschäftigungsverhältnis        = Arbeitnehmer;
einAngestellter.Verdienst.Stundenlohn       = 23.37;
```

14.4 Lösungen zu Kapitel 4

Lösung zu Aufgabe 8 Wo steckt der Fehler?

Das falsche Ergebnis lautet 16381. Hierbei wird der Zähler nämlich implizit in den unsigned-Wert 65524 konvertiert. Die richtige Lösung erhält man z.B., wenn man den Nenner explizit in einen int-Wert umwandelt (sofern er nicht größer als 32767 wird):

```
  int          resultat = zaehler / int(nenner);
```

Lösung zu Aufgabe 11 Operatoren

Die häufigsten Anweisungen sind Zuweisungen und Funktions- bzw. Methodenaufrufe. Daher sind der Zuweisungsoperator = und der Funktionsaufrufoperator () die gebräuchlichsten Operatoren. Programme mit intensiver Ein/Ausgabe werden außerdem zahlreiche << und >> verwenden.

14.5 Lösungen zu Kapitel 5

Lösung zu Aufgabe 13 while-Schleifen, float

Der Vergleich von Fließkommazahlen (wie **float** und **double**) ist kritisch, da die zehnfache Summe von 0.1 nicht genau 1 ergibt. Besser ist ein Vergleich, ob die Summe kleiner als 1 ist:

```
while ( x < 1 )
        {
          x += 0.1;
          cout << "Ich bin jetzt bei " << x << endl;
        }
```

Am sichersten ist aber die Abfrage, ob der Absoultbetrag der Differenz von x und 1 eine kleine Schranke überschreitet:

```
const float Epsilon = 0.00001;
while ( fabs(x-1) > Epsilon )
        {
          x += 0.1;
          cout << "Ich bin jetzt bei " << x << endl;
        }
```

In diesem Fall wird die Laufbedingung der Schleife verletzt, wenn x sehr nahe bei 1 liegt.

Lösung zu Aufgabe 16 Fakultät zum ersten

Der Source-Code zu dieser Aufgabe befindet sich in der Datei `fakultaet01.cxx`.

Lösung zu Aufgabe 17 Fakultät zum zweiten

Der Source-Code zu dieser Aufgabe befindet sich in der Datei `fakultaet02.cxx`.

Lösung zu Aufgabe 19 Zahlenraten

Der Source-Code zu dieser Aufgabe befindet sich in der Datei `raten.cxx`.

Lösung zu Aufgabe 21 for-Schleife

Ja, das geht: Es kann etwa zum Überspringen einzelner Indexwerte nützlich sein. Im Beispiel wird nur „Ich bin jetzt bei 1“ ausgegeben.

14.6 Lösungen zu Kapitel 6

Lösung zu Aufgabe 24 Hauptprogramm

```
main() {}
```

Hierbei wird allerdings eine Warnung ausgegeben (etwa „Funktion muß einen Wert zurück liefen"), da standardmäßig **int** als Rückgabetyp angenommen wird. Die folgende Variante ist zwar etwas länger, aber vollständig korrekt:

```
int main() {return 0;}
```

Lösung zu Aufgabe 27 Präprozessor

Eine mögliche Implementierung ist

```
#define PRINTSIZEOF(T) cout << "size(" << #T << ")=" << sizeof(T) << endl;
```

14.7 Lösungen zu Kapitel 7

Lösung zu Aufgabe 28 Scope, Vergleich

Die Variable `weiter` ist nur innerhalb der **while**-Schleife definiert und wird daher in der letzten Zeile vom Compiler als unbekannt gemeldet. Außerdem muß der Vergleich in der letzten Zeile mit == erfolgen. Gute Compiler geben hier eine Warnung (z.B. „possibly incorrect assignment") aus.

Lösung zu Aufgabe 29 Auflösungsoperator

Die Ausgabe lautet

```
x=3.45     ::x=1.23     y=2.34
x=2.34     ::x=1.23
```

14.8 Lösungen zu Kapitel 8

Lösung zu Aufgabe 31 Vorhandene Klasse erweitern

Die Zeile verursacht einen Compilerfehler, da der dafür benötigte Standard-Konstruktor nicht mehr automatisch erzeugt wird, weil die Klasse (nur) einen Konstruktor mit Argumenten enthält.

Lösung zu Aufgabe 34 Objektdiagramm

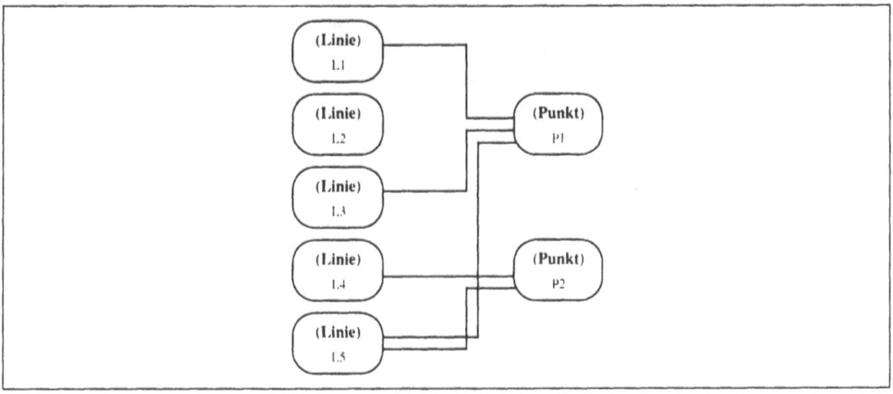

Abb. 14.8-2: Das zugehörige Objektdiagramm

Lösung zu Aufgabe 35 Klassendiagramm interpretieren

Einen nicht-gerichteten Graphen, der aus Ecken und Kanten besteht, wobei Kanten durch genau zwei Ecken verbunden sind. Jede Ecke kann zu beliebig vielen Kanten gehören.

Lösung zu Aufgabe 36 Klassendiagramm zeichnen

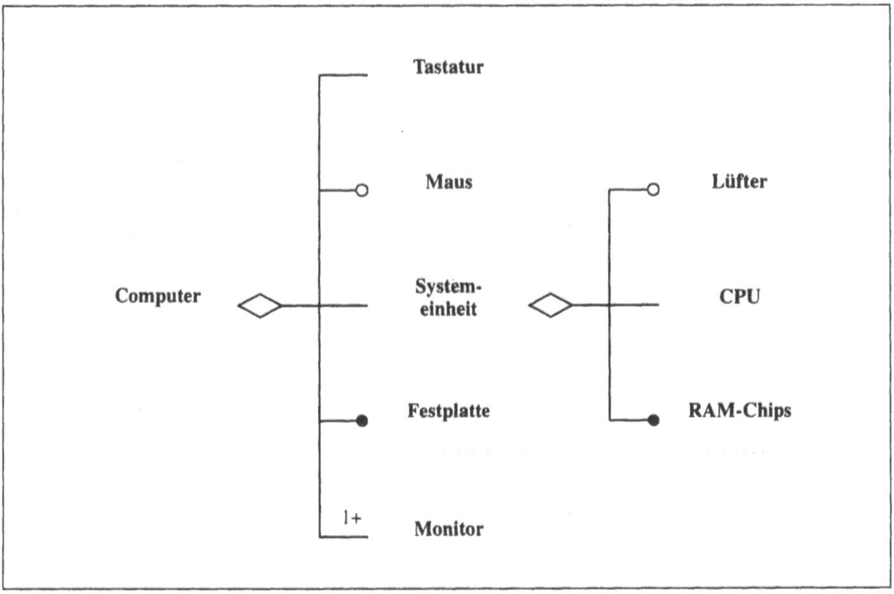

Abb. 14.8-3: Hierarchische Darstellung der wichtigsten Komponenten eines Computers

Lösung zu Aufgabe 37 Initialisierer-Liste

b) trifft zu. Da es durch Überladung[1] mehrere Konstruktoren geben kann, die verschiedene Reihenfolgen in der Initialisierer-Liste verwenden, müßte sich der Compiler anderenfalls bei jedem Objekt die betreffende Reihenfolge merken. Das Löschen von Elementen erfolgt nämlich immer in der umgekehrten Reihenfolge wie bei der Erzeugung. Durch Festlegung auf b) ist die Lösch-Reihenfolge der Elemente immer gleich.

Ein mögliches Testprogramm ist

```
char Protokoll(char WeiterReichen)
{
  cout << WeiterReichen << endl;
  return WeiterReichen;
}


class CTest
{
  private:
//--------
  char  a,b,c;                                      // normale Reihenfolge

  public:
//-------
        CTest(char New_a, char New_b, char New_c)
              : c( Protokoll(New_c) ),
                b( Protokoll(New_b) ),
                a( Protokoll(New_a) )               // umgekehrte Reihenfolge
        { /* tut nix */ }

}; // class CTest


int main()
{
  CTest DerTest('a','b','c');                       // gibt a - b - c aus
  return 0;
}
```

Lösung zu Aufgabe 38 const und static

Alle Autos dieser Klasse haben denselben Verbrauch und dieselbe Tankgröße, die außerdem konstante Werte sind. Es besteht kein Unterschied zwischen **`const static`** und **`static const`**.

Lösung zu Aufgabe 39 Globale Objekte

Da der Konstruktor vor dem Hauptprogramm aufgerufen wird und der Destruktor danach, werden die Meldungen direkt vor und nach Ausführung des Hauptprogramms

[1] ....vgl. entsprechendes Kapitel.

ausgegeben. So läßt sich beispielsweise eine Zeitmessung oder die Kontrolle des freien Speichers auf dem Heap realisieren.

Lösung zu Aufgabe 40 Forward-Deklarationen

Beide nein!

a2) `Verbrauch`, `Kilometerstand` und `MaxTankFuellung` sind in `MotorCheck` nicht bekannt.

b2) `CWerkstatt::MotorCheck` ist in Klassendefinition von `CAuto` nicht bekannt.

Lösung zu Aufgabe 41 Namenskollision

Ja. Zunächst wird `X` als Klasse deklariert, direkt im Anschluß aber als Name einer Zeigervariable redefiniert. Wenn man danach noch den Klassennamen referenzieren möchte, muß man die ausführliche Schreibweise **`class`** `X` (statt einfach `X` verwenden), z. B.:

```
class X          *pX = new class X;        // beachte das zweite class
```

Da dies die Lesbarkeit verschlechtert und das Verständnis erschwert, sollte man auf Deklarationen der obigen Art verzichten.

14.9 Lösungen zu Kapitel 9

Lösung zu Aufgabe 42 Nachrichten erkennen

Die erste Zeile bewirkt die Konstruktion eines String-Objekts („Erzeuge und initialisiere dich!"). Die Zuweisung setzt einen neuen Wert („Dein Text lautet jetzt ..."), der anschließend mit einer Ausgabeoperation ausgegeben (keine Nachricht). Abschließend wird mit der `length`-Methode die Anzahl der Zeichen abgefragt („Wie lang bist Du?").

Lösung zu Aufgabe 46 Abgedreht

Nur die erste Addition funktioniert. Die zweite Variante wird durch die Operatormethode + der Klasse `B` verdeckt. Die internen Auflösungsregeln für Operatoren in Ausdrücken (erste Zeile) unterscheiden sich nämlich von denen für Operatorfunktionen in Funktionsaufrufen (zweite Zeile). Dies belegt nochmals, wie kompliziert die Regeln zur Überladungsauflösung sind.

Lösung zu Aufgabe 47 Copy-Sematik

Die Ausgabe lautet

```
Konstruktor von Test
Kopierkonstruktor von Test
EinT.x =4
Kopierkonstruktor von Test
Konstruktor von Test
Kopierkonstruktor von Test
Quadrat(EinT.x) =16
EinT.x =4
NochEinT.x =16
```

Durch Übergabe von **`const`** `Test&` an `Quadrat` könnte eine Kopie eingespart werden. Die Funktion `Quadrat` kann hingegen keine Referenz auf `NeuesObjekt` zurückgeben, da es sich um eine lokale Variable handelt, die nach Verlassen der Funktion nicht mehr existiert.

14.10 Lösungen zu Kapitel 10

Lösung zu Aufgabe 50 Konstruktor- und Destruktorreihenfolge

```
Konstruktor von B
Konstruktor von C
Konstruktor von X
Konstruktor von D
Destruktor von D
Destruktor von X
Destruktor von C
Destruktor von B
```

Beachte, daß die Konstruktoren von „oben nach unten" entsprechend der Klassenhierarchie aufgerufen werden, so daß sich ein Konstruktor einer Unterklasse immer darauf verlassen kann, daß bereits der Anteil der Oberklasse korrekt initialisiert wurde. Genau umgekehrt wird ein Objekt abgebaut, wobei zunächst die „untersten" Destruktoren arbeiten bis zuletzt zum Destruktor der obersten Klasse. Teilobjekte, wie `x` im Beispiel, werden auch rechtzeitig vor dem Konstruktor bereits initialisiert, so daß sich der Konstruktor (hier von `D`) auch wiederum darauf verlassen kann, daß alle Teilobjekte korrekt initialisiert wurden (hier `x`).

Lösung zu Aufgabe 51 Vererbung beim Konto-Beispiel

Wenn `Einzahlung` und `Auszahlung` als **`virtual`** deklariert werden, rufen die Operatoren von `CKonto` automatisch die jeweils richtigen Zugriffsmethoden auf. Damit existieren *allgemeine* Konten im Gegensatz zu den *konkreten* Giro- oder Sparkonten.

Lösung zu Aufgabe 52 Klassenbaum

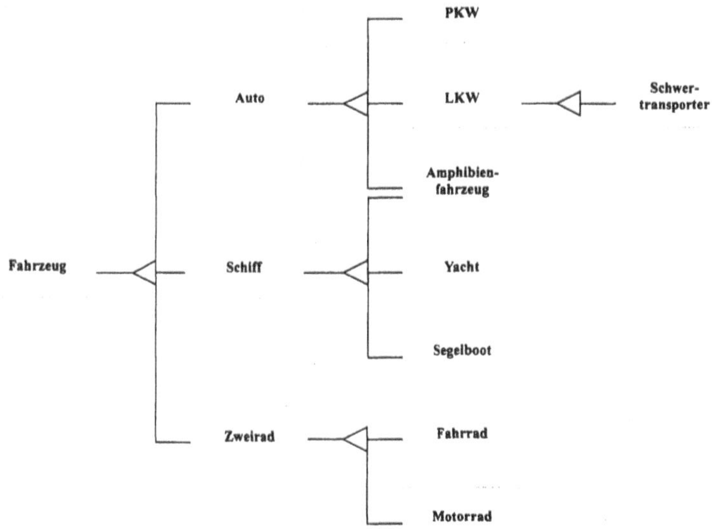

Lösung zu Aufgabe 53 protected-Elemente

Nein! `CUnterklasse` hat vollen Zugriff auf die **`protected`**-geerbten Elemente von `CBasis`; innerhalb von `Klauen` wird aber illegalerweise versucht, auf ein (für „Fremde") privates Element eines `CBasis`-Objekts zuzugreifen.

Lösung zu Aufgabe 54 Debugging-Klasse

Jede von `Debug` abgeleitete Klasse schreibt bei Erzeugung eines Objekts und seiner Auflösung einen Hinweis auf die Standardausgabe. Dabei wird der jeweilige Klassenname über die virtuelle (!) Methode `KlassenName` ermittelt (dieser muß für jede Klasse vom Entwickler bereitgestellt werden). Diese virtuelle Methode muß in `Debug` definiert sein (sonst könnte man sie nicht hier benutzen). Da der Aufruf aber in einem Konstruktor abläuft, wird in diesem Fall `Debug::KlassenName` benutzt und nicht *abgeleiteteKlasse*`::KlassenName`, was gewünscht wäre!

14.11 Lösungen zu Kapitel 11

Lösung zu Aufgabe 55 Eingabeformate

Bei einer Bereichsüberschreitung erfolgt keine Fehlermeldung. Bei Gleitkommazahlen wird die wissenschaftliche Schreibweise unterstützt, zum Beispiel `1.2`, `-10.5`, `1e+10`, `-5.6E-10`.

Lösung zu Aufgabe 56 Kurzes Programm

Es wird das Zeichen '0' auf dem Bildschirm ausgegeben, da der ASCII-Code dieses Zeichens 48 ist.

Lösung zu Aufgabe 65 Formatflags

Bei `cin` ist `skipws` gesetzt und bei `cout` `skipws` und `unitbuf`.

14.12 Lösungen zu Kapitel 12

Lösung zu Aufgabe 67 Verbale Beschreibungen

```
class CAuto
{
  public:
    CAuto();                                    // ein allgemeines Auto
    CAuto( const string& Kennzeichen );         // Auto mit diesem Kennzeichen

    // weitere Methoden und Variablen nach belieben
};

void Schredder( CAuto& );              // für die Entsorgung...
    // >>> Deklaration einer Funktion, die in einem anderen Modul
    //     definiert werden muß; anderenfalls gibt es einen Linker-Fehler

extern double Benzinpreis;             // in DM/Liter
    // >>> Deklaration einer globale Variable des Typs double, die in einem
    //     anderen Modul definert sein muß; anderenfalls gibt es Linker-Fehler

double        Gesamtverbrauch = 0.0; // bis jetzt noch nichts verbraucht
    // >>> Definition und Initialisierung einer globalen Variablen

static double Benzinrechnung;          // gesamte Benzinkosten bisher
    // >>> Definition ohne Veröffentlichung einer globalen Variablen.
    //     Auf diese kann nicht von anderen Modulen aus zugegriffen werden
```

```
int main()  // >>> Nicht mehr ANSI-Standard: main solle immer int-wertig sein!
{
  CAuto  MeinAuto( "KS-XY 123" );     // das ist mein Auto
  CAuto  DeinAuto();                  // Ein allgemeines Auto
    // >>> Nein, dies ist nicht die Erzeugung eines Default-Autos, sondern
    //     die Deklaration (!) einer CAuto-wertigen Funktion DeinAuto ohne
    //     Parameter, im Sichtbarkeitsbereich von main.
    //     Das Default-Auto ist:
  CAuto  DefaultAuto;     // >>> keine Klammern!

  Schredder( MeinAuto );              // das Ende!
  return 0;
}
```

15. Anhang

15.1 Wichtige C/C++ Libraries

In diesem Abschnitt soll ein kleiner Überblick der vorhandenen Bibliotheken gegeben werden. Natürlich kann hier nicht jede Klasse, Methode, Variable oder Konstante beschrieben und erklärt werden (dafür gibt es die entsprechenden Handbücher zum jeweiligen Compiler). Da es aber eine recht beachtliche Sammlung von Bibliotheken gibt, kann eine Übersicht nur hilfreich sein. Dies betrift auch die Unterscheidung zwischen aktuellen C++ Bibliotheken mit Klassen (-Hierarchien) und den „historischen Altlasten" von C, die noch bis auf weiteres zur Verfügung stehen.

Bevor die Übersicht beginnt notieren wir noch einen wichtigen Hinweis: Neben den im folgenden erwähnten Bibliotheken gibt es oft zusätzliche Bibliotheken, die an das jeweilige Betriebssystem gebunden sind. Die Benutzung dieser speziellen Bibliotheken erlaubt zwar einerseits eine bessere Nutzung des jeweiligen Betriebssystems (viele nette „Spezialitäten"), dafür kapselt man sich auf diese Weise aber auch nachhaltig vom Rest der Welt ab und man bleibt auf der jeweiligen „Insel" sitzen. Eine Portierung der Programme auf eine andere Hardware oder ein anderes Betriebssystem ist dann nicht mehr möglich. Daher klammern wir solche Bibliotheken (auch wenn sie wirklich große „Inseln" beinhalten wie etwa MS-DOS, Windows (NT), UNIX) im folgenden aus.

Bibliothek	**Typ**	**Beschreibung**
Daten-Ein/Ausgabe über Streams		
iostream.h	C++	Allgemeine Streams, speziell auch die Objekte `cin`, `cout` und `cerr`.
fstream.h	C++	File-Streams; Ausweitung der Streams auf externe Dateien.
strstrea.h	C++	String-Streams; Realisiert Streams, die als Zeichenfelder (Strings) implementiert sind. Mit diesen Streams ist es möglich, formatierte Ausgaben in einen String zu schreiben bzw. daraus zu lesen. Das ist besonders dann sinnvoll, wenn mit weiteren Bibliotheken gearbeitet wird (etwa bei graphischen Benutzeroberflächen), die nur über Ein/Ausgabe von Strings verfügen.
iomanip.h	C++	Stream-Manipulatoren zur Veränderung der Ein/Ausgabe-Charakteristik, beispielsweise die Anzahl der Nachkommastellen oder die Feldbreite.

Bibliothek	Typ	Beschreibung
Mathematische Operationen		
bcd.h	C++	Realisierung von binär codierten Dezimahlzahlen **class** bcd (BCD-Zahlen) mit allen Grundrechenarten sowie einigen mathematischen Funktionen. Es werden ebenfalls Ein/Ausgabe und Konvertierungen zu den Standard-Zahltypen bereitgestellt.
complex.h	C++	Realisierung von komplexen Zahlen (Real- und Imaginärteil) **class** complex mit allen Grundrechenarten sowie einigen mathematischen Funktionen. Es werden ebenfalls spezifische Operationen für Komplexe Zahlen (arg, conj, abs). Ein/Ausgabe und Konvertierungen zu den Standard-Zahltypen bereitgestellt.
math.h	C	Mathematische Funktionen (wie etwa sqrt, sin, cos) und Konstanten (wie etwa M_PI für π) sowie Funktionen uns Strukturen zur Behandlung und Definition von numerischen Fehlern.
Allgemeine Unterstützungsfunktionen und Klassen		
ctype.h	C	Makros zur Klassifikation (etwa isalpha oder isdigit) und Umwandlung (etwa toupper oder tolower) von Zeichen.
limits.h	C	Nützliche Konstanten für die Werte-Bereiche der vordefinierten Datentypen wie INT_MAX, LONG_MIN oder CHAR_BIT.
locale.h	C	Landes-spezifische Symbole (Währung, Zahlenschreibweise, Zeitschreibweise).
stdlib.h	C	Allgemein Hilfsfunktionen, etwa zum Suchen (bsearch) Sortieren (qsort), Zufallszahlen (rand, srand), Zugriff auf Environment-Variablen (getenv) oder Starten von anderen Programmen über das Betriebssystem (system).
time.h	C	Zugriff auf System-Zeit und -Datum.
Spezielle Unterstützungsklassen		
except.h	C++	Unterstützung des Exception handlings und Möglichkeit zur Definition des Verhaltens bei unerwarteten Exception (unexpected).

Bibliothek	Typ	Beschreibung
typeinfo	C++	Unterstützung für Laufzeit-Typinformationen (RTTI).
Fortgeschrittene technische Unterstützung (System-unabhängig)		
new.h	C++	Hilfsmittel zur Definition eines neuen **new**-Handlers.
signal.h	C	Reaktion auf asynchrone Signale (Programm-Unterbrechung mit Ctrl-C, allgemeine Floating-Point Fehler, Integer-Berechnungsfehler).
thread.h	C++	Systemunabhängig Verarbeitung paralleler Prozesse über Threads.

15.2 Schlüsselwörter in C++

Die nachfolgende Liste enthält alle Schlüsselworte des Standards ANSI C++.

asm
auto
bool
break
case
catch
char
class
const
const_cast
continue
default
delete
do
double
dynamic_cast
else
enum
explicit
extern
false
float
for
friend
goto
if
inline
int
long
mutable
namespace
new
operator
private
protected
public
register
reinterpret_cast
return
short
signed
sizeof
static
static_cast
struct
switch
template
this
throw
true
try
typedef
typeid
typename
union
unsigned
using
virtual
void
volatile
wchar_t
while

15.3 Übersicht aller Operatoren

Rang	Operator	Arität[1]	Bedeutung
1	::	1	globaler Auflösungsoperator
1	::	2	klassenspezifischer Auflösungsoperator
2	.	2	Komponentenselektion
2	->	2	Komponentenselektion
2	[]	2	Indexoperator
2	()	beliebig	Funktionsaufrufoperator oder Typcast der Form `Typ(Ausdruck)`
2	**`sizeof`**	1	Speicherbedarf eines Typs oder Objekts
3	++	1	Inkrement (präfix und postfix)
3	--	1	Dekrement (präfix und postfix)
3	~	1	bitweises Komplement
3	!	1	logisches NOT
3	-	1	negatives Vorzeichen (unäres -)
3	+	1	positives Vorzeichen (unäres +)
3	&	1	Adreßoperator
3	*	1	Dereferenzierung
3	**`new`**	beliebig	Speicherallokation
3	**`delete`**	1	Speicherfreigabe
3	**`delete[]`**	1	Speicherfreigabe eines Feldes
3	()	1	Typcast der Form `(Typ)Ausdruck`
4	.*	2	Komponentenselektion
4	->*	2	Komponentenselektion
5	*	2	Multiplikation
5	/	2	Division
5	%	2	Rest bei ganzzahliger Division (modulo)
6	-	2	Subtraktion (binäres -)
6	+	2	Addition (binäres +)
7	>>	2	bitweises Shift rechts

[1] ....Anzahl der Operanden, Stelligkeit

7	<<	2	bitweises Shift links
8	<	2	Vergleich „kleiner“
8	<=	2	Vergleich „kleiner gleich“
8	>	2	Vergleich „größer“
8	>=	2	Vergleich „größer gleich“
9	==	2	Vergleich „gleich“
9	!=	2	Vergleich „ungleich“
10	&	2	bitweises AND
11	^	2	bitweises XOR
12	|	2	bitweises OR
13	&&	2	logisches AND
14	||	2	logisches OR
15	?:	3	Bedingungsoperator
16	=	2	Zuweisung
16	*=	2	Multiplikation und Zuweisung
16	/=	2	Division und Zuweisung
16	%=	2	Modulo und Zuweisung
16	+=	2	Addition und Zuweisung
16	-=	2	Subtraktion und Zuweisung
16	<<=	2	Links-Shift und Zuweisung
16	>>=	2	Rechts-Shift und Zuweisung
16	&=	2	AND und Zuweisung
16	^=	2	XOR und Zuweisung
16	|=	2	OR und Zuweisung
17	,	2	Kommaoperator (sequentielle Auswertung)

15.4 Beispiel-Projekte

Dieser Abschnitt soll einen Überblick einiger umfangreicher Beispiele vermitteln, die wir im Laufe des Buchs behandelt haben. Sie können sowohl während der Lektüre des Textes schrittweise ausgebaut werden als auch in Form von praktischen Projekten (zur Übung oder Leistungskontrolle) „am Stück“ durchgeführt werden.

15.4.1 Das Auto-Beispiel

Die Anwendung setzt keine Fachkenntninsse (wie etwa die mathematischen Vektoren) voraus, sondern kann von allen Lesern gleichermaßen bearbeitet werden. Das Beispiel wird im Kapitel „Klassen" eingeführt, wo eine solide Grundlage bereits im Text geliefert wird. Kleinere Verbesserungen sollen in den Übungsaufgaben eingearbeitet werden. Die wesentlichen Konzepte der Ableitung und Polymorphie werden dann im Kapitel „Vererbung" an diesem Beispiel mit der Einteilung in Diesel- und Benzinautos illustriert. Nach Durchführung der Modularisierung kann eine erste Stufe des Beispiels abgeschlossen werden.

Zur Illustration der dynamischen Speicherverwaltung wird anschließend ein Fuhrpark aus Fahrzeugen entwickelt, der mit einer vollständigen Copy-Semantik ausgestattet ist. Alternativ dazu kann ein solcher Auto-Container auch mit den Beispielen des Kapitels „Anwendung von Container-Klassen" realisiert werden, wobei sich der Leser dann für die günstigste Klasse der dort vorgestellten Hierarchie entscheiden muß. Dies stellt eine der in der Praxis wichtigsten Aufgaben bei der Nutzung objektorientierter Klassenbibliotheken dar.

Bei Bedarf können die Autos nach Behandlung der Streams noch mit Ein- und Ausgabeoperatoren versehen werden, obwohl es dafür geeignetere Beispiele (etwa die Vektoren) gibt. Exception Handling sollte grundsätzlich in jeder Klasse verwendet werden, so daß dies in einer Aufgabe am Ende des entsprechenden Kapitels gefordert wird. Mit Hilfe von RTTI kann man schließlich auch heterogene Fuhrparks (aus unterschiedlichen Auto-Kategorien) verwalten.

Das Beispiel kann durch Verfeinerung der Auto-Hierarchie (z. B. LKW / PKW) beliebig erweitert werden, so daß auch der Umgang mit umfangreicheren (mehrstufigen) Ableitungsbäumen geübt werden kann.

15.4.2 Die Vektorklasse

Dieses Beispiel ist hautpsächlich für Personen aus dem mathematisch-naturwissenschaftlichen Bereich interessant. Weil demzufolge nur ein Teil der Leser sich mit dieser Thematik auseinandersetzen wird, ist das Projekt fast ausschließlich in die Übungsaufgaben verlagert worden.

Da dynamische Felder zu Beginn noch nicht bekannt sind, besteht die Vektorklasse bei ihrer Einführung im Kapitel „Überladen" nur aus (genau) zwei Komponenten. Ein besonderer Schwerpunkt liegt dabei auf der Realisierung des Operator Overloading mit zahlreichen Operatoren, wofür mathematische Objekte natürlich prädestiniert sind. Nach der Aufteilung in Schnittstelle und Implementierungsteil (in den Übungen des Kapitels „Modularisierung und Projektorganisation") folgt der zweite Schwerpunkt, nämlich die Verallgemeinerung auf Vektoren beliebiger Länge mit Hilfe dynamischer Datenstrukturen am Ende des Kapitels Dynamische Objekte. Mit der Implementierung des Ein/Ausgabeverhaltens im Streams-Kapitel ist die Ausstattung an Operatoren komplett.

Eine weitere Verallgemeinerungsmöglichkeit stellt die Realisierung der Vektoren als Template-Klasse dar, mit der Vektoren aus beliebigen Zahltypen (**`int`**, **`double`**, **`complex`** ...) generiert werden können. Die Verwendung des bis dahin bereits bestehenden Codes erlaubt es, sich – trotz der Behandlung eines nicht-trivialen Beispiels – auf die speziellen Aspekte der parametrisierten Klassen zu konzentrieren. Der abschließende Wechsel der (nur an wenigen Stellen auftretenden) Fehlerbehandlung nach Exception Handling macht die Vektorklasse zu einem praktisch einsetzbaren Werkzeug.

15.4.3 Das Konto-Beispiel

Die Konto-Klassen dienen als ein weiteres allgemein verständliches Anwendungsbeispiel, das sowohl die Problematik der Vererbung (wie bei `CAuto`, nicht aber `CVektor`) als auch des Operator Overloading (wie bei `CVektor`, nicht aber `CAuto`) umfaßt. Beide Aspekte fließen sogar zusammen, wenn die überladenen Operatoren - und -= die virtuelle Methode `Auszahlung` aufrufen.

Zur Erprobung der Kenntnisse über dynamische Datenverwaltung und Zeiger soll eine Bank-Klasse mit flexibler Kontoverwaltung und Überweisungen zwischen Girokonten entwickelt werden. Auch dieses Beispiel wird durch die Implementierung von Ein/Ausgabeoperatoren und Anwendung der Ausnahmebehandlung (bei unzulässigen Kontozugriffen) abgerundet.

16. Literaturhinweise

16.1 Buchbesprechungen

📖 **ACH95** W. Achtert: *Das große Buch zu C++*, DATA BECKER, 1995, 770 S.: Mit dem Slogan „didaktisch vorbildliches Konzept" wird auf dem Cover dieses C++ Kompendiums geworben. Dieses Eigenlob ist allerdings nur teilweise berechtigt. Sicherlich ist der in diversen Schulungen erprobte Text verständlich aufgebaut, mit („spartanischen", aber aussagekräftigen) Grafiken veranschaulicht und mit einigen Beispiellistings abgerundet. Doch dies verdient eigentlich noch keine besondere Auszeichnung gegenüber anderen C++ Büchern. Insbesondere für Anfänger sollten die Konzepte der Programmiersprache besser motiviert und mit mehr praxisbezogenen Beispielen illustriert werden. Positiv hervorzuheben ist u.a. der „kurze Ausflug in die Informatik" im Anhang, der gebräuchliche Algorithmen und grundlegende Datenstrukturen erläutert. Insbesondere für das Selbststudium sehr hilfreich sind die kurzen Kontrollfragen und (relativ umfangreichen) praktischen Übungsaufgaben mit kommentierter Lösung am Ende der meisten Kapitel. Nach der 350-seitigen Einführung in C++ wird der Umgang mit den wichtigsten Compilern (*MSC++ 7, Visual C++*, *Borland C++ 3.1* und *4.5* sowie *Symantec C++ 7.0*) beschrieben. Den meisten Platz nehmen dabei die beiden *Microsoft*-Compiler ein. Für den Großteil der Leser wäre es wohl nützlicher, wenn man die auf der mitgelieferten CD-ROM vorhandenen Compiler von *GNU* und *Symantec* (Version 6.1) ausführlicher behandelt hätte. Außerdem enthält die CD einige Beispielprogramme.

📖 **BOO94** G. Booch: *Objektorientierte Analyse und Design*, Addison-Wesley, 2. Auflage 1994, 710 S.: Der Autor vermittelt in diesem praktischen Leitfaden für die Entwicklung objektorientierter Systeme auf eingängliche Weise viele nützliche Erfahrungen, etwa zum Projektmanagement und zur Bewältigung von Komplexität durch Klassifizierung. Analogien zu realen Systemen führen dem Leser die Grundideen und Problematiken der objektorientierter Softwareentwicklung anschaulich vor Augen, wobei eingestreute Cartoons für zusätzliche Auflockerung sorgen. Alle Programmierbeispiele basieren auf C++. Zentrale Abschnitte des Buchs sind die Auseinandersetzung mit den objektorientierten Konzepten, die Vorstellung der *Booch*-Methode – die zu den bekanntesten modernen Analyse/Designverfahren zählt – und der zugehörigen Diagramm-Notation sowie die Beschreibung von nicht-trivialen praktischen Anwendungen als vollständige Beispiele (z. B. Lagerbestandsverwaltung, Wetterbeobachtungsstation und Verkehrsplanung). Jedes Kapitel endet mit einer prägnanten Zusammenfassung und Literaturhinweisen. Der Anhang enthält einen Vergleich wichtiger objektorientierter Programmiersprachen sowie ein umfangreiches Literaturverzeichnis. Das Buch ist für alle geeignet, die sich mit Objektorientierung befassen.

📖 **COL94** D. Coleman, P. Arnold, S. Bodoff, C. Dollin, H. Gilchrist, F. Hayes, P. Jeremaes: *Object-oriented development - The Fusion method*, Prentice Hall,

1994, 310 S., Als „Entwicklungsmethode der zweiten Generation" bezeichnen die Autoren ihr Verfahren zum objektorientierten Software Engineering. Es vereint die wesentlichen Aspekte und Notationen der bekanntesten objektorientierten Methologien (OMT, Booch, Objectory, CRC), da diese nur für bestimmte Teile des Entwicklungsprozesses geeignet sind. Die „*Fusion*"-Methode hingegen umfaßt den gesamten Entwicklungszyklus und beschreibt einen direkten Weg von der Spezifikation bis hin zur Implementation in einer Programmiersprache. Nach jeder der drei schrittweise aufgebauten Phasen (Analyse, Design und Implementation) kann man anhand von festgelegten Regeln die Konsistenz und Vollständigkeit überprüfen. Das Buch gliedert sich in einen Einführungsteil mit Vorstellung der systematischen *Fusion*-Phasen, eine vollständige Fallstudie sowie zusätzliche Übungen, einen Vergleich zu anderen Methoden der objektorientierten Softwareproduktion und einen Anhang mit einer Zusammenfassung und einem Referenzhandbuch zum schnellen Nachschlagen. Der Text geht dabei sowohl auf die technische Umsetzung der Methode als auch auf Aspekte des Projektmanagements ein.

DAP92 T. Dapper, C. Dietrich, B. Klöppel, J. Rauch: *Portable Programmierung grafischer Oberflächen*, Vogel-Verlag, 1992, 120 S., inkl. 3 Disketten: Dieses CHIP-Sonderheft vermittelt viele Grundlagen und praktische Erfahrungen bei der Entwicklung von portablen Anwendungen für MS Windows, OS/2 Presentation Manager und OSF Motif unter Verwendung der Klassenbibliotheken *Star View* und *Common View*, von denen Testversionen auf Diskette beigelegt sind.

DAV95 Stephen Davis: C++ für Dummies, International Thomson Publishing, 1995, 420 S.: „Was Sie schon immer über C++ wissen wollten - doch bei abgedrehten Programmierern nie erfahren konnten" – unter diesem Motto gibt der Autor eine lockere und leicht verständliche Einführung in C++. Er geht dabei auf potentielle Fragen ein, die sich aufmerksame Programmieranfänger tatsächlich stellen („wozu braucht man das eigentlich?"). Durch häufige Einbeziehung des Lesers wird dieser regelrecht an den Text „gefesselt". Praktische Beispiele erhöhen außerdem den didaktischen Wert. Das Buch beweist, daß man auch in lockerem Stil fundierte Informationen vermitteln kann – ein Merkmal, das man leider fast ausschließlich bei englischen (oder ins deutsche übersetzen) Titeln findet. Der Kurs beginnt mit den elementaren Grundlagen von C und den nicht-objektorientierten Features von C++. Der weitaus größte Teil widmet sich aber der OOP. So wird der Leser auf 120 Seiten sehr behutsam in das Klassenkonzept eingeführt. Im Verlaufe des Buchs wird ein mehrseitiges C-Programm schrittweise nach C++ überführt. Dabei wird auf Eigenheiten der Compiler von *Borland* und *Microsoft* hingewiesen. Nach jedem der ersten fünf Teile hat der Leser anhand eines „25-Minuten-Tests" (mit Lösung) Gelegenheit zur Verständnis-Kontrolle. Auf fortgeschrittene Themen wie Templates, Exception Handling, RTTI und das Namespace-Konzept geht der Autor nicht ausführlich ein. Ein (leider nicht ganz vollständiger) Index (es fehlt etwa ein Eintrag „Konstante") schließt das nicht nur für „Dummies" empfehlenswerte Buch ab.

ELI95 A. Eliens: *Principles of Object-Oriented Software Development*, Addison-Wesley, 1995, 510 S.: Zielgruppe dieses (englisch-sprachigen) Buchs sind neben Software-Entwicklern insbesondere Studenten und Lehrer (bzw. Professoren). In der Tat stellt es ein empfehlenswertes Lehrbuch der objektorientierten Konzepte, ihrer Anwendung auf das Software Engineering und die Umsetzung in Programmiersprachen dar (mit Schwerpunkt C++, Eiffel, Smalltalk und DLP). Der Text wird durchgehend von Kästen (Slides) auf der Basis von Overheadfolien begleitet, die die wichtigsten Aussagen zusammenfassen. Auf diese Weise kann man sich einen schnellen Überblick der Inhalte verschaffen. Der einzige Kritikpunkt ist, daß die Programmlistings in den Slides teilweise etwas unübersichtlich dargestellt werden - vermutlich aufgrund des eingeschränkten Platzes. Viele kurze Aufgaben zu jedem Kapitel helfen, das Verständnis der behandelten Themen zu vertiefen. In den meisten Fällen sind im Anhang Lösungshinweise vorhanden. Erfreulicherweise gibt der Autor an geeigneten Stellen im Text und im Anhang zahlreiche Internet-Adressen mit Bezugsquellen für Informationen und Software an.

FRI94 M. Fritz & R. Aumiller: *Das Visual C++ 1.5 Buch*, SYBEX, 1994, 460 S., inkl. Diskette: Diese Einführung in *Microsofts* C++ Entwicklungssystem beginnt mit einer ausführlichen Beschreibung der visuellen Werkzeuge. Anschließend wird der Leser in die Windows-Programmierung und die *Microsoft Foundation-Klassenbibliothek* eingeführt. Besonders interessant ist das Kapitel über fortgeschrittene Programmiertechniken, in dem VBX-Steuerelemente, DLLs, ODBC (Datenbankanbindung), OLE 2.0, 32-Bit-Applikationen und Entwicklung unter Windows NT behandelt werden.

GAM95 E. Gamma, R. Helm, R. Johnson, J. Vlissides: *Entwurfsmuster* (Originaltitel: *Design Patterns*), Addison-Wesley, 1996 (Original: 1995), 430 S. (Original: 390 S.): Die Autoren erläutern, wie sinnvoll es ist, beim praktischen Design von objektorientierter Software auf standardisierte *Muster* zurückzugreifen. Objektorientierte Systeme basieren im wesentlichen auf wenigen grundsätzlichen Strukturen (*Mustern*). Anstatt prinzipielle Probleme immer wieder aufs neue zu lösen, erzeugt man durch *Wiederverwendung* allgemeiner Bausteine auf effiziente Weise klar strukturierte (und damit verständliche) sowie wartungsfreundliche Programme. Die beschriebene Muster-Sammlung beruht auf reichhaltigen praktischen Erfahrungen der Autoren und der Analyse professioneller Klassenbibliotheken. Sie umfaßt 23 Muster (in den drei Kategorien Strukturmuster, Erzeugungsmuster und Verhaltensmuster), mit Diskussion der jeweiligen Rahmenbedingungen, Beschreibung von Vor- und Nachteilen sowie Vorstellung von Beispielcode. Grundkenntnisse der objektorientierten Philosophie und Erfahrungen mit einer entsprechenden Programmiersprache werden vom Leser vorausgesetzt. Bei den Codebeispielen wird zwar keine bestimmte Programmiersprache zugrunde gelegt, da es im wesentlichen auf die Konzepte ankommt. Trotzdem sind die meisten Definitionen und Implementationen aus dem Buch in C++ oder Smalltalk realisiert – den heute verbreitetsten objektorientierten Programmiersprachen. Die Quelltexte liegen nicht auf Diskette bei; sie können aber bei den Autoren per email angefordert werden. Die deutsche Übersetzung hält sich sehr genau an den Originaltext. Interessanterweise wurden auch die Bezeichner (Typ-, Variablen- und Funktionsnamen) in den Listings durch entsprechende deutsche Begriffe ersetzt.

📖 **KLÖ91** B. Klöppel: *Windows-Programmierung*,Vogel-Verlag, 1991, 123 S., inkl. Diskette: Eine grundlegende Einführung in objektorientierte Benutzeroberflächen und die Programmierung für Windows.

📖 **KÜS95** H.-G. Küster: *Programmentwicklung mit GNU C/C++*, International Thomson Publishing, 1995, 380 S., inkl. CD-ROM: Obwohl das GNU-Entwicklungssystem ein nicht-kommerzielles Produkt ist, hat es eine Qualität erreicht, die professionellen Systemen kaum nachsteht. Es ist sowohl unter UNIX als auch unter DOS verfügbar. Dieses Buch richtet sich an Programmierer, die *GNU C++* auf ihrem PC in einer UNIX-ähnlichen Umgebung nutzen möchten. Dazu werden auf der beiliegenden CD-ROM (neben dem GNU-Compiler) zahlreiche Utilities mitgeliefert, die UNIX-Kommandos unter DOS simulieren. Der Text vermittelt einen Einblick in UNIX-Systeme und einen Überblick der C- oder C++ Programmierung mit *GNU C++*.

📖 **MUR93** W.H. Murray & C.H. Pappas: *Application Programming for Windows NT*, McGrawHill, 1993, 680 S., inkl. Diskette: Eines der ersten Bücher zur NT-Programmierung zeigt alle neuen Möglichkeiten und Konzepte auf. Es enthält viele praktische Beispiele.

📖 **MUS96** D. R. Musser, A. Saini: *STL Tutorial and Reference Guide*, Addison-Wesley, 1996, 400 S.: Mit der Standard Template Library (STL) erhält C++ (oder besser: ANSI C++) endlich eine standardisierte Bibliothek für Algorithmen und Datenstrukturen. Da beim Entwurf besonderen Wert auf Flexibilität und Effizienz gelegt wurde, ist die STL für alle Programmierprojekte einsetzbar. Seit den ersten Ideen zur STL hat der Autor *David Musser* intensiv am Design mitgewirkt und zur Realisierung beigetragen. Sein Kollege *Atul Saini* leitet eine der ersten Firmen, die die STL kommerziell nutzen (bereits vor der endgültigen Verabschiedung des ANSI-Standards).Das Buch gliedert sich in drei Abschnitte: Den größten Teil (mit 190 Seiten) nimmt die STL-Einführung zu Beginn des Textes ein. Dabei werden die wesentlichen Konzepte der Bibliothek, die auf Templates basiert, vorgestellt: Iteratoren, Generische Algorithmen, Container und Adapter. Im zweiten Abschnitt (50 Seiten) wird der Einsatz von STL anhand eines praktischen Beispielprogramms illustriert, das schrittweise analysiert und verbessert wird. Der dritte Abschnitt ist eine ausführliche Referenz der STL-Klassen. Alle Quelltexte zu diesem Buch können kostenlos über das Internet bezogen werden.

📖 **NEU95** H. A. Neumann: *Objektorientierte Entwicklung von Software-Systemen*, Addison-Wesley, 1995, 605 S.: Eine wichtige Voraussetzung für den erfolgreichen Einsatz objektorientierter Technologien beim Software Engineering ist die Verinnerlichung der zugrunde liegenden Konzepte und Aneignung der entsprechenden Denkweise. Dieses Buch soll dem Leser durch ausführliche Erläuterung der Grundbegriffe der Objektorientierung ein solides Verständnis vermitteln. Aufgrund der relativ abstrakten Beschreibungen ist es aber hauptsächlich für fortgeschrittene Anwender zu empfehlen. Zur Illustration der Konzepte an Beispielen wird nicht - wie in den meisten anderen Publikationen - C++ verwendet, sondern *DECOS* (Demonstration and Explanation of Class and Object Structures). Diese formale Erläuterungssprache ist speziell auf die anschauliche Darstellung objektorientierter Konzepte zugeschnitten und gestattet nach Ansicht des Autors eine objektivere Erläuterung der Begriffe und Zusammenhänge. In einem Kapitel des Buchs werden außerdem spezielle Aspekte der wichtigsten (real-existierenden) objektorientierten Programmiersprachen kurz dargestellt.

NIE95 K. Nielsen: *Software Development with C++*, AP Professional, 1995, 450 S.: Dieser Titel ist eine interessante Mischung aus Büchern zur objektorientierten Analyse und zur Programmierung mit C++. So werden alle Phasen der objektorientierten Softwareentwicklung behandelt. Die Darstellung der zugrundeliegenden Konzepte ist so allgemein wie möglich gehalten, so daß der Text in weiten Teilen ohne Programmlistings auskommt. Statt dessen verwendet der Autor zahlreiche Diagramme zur Verdeutlichung der Zusammenhänge. Unabhängig von einer konkreten Programmiersprache erhält der Leser in den ersten vier Abschnitten somit eine umfangreiche Übersicht des aktuellen Stands objektorientierter Technologien. Im fünften Teil des Buchs wird die C++ Programmierung sehr kompakt vermittelt, inklusive einem kurzen C++ Steilkurs für C-Programmierer. Zum Erlernen von C++ sollten Einsteiger *nach* der Lektüre dieses Buchs (mit dem Grundverständnis der objektorientierten Konzepte ausgerüstet) ein entsprechendes Tutorial durcharbeiten.

POR93 A. Porter: *The Best C/C++ Tips Ever*, Osborne McGrawHill, 1993, 700 S.: Fast jedes deutsche Computermagazin verspricht dem Leser allmonatlich „brandneue, absolut geheime Tips und Tricks" - was natürlich in 99 Prozent aller Fälle gelogen ist. Obwohl der Titel dieses Buchs ähnlich provokativ ist, wird der Inhalt dem Anspruch aber (bis auf das „ever") einigermaßen gerecht. Die 404 enthaltenen Tips sollten erfahrenen C++ Programmieren zwar im einzelnen größtenteils bekannt sein, insgesamt ergeben sie aber eine wirklich interessante und nützliche Sammlung von Anregungen und Richtlinien zur Verbesserung eigener Programme. Jeder Tip wird mit einer kurzen Problembeschreibung eingeleitet, worauf die Lösung erläutert und an einem Beispielprogramm veranschaulicht wird. Aufgrund des ausführlichen Indexes und der gut strukturierten Kapiteleinteilung ist das Buch auch zum Nachschlagen bei kniffligen Problemen gut geeignet. Abgedeckt wird der C++ Standard 2.1, ohne eine spezielle Compilerversion vorauszusetzen.

RUM93 J. Rumbaugh, M. Blaha, W. Premerlani, F. Eddy, W. Lorensen: *Objektorientiertes Modellieren und Entwerfen*, Hanser, 1993, 600 S.: Zentraler Gegenstand dieses Lehrbuchs sind die Schritte des Softwareentwicklungs-Zyklus vor der eigentlichen Implementierung in einer konkreten Programmiersprache, nämlich die objektorientierte Analyse und das Systemdesign. Die von den Autoren entwickelte Object Modeling Technique (OMT) gehört mittlerweile zu den Standardmethoden des objektorientierten Software Engineering. Sie umfaßt eine grafische Notation, die für alle Schritte im Entwicklungsprozeß (bis hin zur Implementierung) zur Verfügung steht. Das Buch besteht im wesentlichen aus vier Teilen: einer gründlichen Einführung in die Modellierungskonzepte, dem Einsatz der OMT, dem Übergang zur Implementierung in Programmiersprachen oder Datenbanken sowie einem Praxiskapitel mit drei ausgewählten Beispielanwendungen (Objektdiagramm-Compiler, Computeranimation, CAD-System). Der Text wird durch (erfreulich viele) praxisnahe Aufgaben mit exemplarischen Lösungen ergänzt.

SCHI95 Herbert Schildt: *C++ The Complete Reference*, Osborne McGrawHill, 2. Auflage, 1995, ca. 670 S.: Man ist als Programmierer doch irgendwie beruhigt, wenn man dieses Buch im Regal stehen hat. Es beinhaltet eine solide C++ Referenz, die alle Aspekte der Sprache abdeckt – dabei ist erstaunlich, daß das Buch insgesamt nur 2½ Zentimeter dick ist. Aufgrund des logischen Aufbaus und der ausführlichen Erklärungen ist der Text auch als Lehrbuch geeignet. Viele erläuternde Programmlistings illustrieren zudem die Syntax an Beispielen. Der Text gliedert sich in drei Teile: Am Anfang steht eine 250-seitige Darstellung der Sprache C unter der Überschrift „*The Foundation of C++*“. Es folgt der größte Abschnitt, der auf die speziellen Möglichkeiten von C++ eingeht. Auch die geplanten Neuerungen von ANSI C++ werden hier (wenn auch leider nur sehr knapp) behandelt. Der Autor ist übrigens selbst Mitglied des ANSI C++ Komitees, das den neuen Standard verabschiedet. Der dritte Teil schließlich widmet sich drei kompletten Beispielklassen, nämlich Strings, einer einfach verketteten Liste und einem Popup-Fenster (im Textmodus, mit Zugriff auf die Grafikhardware). Ein umfassender Index rundet das Werk ab.

SED92 R. Sedgewick: *Algorithmen in C++*, Addison-Wesley, 1992, 740 S.: Dieses Buch vermittelt eine umfassende Übersicht von Standardalgorithmen und liefert dabei zugleich praktische Anwendungsbeispiele zur C++ Programmierung. Allerdings steht die Nutzung objektorientierter Technologien nicht im Mittelpunkt, da die Programme im wesentlichen aus den Werken „Algorithmen in C“ und „Algorithmen in Pascal“ desselben Autors in die Syntax von C++ übertragen wurden. In einigen Fällen werden die behandelten Verfahren mit Klassen realisiert; Anwendungen für Vererbung oder Polymorphie gibt es aber nicht. An Stelle kompletter Listings sind nur die wesentlichen Fragmente abgedruckt. Eine Diskette mit allen Programmen wäre daher wünschenswert. Die 45 Kapitel gliedern sich in folgende Hauptkategorien: Grundlagen, Sortieren, Suchen, Verarbeitung von Zeichenfolgen (Pattern Matching, Parsen, Komprimierung, Verschlüsselung), Geometrische Algorithmen, Behandlung von Graphen und mathematische Algorithmen. Im letzten Abschnitt werden weiterführende Themen wie parallele Algorithmen, dynamische und lineare Programmierung sowie NP-vollständige Probleme behandelt.Neben dem gut verständlichen Text werden die Zusammenhänge auch mittels zahlreicher Abbildungen verdeutlicht. Die Leistungsfähigkeit der vorgestellten Algorithmen wird im Rahmen von Laufzeit-Komplexitätsanalysen untersucht, wobei die Begründungen i.d.R. nicht in mathematische Formeln gefaßt, sondern in Prosa formuliert sind. Jeder Abschnitt enthält zehn Übungsaufgaben (leider ohne Lösung) und Verweise auf weiterführende Literatur. Das Buch kann als Vorlesungsbegleitung oder zum Selbstudium genutzt werden.

STR92 B. Stroustrup: *Die C++ Programmiersprache*, Addison-Wesley, 2. Auflage, 1992, 710 S.: Das Standardwerk vom „Erfinder“ der heute wichtigsten objektorientierten Programmiersprache gehört ins Bücherregal jedes ernsthaften C++ Programmierers. Neben der kompletten Beschreibung der Sprache mit vielen Designrichtlinien und Hinweisen zum Software Engineering enthält das Buch eine fast 220-seitige Referenz, einschließlich den Vorschlägen des ANSI-Komitees für den nächsten C++ Sprachlevel. Jedes Kapitel enthält Übungsaufgaben verschiedener Schwierigkeitsstufen. Leider sind keine Lösungen angegeben. Eine wünschenswerte Ergänzung wären daher Antworten - zumindest zu ausgewählten Fragen - bzw. Programmbeispiele auf Diskette. Entgegen dem Hinweis auf dem Einband ist das Buch aufgrund der relativ abstrakten Beschreibungen und Formulierungen der Konzepte nicht unbedingt als Einführung in C++ zu empfehlen. Solide Informatikgrundkenntnisse sowie Programmiererfahrung, die von Einsteigern nicht vorausgesetzt werden können, tragen wesentlich zum Verständnis bei. Vielmehr kann das Werk als Lehrbuch für fortgeschrittene Programmierer, die alle Details der Sprache kennenlernen möchten, und als nahezu unentbehrliches Nachschlagewerk in allen Zweifelsfällen dienen.

🕮 **STR94** B. Stroustrup: *Design und Entwicklung von C++*, Addison-Wesley, 1994, 575 S.: Ein echter Leckerbissen für interessierte C++ Programmierer (und solche, die es werden wollen)! Der Erfinder und Entwickler der Programmiersprache plaudert aus dem Nähkästchen. Er beschreibt, welche Ideen und Zielsetzungen zum Entwurf und zur Entwicklung von C++ geführt haben, also warum die Sprache *so* und nicht anders aussieht. Dabei betrachtet er sein Werk durchaus kritisch (z.B. erläutert er den seiner Meinung nach größten strategischen Fehler). Mit diesem Buch erhält der Leser einen informativen Einblick in die Entstehungsgeschichte von C++ und entwickelt so ein besseres Verständnis für Sprachdetails, die er bisher - ohne weiter darüber nachzudenken - einfach hingenommen hat. Ausgehend von der ersten Version „C mit Klassen" gibt *Stroustrup* zunächst historische und designspezifische Informationen zu C++ 1.0. Der zweite Teil widmet sich ausführlich den neueren Versionen ab 2.0 bis hin zu aktuellen Erweiterungen wie *Runtime Type Information* und *Namespaces*. Interessanterweise erfährt man dabei nicht nur alles über die tatsächlich umgesetzten Features, sondern auch einiges über vorgeschlagene Erweiterungen oder Änderungen, die sich nicht durchsetzen konnten. Experten, die einige Details an C++ bemängeln oder Verbesserungsideen haben, erfahren hier vielleicht, daß ihre Kritiken schon längst vom Standardisierungskomitee geprüft oder verworfen wurden (und warum).

🕮 **SWA96** T. Swan: *Mastering Borland C++ 5.0*, SAMS, 1996, 1090 S., inkl. CD-ROM: In der Reihe *Borland Press* publiziert *SAMS* Bücher, die von Mitgliedern der Borland-Entwicklungsteams gesichtet und für gut befunden wurden, über Borland-Produkte. Der vorliegende Titel stellt eine umfassende Einführung in die neueste Compiler-Version dar (sofern man bei über 1000 Seiten Umfang noch von „Einführung" sprechen darf). Grundlegende Kenntnisse von C++ und der Entwicklungsumgebung werden ebenso vermittelt wie fortgeschrittene Techniken, z.B. Windows-Programmierung, OWL, OLE, OCF, Nutzung der MFC, Projektverwaltung, STL, Zusammenarbeit mit Delphi, Java, Entwicklung von Datenbankanwendungen und ANSI C++, soweit der Standard z.Zt. von Borland C++ 5.0 unterstützt wird. Bei der Vielzahl abgedeckter Themen können einige Aspekte, beispielsweise weiterführende C++-Konzepte wie RTTI (3 Seiten), Namespaces (4) und Templates (8), nur relativ kurz angesprochen werden – daher ist der Begriff „Einführung" berechtigt. Leider enthalten nur die sechs Kapitel des C++-Tutorials praktische Übungen. Dafür werden alle Aufgaben im Anhang aufgelöst bzw. finden sich als Programme auf der CD-ROM. Diese enthält neben allen Quelltexten außerdem das Buch „*Mastering Borland C++ 4.5*" in elektronischer Form. Insgesamt ist das Buch eine empfehlenswerte Ergänzung zu Borland C++ 5, das mit relativ wenig gedruckter Dokumentation ausgeliefert wird.

16.2 Weitere Titel

📖 BOR95 Borland C++ 4.5 Programmierhandbuch, Borland GmbH, 1995

📖 BOO91 G. Booch: *Object oriented design with applications*, Benjamin/Cummings Publishing, 1991

📖 CAS92 J. Caspers: *Das Borland C++ Buch*, SYBEX, 1992, inkl. Diskette

📖 COA91a P. Coad & E. Yourdon: *Object-Oriented Analysis*, Prentice Hall, 2. Auflage, 1991

📖 COA91b P. Coad & E. Yourdon: *Object-Oriented Design*, Prentice Hall, 1991

📖 COP92 J. O. Coplien: *Advanced C++ Programming Styles and Idioms*, Addison-Wesley, 1992

📖 ELL90 M. A. Ellis & B. Stroustrup: *The Annotated C++ Reference Manual*, Addison-Wesley, 1990

📖 HIT92 M. Hitz: *C++ Grundlagen und Programmierung*, Springer, 1992

📖 HOL92 A. I. Holub: *C+C++ Programming With Objects in C and C++*, McGraw Hill, 1992

📖 HOR91 C. S. Horstmann: *Mastering C++*, Wiley & Sons, 1991

📖 JAC92 I. Jacobsen, M. Christeron, P. Jonsson, G. Övergaard: *Object-oriented Software engineering – A use case driven approach*, Addison-Wesley, 1992

📖 KER83 B. Kernighan & D. Ritchie: *Programmieren in C*, Hanser, 1983

📖 KHO90 S. Khoshafian & R. Abnous: *Object orientation – Concepts, Languages, Data Bases, User Interfaces*, Wiley Professional Computing, 1990

📖 KLÖ91 B. Klöppel: *C für Umsteiger*, Vogel, 1991, inkl. Diskette

📖 KRI94 R. Krienke: *C++ kurzgefaßt*, BI-Wissenschaftsverlag, 1994

📖 MEY88 B. Meyer: *Object-Oriented Software Construction*, Prentice Hall, 1988

📖 MEY92 B. Meyer: *Eiffel: the Language*, Prentice Hall, 1992

📖 POH89 I. Pohl: *C++ for C programmers*, Benjamin/Cummings Publishing, 1989

📖 SCO92 S. Meyers: *Effektiv C++ programmieren*, Addison-Wesley, 1992

📖 SHL92 S. Shlaer & S. J. Mellor: *Object life cycles: modeling the world in states*, Yourdon Press, 1992

📖 WIR90 R. Wirfs-Brock, B. Wilkerson, L. Wiener: *Designing object-oriented software*, Prentice Hall, 1990

Index

<

=

>

A

B

C

D

E

M

N

O

P

Q

R

S

Vorschau auf Band 2

14. Referenzen und Beziehungen
- Allgemeine Referenzen
- Einfache Zeigertypen
- Modellierung von Beziehungen
- Zeiger und Arrays
- C-Strings
- Umwandlungsoperatoren
- Zeiger auf Funktionen

15. Dynamische Objekte
- Freispeicherverwaltung
- Besitz dynamisch erzeugter Objekte
- Besitz von Objekten
- Container-Klassen für dynamische Objekte und Copy-Semantik
- Einige weiterführende Details
- Zeiger auf Methoden und Instanzvariablen
- Überladen der Operatoren new und delete, Speichermangelsituationen

16. Parametrisierte Strukturen (Templates)
- Motivation
- Funktions Templates
- Template-Klassen
- Eine vollständige Template-Container-Klasse mit Copy-Semantik
- Verschachtelung
- Abhängige Typen und Typvorgaben
- Explizite Instanzierung
- Spezialisierung
- Facetten-Klassen

17. Ausnahmebehandlung (Exceptions)
- Ansätze der Fehlerbehandlung
- Exception-Hierarchien
- Speichermangel Exceptions
- Exceptions in Konstruktoren und Destruktoren
- Exceptions und Ressourcenverwaltung
- Exceptions und Signale

18. Laufzeittypunterstützung (RTTI)
- Einfache Typ-Informationen
- Kontrollierte Spezialisierung (Down Casting)
- Spezialisierung und heterogene Container

19. Fortgeschrittene Programmiertechniken
- Technische Ansätze
- Persistenzmodelle
- Entwurfsmuster (Design Patterns)
- Algorithmische Abstraktion am Beispiel STL

www.ingramcontent.com/pod-product-compliance
Lightning Source LLC
LaVergne TN
LVHW091726021026
849161LV00003BB/323
* 9 7 8 3 4 8 6 2 3 9 0 5 8 *